普通高等学校应用型教材 法学

合同法实用教程

主　编　龙著华

撰稿人（以撰写章节先后为序）

龙著华　卢纯昕　梁　晨　范利平

王荣珍　于凤瑞　刘晓蔚　叶昌富

中国人民大学出版社

·北京·

前　言

2020年，是极其不平凡的一年。

在这一年的5月28日，我们迎来了新中国第一部以“法典”命名的法律——《中华人民共和国民法典》（以下简称《民法典》）。从“九龙治水”到“九九归一”的巨变①，使我们深刻感受到：以《民法典》为基础和依据编写合同法教材，是法律人的责任与使命。

与其他同类教材相比，本书具有以下几个特点：

首先，反映了最新的立法成果。在《民法典》各编中，与现行相关制度相比，合同编的变化是最大的，增加了136条，删除了37条，修改了153条。② 为了帮助读者及时了解相关规则的变化以及该变化对司法实务的影响，我们以《民法典》合同编为基础和依据，对合同编的适用范围、预约合同、电子合同的特殊规则、保理合同、债的保全等增加或者完善的内容进行了重点回应。

其次，吸纳了学界的前沿研究成果。1999年是《中华人民共和国合同法》（以下简称《合同法》）施行元年，《合同法》已施行超过二十年。其间，出现的与《合同法》有关的研究成果之多，如同夏夜天空的星星，数不胜数。本书虽然难以揭示、反映全部研究成果，但已尽可能地吸收、融合最新的主流研究成果。

最后，借鉴了实务界的典型经验。在《合同法》施行的二十余年里，各级法院依照《合同法》的原则和制度审结了大量合同纠纷案件，积累了丰富的实践经验。这些经验既是司法实践对以成文法形式表现的合同制度的创新和完善，也为理论研究和创新提供了机遇和资源。

如果本书的出版，让读者在选购合同法教材时多了一个选择，我们的目的就达到了。

当然，书中的观点和文字难免存在谬误和疏漏，敬请读者朋友批评指正。

龙著华

2021年2月

---

① 依照《民法典》第1260条的规定，自《民法典》施行之日起，《中华人民共和国婚姻法》《中华人民共和国继承法》《中华人民共和国民法通则》《中华人民共和国收养法》《中华人民共和国担保法》《中华人民共和国合同法》《中华人民共和国物权法》《中华人民共和国侵权责任法》《中华人民共和国民法总则》等九部法律同时废止。

② 石宏：民法典合同编的重要发展和创新．中国人大，2020（15）．

编写说明

本书共两编32章，上编为合同法总则，共11章；下编为合同法分则，共21章。

本书受“广东外语外贸大学2018年度校级重点新编教材建设立项项目”资助。

本书由龙著华教授任主编，参加本书编著的作者如下（以撰写章节先后为序）。

龙著华：第一章、第三章、第六章、第十二章、第十三章、第十六章、第十八章；

卢纯昕：第二章、第八章、第十四章、第十五章、第十七章、第二十三章；

梁晨：第四章、第七章、第二十章、第二十二章、第二十四章、第二十六章；

范利平：第五章、第九章；

王荣珍：第十章；

于凤瑞：第十一章、第二十七章、第三十章；

刘晓蔚：第十九章、第二十一章、第二十五章、第二十八章；

叶昌富：第二十九章、第三十一章、第三十二章。

编者

2021年2月

目　录

上编　合同法总则

下编　合同法分则

上　编

合同法总则

第一章　合同与合同法

本章重点问题

1. 合同的概念和特征
2. 合同的主要分类
3. 合同法的基本原则

第一节　合同的概念与特征

合同是民事主体完成交易的基本工具。放眼当今世界，无论是发达国家抑或是发展中国家，无论其实行何种社会制度，也无论其属于何种法系，合同关系无处不在。在生产、分配、交换、消费等各个环节，都有“合同之手”在起着不可替代的重要作用。西方有句名言，财富的一半来自合同。此话也许有点夸张，但却形象地道出了合同在社会经济发展与市民日常生活中的重要地位与作用。

那么究竟什么是合同呢？应如何理解它与法律行为、契约、协议、合同书等之间的关系？

一、合同的概念及其厘清

（一）合同的概念

合同又称为契约、协议，其本意为“共相交易”①。究竟该如何给合同下定义，在大陆法系和英美法系中一直存在不同看法。

大陆法系的民法典和学者对合同的一个基本认识是，合同是产生债的原因之一。债是一个总的概念，在此之下，合同、侵权行为、无因管理、不当得利等均是产生债的原因。这些都是特定的民事主体之间的权利义务关系。譬如，法国法学家波蒂埃在其1761年《合同之债（续）》一书中对合同下了这样的定义：合同是“由双方当事人互相承诺或由双方之一的一方当事人自行允诺给予对方某物品或允诺做或不做某事的一种契约”。该定义强调的重点是，合同义务只有在当事人自由订立合同时才产生，就是说，合同不是由法律直接强加给当事人的，而是在受约束的当事人之间的协议中产生的，或更慎重地说，是法律上视为签订“协议”的行为产生的。②《法国民法典》第1101条基本上采用了波蒂埃的上述定义，它规定：“契约是一种协议，依此协议，

---

① 王家福．中国民法学·民法债权．北京：法律出版社，1991：286.

② 海因·克茨．欧洲合同法：上卷．周忠海，等译．北京：法律出版社，2001：3-4.

一人或数人对另一人或另数人负担给付、作为或不作为之债务。”[①] 该定义同样强调契约的本质是协议，即当事人之间就有关权利义务达成了一致意见，同时，该定义也将合同视为债的一种。《德国民法典》未正面就合同下定义，它把合同纳入法律行为、债务关系的范畴内，其第305条规定：“以法律行为发生债的关系或改变债的关系的内容者，除法律另有规定外，必须有当事人双方之间的契约。”

英美法系现代合同法理论对合同的定义与大陆法系比较接近。英国《牛津法律大辞典》对合同下的定义是：合同是二人或多人之间为在相互间设定合法义务而达成的具有法律强制力的协议。1979年版美国《布莱克法律词典》认为：合同是两个或两个以上的人创立为或不为某一特定事情的义务的协议。

由此可见，两大法系的立法与学说对于合同的定义虽然在具体表述方式上略有差异，但都抓住了合同最为本质的特征，即合同是当事人经平等协商形成的合意，是当事人之间就设立、变更、终止特定民事权利义务关系所形成的协议。

1980年《联合国国际货物销售合同公约》未直接对合同下定义，从其关于合同订立的要求来看，主要是要求要约与承诺一致。所谓要约与承诺一致，就是要约人、受要约人经反复协商后达成合意。作为国际统一合同法的重大成果的《国际商事合同通则》，也未就合同下定义，但其第3.2条“协议的效力”规定：“合同仅由双方的协议订立、修改或终止，除此别无其他要求。”该规定可以说从侧面明确了合同的本质是合意。

我国合同法立法与理论在合同概念的界定上，基本上继受了上述成果，认为合同是一种建立在合意基础上的协议。《中华人民共和国民法通则》（以下简称《民法通则》）第85条规定：合同是当事人之间设立、变更、终止民事关系的协议。《中华人民共和国合同法》（以下简称《合同法》）第2条规定：本法所称合同是平等主体的自然人、法人、其他组织之间设立、变更、终止民事权利义务关系的协议。《民法典》第464条规定：合同是民事主体之间设立、变更、终止民事法律关系的协议。

（二）合同与相关概念的关系

要准确把握、理解合同的概念，需要厘清以下几组关系。

1. 合同与民事法律行为

依据《民法通则》第54条的规定，民事法律行为是公民或者法人设立、变更、终止民事权利和民事义务的合法行为。该规定将民事法律行为限定为合法行为，受到了学界的广泛批评。《民法总则》第133条摒弃了该做法，认为民事法律行为是民事主体通过意思表示设立、变更、终止民事法律关系的行为。在民事法律行为的类型化方面，《民法总则》除了沿袭《民法通则》的规定，将基于双方或者多方的意思表示一致成立的行为、基于单方的意思表示成立的行为等纳入民事法律行为的范畴之外，认为法人、非法人组织依照法律或者章程规定的议事方式和表决程序作出的决议行为也属于民事法律行为的一种。

对照《民法总则》《合同法》对民事法律行为、合同的界定，两者之间的关系就呼之欲出了。民事法律行为是一个上位概念，合同是下位概念。合同无疑是一种典型的民事法律行为，但并非所有的民事法律行为都是合同，这是学界的共识。郭明瑞在其《合同法学》中就说，合同是平等

---

① 法国民法典．罗结珍，译．北京：法律出版社，1999：282. 本书其他关于《法国民法典》的引文，皆来自此译本，不另加注。

主体之间的双方或多方法律行为；王利明、房绍坤、王轶在其《合同法》一书中也认为，合同是平等主体的自然人、法人和非法人组织所实施的一种民事法律行为。王泽鉴在其《民法概要》中说，债权契约，即由双方当事人互相意思表示一致，而以发生债权债务为内容而成立的法律行为。

但是，不能反过来说，所有的民事法律行为都是合同。首先，单方法律行为既无“合”，也无“同”，不是合同，因为合同的本质为两方以上当事人之间的“意思表示一致”。其次，由于《民法典》调整的合同为狭义上的合同，仅仅指向基于双方或者多方的意思表示一致成立的行为中的一部分，即与婚姻、收养、监护等身份关系无关的协议，所以，即使是基于双方或者多方的意思表示一致成立的行为也并非都是合同。最后，决议行为属于团体法上的多方民事法律行为，它虽然与合同一样属于两方以上当事人之间的民事法律行为，但具有独立于共同行为和合同行为的固有属性①，也与合同不完全相同。

2. 合同与协议

《民法典》第 464 条规定：合同是民事主体之间设立、变更、终止民事法律关系的协议。从这一规定出发，将法条中的限定词删除的话，可以得出的结论就是“合同是协议”。然而，不能因此就认为“合同等于协议”，因为从逻辑上来看，协议是合同的种概念，合同是协议的属概念，它们之间的关系可以表述为：合同法意义上的合同都可以称之为协议，但并非所有的协议都是我国合同法意义上的合同。因为依据《民法典》第 464 条第 2 款之规定，婚姻、收养、监护等有关身份关系的协议，适用有关该身份关系的法律规定；相关法律没有规定时，才可以根据其性质参照适用《民法典》合同编的规定。

3. 合同与契约

在民法及其学说史上，曾有合同与契约的区别。前者为当事人的目的相同、意思表示的方向也一致的共同行为，如合伙合同。后者系当事人双方的目的对立、意思表示的方向相反的民事法律行为，如在买卖契约关系中，卖方与买方的意思表示是相互对立的，各自的权利分别是对方的义务。但在交易实践中，市场主体已习惯于将合同与契约替代使用，不认为这两个概念之间存在什么本质上的差异。因此，我国现行法律已不再作这样的区分，而是将两者统称为合同。

4. 合同与合意

所谓“合意”，是指两方以上当事人的意思表示达成一致。我们认为，合同最核心的内容是当事人之间形成的合意。可以说，有合同的地方就有合意，没有合意不可能有合同。② 但是，不能反过来说，有合意的地方就一定有民法意义上的合同，譬如恋人之间因为请对方看电影所形成的合意，朋友之间因为请对方吃饭所形成的合意。

---

① 王利明．民法．6 版．北京：中国人民大学出版社，2015：99. 朱庆育．民法总论．2 版．北京：北京大学出版社，2016：137－138.

② 对此，有学者认为并非所有合同都经由合意，其主要论据有三：一是附随义务作为合同的内容即未经当事人约定；二是事实劳动关系的内容也未经当事人合意；三是合同只要就其最低限度的内容达成合意即可，其他内容可以依据《合同法》第 61、62、63 条等规定确定。笔者以为，该学者的理由不成立，理由是：(1) 该说混淆了因与果，没有合同这个因，就不可能有附随义务这个果。附随义务之所以能成为合同内容，是因为先有合同（合意）。(2) 该说忽略了意思表达方式的多元化，在所谓事实劳动关系中，虽然看不到语言、文字等惯常意思表示方式，但当事人通过行为所形成的合意却是客观存在的。(3) 该说混淆了合同与合同漏洞补正，须知最低限度的合意也是一种合意。

5. 此合同与彼合同

从类型化的角度看，合同有广义、狭义、最狭义之分。

广义上的合同，是指所有法律部门中用以确定法律关系主体权利义务关系的协议。如民法上的民事合同、行政法上的行政合同、劳动法上的劳动合同、国际法上的国际合同等。

狭义上的合同，仅指民事合同，包括财产合同和身份合同。财产合同包括债权合同、物权合同、准物权合同，身份合同包括婚姻、收养、监护等有关身份关系的协议。

在《合同法》制定过程中，对于合同法的适用范围曾经几易其稿。第三次审议稿第 2 条规定：合同是平等主体的公民、法人、其他组织之间设立、变更、终止债权债务关系的协议。此规定将合同法适用范围进行了极其严格的限制，如采之会使许多债权债务关系之外的民事合同，如抵押合同、质押合同、合伙合同等排除在合同法调整之外。为了避免出现这种情况，正式通过的《合同法》，将“债权债务关系”改为“民事权利义务关系”。《民法典》第 464 条将“合同”明确为“民事主体之间设立、变更、终止民事法律关系的协议”。

6. 合同与合同书的关系

在实践中，有些人将合同等同于合同书，认为只有存在合同书才有合同关系的存在，这种理解是没有法律依据的。应当说，合同书和其他有关合同的证据一样，都只是用来证明合同关系的存在及其内容的证据，但其本身不能等同于合同的全部内容，更不能认为只有存在合同书才有合同关系。

二、合同的特征

合同是双方法律行为的典型形态，是债的最一般形态，是实现交易的重要媒介。一般来说，合同具有以下法律特点。

（一）合同是一种民事法律行为

依据《民法典》第 133 条的规定，民事法律行为是民事主体通过意思表示设立、变更、终止民事法律关系的行为。民事法律行为与事实行为都属于民事法律事实，都能引起民事法律关系的产生、变更和消灭。但是，所谓事实行为，是指不具有意思表示内容，但按照法律规定，客观上能引起民事法律后果的行为，如侵权行为、无因管理行为、拾得遗失物的行为、发现埋藏物的行为等。民事法律行为以意思表示为其必备要素，而事实行为不以意思表示为要素。

由于合同是一种民事法律行为，因此《民法典》第一编关于民事法律行为的一般规定，如民事法律行为的生效要件、民事法律行为的无效和撤销等，均可适用于合同。

（二）合同是以设立、变更或终止民事权利义务关系为目的的民事法律行为

依据《民法典》第 464 条的规定，《民法典》合同编仅调整狭义上的合同，即平等民事主体之间设立、变更、终止民事权利义务关系的协议。因此，此处所言“民事权利义务关系”，实质上即为因交易产生的债权债务关系，换言之，《民法典》合同编意义上的合同，仅仅指平等主体的自然人、法人、非法人组织之间设立、变更、终止因交易产生的债权债务关系的协议。没有财产内容的，与婚姻、收养、监护等身份关系有关的协议，以及行政合同等一般不受《民法典》合同编的调整。

需要说明的是，《民法典》合同编所调整的合同不限于该编规定的 19 种有名合同，还包括《民法典》其他编规定的合同，如物权编规定的抵押合同、质押合同，继承编规定的遗赠扶养协

议等；还包括其他法律确定了名称及适用规则的有名合同，譬如《保险法》规定的保险合同、《旅游法》规定的旅游服务合同等；还包括实务中民事主体基于自身交易需要创设的、符合《民法典》第464条要求的各类无名合同。

（三）合同是一种合意

“合意”，又称“合致”，源自罗马法，是指合同各方当事人作出意思表示并达成了一致。作为一项“合意”，一般须包括以下要素：第一，有两个以上的民事主体。第二，各方当事人须相向作出意思表示。这就是说，当事人为了实现自身的民事权益作出意思表示，双方的意思表示是相向的、交互的。第三，当事人协商一致。

第二节 合同的分类

为了方便当事人正确地订立与履行合同，方便当事人和裁判者更好地适用法律，根据一定标准对合同进行分类，是学理与实务界常见的做法。分类的标准不同，类型化的结果也不一样。常见的分类如下：

一、双务合同和单务合同

（一）区分标准与概念界定

根据当事人双方是否互相承担给付义务，合同可分为双务合同和单务合同。

所谓双务合同是指当事人双方互负对待给付义务的合同。在双务合同中，当事人双方均承担合同约定义务，且互为对价，一方当事人所享有的权利，即为对方当事人所负担的义务，买卖、租赁合同等即为典型的双务合同。

所谓单务合同是指只有一方当事人承担给付义务或者双方的义务不具有对待给付关系的合同。据此，单务合同有两种类型：第一种为仅一方承担给付义务的合同，如借用合同。第二种是虽然从形式上看双方均负担合同义务，但双方的义务不具有对待给付关系，如附义务的赠与合同，赠与人交付赠与财产的义务与受赠人所负担的义务不具有对价关系，因而附义务的赠与合同仍然属于单务合同。

（二）区分的法律意义

区分单务合同和双务合同的法律意义，主要有以下几个方面：

（1）双务合同当事人之间的义务为对待给付义务，彼此之间具有牵连性，因此，履行抗辩权仅发生于双务合同中，而单务合同当事人不能行使履行抗辩权。

（2）合同被解除、被确认无效或被撤销时，双务合同必须互为返还给付，单务合同不存在互相返还问题。

（3）双务合同存在风险负担的问题，而单务合同则一般无此问题。由于双务合同中，双方的义务具有牵连关系，如果非因当事人原因（如因不可抗力）致使其完全不能履行合同义务，其合同债务应被免除，其享有的合同权利也应归于消灭。在此情况下，一方不再负有合同义务，也无权要求相对方履行；对方已经作出履行的，则应将其所得返还给对方。而在单务合同中，一方因不可抗力而不能履行义务的，不会发生双务合同中的风险负担问题。

二、有偿合同与无偿合同

（一）区分标准与概念界定

根据当事人享有权利是否需要支付一定对价，可以将合同分为有偿合同和无偿合同。

有偿合同，是指合同当事人一方享有合同规定的权益，必须向对方承担相应代价的合同，它是市场交易最典型的法律形式。在实践中，绝大多数反映交易关系的合同都是有偿的。无偿合同，是指合同当事人一方享有合同规定的权益，不必向对方承担相应代价的合同。

（二）区分的法律意义

在实务中，区分有偿合同与无偿合同具有非常重要的意义：

（1）有利于确定合同的性质。在实践中，有的合同只能是有偿的，如买卖合同；有的合同只能是无偿的，如赠与合同；有的合同既可以是有偿的，也可以是无偿的，如保管合同。如果变有偿为无偿，或者相反，则合同关系在性质上就要发生根本的变化，例如买卖合同是有偿的，如果变为无偿合同，则变成了赠与合同；反过来，也是如此。

（2）有利于确定当事人的注意义务。例如，依据《民法典》第897、929条的规定，保管合同、委托合同如果为无偿合同，保管人、受托人的注意义务较低，仅对故意或者重大过失造成的损害承担责任；相反，如果保管合同、委托合同为有偿合同，则保管人、受托人对自己的一般过失给对方造成的损害亦需承担责任。

（3）有利于确定合同的效力。不同合同的订立，对缔约当事人行为能力的要求不同。订立有偿合同的当事人原则上应具有完全民事行为能力，限制行为能力人非经法定代理人同意，订立的超出其行为能力范围的有偿合同，合同的效力待定；但限制民事行为能力人、无民事行为能力人订立纯获利益的无偿合同，依法应认定为有效合同。

三、有名合同与无名合同

（一）区分标准与概念界定

根据法律上是否对某类合同规定了特定名称与规则，可将合同分为有名合同与无名合同。

有名合同，又称为典型合同，是指《民法典》合同编或其他法律确定了名称及其适用规则的合同，除了《民法典》合同编规定的19种合同，还包括其他法律确定了名称及规则的有名合同，譬如《保险法》规定的保险合同、《旅游法》规定的旅游服务合同等，都属于有名合同。

所谓无名合同，又称非典型合同，是指法律尚未确定一定的名称与调整规则的合同。根据合同自由原则，合同当事人可以自由决定合同的内容，因此当事人订立的合同即使不属于有名合同的范围，只要不违背法律的禁止性规定和社会公共利益，也仍然是有效的。从实践来看，无名合同大量存在，关于其类型，学者一般将其归为三类：（1）纯无名合同，即以大量纯无规定的事项为内容的合同，或者说，合同的内容不属于任何有名合同的事项。（2）混合合同，即在一个有名合同中规定其他有名合同事项的合同，如在租赁房屋时承租人以提供劳务代替交付租金的合同。（3）准混合合同，即在一个有名合同中规定其他无名合同事项的合同。

（二）区分的法律意义

当合同没有约定或者约定不明时，有利于确定合同纠纷的填补规则。对于有名合同应当直接适用《民法典》合同编相关合同的规定，但在确定无名合同的法律适用时，首先应当考虑适用

《民法典》合同编的一般规则。其次，对于无名合同来说，因其内容可能涉及有名合同的某些规则，因此，应当比照类似的有名合同的规则，参照当事人的缔约目的及合同的约定等进行处理。

四、诺成合同与实践合同

（一）区分标准与概念界定

根据是否以标的物的交付为合同的成立或生效的要件，可以将合同分为诺成合同与实践合同。

所谓诺成合同，即“一诺即成”的合同，是指只要行为人意思表示一致，就能成立的合同。此种合同的特点在于当事人双方意思表示一致，合同即告成立。

所谓实践合同，又称要物合同，是指除当事人双方意思表示一致以外尚须交付标的物才能成立或生效的合同。根据现行法律规定，实践合同有两种情况：第一种情况是，除当事人双方意思表示一致以外，尚须交付标的物才能成立的合同，如依据《民法典》第 890 条的规定，除当事人另有约定外，保管合同自保管物交付时成立。第二种情况是，除当事人双方意思表示一致以外，尚须交付标的物才能成立的合同。例如定金合同，《民法典》第 586 条[①]规定：定金合同自实际交付定金时成立。还有自然人之间的借款合同，《民法典》第 679 条[②]规定：自然人之间的借款合同，自贷款人提供借款时成立。

（二）区分的法律意义

区分诺成合同与实践合同的意义，主要有以下两个方面：

（1）有利于确定合同的成立或生效。诺成合同自双方当事人意思表示一致（即达成合意）时成立；而实践合同则在当事人达成合意之后，还必须由当事人交付标的物以后，才能成立或者生效。

（2）有利于明确相应责任的性质。在诺成合同中，当事人违反交付标的物的合同义务，产生的是“违约责任”。而在实践合同中，在当事人违反交付标的物或完成其他给付的义务时，由于该义务是先合同义务，违反它不产生违约责任，可能构成“缔约过失责任”。

五、要式合同与不要式合同

（一）区分标准与概念界定

根据合同是否应采取一定的形式，可将合同分为要式合同与不要式合同。

所谓要式合同，是指根据法律规定应当采取特定方式订立的合同。对于一些重要的交易，法律常要求当事人采取特定的方式订立合同。法律规定应当采用的特定形式包括书面、登记、批准、公证等形式，例如，抵押合同应当采用书面形式。

所谓不要式合同，是指法律不要求采取特定形式的合同。在订立该类合同时，当事人根据合同自由原则可自行选择采口头或书面形式，也可自行决定是否办理登记、公证等手续。

---

① 该条源于《担保法》第 90 条的规定，该规定的原文是：定金合同从实际交付定金之日起生效。《民法典》区分了成立与生效，改为“定金合同自实际交付定金时成立”。

② 该条源于《合同法》第 210 条的规定，该规定的原文是：自然人之间的借款合同，自贷款人提供借款时生效。《民法典》区分了成立与生效，改为“自然人之间的借款合同，自贷款人提供借款时成立”。

(二) 区分的法律意义

区分要式合同与不要式合同的意义，主要在于有利于帮助我们识别合同成立或者生效与否的状态。当法律对合同形式有特别的要求时，当事人未依法采取相应的形式，可能会影响合同的成立或生效。但应当注意的是，依据《民法典》第 490 条第 2 款规定，法律、行政法规规定或者当事人约定采用书面形式订立合同，当事人未采用书面形式，但一方已经履行合同主要义务，对方接受的，该合同仍成立。

六、预约与本约

(一) 区分标准与概念界定

根据两个合同相互间是否具有手段和目的的关系，可以将合同分为本约与预约。

《民法典》第 495 条规定，当事人约定在将来一定期限内订立合同的认购书、订购书、预订书等，构成预约合同。据此，所谓预约，是指约定将来某一期限内订立正式合同的协议。预约以订立本约为合同义务。预约合同的双方当事人都负有订立本约义务的，称为双务预约；仅预约合同的一方当事人负担订立本约义务的，称为单务预约。

所谓本约，又称本合同，指当事人通过履行预约而订立的合同。

(二) 区分的法律意义

区分预约与本约的目的在于，明确二者具有不同的订约目的和法律效力。

预约合同通常以约定当事人须于未来某一期限缔结正式合同为内容，预约合同为当事人设定的义务一般是订约的义务或者再磋商的义务，而非特定的给付义务。

本约合同则已经包含了合同的必备条款，当事人的权利与义务均十分具体、明确，且为当事人设定了特定的给付义务。

七、一时性合同与继续性合同

(一) 区分标准与概念界定

所谓一时性合同，是指时间因素对给付的内容和范围并无影响、通过一次给付即可使合同目的得以实现的合同。对于一时性合同而言，总给付的内容与范围系自始确定，时间因素对于给付的内容和范围并无影响。

所谓继续性合同，是指给付的内容和范围因时间的变化而变化、合同目的须经持续的给付才能实现的合同。对于继续性合同而言，时间因素在合同履行上居于重要地位，总给付的内容取决于应为给付时间的长短，如委托合同，雇佣合同，租赁合同，保管合同，仓储合同，供应水、电、气、热合同等，都属于继续性合同。

(二) 区分的法律意义

可让与性的强弱程度不同。一时性合同中的债权债务，可让与性较强；继续性合同中的债权债务，原则上由当事人承受，转让的障碍较大。《民法典》对此也有所规定，譬如《民法典》第 716 条规定，承租人未经出租人同意转租的，出租人可以解除合同；《民法典》第 894 条规定，除非当事人另有约定，保管人不得将保管物转交第三人保管；《民法典》第 923 条规定，受托人应当亲自处理委托事务，经委托人同意，受托人才可以转委托；等等。

对解除权限制的程度不同。对一时性合同而言，除当事人约定的解除事由外，法定的解除事由相对较少。继续性合同往往重视信赖基础之存在，在信赖基础丧失或难以期待当事人继续维持合同关系时，一般允许当事人解除合同，因此，继续性合同的法定解除事由相对较多。例如，委托合同、不定期租赁合同的当事人享有任意解除权，加工承揽合同的定作人有权任意解除合同。

合同解除是否溯及既往不同。在多数情况下，一时性合同解除后具有恢复原状的可能性，可以发生溯及既往的效力。但继续性合同被解除时，一般不具备恢复原状的可能性，或者不宜恢复原状。故此，在一般情形下，继续性合同被解除后仅向将来发生效力，解除前的合同关系不受影响。

八、主合同与从合同

（一）区分标准与概念界定

根据合同相互间的主从关系，可以将合同分为主合同与从合同。

所谓主合同，是指不需要以其他合同的存在为基础、可独立存在的合同。例如，对于保证合同而言，设立主债务的合同就是主合同。

所谓从合同，就是以其他合同的存在为前提的合同。例如，保证合同相对于主债务合同而言，即为从合同。由于从合同要依赖主合同的存在而存在，所以从合同又被称为“附属合同”。从合同的从属性包括成立上的从属性、转让上的从属性、范围上的从属性、终止上的从属性。

（二）区分的法律意义

主从合同之间具有成立、存续、消灭上的从属关系。从合同以主合同的存在为前提，主合同变更或消灭，从合同原则上随之变更或消灭。

第三节　合同法的基本原则

一、新中国合同法的发展

所谓合同法，是有关合同的法律规范的总称，是调整平等主体之间的交易关系的法律。在现代各国民事法律制度中，合同法是非常活跃且极其重要的组成部分。一般认为，合同法主要调整财产流转关系，规制民事主体之间的交易行为。

与西方发达国家相比，中国的合同法形成得比较晚。在清朝末年之前，中国一直没有统一、系统的合同法。清末和民国时期在民法中对合同作出了专门规定，且内容较为详尽。如1930年民国政府制定的民法典在债编中除设有合同的一般通则外，另有买卖合同等4种有名合同的具体规范。①

新中国成立以后，国家宣布废除国民党的旧法统，逐步制定了一些调整合同关系的规范性文件。受当时私法立法整体环境的影响，这些规范性文件大多是以红头文件形式发布的。由于种种原因，那一时期中国实行集中统一的计划经济体制，作为商品交换法律形式的合同制度也就

---

① 陈小君．合同法学．4版．北京：中国政法大学出版社，2014：15.

不可能充分发展。

1978 年中国共产党第十一届三中全会以后，合同立法工作进入了快速发展时期。1981 年，颁布了主要解决国内经济合同纠纷的《中华人民共和国经济合同法》，这是新中国制定的第一部合同法。1985 年，颁布了主要调整涉外经济合同纠纷的《中华人民共和国涉外经济合同法》。1986 年，颁布了包含合同法总则内容的《中华人民共和国民法通则》。1987 年，颁布了《中华人民共和国技术合同法》，这是我国技术合同法体系中的基本法。此外，国务院有关部委、地方立法机构也订立了一些相关的规章和地方性法规，如 1987 年 12 月 30 日国务院批准、1988 年 1 月 20 日对外经济贸易部发布的《中华人民共和国技术引进合同管理条例施行细则》等等。

随着改革开放的不断深入和扩大，经济、社会的不断发展，上述三部合同法并存的局面暴露出许多问题，不能完全适应新的形势，有必要制定统一的合同法。1993 年 10 月，在全国人大常委会法工委的主持下，统一合同法的立法方案经讨论正式出台。经过上上下下 5 年多艰苦、细致、慎重的工作，合同法草案六易其稿，终于在 1999 年 3 月 15 日第九届全国人大第二次会议通过了《合同法》。统一合同法的颁行，标志着"三法"鼎立状态的终止，我国合同法律制度建设进入了崭新的历史阶段。

《合同法》的体系充分借鉴吸收了成文法法典化的模式，分为总则、分则、附则三大部分，一共 23 章 428 条。第一部分"总则"包含 8 章 129 条，其内容是适用于各种合同的一般性规则，包括一般规定、合同的订立、合同的效力、合同的履行、合同的变更和转让、合同的权利义务终止、违约责任和其他规定。第二部分"分则"包含 15 章 298 条，分别就买卖、供用电水气和热力、赠与、借款、租赁、融资租赁、承揽、建设工程、运输、技术、保管、仓储、委托、行纪、居间等 15 类有名合同作出专门的规定。第三部分"附则"规定了施行日期和原三部合同法的废止时间。该法在许多制度设计上既体现了中国特色，又注重与国际接轨；既有中国元素，又有外国元素；既注意总结本国以往立法、司法实践经验，又注意参考借鉴发达国家立法的成功经验和有关的国际公约、国际惯例，从而实现了科学性、先进性和可操作性的结合，达到了较高的水平。

在过去近 20 年的我国合同法审判实践中，最高人民法院根据裁判经验先后发布了 10 余个关于《合同法》适用的司法解释，涵盖《合同法》中的买卖合同、商品房买卖合同、借款合同、房屋租赁合同、融资租赁合同、建设工程合同、技术合同等，以及特别法上的旅游合同、保证合同、定金合同、物业服务合同等 10 余类合同。这些司法解释不但细化了《合同法》关于上述有名合同的规范体系，而且凭借诸多"立法性司法解释"条款扩充了相应的规范体系。

2020 年 5 月 28 日，十三届全国人大三次会议表决通过了《中华人民共和国民法典》，其合同编是在继受《合同法》基本内容的基础上修改而成，不仅完善了许多已有的制度，例如债的保全制度、合同解除制度、违约责任制度等，而且还有不少创新，诸如增设了预约合同、真正利益第三人合同、情势变更、合伙合同、保理合同、物业服务合同等。

需要特别注意的是，与《合同法》相比较，《民法典》有关合同编适用范围的规定出现了较大变化。依据《合同法》第 2 条第 2 款的规定，婚姻、收养、监护等有关身份关系的协议，不适用《合同法》，而是适用其他法律的规定，但依据《民法典》第 464 条第 2 款的规定，婚姻、收养、监护等有关身份关系的协议，适用有关该身份关系的法律规定；没有规定的，可以根据其性质参照适用合同编的规定。

二、我国合同法的基本原则

"原则"一词源于拉丁文，有开始、起源、基础、原则原理要素等含义。合同法的原则，包括合同法基本原则和具体原则。所谓合同法的基本原则，是指贯穿于整个合同立法、对各项合同制度和全部合同规范起统率作用的基本准则，是合同法基本精神的体现，是合同法所调整的社会关系的集中反映，例如合同自由原则、鼓励交易原则等，即属基本原则。所谓合同法的具体原则，是指适用于合同法特定领域的准则，例如适用于合同履行环节的实际履行原则、适当履行原则，适用于损害赔偿领域的完全赔偿原则等，均属此类。

中外学者均认同合同法基本原则的存在及其重要作用。但是，在合同法基本原则的具体构成上，有关统一合同法的规定以及学者观点不尽相同。

《国际商事合同通则》规定的国际商事合同制度的基本原则包括：缔约自由原则、合同必须信守原则、诚实信用和公平交易原则。①

著名的国际贸易法权威施米托夫认为，两种不同社会制度的国家都普遍承认合同法上的两条基本原则：(1)“当事人意思自治原则”，即除国家法律明确规定的限制外，当事人可以自由地就他们的合同条款作出约定；(2)“合约必须遵守”的原则，即除少数为法律所准许的合同落空的抗辩等例外情况，合同必须真诚地履行。②

英国著名法学家盖斯特认为，合同法的原则主要有：合同自由原则、合同的神圣性、信赖、希望和赔偿。③

崔建远教授主编的《合同法》认为，合同法的基本原则是合同自由原则、合同正义原则和鼓励交易原则。④

我们认为，对合同法的基本原则的概括和描述，应立足于两个基础性要素：其一是《民法典》的规定，即对基本原则的概括或者抽象应当于法有据，《民法典》合同编第一章“一般规定”虽然只有区区六个条文，但基于合同与民事法律行为的关系，《民法典》总则编规定的基本原则当然可以适用于合同；其二是对基本原则的识别，即概括、抽象出来的应当是基本原则，而不是具体原则。从现行合同法的规定出发，结合基本原则的地位与功能，我国合同法的基本原则为：合同自由原则、鼓励交易原则、诚实信用原则、公序良俗原则、绿色原则。下面逐一作简要介绍。

（一）合同自由原则

合同自由，是指民事主体在合同的订立、履行、变更、终止等各个环节享有的自主、自治、自决的权利。合同自由原则是意思自治原则的核心，也是意思自治原则在合同法领域的集中体现，是对当事人意愿的充分尊重。

《民法典》第5条规定：民事主体从事民事活动，应当遵循自愿原则，按照自己的意思设立、变更、终止民事法律关系。合同自由即是该规定在合同关系中的体现。合同自由，一方面表现在当事人依法享有缔结合同、选择相对人、选择合同内容与方式、变更和解除合同等方面的自由，任何单位和个人不得非法干预。另一方面，还体现在《民法典》合同编容纳了大量的任意性规范，同时，还设立了许多“当事人另有约定的除外”的“但书”或者“除外”条款。通过这样的制度安排，给当事人提供了充分的意思自治的机会与空间。

---

① 吴兴光．国际商法．2版．广州：中山大学出版社，2008：24.

② 施米托夫．国际贸易法文选．赵秀文，选译．北京：中国大百科全书出版社，1993：231.

③ A.G. 盖斯特．英国合同法与案例．张文镇，等译．北京：中国大百科全书出版社，1998：4-8.

④ 崔建远．合同法．6版．北京：法律出版社，2016：19-24.

合同自由是现代合同法的核心理念，为各国合同法律制度所确认。譬如被誉为世界历史上资本主义社会第一部民法典的《法国民法典》的第 1134 条之规定就体现了合同自由原则。该条规定如下："依法成立的契约，对缔结该契约的人，有相当于法律之效力。此种契约，仅得依当事人的相互同意或法律允许的原因撤销之。"德国《魏玛宪法》第 152 条第 1 款规定：在经济关系方面，依法实行契约自由原则。《德国民法典》虽然没有明确规定合同自由，但其规定的意思自治原则，是《德国民法典》对后世民法典的一大贡献。《瑞士债务法》第 19 条第 1 款规定：契约的内容，在法律限制内可以自由订立。

在合同关系的不同阶段或者说不同方面，合同自由的表现不尽一致：

在合同订立环节，《民法典》合同编虽然规定了要约、承诺这么一种订立合同的基本模式，但是仍给当事人保留了极大的自治空间，包括允许当事人自由选择要约对象、自由决定是否作出承诺、自由决定合同内容、自由选择合同形式等等。

在合同履行环节，《民法典》合同编虽然规定了合同履行的原则，但只要不损害社会公共利益以及他人的合法权益，且当事人协商一致，当事人即可变更原合同对债务履行方式、地点、期限等安排。

在合同的变更或解除方面，《民法典》合同编既赋予了当事人协商变更、解除合同的自由，也确认了解除权行使的自由。在协商一致时，当事人一般可变更或者解除合同；在约定或者法定的解除权行使条件、情形出现时，享有解除权的一方可通过行使解除权而解除合同。

在违约责任方面，除涉及社会公共利益或者第三人合法权益之外，《民法典》合同编充分尊重非违约方在对方违约后所享有的是否追究对方违约责任，以及追究对方何种违约责任等方面的选择权。

当然，法律上的任何自由都是相对的、有边界的。有自由的地方，必定有限制，因为赋予任何一方主体绝对自由，就是限制甚至剥夺了另一方的自由。在某种意义上，一部合同自由的历史，就是合同如何受到限制，经由醇化，而促进实践合同正义的记录。① 民事主体依据我国合同制度所享有的自由也是如此。

（二）鼓励交易原则

所谓鼓励交易，是指对于民事主体依法在协商一致基础上形成的交易应予确认和保护。

民法上的交易，是指民事主体之间以货币等为媒介所进行的商品或服务的交换行为。没有合法、有效的交易，市场存在的必要性及其价值就存疑，商品经济的发展就失去了可持续发展的核心元素和动力。因此，维护交易的安全与秩序，就是以调整商品经济关系为己任的民事法律的重要使命。

作为民法的重要组成部分，合同法主要是调整交易关系的，其主要功能就是规范交易行为、维护交易秩序、保护交易结果。从这个角度来说，鼓励交易既是合同法的立法目标，也是合同法的基本原则。

1. 鼓励交易原则在合同法的多个具体制度中均有体现

首先，在合同成立方面，允许当事人以履行方式补正合同订立方面的瑕疵。譬如，《民法典》第 490 条第 2 款规定，虽然法律、行政法规规定或者当事人约定采用书面形式订立合同，当事人

---

① P. S. Atiyah. The Rise and Fall of Freedom of Contract. Oxford，Oxford University Press，1979：23.

未采用书面形式，但一方已经履行合同主要义务，对方接受的，该合同仍成立。

其次，在合同效力认定方面，我国的民事立法以及相关司法解释逐渐缩小了无效合同的范围。1986 年《民法通则》第 58 条以列举方式列举了七种无效的民事行为[①]，受此影响，在实务中，大量合同动辄被认定为无效合同，既浪费了社会资源，又严重影响了交易效率。《合同法》第 52 条则将无效合同缩限为五种情形。[②] 此后，最高人民法院通过系列司法解释进一步缩小了能够影响合同效力的规范性文件的范围。譬如最高人民法院《关于适用〈中华人民共和国合同法〉若干问题的解释（一）》[以下简称《合同法解释（一）》] 第 4 条规定：合同法实施以后，人民法院确认合同无效，应当以全国人大及其常委会制定的法律和国务院制定的行政法规为依据，不得以地方性法规、行政规章为依据。最高人民法院《关于适用〈中华人民共和国合同法〉若干问题的解释（二）》[以下简称《合同法解释（二）》] 第 14 条规定："合同法第五十二条第（五）项规定的'强制性规定'，是指效力性强制性规定。"最高人民法院《关于当前形势下审理民商事合同纠纷案件若干问题的指导意见》第 15 条认为："正确理解、识别和适用合同法第五十二条第（五）项中的'违反法律、行政法规的强制性规定'，关系到民商事合同的效力维护以及市场交易的安全和稳定。人民法院应当注意根据《合同法解释（二）》第十四条之规定，注意区分效力性强制规定和管理性强制规定。违反效力性强制规定的，人民法院应当认定合同无效；违反管理性强制规定的，人民法院应当根据具体情形认定其效力。"《民法典》吸纳了上述司法解释的基本立场，于第 153 条规定：违反法律、行政法规的强制性规定的民事法律行为无效。但是，该强制性规定不导致该民事法律行为无效的除外。

2. 严格区分了合同的无效和可撤销

可撤销合同主要是意思表示不真实的合同，依据合同法规定，如果当事人仅提出变更合同而未提出撤销合同，则法院不能撤销合同，这就可以尽可能在保持合同效力的前提下，变更合同的条款而不是撤销合同，从而有利于鼓励交易，并减少因撤销合同、返还财产所造成的损失和浪费。对于欺诈、胁迫或乘人之危而订立的合同，并不认为其是当然无效的合同，而是允许受害人提出撤销的要求，即可以根据受害人的自愿而使合同有效，从而鼓励交易。

以受欺诈而为民事行为为例，依照 1986 年《民法通则》第 58 条的规定，一方以欺诈、胁迫的手段或者乘人之危，使对方在违背真实意思的情况下所为的行为属于无效行为，而依据《合同法》第 52 条、第 54 条的规定，一方以欺诈、胁迫的手段或者乘人之危，使对方在违背真实意思的情况下订立的合同，属于可撤销可变更合同，只有一方以欺诈的手段订立合同，同时损害国家利益时才属于无效合同。《民法典》第 148 条将因受欺诈而实施的民事法律行为均规定为可撤销的民事法律行为。

3. 在合同的解释与漏洞补充方面

《合同法》第 125 条规定了合同解释制度，明确了合同解释的标准、方法、规则等，该制度的确立，有效改变了以往实务中动辄因合同内容不明确将合同按无效处理的做法。《合同法》第

---

① 1986 年《民法通则》第 58 条规定："下列民事行为无效：（一）无民事行为能力人实施的；（二）限制民事行为能力人依法不能独立实施的；（三）一方以欺诈、胁迫的手段或者乘人之危，使对方在违背真实意思的情况下所为的；（四）恶意串通，损害国家、集体或者第三人利益的；（五）违反法律或者社会公共利益的；（六）经济合同违反国家指令性计划的；（七）以合法形式掩盖非法目的的。"

② 该五种情形是指："（一）一方以欺诈、胁迫的手段订立合同，损害国家利益；（二）恶意串通，损害国家、集体或者第三人利益；（三）以合法形式掩盖非法目的；（四）损害社会公共利益；（五）违反法律、行政法规的强制性规定。"

61条、第62条等确立了合同漏洞补缺制度。根据该制度，如生效合同中，当事人就质量、价款或者报酬、履行地点等内容没有约定或者约定不明确的，可以协议补充；不能达成补充协议的，按照合同有关条款或者交易习惯确定。如仍不能确定，可依照《合同法》第62条等规定予以明确。例如，当事人没有约定标的物的交付期限或者约定不明确的，应依据《合同法》第139条确立的规则处理：适用《合同法》第61条、第62条第4项的规定。具体而言，首先可由当事人协议补充；不能达成补充协议的，按照合同有关条款或者交易习惯确定；按照合同有关条款或者交易习惯仍无法确定的，债务人可以随时履行，债权人也可以随时要求履行，但应当给对方必要的准备时间。

4. 严格限制了合同解除权的行使

依据《合同法》第93条、第94条、第96条的规定，在当事人对合同解除权行使条件有约定时，只有在解除合同的条件成就时，解除权人才可以解除合同。如合同没有约定解除权行使的条件，则解除权的行使必须满足《合同法》第94条规定的条件。相对人对解除权有异议的，可以请求人民法院或者仲裁机构确认解除合同的效力。

（三）诚实信用原则

诚实和信用是人与人之间在从事社会活动过程中所应当遵循的基本道德规范，古今中外，概莫能外。在中国，两千多年前的孔子就强调“民以诚而立”，并把“信”作为与仁、义、礼、智并列的儒家道德的基本范畴。

诚实信用升华为法律原则，始自古代罗马法，最初体现在一般恶意辩诉权中。后来，它被吸纳为民法的重要准则之一，最为明显的是德国。在《德国民法典》制定时期，经济危机与社会动乱使得经济关系混乱不堪，立法上更加注重道德规范的调节功能，《德国民法典》专为合同设立了比罗马法和法国民法伸缩性更大、适应性更强的诚实信用原则，其实质在于授予法院较大的自由裁量权，与法国合同法中对法官裁判的严格限制形成较鲜明的对比。① 在国际合同法的新成果——包括中国在内的63个成员国组成的国际统一私法协会精心制定的《国际商事合同通则》中，诚实信用是明文规定的当事人不得排除或限制的三项基本原则之一。②《欧洲合同法原则》同样把诚实信用原则作为一项重要原则加以规定。此处的诚实信用原则，并非按不同的国家法律体系中所采用的一般标准来适用。《国际商事合同通则》第1.7条用了“国际贸易中的诚实信用和公平交易”的字句，强调必须按照国际贸易的特殊情况去解释，其要求有可能高于某一国的国内标准。③

从《民法通则》《合同法》《民法总则》到《民法典》，均无一例外将诚实信用原则作为一项重要原则加以规定。《民法典》第5条规定：民事主体从事民事活动，应当遵循诚信原则，秉持诚实，恪守承诺。

《民法典》合同编围绕诚实信用原则丰富和完善了当事人的义务体系，包括先合同义务、附随义务、后合同义务等。譬如依据《民法典》第500条的规定，当事人在订立合同过程中实施恶意磋商、故意隐瞒与订立合同有关的重要事实或者提供虚假情况或者有其他违背诚信原则的行为，造成对方损失时，应当承担赔偿责任。第509条规定：当事人除应当按照约定全面履行自己

---

① 陈小君．合同法学．4版．北京：中国政法大学出版社，2014：2.

② 吴兴光．国际商法．2版．广州：中山大学出版社，2008：36－37.

③ 对外贸易经济合作部条约法律司．国际商事合同通则．北京：法律出版社，1996：8－10.

的义务外，还应当遵循诚信原则，根据合同的性质、目的和交易习惯履行通知、协助、保密等义务。第558条规定：债权债务终止后，当事人应当遵循诚实信用等原则，根据交易习惯履行通知、协助、保密、旧物回收等义务。

（四）公序良俗原则

公序良俗是公共秩序与善良风俗的简称，是现代民法的重要原则。所谓公共秩序，是指依法确立的、维持一般公共生活所必需的秩序，包括社会管理秩序、交通秩序和公共场所秩序等。所谓善良风俗，是指在某区域内，为绝大多数成员所认同并长期信守、内容不违反法律行政法规的习俗与通常做法。

在法国、德国等大陆法系国家，是否遵守公序良俗是直接影响合同效力的重要问题。《法国民法典》第1131条规定："无原因之债，或者基于错误原因或不法原因之债，不发生任何效力。"其第1133条又进一步规定："如原因为法律所禁止，违反善良风俗或公共秩序，此种原因为不法原因。"就是说，如果一个合同违反法律规定，违反善良风俗或公共秩序，它就不发生任何效力。无论一个法律制度对合同自由原则多么遵从，它也要拒绝履行与法律或良好道德相冲突、违反公共政策或违反善良风俗或违反公共秩序的合同。德国法学家海因·克茨先生在其《欧洲合同法》第九章"违法与不道德"中，列举了违反公共秩序与善良风俗的几种情况：(1) 与家庭生活和性道德原则冲突；(2) 对个人和经济活动自由的不当限制，包括不竞争约定；等等。

在英美法系，对公序良俗问题，长期的判例法也确立了有关原则：(1) 违反公共政策的协议 (agreement in violation of public policy) 无效。[①] 公共政策是英美法中富于弹性的概念，一般包括联邦以及各州的法规政策或目标，以及公众利益、社会环保要求等等。具体说来，例如不合理地限制贸易、限制竞争的协议，不公平的协议，贿赂或扰乱政府官员的协议，均属此类。(2) 不道德合同 (immoral contract) 无效。这是指违反社会公认的道德标准、若法院予以承认会引起正常人愤慨的合同。凡属以上列举的非法协议，均是无效的，不构成有效合同，其法律后果是既不产生权利，也不产生义务，当事人不能要求履行合同，也不能要求赔偿损失。法院原则上也不允许以无效合同提起诉讼。

在《民法总则》之前，我国民事法律未使用"公序良俗"这一术语，而是使用了"社会公共利益""社会经济秩序""社会公德"等相关概念，譬如：《民法通则》第7条规定，民事活动应当尊重社会公德，不得损害社会公共利益，扰乱社会经济秩序；《物权法》第7条规定，物权的取得和行使，应当遵守法律，尊重社会公德，不得损害公共利益和他人合法权益，《合同法》第7条规定，当事人订立、履行合同，应当遵守法律、行政法规，尊重社会公德，不得扰乱社会经济秩序，损害社会公共利益；等等。

《民法典》沿用了《民法总则》的做法，于第8条明确规定："民事主体从事民事活动，不得违反法律，不得违背公序良俗。"明确将公序良俗上升为《民法典》的基本原则，这是当代法治精神在我国民事基本法中的集中体现。除第8条之外，《民法典》还在两个地方彰显了公序良俗原则的重要地位：一是对于习惯作为民法渊源适用时的限制，于第10条规定："处理民事纠纷，应当依照法律；法律没有规定的，可以适用习惯，但是不得违背公序良俗。"二是将其作为认定民事法律行为效力的重要标准，于第153条第2款明确规定："违背公序良俗的民事法律行为

---

① Robert N. Corley, et al.. Fundamentals of Business Law. 4th edition. N. J.: Prentice Hall Englewood Cliffs, 1986: 200.

无效。”

（五）绿色原则

所谓绿色原则，是指民事主体在从事民事活动时，应当有利于节约资源，保护生态环境。它不仅体现了党的十八大以来的新发展理念，也有利于缓解我国人口与资源、生态之间的矛盾，实现人与自然和谐相处。

《民法典》第9条规定：“民事主体从事民事活动，应当有利于节约资源、保护生态环境。”学界将该规定称为《民法典》的绿色原则，并将其定位为民法基本原则。据此，民事主体在民事活动中负有遵守绿色原则的法定义务；此外，“绿色原则”对民事立法也具有重要的指导作用，合同编作为《民法典》的分编之一，当然应当受到民法基本原则的统领，应当以绿色原则为基本遵循并以此为基础构建起相应的具体规则体系。

《民法典》第509条第3款规定：“当事人在履行合同过程中，应当避免浪费资源、污染环境和破坏生态。”此外，在各有名合同中，也有相关“绿色义务”的规定。譬如，第619条规定：“出卖人应当按照约定的包装方式交付标的物。对包装方式没有约定或者约定不明确，依据本法第五百一十条的规定仍不能确定的，应当按照通用的方式包装；没有通用方式的，应当采取足以保护标的物且有利于节约资源、保护生态环境的包装方式。”第625条规定：“依照法律、行政法规的规定或者按照当事人的约定，标的物在有效使用年限届满后应予回收的，出卖人负有自行或者委托第三人对标的物予以回收的义务。”

本章复习题

【案例1】 甲公司与乙公司依法订立一份总货款为100万元的购销合同。合同约定：甲应向乙给付定金10万元，但甲因资金紧张实际只给付了5万元定金。

问：

（1）本案的定金条款是否成立？为什么？

（2）如乙无故拒绝履行合同义务，应向甲返还多少定金？为什么？

【案例2】 有妇之夫甲婚后多年无子女，经中介介绍认识未婚女乙。甲、乙双方签订委托合同，合同约定：甲委托乙代孕，事成后甲补偿乙50万元。之后，甲、乙两人多次发生性关系，乙怀孕并成功分娩一子。甲支付10万元之后，拒绝支付剩余的40万元。

问：

（1）双方签订的委托合同是否有效？为什么？

（2）乙是否有权要求甲支付40万元？为什么？

（3）乙已经获得的10万元应如何处理？为什么？

参考文献

1. 海因·克茨．欧洲合同法：上卷．周忠海，等译．北京：法律出版社，2001.

2. 对外贸易经济合作部条约法律司．国际商事合同通则．北京：法律出版社，1996.

3. A. G. 盖斯特．英国合同法与案例．张文镇，等译．北京：中国大百科全书出版社，1998.

第二章　合同的成立

本章重点问题

1. 合同的成立概述
2. 要约
3. 承诺
4. 订立合同的其他方式
5. 缔约过失责任

第一节　合同的成立概述

一、合同订立与合同成立的区别

合同的订立是两个或两个以上当事人为意思表示达成合意而成立合同的过程和状态。合同的订立是缔约各方自接触、洽商直至合意的过程，是动态行为与静态协议的统一体。合同的成立是缔约当事人达成合意、合同的主要条款已确定、当事人的权利义务得以固定的状态。合同的成立标志着合同的产生和存在，属于静态协议。本章先讨论合同静态的成立要件，再研究合同动态的缔约过程。

二、合同成立的要件

（一）一般成立要件

合同的一般成立要件有两个：(1) 存在缔约当事人；(2) 当事人对合同主要条款达成合意。合同的成立通常基于当事人的合意，即当事人作出的意思表示一致。这里的意思表示一致，是采用意思主义还是表示主义存在争议。通说认为应采用表示主义，即当事人的合意是指表示内容的一致而非内心意思的一致。当表示行为与内心意思不一致时，影响的是合同的效力问题而非成立问题。无论缔约一方的真实意图是什么，只要一个通情达理的人认为其提出或接受主要条款，而且对方基于这种信念与其达成合同，缔约一方就应受拘束。关于合意的范围，基于合同法鼓励交易的精神，一般而言，对必要之点达成合意，合同即可成立，除非当事人另有约定。所谓合同的必要之点，是指某类合同不可缺少的元素。依据《合同法解释（二）》第 1 条的规定，当事人对合同是否成立存在争议，人民法院能够确定当事人名称或者姓名、标的和数量的，一般应当认定合同成立，但法律另有规定或者当事人另有约定的除外。

（二）特殊成立要件

实践合同的成立，除了需要具备合同成立的一般要件，还需要交付标的物或完成其他现实给付。例如，保管合同的成立除了需要具备一般的成立要件，还需要有寄存人将寄存物交付给保管人这一行为。这种交付行为并非合同的履行，而是合同成立的必要组成行为。

第二节 要 约

合同的订立需要经历一个磋商的过程。当事人订立合同，可以采取要约、承诺方式或者其他方式。合同订立最主要的方式为要约与承诺。

一、要约的含义与构成

要约是希望和他人订立合同的意思表示。发出要约的人为要约人，接受要约的人为受要约人。

（一）要约的构成要件

（1）要约是特定人的意思表示。要约是为了成立合同，只有要约人特定，受要约人才能承诺并成立合同。所谓要约人特定，并不一定要求受要约人实际看到此人，只要要约人是外界客观存在的民事主体即可。

（2）要约包含要约人受拘束的意思。要约是希望和别人订立合同的意思表示，表明一经受要约人承诺，要约人即受该意思表示约束，即要约须有明确的缔约意图。

（3）要约的内容具有确定性。即要约须具备成立合同的最低限度内容。

（4）要约须向相对人发出。要约的发出方式包括口头形式、书面形式和其他形式，如通过电话、信函、电报、传真以及现物要约的方式作出。依据相对人的不同，要约可以分为特定要约和公众要约。

据此，自动售货机的设置符合要约的构成要件。首先，自动售货机的设置是特定人所为的，虽然消费者不能从要约本身确知该特定人是谁。其次，设置机器的特定人有受拘束的意旨。因为设置机器的人知道，一旦消费者按指示投币入机，即完成承诺行为，整个合同的成立及履行便可由机器自动完成。因此，其设置行为客观上表明了其愿意与投币人达成合同。再次，自动售货机的内容是确定的，消费者可以选择商品的种类和数量。最后，自动售货机的设置属于公众要约，向不特定相对人发出。

（二）要约与要约邀请

要约邀请是希望他人向自己发出要约的表示。《民法典》第 473 条规定，拍卖公告、招标公告、招股说明书、债券募集办法、基金招募说明书、商业广告和宣传、寄送的价目表等为要约邀请。其中，寄送商品价目表是商品生产者推销商品的一种方式，其中虽然含有希望订立合同的意思，但并不包含行为人一经承诺即受拘束的意旨，而是希望对方向自己提出要约，因此属于要约邀请。而商业广告的目的在于宣传商品的优越性，并以此引诱顾客选购其商品。因此一般而言，商业广告属于要约邀请。但若广告中内容确定，又含有广告人愿意受拘束的意旨，应视作要约。实务中，若广告中出现“保证现货供应”“先来先买”的表述或含有确切的期限保证供货等内容，即表明广告中含有受拘束的意旨，应为要约。

要约与要约邀请的区别在于，要约是旨在订立合同的具有法律意义的意思表示，而要约邀请仅仅表达邀请他人向自己提出订立合同的要约的意思，是订立合同的预备行为。要约中，要约人有愿意承受要约拘束的意旨，一旦对方承诺，合同成立即无可选择，且要约的内容具有确定性；而要约邀请中，要约邀请人有决定承诺与否的自由。

二、要约的法律效力

（一）要约的生效时间

在我国，要约的生效采用到达主义。通过对话发出要约的，要约在受要约人了解时生效。要约的到达以客观的标准来衡量，相对人了解要约的内容应结合主客观两方面的情况，应以正常情况下一般人所能理解的要求为解释原则。通过非对话形式发出要约的，要约到达受要约人处，要约生效，且非以受要约人知悉为要件。通过数据电文方式发出要约的，以数据电文进入特定系统为要约的生效时间。发出公众要约的，要约上如载有具体日期，以该日期为准；若要约上无此类表述，则以作出该要约的时间为准。

（二）要约的法律效力

要约的法律效力包括形式拘束力和实质拘束力两个部分。要约的形式拘束力指要约一经生效，要约人即受要约的拘束。对于要约人而言，一旦要约产生约束力，要约人就不得随意变更或者撤销要约。要约的实质拘束力则指要约一经受要约人承诺，合同即成立。

（三）要约的存续时间

要约人因其要约使受要约人有了选择的余地，相应地，要约人会处于一种不安定的状态。因此，相对人的承诺须有时间上的限制，以尽早确定社会经济生活关系。在定有承诺期限的场合，以该确定的期限为准。在未定有承诺期限的场合，要约以对话方式作出的，应当即时作出承诺，但当事人另有约定的除外；要约以非对话方式作出的，承诺应当在合理期限内到达，此处的合理期限应考虑要约人的期待、受要约人的考虑时间、承诺到达的必要时间。

三、要约的撤回、撤销

（一）要约的撤回

要约发出后，要约人有时因另有考虑而撤回要约，以阻止要约发生效力。为兼顾受要约人的利益，要约的撤回有限制条件，即要约撤回的通知必须在要约到达受要约人之前或与要约同时到达。例如，11 月 1 日甲向乙发出一份商业要约信函，要以优惠价购买乙的某种商品。11 月 5 日信函到达乙处。但 11 月 2 日市场行情突变，甲立即用 EMS 发出撤销原要约的信函。该信函于 11 月 4 日到达乙处。由于要约撤回的通知早于要约到达受要约人处，故要约可以撤回。

（二）要约的撤销

受要约人为了承诺有时会做一些准备，如果承认要约人可随意撤销要约，会对相对人造成不当损害。因此，对要约的撤销有必要作一定的限制。首先，在时间上，撤销要约的意思表示以对话方式作出的，该意思表示的内容应当在受要约人作出承诺之前为受要约人所知道；撤销要约的意思表示以非对话方式作出的，应当在受要约人作出承诺之前到达受要约人。其次，要约不属于不可撤销的要约。依据《民法典》第 476 条的规定，不可撤销的要约包括：（1）要约人以确定承诺期限或者其他形式明示要约不可撤销；（2）受要约人有理由认为要约是不可撤销的，并已经为履行合同做了合理准备工作。

四、要约的失效

要约的失效，也称为要约丧失拘束力，指要约人不再受实质拘束力的影响，相对人无从对之承诺而成立契约。要约的失效以要约生效为前提。依据《民法典》第478条的规定，有下列情形之一的，要约失效：（1）要约被拒绝；（2）要约被依法撤销；（3）承诺期限届满，受要约人未作出承诺；（4）受要约人对要约的内容作出实质性变更。有关合同标的、数量、质量、价款或者报酬、履行期限、履行地点和方式、违约责任和解决争议方法等的变更，是对要约内容的实质性变更。

第三节　承　诺

承诺是受要约人向要约人表示其欲使合同成立的意思表示。承诺是相对于拒绝要约而言的。承诺是同意要约从而成立合同，拒绝要约是不同意要约而使要约失效。

一、承诺的构成要件

1. *承诺由受要约人向要约人作出*

依照要约的实质拘束力原则，只有受要约人才取得承诺资格。受要约人为特定人时，承诺由该特定人作出；受要约人为公众时，承诺由不特定人中的任何人作出。承诺应当以通知的方式作出，此种通知既可以用口头形式作出，也可以用书面形式作出，还可以采用行为方式。其中，采用口头、书面形式作出的承诺称为明示的承诺；没有用口头或书面方式而是通过行为方式向要约人表明承诺意思的承诺为默示的承诺。单纯的沉默原则上不构成承诺，即使要约人在要约中表明将沉默作为承诺，也是如此，否则一切的沉默都被看作承诺会引起秩序的混乱。

2. *承诺的内容须与要约相一致*

承诺是受要约人愿意按照要约的全部内容与要约人订立合同的意思表示，原本它须是无保留的，不对要约加入任何新的因素，此所谓“镜像规则”。然而，严格的镜像规则要求承诺须与要约完全一致，过于极端。《民法典》对此作出修正，将对要约内容的变更分为实质性变更与非实质性变更。受要约人对要约的内容作出实质性变更的，为新要约。有关合同标的、数量、质量、价款或者报酬、履行期限、履行地点和方式、违约责任和解决争议方法等的变更，是对要约内容的实质性变更。承诺对要约的内容作出非实质性变更的，除要约人及时表示反对或者要约表明承诺不得对要约的内容作出任何变更外，该承诺有效，合同的内容以承诺的内容为准。

3. *在承诺期限内到达要约人*

承诺应当在要约确定的期限内到达要约人。要约没有确定承诺期限的，承诺应当依照下列规定到达：（1）要约以对话方式作出的，应当即时作出承诺；（2）要约以非对话方式作出的，承诺应当在合理期限内到达。要约以信件或者电报作出的，承诺期限自信件载明的日期或者电报交发之日开始计算。信件未载明日期的，自投寄该信件的邮戳日期开始计算。要约以电话、传真、电子邮件等快速通讯方式作出的，承诺期限自要约到达受要约人时开始计算。

受要约人超过承诺期限发出承诺，或者在承诺期限内发出承诺，按照通常情形不能及时到达要约人的，为新要约；但是，要约人及时通知受要约人该承诺有效的除外。受要约人在承诺期限内发出承诺，按照通常情形能够及时到达要约人，但是因其他原因致使承诺到达要约人时超过承诺期限的，除要约人及时通知受要约人因承诺超过期限不接受该承诺外，该承诺有效。

二、承诺生效与合同成立

承诺到达要约人处时，承诺生效。承诺的法律效力在于，原则上承诺生效时合同成立。但也存在合同成立的例外情况：(1) 当事人采用合同书形式订立合同的，自当事人均签名、盖章或者按指印时合同成立。(2) 当事人采用信件、数据电文等形式订立合同要求签订确认书的，签订确认书时合同成立。当事人一方通过互联网等信息网络发布的商品或者服务信息符合要约条件的，对方选择该商品或者服务并提交订单成功时合同成立，但是当事人另有约定的除外。

对于合同成立的认定，有一定的弹性。《民法典》第 490 条规定，当事人采用合同书形式订立合同的，在签名、盖章或者按指印之前，当事人一方已经履行主要义务，对方接受时，该合同成立；法律、行政法规规定或者当事人约定合同应当采用书面形式订立，当事人未采用书面形式但是一方已经履行主要义务，对方接受时，该合同成立。

三、承诺的撤回

承诺可以撤回，但承诺撤回的通知须在承诺通知到达要约人之前或与承诺同时到达要约人，从而阻止承诺发生法律效力。例如，甲于 11 月 1 日向乙发出一份商业要约信函，要以优惠价购买乙的某种商品。11 月 5 日信函到达乙处。乙于 11 月 6 日回复甲同意与甲订立合同，该承诺 11 月 10 日到达甲处。11 月 9 日，市场行情突变，乙立即用 EMS 发出撤回承诺的信函。该信函于 11 月 10 日与承诺通知同时到达乙处，此时承诺可以撤回。但需要注意的是，承诺可以撤回，但不可以撤销，因为一般而言，承诺一经到达，合同随之成立。

第四节　订立合同的其他方式

除了要约与承诺这种订立合同的方式，还有其他的合同订立方式，包括意思实现、交错要约等。

一、要约与意思实现

承诺是需要向要约人表示的意思，于通知到达要约人处发生效力。在某些情况下，承诺无须通知到要约人，只要有承诺的事实即可。意思实现是指承诺的意思无须向要约人表示，一经作出合同即成立。其立法目的在于简化、便利合同的成立。依据《民法典》第 484 条的规定，承诺不需要通知的，根据交易习惯或者要约的要求作出承诺的行为时生效。

意思实现的构成要件有三：(1) 客观上有承诺的事实。承诺的事实有两种表现形式：其一，行使因合同成立而取得的权利的受领行为，如拆阅现物要约寄来的杂志；其二，履行因合同成立而负担的义务的履行行为，如寄送物品。单纯的沉默，除非当事人之间有特别的约定或者符合交易习惯，否则不可以作为“承诺的事实”。(2) 主观上有承诺意思。意思实现是否需要主观上有承诺意思存在争议。通常认为，需要有承诺意思的存在。所谓意思实现，实际是承诺意思之实现。(3) 由于意思实现不经通知即可对当事人利益产生影响，故只能在特定情况下采用。依据《民法典》的规定，特定的情形包括依据交易习惯或依照要约的要求，如取用酒店冰箱内的饮料等。

意思实现与默示承诺的区别在于，默示承诺属于须经受领的意思表示，作出承诺行为仅使默示承诺成立。如欲发生承诺的效力，还需该承诺行为的通知到达要约人。意思实现则属于无须受领的意思表示，故于承诺行为作出时生效，合同成立，无须另行作出承诺的通知，亦非于承诺的通知到达时生效。

二、交错要约

合同因当事人意思表示一致而成立。在一般情形下，两个意思表示一前一后，在先的意思表示为要约，在后的意思表示为承诺。然而当两个意思表示一致、不存在先后顺序时，合同是否能够据此成立，存在争议。从合意构造上分析，在这种场合不仅有两个意思表示在客观上的合致，也有主观上的合致，即满足缔约当事人对缔约的主要条款达成意思表示一致。承认在此种场合下合同成立，既可以适应交易的需要，也符合当事人的意思。这种当事人采取非直接对话的方式、相互提出两个独立的但内容一致的意思表示的合同成立方式被称为交错要约。交错要约一般出现在异地之间，且要约几乎同时到达对方。交错要约的成立时间是后一要约到达对方当事人处的时间。

第五节　缔约过失责任

一、缔约过失责任概要

一般而言，当事人有缔约自由，也有中断磋商的自由。但若在缔结合同过程中，一方当事人未尽必要的注意义务，致对方当事人遭受损害时，则其可能需要承担民事责任。缔约过失责任是德国学者耶林于1861年提出的理论。耶林认为，法律保护的，并非仅是一个业已存在的契约关系，正在发展中的契约关系也包括在内；否则契约交易将暴露在外，不受保护，使缔约一方当事人成为他方疏忽或不注意的牺牲品。该理论被誉为法学上的伟大发现。[①] 缔约过失责任因此被定义为在订立合同的过程中，处于信赖关系的一方当事人违反先合同义务所承担的责任。

二、缔约过失责任的构成与类型

(一) 构成要件

缔约过失责任的成立，需要具备以下几个要件：(1) 缔约一方违反先合同义务。由于进入缔约过程后，缔约当事人之间存在某种信赖关系，从合同交易外的消极义务范畴，进入合同上的积极义务范畴，其承担的首要义务便是缔约时善尽的必要注意。这种积极的义务进一步发展就是

① 鲁道夫·冯·耶林. 论缔约过失. 沈建峰，译. 北京：商务印书馆，2016.

缔约过失责任的成立基础，即先合同义务。所谓先合同义务是当事人在缔约过程中依照诚实信用原则应履行的义务。一般认为，先合同义务始于要约生效之时，终于合同生效之时，并以诚实信用原则为基础。(2) 相对人受到损失。这里的损失，指的是当事人信赖利益的损失，包括财产的积极减少或消极不增加。(3) 违反先合同义务和该损失之间有因果关系，即该损失由违反先合同义务所引起。至于缔约过失责任是否以过错为成立要件，学理上存在争议。一般认为，缔约过失责任整体受过错原则支配，但于个别场合也承认无过错原则，例如无权代理人的法定无过失责任。

(二) 基本类型

依据当事人违反先合同义务的不同，《民法典》第500条和第501条将缔约过失分为三种主要类型，并以其他违背诚信原则的行为作为兜底。

1. 假借订立合同，恶意进行磋商

尽管合同当事人有磋商自由，对没有达成合意不负责任，但如果一方当事人所为磋商或终止磋商有悖于诚实信用，则要对给对方当事人造成的损失负责。恶意磋商是承担缔约过失责任的重要类型。所谓“恶意”，是指一方当事人在无意与对方达成协议的情况下，开始或继续进行谈判。所谓“假借订立合同”，即没有达成合同之真意。依据《民法典》的规定，恶意磋商分为恶意开始磋商和恶意继续磋商，前者指一方当事人从开始磋商时便不想真正达成一份合同却仍然进行磋商，后者指一方当事人并非自始恶意磋商，而是随着磋商的进展，后来决意不与对方达成合同，但仍继续与对方进行磋商。例如，甲了解到乙有意转让理发店，但甲并没有购买之意。然而，甲为了阻止乙将理发店转让给竞争对手丙，与乙进行长时间的磋商。甲的行为即构成恶意开始磋商。又如，甲想做乙的销售人员，参加了乙组织的培训。后甲发现乙的经营模式极具发展前景，为了掌握乙的生产信息，甲继续与乙磋商并参加培训。甲的行为构成恶意继续磋商。

2. 故意隐瞒与订立合同有关的重要事实或者提供虚假情况

一般而言，在缔约阶段，由于资讯的取得需要成本，各当事人应自行取得必要资讯，不能依赖他人提供，否则缔约会失去效率。尽管缔约磋商容许当事人有所保留，然而由于当事人资讯不平等，在一定条件下根据诚信原则，一方当事人就相关订约的重要事项有向他方提供资讯的义务。因此，缔约一方当事人故意隐瞒与订立合同有关的重要事实或者提供虚假情况时，需承担缔约过失责任。

3. 泄露、不正当地使用商业秘密或者信息

缔约当事人在缔约过程中基于诚实信用原则负有保密义务。当事人对于在订立合同过程中知悉的商业秘密或者其他应当保密的信息，无论合同是否成立，均不得泄露或者不正当地使用。否则，泄露、不正当地使用该商业秘密或者信息，造成对方损失的，应当承担缔约过失责任。

三、缔约过失责任的承担方式

(一) 损害赔偿

缔约过失责任最主要的责任承担方式为损害赔偿，其赔偿范围为当事人的信赖利益损失，即因相信合同能成立而受到的损失。这里的信赖利益损失主要包括两个部分：(1) 直接损失，即受损当事人订约所需要的费用，以及履约准备的费用，例如交通费、鉴定费、勘察设计费、利息等；(2) 间接损失，即受损当事人失去缔约机会的损失。

（二）其他法律后果

除损害赔偿之外，缔约过失责任在个别场合也可体现为其他的法律后果，比如继续履行先合同义务、返还不当得利、合同解除等。例如，依照法律、行政法规的规定经批准或者登记才能生效的合同成立后，有义务办理申请批准或者申请登记等手续的一方当事人未按照法律规定或者合同约定办理申请批准或者未申请登记的，属于其他违背诚实信用原则的行为，此时，法院可以根据案件的具体情况和相对人的请求，判决相对人自己办理有关手续。而在保险合同中，若投保人故意或重大过失不履行如实告知义务，足以影响承保或提高保费的，保险人有权解除合同。

本章复习题

【案例1】 甲厂于2019年10月20日向乙厂发出一份已盖章的订货合同，合同注明：欲订购乙厂玩具一批，总价款50 000元，并要求乙厂10月30日前答复。乙厂接到合同后，于10月29日送达回函，并在合同上盖了章，但在合同中加了一条："价格修改为60 000元。"甲厂收到回函后，对乙厂改动意见不同意，故没有即时回话。不久，乙厂向甲厂送货，甲厂拒绝接收。

问：

（1）乙厂的答复是什么行为？

（2）甲厂是否能拒绝接收货物？

【案例2】 甲于2019年11月1日在报上刊登广告，出售某类石雕，价金500万元。乙回函表示愿以370万元购买。函于11月3日到达甲处。甲复函称愿降到450万元，但乙应于一周内答复。函于11月6日到达乙处。乙未作任何表示。11月26日，甲再致函乙，称愿以400万元出售。当日函到达乙处。乙当即致函甲，称愿以400万元购买。函于11月27日到达甲处。甲发信后获知有人愿意高价购买，即于11月27日发特快专递通知乙撤回信函，信函于11月28日到达乙处。

问：若乙请求甲交付该石雕，转移所有权，是否有理由？

参考文献

鲁道夫·冯·耶林．论缔约过失．沈建峰，译．北京：商务印书馆，2016.

第三章　合同的效力

本章重点问题

1. 合同生效与合同的效力
2. 合同的相对性及其例外
3. 可撤销合同的识别及其类型化
4. 效力待定合同的识别及其类型化
5. 无效合同的识别及其类型化
6. 无效合同的法律后果

无论是在合同理论还是实务中，合同效力一直是合同法的核心问题。只有在合同有效的情况下，才会产生履行、变更、解除以及违约责任的承担等问题，当事人的缔约目的才能实现。

由于《民法典》总则编第六章设“民事法律行为”专章对民事法律行为的生效条件、可撤销民事法律行为及其类型、无效民事法律行为及其类型、民事法律行为无效或被撤销的后果等都作出了明确的体系化规定，因此《民法典》合同编对于“合同的效力”的规定非常简单，只剩下区区不到十个条文，且完全不成体系。这种安排背后的考虑有一定的道理，即可以避免同一部法典内部大量法条的重复。但为了解决立法技术上的问题，放弃对合同编内在体系完整性的追求，付出的代价有点大。为此，《民法典》安排了补救措施，于第508条规定：本编对合同的效力没有规定的，适用总则编第六章第三节的有关规定。在实务中，对于合同效力的考察与认定，除优先适用合同编的相关规定外，应注意总则编第六章第三节“民事法律行为的效力”的相关规定。

第一节　合同生效与合同的效力

一、合同的生效条件与生效时间

（一）合同的生效条件

依据《民法典》第143条、第136条、第158条、第160条等之规定，合同的生效条件可从一般生效条件、特殊生效条件两个不同维度观察。

首先，应当明确的是，《民法典》第143条之规定是合同生效的一般条件，据此，除当事人另有约定或者法律另有规定外，合同只要满足该条规定的以下三个条件即可生效：当事人具有相应的民事行为能力；当事人意思表示真实；合同内容不违反法律、行政法规的强制性规定，不违背公序良俗。

其次，在当事人有特别约定或者法律有特别规定时，合同的生效，除须符合《民法典》第143条之规定外，还需要同时满足当事人的约定或者法律的特别规定。此时，当事人的约定或者法律的特别规定，就是合同生效的特别条件。前者主要是指附停止条件及附始期的合同，后者是指依照法律、行政法规的规定，应当办理批准等手续的合同。①

（二）合同的生效时间

《民法典》第136条规定："民事法律行为自成立时生效，但是法律另有规定或者当事人另有约定的除外。"《民法典》第502条规定，依照法律、行政法规的规定，合同应当办理批准等手续的，依照其规定。

据此，除法律、行政法规另有规定或者当事人另有约定外，依法成立的合同，自成立时生效。

二、合同生效与合同效力

合同的效力，是指当事人订立的合同对当事人产生的法律效力、法律后果。

有学者将合同的效力等同于合同生效的概念，认为只有生效合同才产生合同的法律效力。这种认识是不严谨的。无论合同是否有效，都能对当事人产生一定的法律拘束力。只不过不同效力状态的合同，其法律效力各不相同而已。

有效的合同意味着当事人订立的合同获得了法律的肯定性评价，合同产生当事人预期的法律效力，即当事人须依照合同约定行使权利、履行义务。无效的合同即意味着当事人订立的合同获得了法律的否定性评价，但此时并非意味着合同不发生法律效力，而是合同将产生与当事人预期不一致的结果，当事人应依法承担相应的民事责任。对于可撤销的合同而言，如撤销权人在法定期限内行使撤销权，合同自始无效，合同产生与无效合同相同的法律效力；如撤销权人明确表示放弃撤销权或者在法定期限内不行使撤销权，合同的瑕疵自动获得"治愈"，合同产生与有效合同相同的法律效力。

第二节　合同的相对性及其例外

一、合同的相对性

（一）合同相对性的概念

合同系特定民事主体之间基于意思自治形成的民事权利义务关系。作为一种民事法律关系，合同区别于其他民事法律关系（如物权法律关系）的重要特点，即在于合同效力的相对性。

所谓合同的相对性，是指在一般情形下，合同仅对当事人发生效力，对当事人之外的第三人不发生法律效力。具体而言，只有合同当事人才能向对方主张合同权利，也只有合同当事人才负有合同义务；非依法律的特别规定，第三人原则上既不享有合同权利，也不负有合同义务。

---

① 参见《民法典》第502条的规定。

合同的相对性，既是当事人基于合同享有的权利属于债权的性质的集中体现，也是保护合同当事人之外的不特定多数人行为自由的要求。

（二）合同相对性的内容

通说认为，合同的相对性，主要包括以下三个方面的内容。

1. 合同主体的相对性

合同主体的相对性，是指当事人基于合同享有的权利，一般仅得向相对人主张。反之，当事人亦仅向相对人依约履行合同义务，才发生债务履行的效果。

2. 合同内容的相对性

内容的相对性，是指除法律另有规定、当事人另有约定外，仅当事人才能享有合同所约定的权利，仅当事人才负有合同所规定的义务。在一般情形下，当事人无权为第三人设定义务，第三人也不享有合同权利。

在双务合同中，合同内容的相对性还表现为一方的权利通常就是另一方的义务，彼此之间的权利、义务是相对应的，一方当事人的权利必须依赖于相对人履行义务的行为才能实现。

3. 违约责任的相对性

违约责任的相对性，是指违约责任只能在当事人之间发生。当事人无须向第三人承担违约责任，第三人也无须向当事人承担违约责任。

在实务中，当事人不仅应对自己的违约行为承担责任，还应当对经其同意的债务履行辅助人的行为负责。所谓债务履行辅助人，是指根据债务人的意思辅助其履行债务的人。《民法典》第 593 条明确规定，当事人一方因第三人的原因造成违约的，应当依法向对方承担违约责任。

二、合同相对性的例外

合同效力的相对性，是合同效力的一般状态。随着合同在社会经济运行中功能范围的扩张，社会经济生活对合同的社会功能提出了新的要求。为了回应现实需要，更好地发挥合同的作用，学理、立法均对合同效力的扩张问题进行了积极的探索。合同相对性理论受到越来越多的挑战，立法和司法解释层面均创设了一些合同相对性的例外规则。对于这种现象，既可称之为合同效力相对性的例外，也可称之为“合同的对外效力”或者“合同效力相对性的突破”。

在我国现行合同制度层面，合同效力相对性的例外主要表现在以下几个方面。

（一）买卖不破租赁

为了保护处于相对弱势地位的承租人的合法权益，《民法典》第 725 条明确规定，租赁物在租赁期间发生所有权变动的，不影响租赁合同的效力。

据此，出租方在租赁合同存续期间将租赁物所有权出让给第三方时，租赁合同对租赁物受让人，即租赁物的新所有权人继续有效。此即民法理论上非常有名的“买卖不破租赁”规则，该规则的实质在于扩张了原租赁合同的法律效力，使得承租人依据租赁合同享有的债权，产生了对抗合同当事人之外的第三人（租赁物受让人）的效力。

（二）委托合同中委托人的介入权与第三人的选择权

依据《民法典》第 926 条之规定，受托人以自己的名义与第三人订立合同时，第三人不知道受托人与委托人之间的代理关系的，受托人因第三人的原因对委托人不履行义务，受托人应当向委托人披露第三人，除第三人与受托人订立合同时如果知道该委托人就不会订立合同的以外，委托人因此可以行使受托人对第三人的权利。受托人因委托人的原因对第三人不履行义务，受托人应当向第三人披露委托人，第三人因此可以选择受托人或者委托人作为相对人主张其权利。委托人行使受托人对第三人的权利的，第三人可以向委托人主张其对受托人的抗辩。第三人选定委托人作为其相对人的，委托人可以向第三人主张其对受托人的抗辩以及受托人对第三人的抗辩。

基于《民法典》第926条的规定，在特定情形下，受托人与第三人之间的合同效力可扩张至委托人，对委托人发生法律效力。一方面，委托人可介入受托人与第三人之间的合同，行使受托人对第三人的权利；另一方面，第三人也可选择委托人作为相对人向其主张其权利。这也是对合同相对性的一种突破。

（三）债的保全

债的保全措施主要包括债权人代位权和债权人撤销权。前者是指在债务人怠于行使其对第三人的权利并有损债权时，债权人得以自己的名义行使该权利，请求第三人履行义务。后者则是指在债务人为逃避债务实施将自身财产无偿赠与或以不合理的低价转让给第三人等民事法律行为时，债权人得向法院申请撤销该法律行为。债务人的财产为债权的一般担保，也称为"责任财产"，所以债的保全，也可称为"责任财产保全"。

《民法典》第535条、第538条、第539条等规定了债权人代位权和债权人撤销权，并作了进一步完善。譬如，将债权人可行使代位权的权利由到期债权扩展至全部债权及担保物权等"有关的从权利"；将债权人行使撤销权的前提条件之一由"对债权人造成损害"这一模糊的表述变更为"影响债权人的到期债权实现"的明确表述。

代位权主要针对债务人消极不行使债权的行为，撤销权针对债务人积极实施的危及债权实现的行为。无论是哪一种保全行为，债权人均须向债务人以外的第三人进行主张或请求，第三人之权利也因此受到影响，故又称之为债权的对外效力。

（四）利益第三人合同

利益第三人合同，是指订约人并非为自己，而是为第三人设定权利的合同。与普通合同相比，利益第三人合同具有以下几个方面的特殊性：(1) 第三人不是合同当事人，他既不必自己在合同上签字，也不需要委托代理人参与缔约。(2) 该类合同只能为第三人设定权利，而不得为第三人设定义务。(3) 该类合同的订立，事先无须通知第三人，也无须征得第三人的同意。

《合同法》对利益第三人合同没有专门作出规定①，《民法典》第522条第2款规定："法律规定或者当事人约定第三人可以直接请求债务人向其履行债务，第三人未在合理期限内明确拒绝，债务人未向第三人履行债务或者履行债务不符合约定的，第三人可以请求债务人承担违约责任；债务人对债权人的抗辩，可以向第三人主张。"我们认为，该规定正式确立了真正的利益第三人合同。

利益第三人合同属于利他合同的一种，如果债务人不履行义务，第三人和债权人均可以请求其承担责任。正是由于第三人利益合同将合同效力扩张于第三人（受益人），所以，此类合同也是合同相对性的一种例外。

---

① 有学者认为，《合同法》第64条是对利益第三人合同的规定。我们认为，第64条规定的并非利益第三人合同，因为根据该条规定，第三人对债务人根本不能取得任何权利，债务人不履行或者不适当履行义务时应向债权人，而非向第三人承担违约责任，第三人只是债权人的履行辅助人。第三人并不享有直接请求债务人向自己承担违约责任的权利。

（五）建设工程施工合同分包人的连带责任

《民法典》第791条第2款规定："总承包人或者勘察、设计、施工承包人经发包人同意，可以将自己承包的部分工作交由第三人完成。第三人就其完成的工作成果与总承包人或者勘察、设计、施工承包人向发包人承担连带责任。……"最高人民法院《关于审理建设工程施工合同纠纷案件适用法律问题的解释》第25条规定："因建设工程质量发生争议的，发包人可以以总承包人、分包人和实际施工人为共同被告提起诉讼。"

这里的"第三人"是指分包人，分包人与承包人之间具有合同关系，但与发包人之间并无合同关系，为了保证建设工程质量，增强承包人和分包人的责任心，法律特别规定，在建设工程出现质量问题时，由分包人与承包人对发包人承担连带责任，也突破了合同效力的相对性。

（六）发包人对实际施工人的责任

最高人民法院《关于审理建设工程施工合同纠纷案件适用法律问题的解释》第26条规定："实际施工人以转包人、违法分包人为被告起诉的，人民法院应当依法受理。实际施工人以发包人为被告主张权利的，人民法院可以追加转包人或者违法分包人为本案当事人。发包人只在欠付工程价款范围内对实际施工人承担责任。"

很显然，发包人与实际施工人之间并不存在建设工程施工合同关系，但在司法实务中，当实际施工人未足额获得工程价款时，实际施工人通常会选择将发包人作为被告，如发包人不能举证证明自己不存在"欠付工程价款"的事实，发包人就需要在"欠付工程价款"范围内对实际施工人承担责任。

（七）单式联运合同

《民法典》第834条规定："两个以上承运人以同一运输方式联运的，与托运人订立合同的承运人应当对全程运输承担责任；损失发生在某一运输区段的，与托运人订立合同的承运人和该区段的承运人承担连带责任。"

譬如，托运人甲和承运人乙签订了一个货物运输合同，约定由乙全程使用公路运输方式将货物从广州运至武汉。乙将货物运至长沙后，将剩余路段的运输任务交给丙负责。后来，在长沙至武汉之间的运输区段发生交通事故，致货物发生损失。此时，虽然实际承运人丙与托运人甲之间并无合同关系，但丙仍需和乙一起对甲承担连带赔偿责任。这就是对合同相对性的突破。

第三节　可撤销的合同及其类型化

一、撤销与撤销权

"撤销"一词，在民法上有广泛的适用范围，包括意思表示的撤销、法律行为的撤销、非法律行为的撤销等多种情况。[①] 可撤销合同中所说的"撤销"，是指合同当事人依法撤销在本人意思表示不真实的基础上所订立的合同，并使该合同有溯及力地归于无效的行为。

在民法理论上，撤销权是指权利人以其单方的意思表示变更或者撤销已经成立的民事行为

---

① 王利明．民商法研究：第7辑．北京：法律出版社，2009：66.

的权利，撤销权人只需将其意思表示通知相对人，无须取得相对人同意，即可引起民事关系的变更或者消灭，其性质一般为形成权。但是，“可撤销合同”中的撤销权应当属于一种请求权而非形成权，因为撤销权人不能以自己单方的行为撤销合同，而必须向有权机关（法院或者仲裁机构）提出申请，由后者就其申请的合法性依法作出裁决。

二、可撤销合同及其类型

（一）可撤销合同的界定

所谓“可撤销合同”，又称“相对无效合同”，是指合同当事人在意思表示方面存在瑕疵而可能使自己遭受重大不利、其有效与否取决于撤销权人是否行使撤销权的合同。如权利人依法行使撤销权，则合同有溯及力地归于无效；如撤销权人明确表示放弃撤销权或者未在法定期间内行使撤销权，则合同为有效合同。因此，该类合同也可被称为“相对有效合同”。

（二）可撤销合同的主要类型

依据《民法典》第147～151条[①]的规定[②]，可撤销合同主要包括以下几种情形。

1. 因重大误解订立的合同

依据《民法典》第147条的规定，基于重大误解所签订的合同，当事人有权请求人民法院或者仲裁机构予以撤销。因此，识别该类合同的关键在于对“重大误解”的理解。

依照最高人民法院《关于贯彻执行〈中华人民共和国民法通则〉若干问题的意见（试行）》（以下简称《民通意见》）第71条的规定，“行为人因对行为的性质、对方当事人、标的物的品种、质量、规格和数量等的错误认识，使行为后果与自己的意思相悖，并造成较大损失的，可以认定为重大误解”。据此，判断一个意思表示是否构成重大误解，应当从三个方面加以考察：一是表意人是否存在重大误解；二是表意人是否因重大误解陷入错误；三是表意人是否遭受较大损失。三个条件，缺一不可。

2. 因受欺诈订立的合同

因受欺诈订立的合同，“谓依他人之欺骗行为陷入错误而为之意思表示”[③]，并在此基础上订立的合同，它是在缔约人意思表示不真实的基础上产生的合意。

民法上的“欺诈”，是一个内涵丰富而又复杂的问题。就民法整体而言，可分为侵权法上的欺诈与法律行为制度中的欺诈；在法律行为内部，与欺诈有关的行为，又可分为欺诈行为、受欺诈的表意行为和基于欺诈意图的意思表示行为。[④]

《民通意见》第68条规定：“一方当事人故意告知对方虚假情况，或者故意隐瞒真实情况，诱使对方当事人作出错误意思表示的，可以认定为欺诈行为。”

在实务中，应注意区分相对人欺诈与第三人欺诈。对于前者，《民法典》第148条规定：“一

---

① 《合同法》第54条也有类似的规定。

② 依《民法通则》第58条的规定，受欺诈、胁迫而为的民事行为为绝对无效民事行为。依据《合同法》第54条第2款的规定，以欺诈、胁迫手段使对方违背真实意思订立的合同为可撤销合同；但《合同法》第52条第1款又将以欺诈、胁迫手段订立的损害国家利益的合同规定为绝对无效合同。《合同法》的这种差别性规定虽然受到一些学者的批评，但却是在合同法实践中应当注意的。

③ 史尚宽．民法总论．北京：中国政法大学出版社，2000：381.

④ 董安生．民事法律行为．北京：中国人民大学出版社，2002：133.

方以欺诈手段，使对方在违背真实意思的情况下实施的民事法律行为，受欺诈方有权请求人民法院或者仲裁机构予以撤销。”对于后者，应适用《民法典》第 149 条的规定，即“第三人实施欺诈行为，使一方在违背真实意思的情况下实施的民事法律行为，对方知道或者应当知道该欺诈行为的，受欺诈方有权请求人民法院或者仲裁机构予以撤销”。

3. 因受胁迫订立的合同

因受胁迫而订立的合同，是指合同一方当事人因受胁迫而产生惧怕作出违反其本意的意思表示并以此为基础成立的合同。

罗马法在合同领域最早确认：胁迫促成的意思具有不完善性。罗马法学家将胁迫区分为两类：一是物质胁迫，又称绝对胁迫，是指对人身施加的胁迫，即暴力，这种胁迫绝对排除他人意愿，这种暴力下的行为无效；二是精神胁迫，又称“恐吓”、“对心素施加的胁迫或强制”或者“受限制的自愿”，是指为迫使某人实施行为而施加的胁迫，即被胁迫人不绝对排除意愿，而是因为害怕才自愿实施行为。罗马法并不使精神胁迫所引起的行为当然无效，而是给予特定救济。在早期，由法官在善意审判中将其作为考虑的因素；在共和国末年，开始引入纠正措施，由审判官引进“恐吓之诉”“恐吓抗辩”。“恐吓之诉”不是以不名誉作为处罚，而是要求胁迫人及任何取得权利的第三人返还原物，因此又被称为“确定事实之诉”，如果拒绝返还，可判罚 4 倍罚款。①

依照《民通意见》第 69 条的规定，以给公民及其亲友的生命健康、荣誉、名誉、财产等造成损失或者以给法人的荣誉、名誉、财产等造成损害为要挟，迫使对方作出违背真实的意思表示的，可以认定为胁迫行为。

据此，所谓胁迫，是指向合同订立过程中的当事人施加的迫使其因担心人身或者财产面临重大而紧迫的危害而不得已作出违反其真实意思表示的行为。换言之，胁迫是同时具备以下要件的言行：(1) 是合同当事人一方故意实施的；(2) 该行为指向的对象是相对人或其近亲属；(3) 该行为足以使相对人产生惧怕，并因惧怕而作出不真实的意思表示；(4) 该行为是非法的。

在实务中，胁迫不仅可能来自合同关系当事人，还可能来自第三人。对于来自第三人的胁迫，英美法采取与第三人欺诈相同的处理原则，即对于第三人实施的胁迫，只有在合同相对人知道或者应当知道该胁迫行为时，受胁迫方才可以请求法院或者仲裁机构予以撤销。《民法典》未区分当事人胁迫与第三人胁迫，而是规定了相同的处理规则，即受胁迫方有权请求人民法院或者仲裁机构予以撤销。我们认为，对于源自第三人的胁迫，应当区分相对人是否知道或者应当知道该胁迫行为的存在分别适用不同的处理规则，否则，对相对人不公平。

4. 成立时即显失公平的合同

因显失公平而产生的合同，是指合同当事人一方利用优势或者利用对方无经验、处于危困状态等订立的，致使民事法律行为成立时即显失公平的合同。

显失公平制度起源于罗马法后期。当时金钱持续贬值，影响了交易的正常进行，特别是由于道德哲学与神学的影响，法学认为任何物都有合理价值，由此，查士丁尼制定法典时创制了“短少逾半规则”。根据该规则，于买卖价格少于标的物价值一半时，出卖人可解除合同、返还价金而请求标的物；反过来，买受人可补足全部标的物的价格而维持买卖合同。②

从因果关系的角度看，之所以出现“显失公平”这个“果”，往往是存在“合同当事人一方

---

① 彼德罗·彭梵得．罗马法教科书．黄风，译．北京：中国政法大学出版社，1992：74－76.

② 王泽鉴．民法总则．北京：中国政法大学出版社，2001：254.

利用优势或者利用对方无经验、处于危困状态等”这个“因”。正因如此，传统的大陆法系民法学者认为，显失公平与乘人之危是构成暴利行为（显失公平）的客观要件和主观要件。我国也有许多学者认为显失公平与乘人之危是难以区分的，“因为显失公平是个相对的概念，特定的权利义务分配关系，对这个人来说可能是显失公平，对另外一个人来说就可能不是显失公平。从这个意义上说，只有把造成显失公平的原因考虑进去，法律才能进行准确的评价”①。

这种主张在现行民事立法中也有所体现，如《民通意见》第 72 条规定：“一方当事人利用优势或者利用对方没有经验，致使双方的权利、义务明显违反公平、等价有偿原则的，可以认定为显失公平。”《民法典》第 151 条继受了《民通意见》第 72 条的内容，进一步将“一方利用对方处于危困状态、缺乏判断能力等情形”列为可能造成显失公平的原因，赋予受害方请求人民法院或者仲裁机构撤销合同的权利。

三、合同被撤销的法律后果

（一）撤销权的行使

1. 撤销权人

所谓撤销权人，是指依法享有撤销权的人。依据《民法典》第 147～151 条的规定，该撤销权人是指被撤销合同的当事人。

具体而言，对于因重大误解订立的合同，撤销权人是指“行为人”，即“重大误解的当事人”。对于因受欺诈、受胁迫订立的合同，撤销权人是指“受欺诈方”“受胁迫方”。对于成立时即显失公平的合同，撤销权人是指“受损害方”。

2. 撤销权行使的期限

为了避免撤销权人滥用撤销权，《民法典》对撤销权的行使期限作出了限制性规定。依据《民法典》第 152 条第 1 款的规定，对于因受欺诈订立的合同以及成立时即显失公平的合同，当事人自知道或者应当知道撤销事由之日起 1 年内没有行使撤销权的，撤销权消灭；对于因受胁迫订立的合同，自胁迫行为终止之日起 1 年内没有行使撤销权的，撤销权消灭；对于因重大误解订立的合同，重大误解的当事人自知道或者应当知道撤销事由之日起 90 日内没有行使撤销权的，撤销权消灭。

同时，《民法典》第 152 条第 2 款规定：“当事人自民事法律行为发生之日起五年内没有行使撤销权的，撤销权消灭。”

由于期间届满的法律后果是“撤销权消灭”，因此，上述期间属于除斥期间，不适用有关时效中止、中断和延长等规定。

（二）合同被撤销后的法律后果

依据《民法典》第 157 条的规定，除法律另有规定外，民事法律行为无效、被撤销或者确定不发生效力后，行为人因该行为取得的财产，应当予以返还；不能返还或者没有必要返还的，应当折价补偿。有过错的一方应当赔偿对方由此所受到的损失；各方都有过错的，应当各自承担相应的责任。因此，合同被撤销后的法律后果主要包括以下几个方面。

---

①　王家福．中国民法学·民法债权．北京：法律出版社，1991：351.

1. 合同自始无效

表意人以意思表示错误为理由主张撤销其意思表示并得到有权机关核准时，基于该意思表示所产生的合意（合同）视为自始无效、确定无效。当事人各方应按照无效合同的规定承担相关民事责任。

2. 返还或者折价补偿

合同被撤销后，行为人因该行为取得的财产，应当予以返还；不能返还或者没有必要返还的，应当折价补偿。

3. 表意人承担相应的赔偿责任

表意人撤销其意思表示时，对于因信其意思表示有效而遭受损害的相对人，应承担相应的赔偿责任。此处所谓“相应的”责任，是指与行为人的过错相适应的责任。如系一方有过错，有过错的一方应当赔偿对方由此所受到的损失；如系各方都有过错，应当各自承担相应的责任。

按照《合同法》第113条第2款的规定，经营者对消费者提供商品或者服务有欺诈行为的，依照《中华人民共和国消费者权益保护法》（以下简称《消费者权益保护法》）的规定承担损害赔偿责任。《消费者权益保护法》第55条第1款规定：“经营者提供商品或者服务有欺诈行为的，应当按照消费者的要求增加赔偿其受到的损失，增加赔偿的金额为消费者购买商品的价款或者接受服务的费用的三倍；增加赔偿的金额不足五百元的，为五百元。法律另有规定的，依照其规定。”

值得研究的是，《消费者权益保护法》规定的惩罚性赔偿适用的前提究竟是有效合同还是无效合同。有人认为：“惩罚性损害赔偿的适用应以合同有效为前提。因为合同被确认无效后，双方不存在合同关系，当事人应当恢复到合同订立之前的状态。受欺诈人可以请求获得赔偿的损失应当为其在合同订立之前的状态与其现有状态之间的差价。这就是我们所说的信赖利益的损失。如果在无效情况下还仍然获得惩罚性损害赔偿，那就意味着双方并没有恢复到原有状态，受害人获得了一笔额外的收入。”① 我们认为，该观点就合同无效及其后果的分析虽然有一定道理，但其将惩罚性损害赔偿的适用限于有效合同的主张却值得商榷。

依据《民法典》第148条的规定，消费者在受到欺诈时，既有权通过行使撤销权，使合同归于无效，也有权放弃撤销权，使合同有效。这是消费者依法享有的选择权。但无论消费者作出何种选择，不应影响他依据《消费者权益保护法》的特别规定主张惩罚性赔偿的权利。只有这样理解，才符合《消费者权益保护法》第55条的立法目的，即制裁消费领域的各种欺诈行为，增加经营者实施不法行为的成本，最大限度地保护消费者的合法权益。

第四节 效力待定合同的识别及类型化

一、效力待定合同的识别

（一）效力待定合同的界定

所谓效力待定合同，是指在成立时效力处于不确定状态、需依据特定第三人同意或者拒绝

① 王利明. 民商法研究：第7辑. 北京：法律出版社，2009：88.

的意思表示来确定其效力的合同。

效力待定合同具有以下法律特征：(1) 其在成立时既非无效，也非有效，而是处于不确定的效力状态。(2) 其效力的确定不是取决于缔约当事人，而是取决于特定第三人；该第三人在学理上称为同意权人或者追认权人，他对该合同享有同意或者拒绝的权利；相对于该效力待定合同而言，第三人所为的同意或拒绝的意思表示行为在性质上可称为“辅助民事行为”。(3) 其效力发展方向存在多种可能性：如同意权人同意，合同自始有效；如同意权人拒绝同意，合同自始无效。

（二）效力待定合同与可撤销合同之间的区别

效力待定合同和可撤销合同在效力上都存在瑕疵，这是两者的相似之处。同时，两者之间的区别也是明显的，这也是《民法典》分别设立不同规则予以调整的原因。

效力待定合同与可撤销合同之间的区别，主要表现在：

(1) 两者的效力状态不同。可撤销合同在被撤销之前是有效合同，而效力待定合同在被同意、追认之前处于效力不确定的状态。

(2) 影响合同效力的主体范围不同。可撤销合同中的撤销权人一般为合同当事人，而效力待定合同中的同意权人为合同当事人之外的第三人。

(3) 权利人行使权利的后果不同。撤销权人行使撤销权的，合同归于无效，且是自始无效；同意权人行使同意权的，合同自始发生效力。

（三）效力待定合同与无效合同之间的区别

效力待定合同与无效合同之间的区别，主要表现在：

(1) 两者的效力状态不同。效力待定合同在被同意之前，效力处于不确定状态；而无效合同则是自始无效、确定无效。

(2) 权利人的态度对合同效力的影响力不同。对效力待定合同而言，同意权人的意思表示决定了合同效力的发展方向；而无效合同是当然无效，无论当事人是何种意愿，合同都依法无效。

二、效力待定合同的主要类型

在《合同法》时代，效力待定合同主要包括三种情形，即限制行为能力人所订立的合同、无权代理人所订立的合同以及无权处分人所订立的合同。[①] 依据《民法典》第 597 条的规定，无权处分人所订立的合同为有效合同，因此，进入《民法典》时代之后，效力待定合同主要是指前两种情形[②]。

（一）限制行为能力人所订立的合同

依据《民法典》第 145 条[③]的规定，限制民事行为能力人实施的纯获利益的民事法律行为或者与其年龄、智力、精神健康状况相适应的民事法律行为有效；实施的其他民事法律行为经法定

---

① 有学者认为，效力待定行为还包括未经通知或者未经同意的债的转让，其依据是《民法通则》第 91 条，《合同法》第 79 条、第 80 条、第 84 条、第 88 条等。魏振瀛．民法．北京：北京大学出版社，高等教育出版社，2000：167；龙卫球．民法总论．北京：中国法制出版社，2002：528.

② 依据《合同法》第 51 条的规定，无权处分行为人订立的合同，为效力待定合同。该规定入法二十多年来，一直备受争议。最高人民法院《关于审理买卖合同纠纷案件适用法律问题的解释》第 3 条实质上否定了该规则。《民法典》第 597 条之规定继受了该司法解释的内容，其第 1 款规定：“因出卖人未取得处分权致使标的物所有权不能转移的，买受人可以解除合同并请求出卖人承担违约责任。”

③ 《民法典》该条的规定与《合同法》第 47 条的规定基本一致。

代理人同意或者追认后有效。

由此可见，对于限制行为能力人所订立的合同，其效力可分为两种情况。在一般情形下，由于限制行为能力人的民事行为能力受到限制，所以，他们所订立的合同原则上需要经法定代理人追认，属于效力待定合同。但考虑到这类人毕竟已经具有一部分民事行为能力，因此他们订立的纯获利益的合同或者与其年龄、智力、精神健康状况相适应的合同，不必经法定代理人追认，当然有效。

为了避免“一般情形”下相关合同效力长期处于不确定状态，实现当事人之间的权利与义务关系的平衡，《民法典》第145条在明确规定限制行为能力人的法定代理人享有追认权的同时，赋予相对人催告权和撤销权，其第2款规定：“相对人可以催告法定代理人自收到通知之日起三十日内予以追认。法定代理人未作表示的，视为拒绝追认。民事法律行为被追认前，善意相对人有撤销的权利……”

（二）无权代理人所订立的合同

无权代理包括狭义的无权代理和表见代理。前者是指代理人的行为不仅实质上未得到本人的授权，而且其行为也不具有使善意第三人相信其有代理权的外部表征，可将其称为“表里如一的无权代理”；后者是指代理人的行为虽然未得到本人的授权，但其行为具有使善意第三人相信其有代理权的外部表征，可将其称为“表里不一的无权代理”。这里所说的无权代理仅指狭义上的无权代理。

依据《民法典》第171条之规定，狭义的无权代理主要包括三种情形：(1) 行为人没有代理权，即行为人未经授权而代理他人订立合同。(2) 行为人超越代理权限而订立合同，即代理人虽然获得了本人的授权，但订立的合同超越了本人的授权范围。(3) 行为人在代理权终止后以本人名义订立合同，即代理人虽然获得了本人的授权，但在代理权终止以后以本人名义订立合同。此外，依据《民法通则》第68条的规定，未经被代理人事先同意的无权复代理行为也是效力待定的行为，被代理人有追认权。

对于无权代理人订立的合同，《民法通则》明确本人享有追认权，但未赋予相对人催告权，也未规定相对人享有撤销权。该规则安排难称妥当，当本人怠于行使追认权时，相对人可能只能被动等待，而难以主动有所作为，这既不利于保护相对人合法权益，也难以保护交易安全。

针对《民法通则》的不足，《合同法》《民法典》作了积极的回应。依据《合同法》第48条、《民法典》第171条的规定，对于行为人没有代理权、超越代理权或者代理权终止后以被代理人名义订立的合同，相对人可以催告被代理人在一个月内予以追认。合同被追认之前，善意相对人享有撤销的权利。

《民法典》第171条还进一步明确规定：行为人实施的行为未被追认的，善意相对人有权请求行为人履行债务或者就其受到的损害请求行为人赔偿，但是赔偿的范围不得超过被代理人追认时相对人所能获得的利益。但相对人知道或者应当知道行为人无权代理的，相对人和行为人应按照各自的过错承担相应的责任。

（三）无权处分人所订立的合同

所谓处分行为，是指使某种民事权利发生、变更或者消灭的行为。无权处分行为，是指无处分权人以自己名义对于他人权利标的而为的处分行为。毫无疑问，这里所说的“处分”，限于法律上的处分，包括财产的赠与、出让、互易、设定权利负担等。财产处分行为会引起有关权利的产生、变更和消灭。为了维护权利人的利益、第三人的利益以及交易安全，处分权的行使应当受到一定限制。

《民法通则》没有明确规定无权处分问题。1984年8月30日公布的最高人民法院《关于贯彻执行民事政策法律若干问题的意见》第55条规定，非所有权人出卖他人房屋的，应废除其买卖关系。部分共有人未取得其他共有人同意，擅自出卖共有房屋的，应宣布买卖关系无效。《民通意见》第89条规定："共同共有人对共有财产享有共同的权利，承担共同的义务。在共同共有关系存续期间，部分共有人擅自处分共有财产的，一般认定无效。但第三人善意、有偿取得该项财产的，应当维护第三人的合法权益；对其他共有人的损失，由擅自处分共有财产的人赔偿。"在这两项司法解释中，无权处分行为一般被认定为无效民事法律行为。

《合同法》第51条规定："无处分权的人处分他人财产，经权利人追认或者无处分权的人订立合同后取得处分权的，该合同有效。"[①] 据此，无处分权的人订立的合同在以下两种情况下是有效的：(1) 经权利人追认。该"权利人"是对财产享有处分权的人，依照《合同法》第132条之规定，包括所有权人和有权处分人。[②] (2) 无处分权人订立合同后取得处分权，即行为人未事先取得处分权，但在订立合同后，基于继承、买卖、受赠等原因取得了处分权。

对于《合同法》第51条与最高人民法院《关于审理买卖合同纠纷案件适用法律问题的解释》第3条的关系，学界认识存在分歧。一种观点认为：后者创设的是出卖未来之物的法律规则，同时属于对《合同法》第132条第1款"出卖的标的物，应当属于出卖人所有或者出卖人有权处分"的反面解释结论，并未实质改变《合同法》第51条的"效力待定说"，且不适用于出卖他人之物的场合。[③] 另一种观点则认为，后者是对无权处分情形下买卖合同效力以及违约救济之规定，旨在依据《物权法》第15条关于物权变动原因与结果区分原则之规定精神，理顺《合同法》第51条与第132条的关系。[④]

第五节 无效合同及其法律后果

一、无效合同的界定

民法理论认为，无效民事法律行为可从广义和狭义两个层面来认识。从广义的层面看，无效民事法律行为是指欠缺民事法律行为生效要件的民事法律行为。从狭义的层面看，无效民事法律行为是指违反法律、行政法规的禁止性规定以及违反公序良俗的民事法律行为。

罗马法将无效合同区分为两种情况：第一种情形是绝对无效合同；在第二种情形中，行为则可因抗辩而被宣告无效或被撤销，因为人们运用自己的权利以求排出另一权利的诉讼形式一般为抗辩。[⑤]

现代大陆法国家的民法继承了罗马法的这种分类，将无效分为绝对无效和相对无效，但是在绝对无效和相对无效的分类标准上存在着分歧。法国传统的合同法理论认为：绝对无效合同

---

① 《合同法》虽然明文规定，但学界的争论并没有因此而停止，而且形成了多种有影响的见解。有代表性的文章包括：梁慧星．如何理解合同法第51条．人民法院报，2000-01-08．韩世远．无权处分与合同效力．人民法院报，1999-11-23．张谷．略论合同行为的效力．中外法学，2000 (2)；等等。

② 在实务中，所有权人以外的处分权人，可分为两种类型：一是基于所有权人的授权而取得处分权的人，如经营管理权人、担保物权人、行纪人；二是基于法律规定直接取得处分权的人，包括留置权人、人民法院等。

③ 梁慧星．审理合同纠纷案件的若干问题．法律适用，2012 (12)：24.

④ 奚晓明．最高人民法院关于买卖合同司法解释理解与适用．北京：人民法院出版社，2012：69.

⑤ 彼德罗·彭梵得．罗马法教科书．黄风，译．北京：中国政法大学出版社，1992：74-76.

是指合同严重缺乏法律规定的成立要件；而相对无效合同是指合同缺乏法律规定的成立要件，但不甚严重，是不健全、有缺陷但可以“治愈”的合同。法国的现代合同理论则认为：“在法律有关合同无效的规定中，某些规定是基于保护社会利益的需要，当合同因违反法律这些禁止性规定而无效时，是为绝对无效；而另一些规定则是基于保护个人利益的需要，当合同因违反这些规定而无效时，是为相对无效。总之，不同罚则的不同性质决定了制裁方式的不同特征。”①

从《民法通则》第 58 条的规定看，该法实际采纳了广义上的无效民事行为的概念，因为该条规定并未严格区分无效民事行为与可变更可撤销民事行为；它对无效民事行为的列举过于宽泛，特别是将因欺诈、胁迫、乘人之危等成立的行为均规定为无效民事行为。这是不妥当的，不利于保护无过错方和受害人的利益。为此，《合同法》对此作出了修正，将无效合同的范围作了缩减，这也是合同法鼓励交易原则在合同效力认定制度中的体现。

本节讨论的无效合同仅指绝对无效合同，即因违反法律、行政法规的禁止性规定以及违反公序良俗而无效的合同。它属于狭义无效民事法律行为的范畴。无效合同具有以下法律属性：（1）自始无效，即无效合同自一开始即无约束力。（2）确定无效，该种确定性源自法律的直接规定，即使当事人作出相反的主张，也不能改变其效力状态。（3）绝对无效，即无论在什么情况下，当事人的意思表示都不会为法律所确认。

二、无效合同的类型化

依据《民法典》第 154 条、第 146 条、第 153 条等的规定②，无效合同包括以下几种类型。

（一）恶意串通的合同

“恶意串通的合同无效”的规则自经《民法通则》确立以来，至今已有三十余年的历史，但由于现行法上存在大量含义不同的“恶意串通”③ 且民事法律并未对“恶意串通”作出明确界定，有学者甚至认为恶意串通被“当作可用于认定法律行为无效的万能钥匙，从而使恶意串通行为成为民法上一个最不确定的概念”④。

恶意串通制度在我国民事法律司法实践中的适用问题一直是法学界探讨的重要问题，有关恶意串通制度的存废问题一直争论不休⑤，在实务中，有关恶意串通的适用规则并不统一。⑥

---

① 尹田．法国现代合同法．北京：法律出版社，1995：199.

② 《民法典》对无效民事法律行为类型的规定，总体上与《合同法》第 52 条的规定一致。

③ 譬如《律师法》第 40 条、《民事诉讼法》第 112 条等，这些规定尽管涉及“恶意串通”，但与《民法总则》第 154 条、《合同法》第 52 条规定的“恶意串通”明显不同。

④ 杨代雄．恶意串通行为的立法取舍：以恶意串通、脱法行为与通谋虚伪表示的关系为视角．比较法研究，2014（4）：107.

⑤ 主张废除者参见：朱庆育．民法总论．2 版．北京：北京大学出版社，2016：262－263. 李永军．民法总论．2 版．北京：法律出版社，2009：483. 朱建农．论民法上恶意串通行为之效力．当代法学，2007（6）：88－93. 朱广新．法律行为无效事由的立法完善．政法论丛，2016（6）：64。主张保留者参见：梁慧星．民法总则草案（征求意见稿）：解读、评论与修改建议．［2016－12－30］．http：//www. chinalawreview. com. en/article/20160410143411. html.

⑥ 在司法实务中，对恶意串通相关规则的适用也颇为混乱。在指导案例 35 号“广东龙正投资发展有限公司与广东景茂拍卖行有限公司委托拍卖执行复议案”中，法院以竞买人与拍卖人恶意串通给他人造成损失为由，依据《民法通则》第 58 条第 1 款第 4 项将案涉合同认定为无效合同。但最高人民法院此后发布的两个与执行相关的司法解释，即《关于人民法院网络司法拍卖若干问题的规定》（法释〔2016〕18 号）第 31 条第 3 项和《关于人民法院办理执行异议和复议案件若干问题的规定》（法释〔2015〕10 号）第 21 条第 1 款第 1 项，却均未将恶意串通的拍卖直接认定为无效，而规定为可由当事人、利害关系人请求撤销。

我们认为，依据《民法典》第154条之规定，对恶意串通的判断，可从主观和客观两方面观察。在主观方面，行为人与相对人之间构成“恶意串通”，即当事人明知或者应知其行为会损害他人权益仍然为之，且相互之间存在“共谋”；在客观方面，当事人恶意串通的民事法律行为产生“损害他人合法权益”的后果。

（二）以合法形式掩盖非法目的的合同

从渊源看，《合同法》第52条第3项是对《民法通则》第58条第1款第6项的继受。

学界对“以合法形式掩盖非法目的”的法律行为存在以下不同观点：（1）类似于《德国民法典》及我国台湾地区“民法”的“虚伪表示”，只不过，虚伪表示可能是用一个合法的形式掩盖一个合法的目的，也可能掩盖一个非法的目的。[①]（2）是为达到非法目的而规避法律的“伪装合同”[②]。（3）为“脱法行为”[③] 或“法律规避”[④] 行为，即为避开强制性规定而实施规定所禁止的行为。（4）是具有规避法律故意的“隐匿行为”，但其不完全等同于规避法律行为，只是规避法律行为的两种类型之一。[⑤]（5）是伪装行为，是法律行为违法的一种特殊情形。[⑥]

在司法实务中，当事人多有“以合法形式掩盖非法目的”主张合同无效，但法院真正采纳当事人的主张，用“以合法形式掩盖非法目的”规定否定合同效力的判决并不多，其主要原因在于当事人难以完成相应的举证责任，尤其难以对所谓的“非法目的”予以证明。[⑦]

《民法典》第146条用“以虚假的意思表示”的表述取代了“以合法形式掩盖非法目的”的规定，因此，在《民法典》施行之后，“以合法形式掩盖非法目的”的合同将依照虚假意思表示的规定处理。[⑧]

（三）无民事行为能力人订立的合同

《民法典》第20条规定：“不满八周岁的未成年人为无民事行为能力人，由其法定代理人代理实施民事法律行为。”《民法典》第144条进一步明确：无民事行为能力人实施的民事法律行为无效。据此，无民事行为能力人订立的合同应为无效合同。

依据《义务教育法》的规定，在一般情形下，凡年满六周岁的儿童，其父母或者其他法定监护人应当送其入学接受并完成义务教育。在实务中，无论是上学还是在其他情况下，年满六周岁的儿童难免需要独自解决乘坐公共交通工具，购买学习用品、玩具和零食等事项。依照《民法典》第144条的规定，这些行为均应一律无效，这显然违背社会生活经验，不合情理，且不利于未成年人的成长。可类推解释《民法典》第145条关于“限制民事行为能力人实施的纯获利益的民事法律行为或者与其年龄、智力、精神健康状况相适应的民事法律行为有效”的规定，认定无

---

① 李永军．民法总论．北京：法律出版社，2006：514. 江平．民法学．北京：中国政法大学出版社，2007：177.

② 胡康生．中华人民共和国合同法释义．北京：法律出版社，2009：92.

③ 崔建远．合同法总论：上卷．北京：中国人民大学出版社，2008：263.

④ 耿林．强制规范与合同效力：以合同法第52条第5项为中心．北京：中国民主法制出版社，2009：137.

⑤ 王利明．合同法研究：第1卷．北京：中国人民大学出版社，2002：650-652.

⑥ 龙卫球．民法总论．北京：中国法制出版社，2002：517.

⑦ 参见“高海洲与宁夏河东综合工业园区华能投资置业有限公司、王春玲等股权转让纠纷案”，最高人民法院（2014）民二终字第269号民事判决书；“洋浦恒盛投资咨询有限公司与华林证券有限责任公司、大新华航空有限公司服务合同纠纷案”，最高人民法院（2015）民二终字第91号民事判决书；“广州钢铁企业集团金钧国际贸易有限公司与津西国际贸易有限公司买卖合同纠纷案”，最高人民法院（2014）民二终字第242号民事判决书；“王嘉庸与陈春蕊、云南金福地房地产开发经营有限公司等民间借贷纠纷案”，最高人民法院（2015）民一终字第12号民事判决书；等等。

⑧ 参见《民法典》第508条：“本编对合同的效力没有规定的，适用本法第一编第六章的有关规定。”

民事行为能力人独立实施的这类行为有效。

（四）违背公序良俗的合同

公序良俗，是公共秩序和善良风俗的概称。在现代市场经济社会中，公序良俗原则基于其维护国家一般利益以及一般道德观念的功能，被大多数国家立法确认为私法的基本原则。所谓“公共秩序”，是指“社会之存在及其发展所必需之一般秩序”，除现行法外，还包括作为现行法秩序基础的根本原则和基本理念；所谓“善良风俗”，是指“社会之存在及其发展所必需之一般道德”。公共秩序和善良风俗在绝大多数情况下，其范围是相同的，它们都以社会生活的健康发展为目标；不同之处在于“一者自外部的社会秩序方面言之，一者自内部的道德观念言之”①。

《民法通则》未采用公共秩序和善良风俗的概念，而是使用了“社会公共利益”的概念，该法第 58 条规定，违反社会公共利益的民事行为无效。按照学界一般的解释，社会公共利益的概念相当于各国民法中的公共秩序和善良风俗的概念②，《民法总则》明确使用了“公序良俗”的概念。《民法典》继承了《民法总则》的做法，于第 153 条第 2 款明确规定：“违背公序良俗的民事法律行为无效。”

（五）违反法律、行政法规的强制性规定的合同

所谓强制性规范，是指必须依照法律适用、不能基于个人意思予以变更和排除适用的规范，包括义务性规范和禁止性规范两种表现形式。

为了维护合同效力以及交易安全和秩序，学界与实务界一直都主张区分管理性强制性规定和效力性强制性规定，认为违反管理性强制性规定的合同不会必然导致无效。③

《民法总则》吸收了学界的研究成果以及实务界的成功经验，于第 153 条第 1 款明确规定：“违反法律、行政法规的强制性规定的民事法律行为无效，但是该强制性规定不导致该民事法律行为无效的除外。”《民法总则》的该规定被《民法典》第 153 条完全继受。

三、合同无效的法律后果

（一）无效合同的法律后果

依据《民法典》第 157 条的规定，除法律另有规定外，合同被认定为无效之后，在法律上产生以下效果。

1. 合同自始、当然、确定无效

依照《民法通则》第 58 条第 2 款以及《合同法》第 56 条、《民法典》第 155 条之规定，无效的民事法律行为，“自始没有法律约束力”，即无效民事行为自始、当然、确定无效。首先，行为自一开始就无效，即行为自成立时起归于无效。其次，行为当然无效，既无须经过当事人的意思表示，也无须经由诉讼或者仲裁由法院或者仲裁机构确认。再次，行为确定无效，任何人均无权改变行为的效力状态。

2. 返还、折价补偿请求权

《民法典》第 157 条规定，民事法律行为被确认无效后，行为人因该行为取得的财产，应当

---

① 史尚宽．民法总论．北京：中国政法大学出版社，2000：300.

② 周林彬．比较合同法．兰州：兰州大学出版社，1989：418.

③ 参见《合同法解释（二）》第 14 条、最高人民法院《关于当前形势下审理民商事合同纠纷案件若干问题的指导意见》（法发〔2009〕40 号）第 16 条等规定。

予以返还；不能返还或者没有必要返还的，应当折价补偿。

在实务中，应注意主张区分已履行的合同和尚未履行的合同。对于已全部或者部分履行的合同，受害人可主张不当得利返还，但在给付目的违反善良风俗或违反法律强制性规定，且给付人同样可归责时，不得请求返还；对于尚未履行的无效合同，不发生不当得利返还问题。无法返还或者没有必要返还的，接收方应当折价补偿。

3. 受害方取得信赖损害赔偿请求权

《民法典》第157条规定，民事法律行为被确认无效后，有过错的一方应当赔偿对方由此所受到的损失；各方都有过错的，应当各自承担相应的责任。在法律另有特别规定时，应优先适用该特别规定。譬如当事人恶意串通，订立损害国家、集体利益或者损害他人合法权益的合同时，任何一方不应享有返还请求权，而应当追缴双方已经取得或者约定取得的财产，收归国家、集体所有或者返还第三人。

（二）合同的部分无效及其法律后果

《民法通则》第60条规定："民事行为部分无效，不影响其他部分的效力的，其他部分仍然有效。"《合同法》第56条也有类似规定。《民法典》继受了《民法通则》《合同法》的该规定，于第156条明文规定："民事法律行为部分无效，不影响其他部分效力的，其他部分仍然有效。"

《民法典》之所以作出"区分对待"的规定，是基于对意思自治原则、鼓励交易原则的尊重。当然，从该条规定的内容看，"区分对待"规则的适用，应当满足以下条件：（1）合同内容是可分的；（2）合同无效部分不影响其他部分的效力，即两者之间没有直接的、必然的联系，其他部分不含有导致合同无效的因素。

本章复习题

【案例1】　2020年6月15日，甲、乙签订房屋租赁合同，甲是出租方，乙是承租方。签约当天，乙即搬进租赁房屋内居住。因为乙为当地人，无须办理暂住证，双方同意不办理房屋租赁备案登记手续。后乙因迟延交付租金与甲发生纠纷，乙以合同未依法办理备案登记为由主张合同无效。

问：

（1）本案的租赁合同是否有效？为什么？

（2）双方不办理房屋租赁备案登记手续的行为，对租赁合同的效力产生什么影响？为什么？

【案例2】　张某因故亟须出售一幅珍藏多年的祖传字画，经朋友介绍与买家胡某达成初步协议，双方同意：成交价为50万元，张某需在一周之内提供有资质的鉴定专家出具的证明该字画为真品的鉴定意见。次日，张某携带字画找到当地知名鉴定专家王某进行鉴定。闲谈中，王某得知该字画的买主为与自己岳父积怨甚深的胡某，便在明知字画为仿制品的情况下出具了字画为真品的鉴定意见。胡某据此向张某支付了价款50万元，买得了向往已久的字画。半年之后，胡某得知所购字画为仿制品。

问：

（1）什么是民法上的欺诈？在胡某购买字画的过程中是否存在欺诈，为什么？

（2）胡某是否有权撤销自己与张某之间的字画买卖合同，为什么？

参考文献

1. 王利明．民商法研究：第7辑．北京：法律出版社，2009.
2. 史尚宽．民法总论．北京：中国政法大学出版社，2000.
3. 彼德罗·彭梵得．罗马法教科书．黄风，译．北京：中国政法大学出版社，1992.

第四章 合同的履行

本章重点问题

1. 合同的履行概述
2. 合同履行的原则
3. 合同履行的规则
4. 合同履行的抗辩及抗辩权
5. 情势变更

第一节 合同的履行概述

合同的履行是指合同债务人按照合同的约定或法律的规定，全面地、正确地完成其合同义务，使合同目的得以实现的行为。具体而言，合同的履行具有以下含义。

（一）合同履行是合同的法律效力的主要内容

合同的履行是依法成立的合同所必然具备的法律效果，并构成合同法律效力的主要内容。无论是合同的订立、生效，还是担保、违约责任的规定，皆是为了确保生效的合同能得到切实履行。因此可以说，合同履行是其他一切合同法律制度的归宿或延伸。[①]

（二）合同履行是合同消灭的原因之一

合同各方当事人全面、正确地履行了合同义务，合同关系即归于消灭，因此，合同履行是合同关系或债的关系消灭的原因之一。

（三）合同履行是债务人所为的特定行为

合同的履行需要有履行的行为，它既可以表现为积极的作为，比如交付约定的标的物，完成约定的工作成果，提供约定的服务，等等；也可以表现为消极的不作为，比如保密义务的履行等。

第二节 合同履行的原则

合同履行的原则是指导合同履行的基本准则。依据《民法典》的规定，在合同的履行中，合

① 苏惠详．中国当代合同法论．长春：吉林大学出版社，1992：146.

同当事人除应遵守《民法典》的基本原则外，还应坚持下面的原则。

一、全面履行原则

全面履行原则是指当事人应当按照合同的约定或者法律的规定全面地履行合同。《民法典》第509条第1款规定："当事人应当按照约定全面履行自己的义务。"这是全面履行原则在法律上的表述。根据全面履行原则，当事人应按照合同约定的标的及其质量、数量，在约定的履行期限、履行地点，以适当的履行方式，全面完成合同义务。当事人是否全面履行合同，将决定当事人是否承担违约责任。

二、协作履行原则

《民法典》第509条第2款规定："当事人应当遵循诚信原则，根据合同的性质、目的和交易习惯履行通知、协助、保密等义务。"这是协作履行原则的具体体现。协作履行原则是指合同双方当事人不仅应全面地履行自己的义务，而且还应当履行合同中未约定但依诚实信用原则必须承担的协助义务，具体而言，协作履行原则要求当事人履行以下义务：

（1）协助义务。协助是指为保障合同的顺利履行，合同当事人有协助对方履行义务或为对方履行合同义务提供方便的义务。如卖方送货到约定的地点，买方应当派人受领并进行必要的检验。如果只有债务人履行债务，而没有债权人的接受履行，则合同的履行目的难以达到。如在建设工程合同履行过程中，若承建方履行了义务，开发商拖着不验收、不接受履行，则履行将无法完成。

（2）通知义务。当事人应将履行义务的有关情况及时通知对方，使合同义务得以顺利履行。例如，承揽人发现定作人提供的原材料不足或者定作方案存在问题时，应当及时通知定作方。当事人发生不能履行合同的意外情况时，应当及时通知对方，使对方能够及时了解情况，采取应对措施或共同协商寻找解决方法。

（3）保密义务。一方当事人在履行合同时，应当依照诚实信用原则保守对方的商业秘密、技术秘密以及经营的信息等。《民法典》第501条规定："当事人在订立合同过程中知悉的商业秘密或者其他应当保密的信息，无论合同是否成立，不得泄露或者不正当地使用；泄露、不正当地使用该商业秘密或者信息，造成对方损失的，应当承担赔偿责任。"

（4）防止损失扩大义务。当事人违反约定给对方造成损害的，对方当事人负有防止损失扩大的义务。如在买卖合同中，买方发现卖方提供的货物不符合合同约定，与卖方协商好打算退换货，在退换货之前应当对不符货物进行妥善保管。《民法典》第591条规定："当事人一方违约后，对方应当采取适当措施防止损失的扩大；没有采取适当措施致使损失扩大的，不得就扩大的损失请求赔偿。当事人因防止损失扩大而支出的合理费用，由违约方承担。"

三、绿色原则

《民法典》第509条第3款规定："当事人在履行合同过程中，应当避免浪费资源、污染环境和破坏生态。"此条规定了合同履行的绿色原则，即合同履行的生态保护原则。合同履行的绿色原则是《民法典》总则编中规定的生态保护原则在合同编的具体体现。合同履行行为具有直接的经济和社会效果，合同履行中的不同选择会带来不同的环境效果，因此，绿色原则即要求在不违反法律并尊重当事人意思自治的前提下，合同履行行为应当顺应绿色导向，遵守生态保护原则。

从本质上看，对合同履行行为的绿色要求不具有直接的强制性，但是会限制和影响当事人履行合同义务的方式，从而改变合同履行的社会和环境效果。①

第三节　合同履行的规则

合同履行的规则是指合同当事人履行合同需要遵守的具体准则，与合同履行原则的不同在于，合同履行原则指明合同履行的方向，合同履行的规则具体指出合同履行的步骤等细节。依据《民法典》的规定，合同履行规则包括如下内容。

一、条款约定不明的履行规则

条款约定不明的履行规则，是在合同有效的前提条件下，客观情况的复杂性和当事人主观认识的局限性导致合同条款欠缺或约定不明的情况。为避免因理解的不同而产生纠纷，保证合同的顺利履行，《民法典》规定了一系列具体规则。

依据《民法典》第 510 条的规定，在合同生效后，当事人就质量、价款或者报酬、履行地点等内容没有约定或者约定不明确的，可以先由当事人协议补充，即由当事人通过协商的形式，就约定不明的条款或欠缺的条款签订补充协议；不能达成补充协议的，法律依然首先尊重当事人的意思自治，规定应按照合同相关条款或者交易习惯确定。

有关合同内容约定不明确，当事人采用上述补救方法仍不能确定的，适用《民法典》511 条的规定，即当事人就有关合同内容约定不明确，依据前条规定仍不能确定的，适用下列规定：

（1）质量要求不明确的，按照强制性国家标准履行；没有强制性国家标准的，按照推荐性国家标准履行；没有推荐性国家标准的，按照行业标准履行；没有国家标准、行业标准的，按照通常标准或者符合合同目的的特定标准履行。

（2）价款或者报酬不明确的，按照订立合同时履行地的市场价格履行；依法应当执行政府定价或者政府指导价的，依照规定履行。

（3）履行地点不明确，给付货币的，在接受货币一方所在地履行；交付不动产的，在不动产所在地履行；其他标的，在履行义务一方所在地履行。

（4）履行期限不明确的，债务人可以随时履行，债权人也可以随时请求履行，但是应当给对方必要的准备时间。

（5）履行方式不明确的，按照有利于实现合同目的的方式履行。

（6）履行费用的负担不明确的，由履行义务一方负担；因债权人原因增加的履行费用，由债权人负担。

二、电子合同的履行规则

《民法典》第 512 条对电子合同的交付时间作出了规定。对于商品买卖电子合同，《民法典》第 512 条第 1 款规定，通过互联网等信息网络订立的电子合同的标的为交付商品并采用快递物流方式交付的，收货人的签收时间为交付时间。此条文明确了网络交易中在买方签收货物前，商品

① 刘长兴．论“绿色原则”在民法典合同编的实现．法律科学（西北政法大学学报），2018（6）：131－140.

的风险由卖方承担，在确立电子交易行为中交付规则的同时，也加强了对消费者权益的保护。在买方签收货物后，即完成了电子合同重要的履行程序——合同标的的交付，合同标的的所有权及毁损、灭失的风险也随之转移给买方。

对于服务电子合同，《民法典》第 512 条规定，电子合同的标的为提供服务的，生成的电子凭证或者实物凭证中载明的时间为提供服务时间；前述凭证没有载明时间或者载明时间与实际提供服务时间不一致的，以实际提供服务的时间为准。电子合同的标的物为采用在线传输方式交付的，合同标的物进入对方当事人指定的特定系统且能够检索识别的时间为交付时间。

但以上规定皆为任意性条款，《民法典》第 512 条第 3 款规定，电子合同当事人对交付商品或者提供服务的方式、时间另有约定的，按照其约定。

三、价格变动的履行规则

价格变动的履行规则，是指执行政府定价或者政府指导价的合同，在合同订立后、履行前，政府所定价格发生调整时，确定履行价格的具体规范。

价格变动的履行规则是以执行政府定价或者政府指导价为前提的。《民法典》第 513 条规定："执行政府定价或者政府指导价的，在合同约定的交付期限内政府价格调整时，按照交付时的价格计价。逾期交付标的物的，遇价格上涨时，按照原价格执行；价格下降时，按照新价格执行。逾期提取标的物或者逾期付款的，遇价格上涨时，按照新价格执行；价格下降时，按照原价格执行。"从这一规定可以看出，价格变动的履行规则主要涉及两方面的内容：一是在合同正常履行时遇价格变动的，按照新价格执行；二是出现违约事项时价格变动的，按不利于违约方的价格执行。

四、货币之债的履行规则

货币之债是指以支付金钱为内容的债，例如损害赔偿金额的请求、无因管理费用的请求。《民法典》第 514 条规定："以支付金钱为内容的债，除法律另有规定或者当事人另有约定外，债权人可以请求债务人以实际履行地的法定货币履行。"该条款是对金钱债务履行方式的规定，规定了金钱债务在履行清偿时应当用何种货币支付的问题。依据《民法典》第 514 条，货币之债，法律规定或者当事人有约定的，依照法律规定或者当事人约定的货币种类予以支付，但在法律无规定或者当事人未有约定的情况下，债权人有权请求债务人以实际履行地的法定货币履行。

五、选择之债的履行规则

选择之债的履行规则，是指在同一债权债务关系存在多项标的且债务人仅需履行其中一项时，当事人选择履行，从而使债务内容特定化的规则。依据《民法典》的规定，选择之债的特定化的方式有两种：（1）依据《民法典》第 515 条第 1 款的规定，当事人行使选择权，但是，法律另有规定、当事人另有约定或者另有交易习惯的除外。当事人行使选择权应当及时通知对方，通知到达对方时，标的确定。标的确定后不得变更，但是经对方同意的除外。（2）依据《民法典》第 516 条第 2 款的规定，可选择的标的发生不能履行情形的，享有选择权的当事人不得选择不能履行的标的，但是该不能履行的情形是由对方造成的除外。因此，在当事人有两种选择时，一标的可因另一标的给付不能而获得确定。

《民法典》第 515 条第 2 款进一步规定了选择权的转移："享有选择权的当事人在约定期限内或者履行期限届满未作选择，经催告后在合理期限内仍未选择的，选择权转移至对方。"为了防止因选择权人不行使选择权使债的给付内容长期处于不确定的状态，法律设置了选择权的转移制度。选择权转移的构成要件有三项：其一是约定选择权行使期限届满或债务履行期限届满，选择权人未作选择；其二是相对人履行催告手续；其三是经催告后在合理期限内选择权人依然未作出选择。满足以上条件后，选择权即发生转移。

六、按份之债与连带之债的履行规则

《民法典》第 517 条规定了按份之债的履行规则。债权人为二人以上，标的可分，按照份额各自享有债权的，为按份债权；债务人为二人以上，标的可分，按照份额各自负担债务的，为按份债务。按份债权人或者按份债务人的份额难以确定的，视为份额相同。

《民法典》第 518、519 条规定了连带之债的履行规则。债权人为二人以上，部分或者全部债权人均可以请求债务人履行债务的，为连带债权；债务人为二人以上，债权人可以请求部分或者全部债务人履行全部债务的，为连带债务。连带债权或者连带债务，由法律规定或者当事人约定。连带债务人之间的份额难以确定的，视为份额相同。实际承担债务超过自己份额的连带债务人，有权就超出部分在其他连带债务人未履行的份额范围内向其追偿，并相应地享有债权人的权利，但是不得损害债权人的利益。其他连带债务人对债权人的抗辩，可以向该债务人主张。被追偿的连带债务人不能履行其应分担份额的，其他连带债务人应当在相应范围内按比例分担。例如债务人破产或者丧失民事行为能力的，为保障债权人的利益，其份额由其他连带债务人分担。

《民法典》第 520 条规定了连带债务人的对外关系。部分连带债务人履行、抵销债务或者提存标的物的，其他债务人对债权人的债务在相应范围内消灭；该债务人可以依据前条规定向其他债务人追偿。即部分债务人履行、抵销债务或者提存标的物的，该部分债务消灭，履行超出自己份额的，可以向其他债务人追偿。部分连带债务人的债务被债权人免除的，在该连带债务人应当承担的份额范围内，其他债务人对债权人的债务消灭。部分连带债务人的债务与债权人的债权同归于一人的，在扣除该债务人应当承担的份额后，债权人对其他债务人的债权继续存在。债权人对部分连带债务人的给付受领迟延的，对其他连带债务人发生效力。

《民法典》第 521 条规定了连带债权人的内部关系与外部关系。连带债权人之间的份额难以确定的，视为份额相同。实际受领债权的连带债权人，应当按比例向其他连带债权人返还。

七、第三人履行规则

第三人履行规则，是指合同当事人以外的第三人依当事人在合同中的约定，成为履行合同义务的人或接受义务履行的人时，在合同履行过程中的具体规范。

一般而言，合同义务应由合同当事人亲自履行，且只能向合同另一方当事人履行。但是，由于每个合同的目的及内容不同，根据合同意思自治原则，当事人在订立合同时，只要经对方当事人同意，就可以将某项义务约定由第三人履行，或将某项合同权利约定由第三人享有。

《民法典》在允许第三人履行的同时，为保障涉及第三人的合同履行中各方当事人的权益，避免纠纷的发生，也规定了第三人履行规则。《民法典》第 522 条规定："当事人约定由债务人向第三人履行债务，债务人未向第三人履行债务或者履行债务不符合约定的，应当向债权人承担违约责任。法律规定或者当事人约定第三人可以直接请求债务人向其履行债务，第三人未在合理期限内明确拒绝，债务人未向第三人履行债务或者履行债务不符合约定的，第三人可以请求债务人承担违约责任；债务人对债权人的抗辩，可以向第三人主张。"《民法典》第 523 条规定：

“当事人约定由第三人向债权人履行债务，第三人不履行债务或者履行债务不符合约定的，债务人应当向债权人承担违约责任。”

《民法典》第524条规定了第三人代为履行的规则：“债务人不履行债务，第三人对履行该债务具有合法利益的，第三人有权向债权人代为履行；但是，根据债务性质、按照当事人约定或者依照法律规定只能由债务人履行的除外。债权人接受第三人履行后，其对债务人的债权转让给第三人，但是债务人和第三人另有约定的除外。”原则上，合同义务应当由债务人向债权人履行，债权人也只能够向债务人请求。但通常情况下，对于债权人而言，只要能够获得给付利益的满足，给付究竟由债务人提供还是由第三人提供并不重要。因此，为了促进债权的实现，同时为了有效保护债务人的利益，法律上不禁止第三人代为履行。但为了保护债务人和债权人的利益，只有第三人就债务履行具有合法利益的，第三人才有权代为履行，债权人不得拒绝。所谓第三人就债务的履行具有合法利益，是指第三人因代为履行而受有法律上的利益，例如抵押权人、质押权人、租赁人等。第三人代为履行之后，可基于法律规定或委托、无因管理、不当得利等请求权基础向债务人求偿。为保障第三人的求偿权，债权人与第三人之间发生清偿代位，即债权人受领第三人履行后，其对债务人的债权转让给第三人。具体而言，第三人代为履行仅发生债权相对消灭的效果：对于原债权人而言，债权消灭；对于第三人而言，债权依然存在，第三人因代为履行获得了原债权人的地位，可以行使原债权人的权利。就第三人清偿代位的效力而言，第三人自债权人处所承受的权利应限于其清偿范围。若第三人代为履行了全部债务，则其承受债权人的全部权利。第三人可以就债权的所有权能及债权的担保对债务人主张，如履行请求权、损害赔偿请求权、撤销权等债权权能，以及留置权、抵押权、质权、保证等担保权。

第四节　合同履行的抗辩及抗辩权

抗辩权是指在双务合同中，一方当事人在对方不履行合同义务或履行不符合约定时，依法对抗对方或否认对方权利主张的权利。抗辩制度确立的目的在于解除合同一方当事人对另一方当事人不履行合同义务或履行不符合约定而给自己带来不利的忧虑，鼓励合同履行，因此，只有在双务合同中，才存在合同履行的抗辩权。依据《民法典》的规定，双务合同中当事人可以行使的抗辩权包括三种：同时履行抗辩权、先履行抗辩权与不安抗辩权。

一、同时履行抗辩权

（一）同时履行抗辩权的概念

同时履行抗辩权是指当事人互负债务且没有约定先后履行顺序，一方当事人在他方未履行合同之前，有拒绝履行自己的合同债务的权利。《民法典》第525条规定：“当事人互负债务，没有先后履行顺序的，应当同时履行。一方在对方履行之前有权拒绝其履行请求。一方在对方履行债务不符合约定时，有权拒绝其相应的履行请求。”

（二）同时履行抗辩权的成立条件

1. 当事人须因同一双务合同而互负债务

同时履行抗辩权只适用于双务合同，而不适用于单务合同及非真正的双务合同（如委任合同)。首先，当事人之间的债务是由同一个合同而产生的，如果当事人的债务是基于两个或者多个合同产生的，则不产生同时履行抗辩权。如甲先向乙购买汽车，后乙向甲购买电脑，甲不能以乙未支付电脑价款为由，拒绝支付汽车的价款。其次，当事人互负给付债务。所谓互负债务，是指当事人所负的债务存在对价关系。双务合同的对价关系，只要求双方的给付义务互为条件、存在互相牵连关系即可，而不要求双方的履行义务在经济上等价。

2. 当事人双方互负的债务没有先后履行顺序且均已届清偿期

首先，当事人双方的债务没有约定先后履行顺序。在这种情况下，依据《民法典》第 525 条的规定，当事人应当同时履行。如对方未履行合同，一方当事人可以行使同时履行抗辩权。其次，当事人双方互负债务均已届清偿期。同时履行抗辩权的行使，前提是双方所负的债务同时履行，双方享有的债权同时实现，因此，双方所负的债务必须是均已届清偿期。

3. 对方当事人未履行债务或未按约定履行债务

当事人一方请求对方履行债务时，如果请求方自己没有履行债务，则被请求方可以拒绝履行债务。一方履行债务不符合约定的，即一方不适当履行的，对方有权拒绝其相应的履行要求。例如，一方部分履行的，则就未履行部分，对方可以行使同时履行抗辩权。

4. 对方所负义务有履行的可能性

法律设立同时履行抗辩权的目的，在于使双方当事人同时履行自己的债务。因此，只有在债务可以履行的情况下，同时履行抗辩权才具有意义。如果当事人所负的债务成为不能履行的债务，则不发生同时履行抗辩权的问题，当事人只能通过其他途径请求补救。如标的物灭失，则应依法律关于债务履行不能的规定寻求救济，而不存在同时履行抗辩权的问题。

二、先履行抗辩权

(一) 先履行抗辩权的概念

先履行抗辩权，是指在有履约顺序的双务合同中，应当先履行义务的一方当事人不履行合同或履行合同不符合约定的，对方当事人有拒绝履行请求的权利。《民法典》第 526 条规定：“当事人互负债务，有先后履行顺序，应当先履行债务一方未履行的，后履行一方有权拒绝其履行请求。先履行一方履行债务不符合约定的，后履行一方有权拒绝其相应的履行请求。”

(二) 先履行抗辩权的成立条件

1. 当事人因双务合同互负债务

先履行抗辩权与同时履行抗辩权一样，只在双务合同中存在，单务合同不发生先履行抗辩权问题。由于双务合同的当事人之间存在对价关系，所以在先履行一方不履行自己的债务时，后履行一方为保护自己的利益，就可以不履行自己的债务。

2. 当事人一方须有先履行的债务

在双务合同中，当事人可以同时履行债务，也可以异时履行债务。如前所述，在同时履行的情况下，一方没有履行债务的，对方可以援用同时履行抗辩权。在异时履行的情况下，负有先履行债务的一方应当先履行债务。当事人的履行顺序，应当按照法律规定、合同约定或交易习惯确定。

3. 先履行一方到期未履行债务或未适当履行债务

在合同异时履行的情况下，负有先履行债务的一方应当先履行债务。如果先履行一方的债务已届履行期而不履行，则属于违约，后履行一方有权拒绝先履行一方的履行请求。如果先履行一方的履行不符合合同约定，则后履行一方有权拒绝先履行一方的相应的履行请求，即与先履行一方履行债务不符合约定的部分相对应的部分。

（三）先履行抗辩权的效力

一方当事人行使先履行抗辩权的，产生该方当事人中止履行自己债务的效力，对抗先履行一方的履行请求，但不具有消灭对方请求权的效力。如果先履行一方完全履行了债务，先履行抗辩权即归于消灭，后履行一方应恢复履行。当事人行使先履行抗辩权致使合同迟延履行的，当事人不承担迟延责任。

三、不安抗辩权

（一）不安抗辩权的概念

《民法典》第527条第1款规定："应当先履行债务的当事人，有确切证据证明对方有下列情形之一的，可以中止履行：（一）经营状况严重恶化；（二）转移财产、抽逃资金，以逃避债务；（三）丧失商业信誉；（四）有丧失或者可能丧失履行债务能力的其他情形。"据此，不安抗辩权是指在双务合同中应当先履行债务的当事人有确切证据证明对方有丧失或可能丧失履行能力的情形的，有中止履行自己债务的权利。

（二）不安抗辩权的成立条件

1. 当事人须因双务合同互负债务

不安抗辩权只在双务合同中存在，单务合同不发生不安抗辩权问题。在双务合同中，当事人之间存在对价关系，当事人一方履行债务，是为了换取对方的履行。所以，先履行义务的一方在发现对方的履行有可能不能实现时，为保护自己的履行利益，可以中止自己的履行。

2. 当事人一方须有先履行的债务且已届履行期

首先，当事人双方履行债务的时间有先后的顺序。在双务合同中，当事人应同时履行债务的，如果一方没有履行债务，对方只能行使同时履行抗辩权。在异时履行的合同中，当事人才可以行使先履行抗辩权或不安抗辩权。其次，先履行债务的一方的债务须已届履行期。先履行债务的一方应当先履行债务。但是，在后履行债务的一方有难以为对待履行的危险时，先履行债务的一方为保护自己的利益，可以暂停自己的履行。

3. 后履行债务的一方有丧失或可能丧失履行债务能力的情形

先履行的一方须有足够的证据证明后履行的一方履行能力明显降低，存在法律所规定的不能为对待给付的危险情形时，才能行使不安抗辩权。这是由于在有先后履行顺序的双务合同中，先履行的一方要不按合同约定先履行己方的债务，行使履行抗辩权，就必须具有充分的合理性，以避免损害后履行的一方享有的正当的顺序利益、破坏交易秩序。依照《民法典》第527条的规定，后履行债务的一方有丧失或可能丧失履行债务能力的情形主要包括：（1）经营状况严重恶化；（2）转移财产、抽逃资金，以逃避债务；（3）丧失商业信誉；（4）有丧失或者可能丧失履行债务能力的其他情形。

4. 后履行债务的一方没有履行债务或未提供担保

如果后履行债务的一方已经履行债务，不安抗辩权即不存在。同时，如果后履行债务的一方提供了担保，先履行债务的一方的履行利益已得到了保障，不安抗辩权也就没有存在意义了。当然，后履行债务的一方提供担保并非其义务，而是对不安抗辩权的再抗辩。后履行债务的一方提供的担保，可以是物的担保，也可以是人的担保。

（三）不安抗辩权的行使

1. 先履行债务的一方行使不安抗辩权的通知义务

《民法典》第 528 条规定，当事人依照本法第 527 条的规定中止履行的，应当及时通知对方。行使不安抗辩权的当事人，应当及时通知对方，以使对方能够及时履行或者及时提供适当的担保。

2. 先履行债务的一方行使不安抗辩权的举证责任

《民法典》第 527 条第 2 款规定，当事人没有确切的证据中止履行的，应当承担违约责任。因此，对于《民法典》第 527 条第 1 款规定的几种可以行使不安抗辩权的情形，必须由先履行债务的一方承担举证责任。如果当事人没有确切的证据而行使不安抗辩权，应当承担违约责任。

（四）不安抗辩权的效力

不安抗辩权的行使具有以下效力：第一，中止履行效力。即先履行债务的一方在相对人未履行债务或未提供相当担保之前，有权拒绝自己的履行义务。当对方当事人提前履行债务或提供担保时，先履行一方的不安抗辩权即消灭，应当依约履行合同义务。第二，合同解除权的发生。《民法典》第 528 条规定，中止履行后，对方在合理期限内未恢复履行能力且未提供适当担保的，中止履行的一方可以解除合同并可以请求对方承担违约责任。

第五节　情势变更

情势变更，是指在合同成立并生效以后、履行终止以前，发生了当事人在合同订立时无法预见的客观情况变化，致使合同的基础丧失，以至如果继续履行合同将对一方当事人明显不公平。因此，依据诚信原则，应当允许一方当事人变更或者解除合同。情势变更原则为诚实信用原则的具体运用，目的在于消除合同因情势变更所产生的不公平后果。在《民法典》出台之前，《合同法解释（二）》第 26 条对情势变更作出了规定。在总结此前司法实践经验的基础上，《民法典》对情势变更亦作了规定。《民法典》第 533 条规定："合同成立后，合同的基础条件发生了当事人在订立合同时无法预见的、不属于商业风险的重大变化，继续履行合同对于当事人一方明显不公平的，受不利影响的当事人可以与对方重新协商；在合理期限内协商不成的，当事人可以请求人民法院或者仲裁机构变更或者解除合同。人民法院或者仲裁机构应当结合案件的实际情况，根据公平原则变更或者解除合同。"

依据《民法典》的规定，情势变更的适用需要满足以下四个构成要件：(1) 合同的基础条件发生重大变化。合同严守原则的推定性前提在于，双方订立合同时作为基础关系的主客观事实不变且一直存在，若交易基础发生了重大变化，要求当事人继续严守合同是不可期待的。(2) 重大变化发生于合同成立之后。(3) 重大变化在缔约时无法预见。情势变更不同于一般的商业风险。情势变更与一般的商业风险最主要的区别即在于可预见性标准不同。商业风险通常具有一定的可预见性，情势变更往往是当事人不能预见的。例如，在金融危机爆发之后，原材料价格、商品价格等必然会因货币的贬值或升值而引发急剧波动，在此情况下，若当事人仍然从事相关领域的大规模交易，则应当认为其自愿承担商业风险。① 再如，在合同签订后，突如其来的疫情导致的合同履行困难，是交易当事人无法预见的，疫情发生的风险可归属于情势变更的范畴。(4) 继续履行合同对于当事人一方明显不公平。

情势变更法律效果包括：(1) 受不利影响的当事人可以与对方重新协商。在出现履行艰难的情形下，合同并非绝对不能履行，只不过按照原条件履行，可能导致当事人利益失衡。② 因此，为了鼓励交易，尽可能促使合同履行，防止财产的损失与浪费，在发生情势变更的情形时，当事人可以首先进行再协商。(2) 在合理期限内协商不成的，可以请求人民法院或者仲裁机构变更或者解除合同。人民法院或者仲裁机构应当结合案件的实际情况，根据公平原则变更或者解除合同。

本章复习题

【案例 1】　甲乙订立一商品买卖合同，约定甲给付乙 10 吨货物，乙付款 100 万元。后甲交付了 7 吨货物，同时请求乙付款 100 万元。

问：

(1) 乙应如何行使抗辩权？为什么？

(2) 设本例中甲已交付了 10 吨货物，但未交付与货物相关的一般资料，乙可否以甲未交付资料为由拒付货款？

【案例 2】　甲公司与乙公司签订一份木材买卖合同，合同约定买方甲公司应在合同生效后 20 日内向卖方乙公司支付 30%的预付款，乙公司收到预付款后 3 日内发货至甲公司，甲公司收到货物验收后即结清余款。乙公司收到甲公司 30%预付款后的第 2 日即发货至甲公司。甲公司收到货物后经验收发现木材质量不符合合同约定，遂及时通知乙公司并拒绝支付余款。

问：

(1) 甲公司拒绝支付余款是否合法？

(2) 甲公司的行为若合法，法律依据是什么？

(3) 甲公司行使的是什么权利？若行使该权利必须具备什么条件？

【案例 3】　甲乙两公司签订钢材购买合同，合同约定：乙公司向甲公司提供钢材，总价款 600 万元。甲公司预支价款 300 万元。甲公司在即将支付预付款时，得知乙公司因经营不善，无法交付钢材，并有确切证据证明。于是，甲公司拒绝支付预付款，除非乙公司能提供一定的担保，乙公司拒绝提供担保。为此，双方发生纠纷并诉至法院。

问：

(1) 甲公司拒绝支付预付款是否合法？

(2) 甲公司的行为若合法，法律依据是什么？

(3) 甲公司行使的是什么权利？若行使该权利必须具备什么条件？

---

①② 王利明．情事变更制度若干问题探讨：兼评《民法典合同编（草案）》（二审稿）第 323 条．法商研究，2019 (3)：3－10.

参考文献

1. 苏惠详．中国当代合同法论．长春：吉林大学出版社，1992.

2. 刘长兴．论“绿色原则”在民法典合同编的实现．法律科学（西北政法大学学报），2018（6）.

3. 王利明．情事变更制度若干问题探讨：兼评《民法典合同编（草案）》（二审稿）第 323 条．法商研究，2019（3）.

第五章　合同的保全

本章重点问题

1. 合同的保全概述
2. 债权人代位权
3. 债权人撤销权

第一节　合同的保全概述

合同的保全，即合同债的保全，也称责任财产的保全，是指为确保债权人的债权获得清偿、防止债务人的责任财产积极或消极地不当减少而采取的一种法律措施。根据债的效力，债的关系一经成立，债务人的全部财产即成为责任财产，成为债的一般担保，责任财产的状况如何直接影响债权人的债权能否得到实现。当责任财产发生不当减少并影响债权的清偿时，法律赋予债权人防止债务人责任财产减少的权利，从而达到直接维持债务人的财产状况、间接确保自己债权实现清偿的目的。

合同的保全具体包括代位权和撤销权两种制度，其中，债权人代位权着眼于债务人的消极行为，当债务人的财产应当增加且能够增加但由于债务人怠于行使其权利而没有增加，以致影响债权人债权的实现时，法律允许债权人代债务人之位，以自己的名义向第三人主张债务人怠于主张的权利。债权人撤销权则是着眼于债务人的积极行为，当债务人的责任财产不应减少但债务人恶意减少而损及债权人债权的实现时，法律允许债权人请求法院撤销债务人的行为。

合同的保全制度在一定程度上突破了合同相对性的原则，扩大了合同效力的范围。合同是当事人意思一致的协议，对当事人以外的第三人没有法律约束力，因此，债权人只能向债务人请求为一定给付，债务人也仅对债权人负有给付义务和附随义务。但债权人代位权和撤销权的行使都需要对债务人以外的第三人进行主张或请求，第三人的权利也因此受到影响，这是对合同相对性原则的突破，因而又被称为债权的对外效力。如此立法是在全面衡量债权人、债务人、第三人各方利益关系后的取舍：债权人的合法债权应当得到实现；债务人对第三人怠于行使其权利，也怠于履行对债权人负有的债务；而第三人要么是对债务人的义务本应履行而未履行，要么是无偿地或以不合理的低价受让给付且主观上明知。在这样的情况下，突破合同的相对性原则，确立合同的保全制度以保护债权人是合情合理的选择。

第二节 债权人代位权

一、债权人代位权概述

关于债权人代位权的定义，日本学者认为是指债权人为能够得到自己债权的满足，代替债务人行使对次债务人权利的权利。① 我国台湾地区学者则认为是指债权人保全其权利，以自己的名义行使本属于债务人权利的权利。② 上述两种观点均突出了债权人要代为行使债务人债权的目的，却忽略了债权人代位权所具有的前提条件，即债务人怠于行使对第三人的权利，进而影响到债权人债权实现这一条件。因此，债权人代位权是指当债务人怠于行使其对第三人享有的权利而害及债权人的债权时，债权人为保全其债权，可以自己的名义代位行使债务人对第三人之权的权利。③ 比如甲对乙有 10 万元金钱债权，乙除对丙拥有 10 万元金钱债权外，别无财产，不过乙不积极主张其债权，且诉讼时效将要完成。在这种场合，甲可以代位乙请求丙清偿（见图 5-1）。

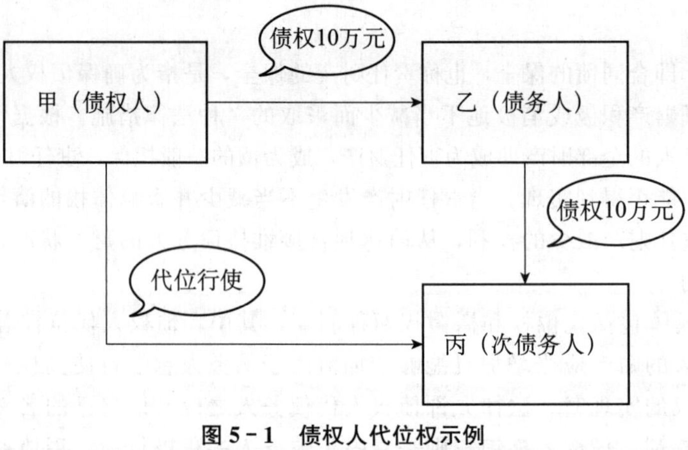

图 5-1 债权人代位权示例

各国学者对于债权人代位权的性质历来有争议，但是，债权人代位权是一种实体性权利而非程序性权利已经得到学者们的认可。但债权人代位权究竟属于实体权利中的哪一种，各国法学界一直存在着较大的争议，归纳起来主要观点有以下几种：

第一，代理权说。持此种观点的人认为在债权人代位权中债权人的地位相当于债务人的代理人，债权人代替债务人以自己的名义向次债务人主张权利，所以，债权人代位权属于广义的代理权。

第二，形成权说。持此种观点的人认为代位权并不是当事人的权利，也不是债权人对债务人财产所享有的支配权，债权人行使代位权不需要征得债务人的同意，经过法院确认后，即可产生使债务人与第三人之间的权利发生变更或者消灭的结果，因此是形成权。④

---

① 新法律学词典．董璠舆，译．北京：中国政法大学出版社，1991：352.
② 史尚宽．债法总论．北京：中国政法大学出版社，2000：462.
③ 崔建远．合同法．6 版．北京：法律出版社，2016：113.
④ 张俊浩．民法学原理．北京：中国政法大学出版社，1991：612.

第三，管理权说。持此种观点的人认为债权人代位权不是债权人对于债务人或第三人的请求权。虽然其与形成权相似，然而并不是依债权人一方之意思表示而形成法律上之效力，只有依据债务人的权利才能行使，因此债权人应以善良管理人的注意义务行使此权利①，债权人代位权仅仅是债权人对债务人财产的一种管理权。

第四，救济权说。持此种观点的人认为债权与债权人代位权之间存在原权与救济权的关系，债权人代位权的行使是原权的救济手段。

以上的各种学说是从各自的角度对债权人代位权的性质做了界定，都有可取之处，结合上述观点可以从以下方面认识代位权。

（一）债权人代位权属于债权的对外效力

债权本属相对权，仅在债权人与债务人之间有其拘束力，这是“债权相对性”或“合同相对性”原则的体现。债权人为了保全其债权，可以行使债务人的权利，换言之，债权人可以基于自己的债权请求债务人之外的第三人为或不为某种行为，故通说将债权人代位权称为“债权的对外效力”，是从属于债权的特别权利。在上述例子中，甲与乙之间的债权债务关系本因债权相对性原则，其效力不及于第三人，但为了使甲作为债权人的债权免受债务人乙怠于行使其权利所造成的损害，而赋予了一种突破债权相对性的权利，从而保全债务人乙的责任财产，从根本上维护债权人甲的债权。

（二）债权人代位权不是债权人对于债务人或第三人的一般的债权请求权

一般的债权请求权，是债权人请求债务人直接向自己为给付，而传统民法上的债权人代位权并无使债权人直接请求次债务人（债务人的义务人）清偿并使自己的债权优先受偿的效力。《民法典》关于债权人代位权的规定，具有使债权人直接请求次债务人清偿并使自己的债权优先受偿的效力。

（三）债权人代位权不是真正意义上的形成权

债权人行使代位权不因权利人单方意思表示而发生法律效力，第三人与债务人之间的权利义务关系是债务人债权存在的基础。债权人基于自己的单方意思表示提起代位权诉讼，会使债务人与次债务人之间的债部分或者全部消灭，这与形成权相类似。② 债务人与次债务人之间权利与义务的存在是债权人行使代位权的前提，而代位权能否行使还要等待司法机关的最终裁决。

（四）债权人代位权不是直接代理关系中的代理权

债权人代位权与代理权虽然都可行使他人的权利，但债权人行使代位权，系以自己的名义，而非以债务人的名义，债权人代位权乃债权人固有的权能，并非来自债务人的授权。③ 而委托代理中的代理权须有被代理人的授权，指定代理场合的代理权来自有关机关的授权。所有这些，都表现出债权人代位权与直接代理权之间的区别。

（五）债权人代位权属于实体法上的权利

债权人代位权并非诉讼法上的权利，而是实体法上的权利。因而，所谓“直接诉权”或“代

---

① 史尚宽．债法总论．北京：中国政法大学出版社，2000：463.

② 贾登勋，蔡永民．债权法论．兰州：兰州大学出版社，1998：100.

③ 邱聪智．新订民法债编通则：下．北京：中国人民大学出版社，2004：304.

位诉权”，并非准确的用语。另外，债权人代位权与强制执行亦有不同，强制执行是直接就债务人的财产，实现给付利益，而代位权依学者通说，其效用仅为强制执行之准备。①

（六）债权人代位权属于广义上的管理权

债权人代位权是债权人以自己名义行使的权利，不同于以他人名义行使的代理权，而属于债权人固有的权利。作为一种固有权利，属于广义上的管理权。② 此所谓广义上的管理权，是与狭义上的管理权相对应的概念，指依事实上的或者法律上的行为管理财产的权利义务，且不单是为保存行为的权能，亦包括为处分行为的权能；其中法律上的行为，既可以是实体法上的行为，也可以是诉讼法上的行为。③

二、债权人代位权的成立要件

《合同法解释（一）》第11条规定，债权人依照《合同法》第73条的规定提起代位权诉讼，应当符合下列条件：（1）债权人对债务人的债权合法；（2）债务人怠于行使其到期债权，对债权人造成损害；（3）债权人的债权已到期；（4）债务人的债权不是专属于债务人自身的债权。根据这一规定，并结合学理，将债权人代位权行使的要件，作如下理解。

（一）债权人对债务人的债权合法、确定，且必须已届清偿期

所谓债权人对债务人的债权合法，是指债权人与债务人之间必须有合法的债权债务关系，如果债权人对债务人不享有合法的债权，当然代位权不存在合法的基础。如果债权债务关系并不成立，或者具有无效或可撤销的因素而应当被宣告无效或可能被撤销，或者债权债务关系已经被解除，或者债权人和债务人之间的债权是一种自然债权，则债权人并不应该享有代位权。债权人代位权性质上属债权效力的一种特别体现，是赋予债权的一种权能，作为其前提，自然要求债权人的债权属于合法的债权。④ 不合法的债权，本身不受法律的保护，自无产生债权人代位权的余地，因而，赌债或不适于保全之债权，原则上除因其不履行变为损害赔偿请求权外，不得为之行使代位权。⑤

所谓债权必须确定，是指债务人对债权的存在以及内容并没有异议，或者该债权是经法院和仲裁机构裁判后所确定的债权。⑥ 我们认为，在讨论债权确定时，应该区别债权人与债务人之间的债的关系以及债务人与次债务人之间的债的关系，前者应当要求债权确定，后者则不一定要求债权确定。因为在前一种关系中，如果债权不确定，债权人便向次债务人提出请求，则有可能产生两方面的问题：一是次债务人可能很难知道债权人与债务人之间的债务情况，而难以提出抗辩。二是即使债务人加入诉讼并向债权人提出抗辩，如果抗辩成立并使债权人不能提出请求，也有可能对次债务人造成损害。因为在确定债权之前，只涉及债权人和债务人之间的纠纷，

---

① 史尚宽．债法总论．北京：中国政法大学出版社，2000：445.

② 於保二不雄．日本民法债权总论．庄胜荣，校订．台北：五南图书出版有限公司，1998：162. 史尚宽先生亦有相似见解，认为债权人代位权虽与形成权相似，实系以行使他人权利为内容之管理权或权能。史尚宽．债法总论．北京：中国政法大学出版社，2000：445.

③ 松坂佐一．债权人代位权的研究．1950：29.

④ 我国台湾地区司法判例见解基本与此相同，认为代位权系债权人代行债务人之权利，故代行者与被代行者之间，必须有债权债务关系，否则即无行使代位权之可言。

⑤ 史尚宽．债法总论．北京：中国政法大学出版社，2000：446.

⑥ 王闯．对最高人民法院《关于适用〈中华人民共和国合同法〉若干问题的解释（一）》的若干理解．北京：人民法院出版社，2000：102.

不必使次债务人参与诉讼，只有在债权人对债务人的债权确定以后，因为债务人怠于行使其自身的债权，债权人才应当向次债务人提出请求。

债权人对债务人享有的债权必须已届清偿期，只有这样债权人才能行使代位权。这一点是代位权与撤销权在构成要件上的区别所在。在代位权行使的情况下，债权人对债务人的债权必须到期，然而在债权人行使撤销权的情况下，我们认为债权人对债务人的债权不必到期。其原因在于：一方面，代位权针对的是债务人消极损害债权的行为，除保存行为外，债权人应在履行期届满后方可行使代位权；而撤销权针对的是债务人积极损害债权的行为，若不及时行使撤销权，等债权期限届满时，将无法补救。债权人撤销权的目的在于保全将来的债务履行，并非请求履行，仅应注重清偿力之有无，不必问是否已届清偿期，故未届清偿期之债权，其债权人亦可以行使撤销权。另一方面，代位权针对的是债务人怠于行使权利的行为，此种行为只是为使债务人的财产增加，但在债权人对债务人的债权未到期的情况下，债权人很难确定债务人是否具有足够的责任财产清偿债务。然而，撤销权针对的是债务人处分财产的行为，此种行为将直接导致债务人的责任财产减少，所以即使在债权人对债务人的债权未到期的情况下，债权人也有足够的理由认为债务人减少其财产的行为会造成其资不抵债，甚至是逃避债务的一种方法，因此应当允许债权人行使撤销权。还要看到，即使在债权人对债务人的债权未到期的情况下，债权人行使撤销权，也不会给债务人造成损害。因为当第三人返还财产以后，该项财产应当由法院代为保管，等到债权到期才能交付给债权人，所以也不会剥夺债务人的期限利益。

（二）债务人怠于行使其权利

债务人怠于行使其权利，是指债务人应行使并且能行使而不行使其权利。所谓应行使，是指若不及时行使，则权利将有消灭或丧失的可能。例如，请求权将因时效届满而被义务人抗辩，受偿权将因不申报破产债权而丧失。所谓能行使，是指不存在阻碍行使权利的任何障碍，债务人在客观上有能力行使其权利。所谓不行使，即消极地不作为，是否出于债务人的故意过失，其原因如何，均所不问。①

需要说明的是，此处所谓“怠于行使其权利”中的“权利”，学说认为不应包含权能，因为权能乃权利的作用，不可代位。假如不是整体地行使债权或物权，仅仅是单独、确定地使用、收益或处分，那么，一定不可代位行使，否则，就干涉了债务人的自由。② 至于行使债权整体必然要行使其中的权能，行使物权肯定会行使其中的权能，则以代位行使权利论，而不视为单纯地行使权能，因为此时的权利与权能是浑然一体的，是不可分离的。

此外，有学说认为，债务人的期待权也不得由债权人代位行使。③ 对此，应予以赞同，因为期待权属于效力不齐备的权利，其履行期尚未届满，甚至没有届至，欠缺请求力等效力。

传统理论认为，债务人怠于行使其权利，主要表现为债务人根本不主张或者延迟行使权利。如果债务人已经行使了自己的权利，那么纵使其方法不当或后果不利，债权人也不得再行使代位权。④ 在这方面中国现行法修订了“怠于行使其权利”的界定，如依照《合同法解释（一)》第 13 条，将债务人怠于行使其到期债权理解为：债务人不履行其对债权人的到期债务，又不以

---

① 欧阳经宇．民法债编通则实用．台北：汉林出版社，1977：224.

② 林诚二．民法债编总论：体系化解说．北京：中国人民大学出版社，2003：407.

③ 同②409.

④ 邱聪智．新订民法债编通则：下．北京：中国人民大学出版社，2004：305.

诉讼方式或仲裁方式向其债务人主张其享有的具有金钱给付内容的到期债权。依据这一规定，债务人虽然向其债务人催收债务，只要未采用诉讼或者仲裁方式，便可认定为怠于行使其到期债权。其主要原因在于：此种方式具有一种客观的明确的标准，能够用来判断是否构成怠于行使。而债务人是否通过诉讼或仲裁以外的方式向其债务人主张了权利，对此债权人很难举证，即使债权人能够举证，债务人也可以随便举出一个事例，说明其曾向次债务人主张过权利，否定债权人关于债务人怠于行使其债权的指责。加上此次债务人也可能会编造各种情况，说明债务人曾向其主张过权利，由此会导致难以判断债务人是否“怠于行使”，便使债权人代位权落空。① 在实务中，是否属于“怠于行使”也时常成为争论的焦点，比如，被告（次债务人）认为，第三人（债务人）一直在向他们催款，而他们也一直在向第三人支付着货款，双方一直在合作着，因此第三人事实上没有怠于行使自己的债权，而原告（债权人）则认为，虽然次债务人一直在给付第三人货款，但仍然有大量货款一直欠着，第三人没有通过仲裁和诉讼来行使权利，就属于怠于行使。

上述司法解释虽然有一定道理，但依然值得深思。首先，此种解释是在怠于行使“债权”的前提下展开的，《合同法解释（一）》第 13 条更将代位权的权利范围限于“具有金钱给付内容的到期债权”，将债权人代位权之客体作狭窄的限制，人为地限制了债权人代位权制度应有功能的发挥。其次，在到期债权的领域内，行使权利的方式限于诉讼方式或仲裁方式，否则属于怠于行使的判断标准又有过分干涉债务人权利自由之处，结果是不当地扩张了债权人代位权的运用。最后，鉴于诉讼时效的中断除提起诉讼或者申请仲裁之外，还包括“当事人一方提出要求”或者“权利人向义务人提出履行请求”，加之次债务人不认为债务人有怠于行使其到期债权情况的，应当承担举证责任 [《合同法解释（一）》第 13 条第 2 款]，因此，《合同法解释（一）》第 13 条第 1 款将主张权利的方式限定于提起诉讼或者仲裁，似有进一步斟酌的余地。

（三）债权保全的必要性

债权人代位权的目的既然在于保全债权，那么，债权人只有于其债权有不能受偿的危险时，才可行使代位权；债务人怠于行使其权利，对于债权人的债权并无影响的，法律就没有必要通过突破合同相对性原则、干预债务人自由的方式来赋予债权人代位权。②

所谓有债权保全的必要，是指债权人的债权有不能依债的内容获得满足的现实危险，因而债权人有代位行使债务人的权利以实现债权的必要。

此处所谓“必要”的判断，传统见解认为，必须是债务人已陷于无资力的状态。所谓无资力，也叫欠缺支付能力，传统学说认为，是指债务人负债超过资产（包括信用能力）、不能清偿其债务的现象。对保全债权的必要，之所以解释为债务人无支付能力，是因为保全的对象为债务人的责任财产，其作用本为强制执行的准备，充其量亦仅责任财产的维护而已。如债务人的责任财产尚足以担保其所有负债，则债权仍然可以实现，因此不适合承认债权人代位权，以免妨害债务人的权利自由。③ 纵使是给付特定物的债权，也是债权，假如为保全已特定债权，而不问债务人的资力如何，随意行使代位权，则已超过保全制度的立法目的，且有违自由行使权利的原则。④ 这是“无资力说”。

---

① 王利明．论代位权的行使要件．法学论坛，2000（1）：36－45．

②③ 邱聪智．新订民法债编通则：下．北京：中国人民大学出版社，2004：306．

④ 林诚二．民法债编总论：体系化解说．北京：中国人民大学出版社，2003：408．

但是，将债权人代位权的规范功能完全局限于对一般财产的保全，使其仅有准备强制执行的作用，显然过于消极，事实上也难以发挥其应有的作用。在这种情况下，债权人可以按照民事诉讼法关于强制执行的规定，直接查封债务人对第三人的权利（或其标的），而清偿自己的债权，又何必行使代位权？何况按照通说，因第三人履行而产生的利益直接归属于债务人的责任财产，债权人却须为代位权诉讼付出相当的成本。例如，张某购买李某的甲物，张某在受领前便转卖给王某，若张某怠于向李某行使交付请求权，则王某的债权将无法实现，所以，不管张某有无资力，王某均可代位请求李某交付甲物。这就是“特定物债权说”[①]。韩世远认为，《民法典》所谓“影响债权人的到期债权实现的”（第 535 条），其内涵当然不局限于债务人无资力这一情形，而是包括一切使债权人债权不能依其内容获得满足之危险情况，在特定债权的情况下，应以有必要保全债权为必要条件。[②] 不同类型的债权被保全的必要性见表 5－1。

表 5－1　不同类型的债权保全的必要性

被保全债权的类型	保全的必要性的体现
金钱债权	债务人无资力
特定债权	有其他保全的必要

（四）债务人已陷入迟延

没有发生的债权（如附停止条件的债权）自不待论，已经发生的债权，债务人尚未陷入迟延的，债务人即使无资力，在履行之前尚有使责任财产获得充实的可能，尚且达不到“保全的必要性”，如果允许债权人行使代位权，则是对债务人的财产管理权的过分干预。

对于这一要件，也有例外。虽然债务未届履行期，但对转为保存债务人权利的行为（保存行为），如中断诉讼时效、申请预告登记、申请物权登记、申报破产债权等，无须等到债务人迟延履行即可代位行使。原因在于，这些权利因其性质决定必须及时行使，其行使的目的及结果在于维持债务人责任财产的现状，符合债权人代位权的目的。若不及时行使该代位权，等到债务人迟延履行时债务人的权利已经消灭，则无代位之可能。况且，这种保存行为不同于实行行为，其行使不构成对债务人行为的干涉，反而有利于债务人。

（五）不可代位的权利

1. 专属于债务人自身的权利

依据《民法典》第 535 条第 1 款但书，专属于债务人自身的债权不得代位行使。依司法解释，其具体内容是基于扶养关系、抚养关系、继承关系产生的给付请求权和劳动报酬、退休金、抚恤金、安置费、人寿保险、人身伤害赔偿请求权等权利。除上述专属于债务人自身的债权之外，专属于债务人自身的其他权利，也不能构成代位权的客体。

2. 维持基本生活的必需品和必需费用

依据《民事诉讼法》第 243 条第 1 款和第 244 条第 1 款的规定，法院强制执行时，应“保留被执行人及其所扶养家属的生活必需费用”或者“保留被执行人及其所扶养家属的生活必需品”。对于该部分生活必需品及必需费用，考虑到人的基本生活权利，不应当允许债权人代位

---

① 崔建远．合同法．6 版．北京：法律出版社，2016：118.

② 韩世远．合同法总论．4 版．北京：法律出版社，2018：440.

行使。

三、债权人代位权的行使

(一) 代位权行使的方法

1. 以自己的名义行使

债权人代位权属债权固有的权能，是在符合法定要件的情况下依法产生的对于债务人权利的“财产管理权”，因而《民法典》规定，债权人以自己的名义代位行使债务人的债权（第535条第1款）。因为，债权人代位权的行使，与代理场合以债务人本人的名义行使其权利，并不相同。

2. 以诉讼的方式行使

《民法典》规定，债权人代位权要由债权人以诉讼方式行使（第535条第1款）。其理由在于，通过诉讼方式可以保证债权人之间的公平、防止债权人代位权的滥用、防止发生不必要的纠纷等。[①] 但是代位权全部通过诉讼方式行使，也有其缺点，比如，对于保存行为（如中断时效、申报债权、催告等），显然不适合。

(1) 诉讼当事人。

在代位权诉讼中，原告为债权人，被告为次债务人。《合同法解释（一）》第16条第1款规定：“债权人以次债务人为被告向人民法院提起代位权诉讼，未将债务人列为第三人的，人民法院可以追加债务人为第三人。”因此，债务人可以被列为第三人参加诉讼。债务人的加入有助于法院查明案件事实。另外，之所以未规定“应当”追加而是规定“可以”追加，一是考虑债务人毕竟不是代位权诉讼的当事人，二是尊重债权人的自由选择和保障诉求，三是考虑与民事诉讼法的有关规定保持一致。

(2) 管辖。

依据《合同法解释（一）》第14条的规定，债权人提起代位权诉讼的，由被告住所地人民法院管辖。债权人以境外当事人为被告提起的代位权诉讼，人民法院依据《民事诉讼法》第265条的规定确定管辖。

(3) 合并审理。

依据《合同法解释（一）》第16条第2款的规定，两个或者两个以上债权人以同一次债务人为被告提起代位权诉讼的，人民法院可以合并审理。

(4) 次债务人的抗辩权。

依据《合同法解释（一）》第18条第1款的规定，在代位权诉讼中，次债务人对债务人的抗辩，可以向债权人主张。

(二) 代位权行使的界限

1. 可代位行使的行为类型

债权人行使代位权，限于保存行为和实行行为，原则上不包含处分行为。但是具体地来说，许多场合应当结合债务人财产的整体状况作具体判断。比如代位权的标的为易于腐烂变质之物，

① 王利明，崔建远．合同法新论·总则．修订版．北京：中国政法大学出版社，2000：401.

从保全债权人债权的必要目的出发，则应允许代位债权人享有处分权。不仅如此，比如抵销、更改、让与等利益交换行为，或者撤销权、解除权、买回权的行使，如果自财产的整体关系来判断，属保全财产所必要时，作为管理行为（或者保存行为），则是可以允许的。[①] 可代位作出行为的行类型见表5-2。

表5-2　可代位作出行为的行为类型

<table>
<tr><td colspan="2">行为类型</td><td>是否可代位作出</td></tr>
<tr><td colspan="2">实行行为</td><td rowspan="3">可以代位作出的行为</td></tr>
<tr><td colspan="2">保存行为（管理行为）</td></tr>
<tr><td rowspan="2">处分行为</td><td>有益处分</td></tr>
<tr><td>有害处分</td><td>禁止代位作出的行为</td></tr>
</table>

2. 可代位行使的范围

由债权人代位权的规范目的决定，债权人代位权的行使范围自然应被限制在保全债权人债权的必要限度内。《民法典》第535条第2款前段将其表述为“代位权的行使范围以债权人的到期债权为限”。在该必要范围内，债权人可以同时或顺次代位行使债务人的数个权利。但在行使一个权利就足以达到目的时，不得行使其他权利。[②] 在应代位行使的权利的价值超过债权保全的价值时，只有在必要的限度内，分割债务人的权利，债权人才能行使代位权。但在债务人的权利不能分割行使时，债权人可以行使全部的权利。[③] 代位行使的权利是否可以分割，因其行使的权利的不同特点而不同。在代位行使形成权或代位行使物权请求权及登记请求权的场合，其权利或是不可分，或是没有区分的必要，因而应一次行使。而在债权场合，由于债权种类不一，存在区分的可能，鉴于代位权的行使以保全债权的必要为限，因而应当具体分析代位行使的范围。[④] 根据韩世远先生的观点，债权人代位权的行使范围分为金钱债权和特定债权两部分，“代位权的行使范围以债权人的到期债权为限”，即要求以代位债权人的金钱债权额为限，对于超出部分，法院不予支持［《合同法解释（一）》第21条］。代位行使的债权如果属于特定债权，如给付特定不可分物，由于其债权不能分割主张，只能主张一次，此时就不应当再设数额的限制，而应允许代位债权人就整个债权代位行使（见表5-3）。

表5-3　不同范围类型的债权代位行使的方式

<table>
<tr><td colspan="2">代位行使的范围类型</td><td>代位行使的方式</td></tr>
<tr><td colspan="2">金钱债权</td><td>以代位债权人的金钱债权额为限</td></tr>
<tr><td rowspan="2">特定债权</td><td>给付特定不可分物</td><td>不设定数额限制，以整个债权代位行使</td></tr>
<tr><td>其他</td><td>以代位债权人的金钱债权额为限</td></tr>
</table>

① 史尚宽．债法总论．北京：中国法制出版社，2000：452．郑玉波．民法债编总论．15版．台北：三民书局，1994：318．

② 於保不二雄．日本民法债权总论．庄胜荣，校订．台北：五南图书出版有限公司，1998：165．

③ 史尚宽．债法总论．北京：中国法制出版社，2000：452．

④ 韩世远．合同法总论．4版．北京：法律出版社，2018：447．

四、债权人代位权行使的效力

(一) 债务人处分权的限制

债权人行使代位权后，对于被代位行使的权利，债务人的处分权能便因此而受到限制。这符合债权人代位权制度的规范目的，因为如果对债务人的处分权能不加以限制，允许债务人任意处分其财产，则债权人代位权制度的目的可能落空。

不过对于超过债权人代位请求数额的债权部分，债务人仍有处分的权能，债务人还可以另行提起诉讼，只是在代位权诉讼裁决发生法律效力以前，债务人提起的诉讼应当依法中止。

(二) 时效的中断

最高人民法院《关于审理民事案件适用诉讼时效制度若干问题的规定》(以下简称《诉讼时效司法解释》) 第 18 条规定："债权人提起代位诉讼的，应当认定对债权人的债权和债务人的债权均发生诉讼时效中断的效力。" 同时，《诉讼时效司法解释》第 11 条规定："权利人对同一债权中的部分债权主张权利，诉讼时效中断的效力及于剩余债权，但权利人明确表示放弃剩余债权的情形除外。" 权利人主张部分权利的，因其有主张权利的意思，故对该意思进行解释，如果没有放弃同一债权剩余部分的意思，则可将该主张权利认作其主张全部债权的证据。①

(三) 效果的归属

传统观点认为，行使债权人代位权就是行使债务人的权利，其行使的效果直接地归属于债务人，成为全体债权人的共同担保。即使在债权人受领交付的场合，也须作为对债务人的清偿，而不能将它直接作为对债权人自己债权的清偿。该观点的道理在于，代位权本身与代位权的客体并不是一个概念，代位权的客体是归属于债务人的，故其结果也应归属于债务人。债权人的代位权虽是为了让债权人保全自己的债权，却并非对于自身债权的直接满足，而是通过对全体债权人的共同担保制度来实现债权人自身债权的保全。② 债权人代位权行使的效果直接归属于债务人。如债务人仍怠于受领，债权人可代位受领。另外，债权人可通过执行程序使其债权受偿。

参照《合同法解释（一)》第 20 条的规定，债权人向次债务人提起的代位权诉讼经人民法院审理后认定代位权成立的，由次债务人向债权人履行清偿义务，债权人与债务人、债务人与次债务人之间相应的债权债务关系即予消灭。这实质上是在金钱债务场合，借助抵销制度③，使代位权制度发挥了简易的债权回收手段的功能。虽然债权人在事实上具有优先受偿的效果，但债权人在法律上并不当然具有优先受偿权，代位权行使的效果并非直接地归属于债权人，而是借助抵销制度间接地归属于债权人。因为假设代位权行使的结果不归属于债务人，而直接地归属于债权人，实质上变成了债权人并非以自己的名义行使他人的权利，而是在以自己的名义行使自己的权利，这显然有悖于代位权制度的基本含义。

(四) 费用的负担

依据《民法典》第 535 条第 2 款的规定，债权人行使代位权的必要费用，由债务人负担。所谓必要费用，可包括律师代理费、差旅费等。另外，依据《合同法解释（一)》第 19 条的规定，

---

① 奚晓明．最高人民法院关于民事案件诉讼时效司法解释理解与适用．北京：人民法院出版社，2008：230.

② 奥田昌道．债权总论．增补版．东京：悠々社，1992：268.

③ 梁慧星．读条文 学民法．北京：人民法院出版社，2014：156.

在代位权诉讼中，债权人胜诉的，诉讼费由次债务人负担，从实现的债权中优先支付。

按照《民法典》第535条第2款的规定，行使代位权的债权人可享有费用偿还请求权，按照法定委托说，在债权人代位权行使的过程中，债权人和债务人之间依法当然成立委托关系，债权人是受托人，债务人是委托人，代位行使债务人对于第三人的权利则属委托事务。依据委托关系，受托人在处理委托事务中所支出的必要费用自然由委托人负担，即使在此过程中受托人具有过失，也是如此。另外，在债权人代位对属于全体债权人的共同担保进行保全的场合，有观点认为此种费用偿还请求权可以作为共益费用，在债务人的总财产上具有优先受偿权。更有观点认为代位权人受领第三人给付的标的物，并因保管该物而产生必要费用偿还请求权，该必要费用偿还请求权与该标的物属于同一法律关系，应当成立留置权。而在债权人事实上优先受偿的场合，其行使代位权的必要费用则不再构成共益费用，因而不应当再发生上述优先受偿权。

第三节　债权人撤销权

一、债权人撤销权的概念和性质

（一）债权人撤销权的概念

债权人撤销权，是指债权人对于债务人所为的危害债权的行为，可以请求法院予以撤销的权利。

债权人撤销权起源于罗马法，因它是由罗马法务官保罗（Paulus）所创设的概念，故又称为保罗诉权（另译作“保利安之诉”）。查士丁尼《法学总论——法学阶梯》中对其有明文规定。后世许多法律都继受了它，有些规定在民法典中，比如《法国民法典》（第1167条，称废罢诉权）、《日本民法典》（第424条）；有些规定在其他法中，比如，德国采用特别法，瑞士规定在破产法中。我国的立法中原来没有债权人撤销权，为了对债权人提供更为充分的保护，《合同法》规定了债权人撤销权，《民法典》对此作了专门规定（第538条、第539条、第540条、第541条、第542条）。在《企业破产法》中，另有破产撤销权制度（第31、32、64条），该制度与此处的债权人撤销权虽然同源，但尚有差异。

行使债权人撤销权的目的，在于保全一般债权人的共同担保，换言之，债权人撤销权制度的本旨在于保障一般债权人全体的利益，而非各个债权人的个别利益。

（二）债权人撤销权的性质

1. *形成权说*

该说为早期的学说，认为债权人撤销权为否认诈害行为效力的形成权，其效力在于，依债权人的意思而使债务人与第三人之间法律行为（诈害行为）的效力绝对地消灭。由于该说认为债权人撤销权足以产生物权变动的效力，故亦称为物权说。

2. *请求权说*

请求权说认为，债权人撤销权为债权人对因债务人的行为而受利益的第三人直接请求返还的债权。该说的本质在于取回因诈害行为而散失的责任财产。它是德意志普通法兴起后的通说，最契合这一制度的目的。但从20世纪开始强调形成权概念，造成了其形式逻辑理论结构上的弱点，特别是责任财产仍然存在并未散失但已存在散失原因的诈害行为，例如订立赠与合同、买卖合同、保证合同等或者免除债务的行为，能否作为债权人撤销权的标的，采用这一理论进行说明是很困难的。

3. 折中说

折中说认为，撤销权兼具形成权与请求权的性质。债权人撤销权的行使，一方面使债务人与第三人的法律行为归于无效，另一方面又使债务人的责任财产回复至行为前的状态。依此说，撤销权诉讼通常兼具形成之诉与给付之诉两种性质。我国学者多采此说。

4. 责任说

这是20世纪50年代出现的新学说，由德国学者保卢斯（G. Paulus）最先提倡，影响及至日本。责任说将债权人撤销权作为一种伴有“责任上的无效”效果的形成权，撤销权诉讼便是一种形成诉讼。责任说尽管有力，但在日本尚属少数说，其基本思路如下：迄今为止的学说认为，是财产从债务人名下转移到受益人处有害债权人，故欲恢复责任财产，须实际上将取回的财产归到债务人名下。责任说对此提出批评，认为准确地说，是财产物权流失的反射效果同时使它不再构成债务人的责任财产有害债权人，故欲恢复责任财产，只要撤销这一反射性效果使之归于无效即可。撤销的效果是使撤销的相对人处于以其取得的财产对债务人的债务负责的状态，即撤销的相对人只是被置于一种物上保证人的地位，因而对于债务人的地位并不产生任何影响；撤销权诉讼，仅以受益人或转得人为被告即可，并不必以债务人为被告。

二、债权人撤销权的成立要件

（一）要件概论

关于债权人撤销权的成立要件，大致有两类构成模式：一是首先区分有偿行为与无偿行为，在此基础上，再具体设定主观方面和客观方面的要求。该模式始自罗马法，德国法和瑞士法采此种模式，我国法亦采此种模式。二是不区分有偿行为与无偿行为，对债权人撤销权的要件统一规定，该模式以法国法和日本法为代表。

《民法典》第538条与第539条区分了有偿行为与无偿行为，对于无偿行为，以放弃到期债权或无偿转让财产为典型，仅要求具备客观要件即可行使撤销权；对于有偿行为，以债务人以明显不合理的低价转让财产为典型，除要求具备客观要件外，还要求具备相应的主观要件，才可行使撤销权。

（二）客观要件

1. 须有债务人的行为

《民法典》第538条与第539条规定，债权人可以撤销的债务人的行为，一是放弃到期债权以及债权担保的行为，二是无偿处分财产权益的行为，三是恶意延长其到期债权的履行期限，四是以明显不合理的低价转让财产、以明显不合理的高价受让财产的行为，五是为他人的债务提供担保。

对于此处所谓“明显不合理的低价”，人民法院应当以交易当地一般经营者的判断为基准，并参考交易当时交易地物价部门的指导价或市场交易价，结合其他相关因素综合考虑予以确认。转让价格达不到交易时交易地的指导价或市场交易价百分之七十的，一般可以视为明显不合理的低价；转让价格高于当地指导价或市场交易价百分之三十的，一般可以视为明显不合理的高价。债务人以明显不合理的高价收购他人财产，人民法院可以根据债权人的申请，参照《民法典》第539条的规定予以撤销。

2. 债务人的行为必须以财产为标的

债务人的行为，非以财产为标的者不得予以撤销。所谓以财产为标的的行为，指财产上受直接影响的行为。非以财产为标的的行为，如结婚、收养或终止收养等，不得撤销。继承的抛弃，是否可以撤销，学说不一，我国台湾地区学者的通说以不可以撤销为是。①

以不作为债务的发生为目的的法律行为，以提供劳务为目的的法律行为，财产上利益的拒绝行为，以不得扣押的财产权为标的的行为，均不得作为债权人撤销权的标的。

拒绝赠与要约、拒绝第三人承担债务、抛弃继承权或遗赠等行为虽然以财产为标的，但它们均属未增加债务人财产的行为，并未减少债务人的责任财产，以债权人撤销权制度的立法目的衡量，它们不宜属于债权人撤销权制度的势力范围。于此场合，债务人行为的自由更应受到尊重，即这些财产上的拒绝行为不得被债权人撤销。

3. 债务人的行为有害债权

有害债权，是指债务人减少其清偿资力，使债权人不能依债权本旨得到满足。一般来说，债务人为行为时，债务人的其他资产，不足以满足债权人的要求，即为无资力。债务人有无资力应以客观上是否存在不能支付的事实为标准，而不能以债权人的主观认识为标准。债务人减少清偿资力包括两种情况：一为减少积极财产，如让与所有权、设定他物权、免除债务；二为增加消极财产，如债务人新负担债务。现存财产的变形，如买卖、互易等，不一定导致减少资力的结果，只要有相当的对价，就不属于有害债权的行为。

有害债权不仅指债权受到现实的损害，将来受到的损害亦包括在内。当然在后者的场合应由债权人负举证责任。

在债权人撤销权制度中，对有害债权的判断采“无资力说”，当成定论。但如何认定债务人无资力，观点不同。瑞士民法认为无资力是指“债务超过”，而德国和奥地利的民法则把“支付不能”认为是无资力。不过，以上三国近年来已改采更为宽松的标准，只要发生履行困难，即可认定为债权受到损害，可行使债权人撤销权。我国通说采“无资力说”，具体以“债务超过”为判断标准。即如果债务人处分其财产后便不具有足够资产清偿债权人的债权，就认定该行为有害债权。

以下根据不同的行为类型，具体分析。

（1）不动产及其他财产的转让（赠与、出卖）。

对于“无偿转让财产”（赠与）及“以明显不合理的低价转让财产”，《民法典》第538条、第539条已作明文规定，此类行为自然可以构成诈害行为，不成问题。以相当的价格转让财产，自计算上讲债务人的责任财产并未减少，故原则上不应以之为诈害行为。

（2）清偿。

债务人所为的清偿，虽然使其积极财产减少，同时也使其消极财产（债务）减少，总体上其财产没有增减。但在债务人的积极财产不足以清偿全体债权人的债权的场合，如果仅向部分债权人清偿，自然会使其他债权人可以获得清偿的数额减少，其他债权人可以此为诈害行为而主

---

① 王泽鉴．抛弃继承与诈害债权．6版．台北，自版，1991：315.

张撤销。

（3）代物清偿。

对于部分债权人以明显不相当的低价为代物清偿，属于“以明显不合理的低价转让财产”，可由债权人主张撤销。

（4）担保权的设定。

债务人为其债权人中的一人在自己的财产上设定担保权，债务人的积极财产虽会有所扣除（就提供担保的范围而言），但消极财产也会因此减少，所以债务人的总财产没有增减。但是，其他债权人的共同担保（债务人的一般财产）则相应地减少了，在债务超过场合，此类行为原则上应作为诈害行为。

（5）充当保证人。

债务人负担保证债务的行为，属于增加消极财产的行为，因此而发生债务超过时，当可构成诈害行为。

（三）主观要件

罗马法将债务人的行为分为有偿行为与无偿行为。在无偿行为场合，仅要求有客观要件即可行使撤销权；而在有偿行为场合，还应具备主观要件。德国民法、瑞士债务法规定，在有偿行为的情况下，债权人撤销权以债务人有恶意为成立要件，在无偿行为的情况下，该撤销权的成立不要求主观要件，因为无偿行为的撤销，仅使受益人失去无偿所得的利益，并未损害其固有利益，于是法律应首先保护受危害的债权人的利益。《民法典》规定，在债务人以明显不合理的低价转让财产并造成债权人损害的场合，要求行使债权人撤销权以受让人知情为要件，而在无偿转让财产等行为造成债权人损害的场合，债权人行使撤销权未要求受让人知情。在解释上，应认为借鉴了德国等国的民法理论，即在有偿行为场合，债权人撤销权以债务人有恶意为成立要件，以受让人或者转得人有恶意为行使要件。

1. 债务人的恶意

恶意有意思主义与观念主义的界定分歧。按照意思主义，债务人在行为时须有诈害的意思。按照观念主义，债务人须明知有损债权人的权利，已知其行为可能引起或增加其无资力状态。

债务人有无恶意，一般应实行推定原则，即只要债务人实施行为而使其无资力，就推定为有恶意。

2. 受益人的恶意

受益人，指基于债务人的行为而取得利益的人，通常为与债务人发生法律行为的相对人，但在向第三人履行的合同中，受益人为该第三人。

对于有偿行为，《民法典》要求受让人“知道”债务人转让财产的行为对债权人造成损害的情形，受让人的“知道”，便是此处所说的受益人的恶意。换言之，受益人的恶意，指受益人于取得财产或受有利益时，知道债务人所为的行为有害于债权的事实，并非指受益人具有故意损害债权人的意图，其构成也不要求受益人与债务人恶意串通。向第三人履行的合同，以第三人有恶意为要件，与债务人成立法律行为的相对人是否有恶意，在所不问。

受益人是否恶意，应以受益时的情况为准加以判断。如受益人在受益当时不知情，在受益后才为恶意的，不构成诈害行为，债权人自不得行使撤销权。另外，受益人于受益时的不知情，是否出于过失，在所不问。受益人受到利益与债务人的行为在时间上不一致的，只要受益人在受益时为恶意，不论债务人在行为时是善意还是恶意，就认定为恶意。

受益人的恶意，虽一般要求由债权人举证，但债权人能证明债务人有害于债权的事实依当时具体情形应为受益人所能知晓的，可推定受益人为恶意。之所以如此，是因为债务人与受益人通谋的情形颇多，且受益人的恶意难以证明。受益人在被推定为具有恶意之后，对自己的善意负有举证责任。

案例：

原告陈某（女）与被告张某禹原系恋爱关系。张某禹于2005年初向陈某借款75 000元，并购买了北京吉普车一辆，车款为138 000元，于同年3月1日办理了机动车初次登记日期手续，注明车辆产权人为张某禹。后原、被告关系恶化，张某禹拒绝偿还欠款，陈某于2005年5月11日起诉请求判令张某禹偿还债务。徐州市某人民法院于同年6月7日作出一审判决，判令被告张某禹于判决生效后7日内偿还原告陈某欠款75 000元。判决生效后，张某禹没有履行还款义务，陈某申请法院对该案强制执行。此前，张某禹于2005年5月9日将所购吉普车无偿转让给其父亲张某海，并于同日向徐州市车管所申请办理机动车所有人转移登记手续，徐州市车管所也于当日进行了变更所有人登记。陈某得知张某禹将车无偿转让给其父后，以张某禹为被告、以张某海为第三人提起诉讼，认为张某禹与其父的无偿转让车辆行为属于恶意串通行为，已经对其合法权益构成损害，致使张某禹拖欠其欠款75 000元得不到清偿，请求法院判令张某禹与张某海的无偿转让车辆行为无效，由被告承担诉讼费用。

被告张某禹称其未向原告陈某借款，第三人张某海述称该吉普车原系由其出资购买，但均未能提供相关证据证明其主张，被告与原告的债务关系已经法院的生效法律文书确认，被告和第三人的主张均不能成立。被告欠原告的债务在先，其无偿转让车辆的行为在后，转让车辆的后果直接损害了债权人即原告的利益。被告未能提供证据证明其还有其他财产能够偿还所欠原告的债务，被告无偿转让车辆给第三人的行为使其无足够的财产用以清偿债务，因而损害了原告的债权。原告申请撤销被告与第三人之间转让车辆行为的诉讼请求符合法律规定。

3. 转得人的恶意

转得人，指由受益人取得权利的人。在有些立法例上，规定有转得人（如《日本民法典》第424条第1项）。《民法典》未规定转得人。债权人对于转得人主张撤销权，应以转得人受让财产时有恶意为要件，如果转得人受让财产属善意，而且价格合理，应当阻止债权人撤销权的成立。转得人对于“不知”是否具有过失，在所不问；纵然事后知道，其受让时属善意之事实亦不因此而改变。相应地，转得人应就自己属善意进行举证。

三、债权人撤销权的行使

债权人的撤销权由债权人行使。凡于债务人为有害债权行为前有效成立的债权，债权人均可行使撤销权。因撤销权的行使与第三人有重大利害关系，债权人的撤销权须由债权人以自己的名义以诉讼方式为之。

债权人行使撤销权应以何人为被告，依对债权人性质的认识不同而不同。依折中说，债权人行使撤销权应以债务人、与债务人为行为的相对人以及利益转得人为共同被告，因为行使撤销权既要求撤销债务人和相对人所为的行为，又要求受益人返还所得的利益。依最高人民法院的司法解释，债权人提起撤销权诉讼时只以债务人为被告，未将受益人或受让人列为第三人的，人民法院可以追加该受益人为第三人，债权人行使撤销权的范围以债权人的债权额为限，因为行使撤销权的目的是保全债权。

债权人的撤销权与其他撤销权一样，应有除斥期间。债权人自应于权利行使期间内行使撤销权，否则，除斥期间届满后，债权人的撤销权消灭。依《民法典》第541条的规定，撤销权自债权人知道或应当知道撤销事由之日起1年内行使，自债务人的行为发生之日起5年内没有行使撤销权的，该撤销权消灭。

案例：

2005年9月21日，伟士特公司与草桥公司签订“房产转让协议书”。该合同的主要内容为：伟士特公司将其所属的伟士特综合业务楼转让给草桥公司。“房产转让协议书”签订后，草桥公司依约向伟士特公司支付了购房款3 360万元（包括已抵扣的伟士特公司欠草桥公司的债务400万元），但伟士特公司未能在取得房屋占用土地的使用权后将房屋过户给草桥公司，也未能取得房屋的所有权证书。

2010年4月2日，北京祥门商贸有限公司作为债权人以伟士特公司无力清偿到期债务且存在恶意逃避债务的可能为由向北京市第一中级人民法院（以下简称“北京市一中院”）申请对伟士特公司进行破产清算。北京市一中院以伟士特公司不能清偿到期债务并且明显缺乏清偿能力、发生破产原因为由，于2010年5月7日裁定受理破产清算申请，并指定北京市洪范广住律师事务所为伟士特公司的管理人。管理人查明，伟士特公司的主要办事机构所在地无任何公司在此办公，公司的注册地址“北京市丰台区花乡草桥村”，也没有伟士特公司的办公场所，其法定代表人沈吕遂下落不明，无法联系，公司有关人员及财物均去向不明。北京市一中院于2010年12月20日作出（2010）一中民初字第17475号民事判决书，判决确认：王庆凤享有伟士特公司的破产债权220万元。

王庆凤认为伟士特公司与草桥公司在草桥公司明知伟士特公司存在巨额债务的情况下将房屋转让属于双方恶意串通，而且也属于以合法形式掩盖逃避债务的非法目的，伟士特公司以明显不合理的低价转让房屋与土地使用权，该行为应予撤销。王庆凤于2011年3月7日向北京市一中院提起诉讼，请求撤销伟士特公司与草桥公司根据签订的房产转让协议书转让房屋及土地使用权的行为。在审理中，王庆凤增加诉讼请求，要求撤销根据伟士特公司与草桥公司、北京玉美家园建材市场于2006年6月14日签订的“变更房屋租赁合同协议书”伟士特公司放弃其到期债权的行为。

该案中虽然没有办理登记手续，房屋所有权不能发生移转，但草桥公司基于房产转让协议书而享有的占有权仍然受到保护。不动产登记即物权变动并不是买卖合同的生效要件，而是其履行行为的组成部分。因此，履行一个完整的房屋买卖合同，包括了债权行为与物权变动行为，而“行为发生之日”，应当是作出行为之日，不应是完成行为之日。故该案中的“行为发生之日”，应当是伟士特公司签订转让合同之日，即2005年9月21日，这是除斥期间的起算点。自2005年9月21日起至王庆凤向法院起诉时的2011年3月7日止，已超过5年的最长除斥期间，王庆凤的撤销权已经消灭，故应当驳回其起诉。

四、债权人撤销权行使的效力

债权人撤销权由债权人以自己的名义在诉讼上行使。之所以要求以诉讼的形式行使，是因为债权人撤销权对于第三人具有重大的利害关系，应由法院审查该撤销权的主体成立要件，以避免撤销权之滥用，达到债权人撤销权制度的立法目的。

债权人行使撤销权依判决作出撤销而发生效力，其效力及于债务人、受益人和债权人。

（一）撤销权行使的效力：相对的效力抑或绝对的效力

依请求权说和折中说（以日本判例理论为例），诈害行为仅在共同担保保全的限度内，并在作为撤销权诉讼当事人的债权人与受益人或者转得人相对的关系上归于无效。撤销判决的既判力不仅不及于没有参加撤销权诉讼的债务人，对于债务人与受益人、受益人与转得人之间的法律关系，亦不生任何之影响；原状恢复作为撤销的效果，仅在债权人与被告人之间相对的关系上发生，债务人并不因此而取得直接的权利。这便是日本判例通说上所谓的“撤销的相对效力”。可见，所谓撤销的相对效力，体现在两个方面：一是“人的方面”（仅限于撤销权诉讼当事人，并不及于债务人），二是“财的方面”，即仅在保全债权的限度内。

依《合同法解释（一）》第 24 条，债务人被作为撤销权诉讼的被告，受益人或者受让人可作为诉讼第三人，显然没有“人的方面”相对效力之概念。相反，撤销权诉讼判决的既判力及于债权人、债务人、第三人（受益人或转得人），因而属于绝对的效力。唯《民法典》要求撤销权行使的范围以债权人的债权为限（第 540 条），《合同法解释（一）》第 25 条第 1 款亦要求各级法院仅就债权人主张的部分进行审理，此处所谓“债权人的债权”，实即行使撤销权的债权人的债权，而非全体债权人的债权，这样来看，对于“财的方面”实行相对的效力。

（二）效果的归属

债务人的行为一旦被撤销，即自始失去法律约束力。尚未依该行为给付的，当然恢复原状。已经依该行为给付的，受领人负有恢复原状的义务，在存在给付物的物权复归于给付人的情况下，产生具有物权效力的财产返还。在物权已不复存在的情况下，发生作价返还的效果。因而，原则上是适用“入库规则”的，不过，为了限制债务人不予受领或再施处分，解释上宜认为可由行使撤销权的债权人代为受领。另外，债权人可通过执行程序使其债权受偿。

（三）费用的负担

依据《民法典》第 540 条，债权人行使撤销权的必要费用由债务人负担。另依《合同法解释（一）》第 26 条，债权人行使撤销权所支付的律师代理费、差旅费等必要费用，由债务人负担；第三人有过错的，应当适当分担。就债权人行使撤销权属于对全体债权人的共同担保进行保全而言，此种费用可以作为共益费用，使之在债务人的总财产上具有优先受偿效力；在行使撤销权的债权人受领标的物并因保管而支出费用的场合，对于该费用的偿还请求权，还可以在标的物上发生留置权。而在债权人事实上优先受偿的场合，其行使代位权的必要费用则不再构成共益费用，因而不应当再发生上述优先受偿权。

本章复习题

【案例 1】 李某于 2016 年 4 月 5 日向好友钱某借款 50 万元用于经商，双方约定于 2016 年 10 月 10 日以前全部还清，并立有字据为证。但李某经营不善，身家尽散，直到 2016 年 10 月底，李某都未能还款，钱某多次催要未果。钱某后来了解到，李某曾借款 10 万元给其妻弟于某用于购买房屋，其妻弟本应于 2016 年 9 月底前将该笔欠款还给李某，但李某碍于妻子情面没有向于某催要借款，并且，李某近期因交通事故住院治疗，肇事司机万某负全部责任，李某仍未获得应有的人身损害赔偿金。于是钱某向法院起诉，要求向于某和万某行使代位权，以维护自己对李某的债权。

问：

(1) 钱某能否代位行使李某对于某的债权？

(2) 钱某能否代位行使李某对万某的人身损害赔偿金请求权？

【案例 2】 2018 年 1 月 5 日，张三与某化肥厂签订了一份标的为 50 吨化肥的买卖合同，合同约定：某化肥厂视生产情况在 1 年内交货，张三预付化肥款 10 万元。张三依约预付了化肥款。2018 年 3 月正是化肥旺销季，张三前往化肥厂提货，但厂方称无货且履行期未到，后多次协商未果。由于化肥销售季节性强，张三提出解除合同，要求厂方退还 10 万元的预付款，厂方以无资金为由不退。2018 年 6 月 15 日，张三发现化肥厂已于 2018 年 5 月 15 日无偿向关联企业转让财产，并放弃对甲企业于 2018 年 4 月 15 日到期的债权。

问：

(1) 合同约定的履行期是否明确，该合同应如何履行？

(2) 对化肥厂无偿转让财产的行为，张三可以行使什么权利，在什么时间内行使该权利？

(3) 对化肥厂放弃到期债权的行为，张三可以行使什么权利，该权利行使的范围多大？

参考文献

1. 崔建远．合同法．6 版．北京：法律出版社，2016.

2. 史尚宽．债法总论．北京：中国政法大学出版社，2000.

3. 王闯．对最高人民法院关于适用《中华人民共和国合同法》若干问题的解释（一）的若干理解．北京：人民法院出版社，2000.

4. 王利明．论代位权的行使要件．法学论坛，2000 (1).

5. 韩世远．合同法总论．4 版．北京：法律出版社，2018.

第六章　合同的担保

本章重点问题

1. 合同的担保概述
2. 抵押权的设立及其效力
3. 质权的设立及其效力
4. 留置权的成立条件
5. 定金的成立及其适用

第一节　合同的担保概述

一、担保的概念与特征

(一) 担保的概念

"担保"（guarantee）一词，在人们的经济生活中使用的频率非常高，但作为担保制度意义上的术语，却有其特定的含义。《牛津法律大辞典》认为："担保是指加强或增加某人承担的责任，特别是付款或还债的责任保证。担保有两种：一种是人的担保，即由第三人所作的保证债务人的付款责任所构成的担保；另一种是物权担保，即由在债务人所有的财产上所设定的权利而构成的担保。"① 该解释虽然与大陆法国家现代担保制度的规定不尽一致，但却揭示了担保制度的基本内容。

在学理上，通说认为民法上的担保有广义与狭义之别。② 广义上的担保是指一切能保障债权实现的法律措施，包括物的担保、人的担保、定金担保，还包括债的保全制度等。狭义上的担保则仅指特别担保，是指在债务人或者第三人的特定财产上，或者以第三人的信用设立担保以保障特定债权实现的制度，包括物的担保、人的担保、定金担保。本书是在狭义上使用担保这一概念的。

(二) 担保的特征

尽管各类担保的客体各异，成立条件与效力也不尽相同，但不同的担保仍存在一些共同之处。这些共同之处抽象出来，就构成了担保的基本特征。

---

① 郭明瑞，杨立新．担保法新论．吉林：吉林人民出版社，1996：4.

② 王家福．中国民法学·民法债权．北京：法律出版社，1991：91.

1. 担保的从属性

当事人设定担保就是为了担保特定主债权的实现，因此，担保合同对主合同存在从属性。这种从属性具体表现在以下四个方面：一是成立上的从属性，即担保合同随主债权债务关系的产生而产生，担保合同的存在以主债权债务关系的存在为前提；二是效力上的从属性，依照《民法典》第388条的规定，担保合同是主债权债务合同的从合同，除法律另有规定外，主债权债务合同无效的，担保合同无效；三是处分上的从属性，一般而言，当主债权转移时，担保之债也随之转移；四是消灭上的从属性，即担保合同随主债权债务的消灭而消灭。

当然，担保合同的从属性并不是绝对的。譬如在最高额抵押、最高额保证中，可以先有担保合同后有主债权关系，所以，此时担保合同在成立上不存在从属性。

2. 担保的补充性

这是指相对于主债务人的义务而言，担保人承担的义务具有“备而待用”、补充性的特点。这一特点在一般保证中表现得最为明显。在一般保证中，保证人依法享有先诉抗辩权，在债权人起诉主债务人并对主债务人的财产强制执行之前，保证人得拒绝承担保证责任。如主债务因债务人的履行而消灭时，担保人承担的这种补充义务就无须履行。

3. 担保行为的要式性

考虑到担保法律关系的复杂性以及对当事人权益的影响，《民法典》明文规定，抵押合同、质押合同、保证合同等都应采用书面形式，否则，该担保因欠缺法定形式要件而无效。

当然，基于鼓励交易原则的需要，对“书面合同”宜从宽解释。依照《担保法》第93条的规定，保证合同、抵押合同、质押合同等担保合同，可以是单独订立的书面合同，包括当事人之间的具有担保性质的信函、传真等，也可以是主合同中的担保条款。换言之，只要当事人以某种书面形式记载了其有关担保的合意，该担保合同就可以成立。

4. 担保的变价性

担保的变价性，又称担保的价值性或者换价性。在物的担保中，债权人设定担保物权的目的不是要占有、取得担保人的特定财产的使用价值，而是要取得物的交换价值，即通过对担保物的变价以实现其债权，这是担保物权与用益物权的本质差异；在保证担保中，债权人设定担保的目的也不在于占有、控制或者取得保证人的财产，而在于当主债务人不履行债务时，依法取得要求保证人承担相应保证责任的权利。

二、担保的基本分类

担保的种类可以从不同的角度、依据不同的标准进行划分。由于本书中已将担保界定为狭义上的担保，因此下面关于担保的分类已将一般担保（即债的保全）与特别担保（即狭义担保）的划分排除在外。

(一) 人保、物保与定金担保

依照担保所用的标的性质的不同，担保可分为人保、物保与定金担保。

所谓人保，又称“人的担保”“保证担保”，是指保证人和债权人约定，当债务人不履行债务时，保证人按照约定履行债务或者承担责任的行为。保证担保原则上依保证合同成立，依法律的直接规定发生的比较少（如行纪人作为委托人的保证人）。

物的担保，是以债务人或第三人的特定财产作为担保物，在债务人不履行到期债务或者发生当事人约定的实现担保物权的情形时，债权人可以将担保物变价，从中优先受偿的制度。民法上物的担保包括典型担保和非典型担保两大类，前者如抵押权、质权、留置权等，后者如所有权保留买卖、让与担保、代物清偿预约等。

定金担保，即以合同当事人一方向另一方预先给付一定数额的金钱保证债的履行而设定的担保。定金制度起源于罗马法。[①] 在罗马法上，定金主要用于买卖、租赁等民事活动，其目的在于确认合同的成立并担保合同的履行。我国 1981 年 12 月颁布的《经济合同法》第 14 条、《担保法》第六章以及《民法典》均对定金制度作了明确规定。从立法体例看，我国法律一直将定金担保作为与物权担保和保证担保相区别的担保方式。

（二）法定担保与约定担保

根据担保的设立依据，担保可分为法定担保与约定担保。

法定担保，是指根据法律规定在特定财产上当然成立的担保。这种担保无须当事人的合意，只要符合法律规定的条件即可成立，是法律为某类特殊债权而设立的担保，如民法上的留置权、法定抵押权，海商法与破产法上的优先权等。

约定担保，是根据当事人约定而设立的担保。在实务中，这是最常见、最普遍的担保方式，如抵押权、质权、保证担保、定金担保等。

（三）本担保与反担保

根据设立担保的目的的不同，担保可分为本担保与反担保。

本担保，是指为保障主合同之债的实现而设立的担保。各国的担保立法一般都是从规范本担保的角度来设计担保制度的。

反担保，是相对于本担保而言的，是指在本担保成立后，为了保障担保人在承担担保责任后实现对被担保人的追偿权而设立的担保。我国立法考虑到，反担保在实践中的运用虽然不是很普遍，但有助于减少担保人的风险、解决实践中寻保难的问题，因此在《担保法》第 4 条作了规定[②]，从而首次在立法上明文规定了反担保制度。

应当说明的是，反担保也是担保的一种，两者并没有质的差异，因此，反担保在担保的成立条件、担保的形式、担保的效力等方面基本适用本担保的规定。

（四）国内担保与国际担保

依照担保合同各要素是否具有涉外因素，担保可分为国内担保与国际担保。

国际担保是指在担保法律关系中，主体、客体或者内容具有涉外因素的担保，如担保合同的主体一方或者双方是外国人，或者担保物处于国外，或者担保合同所设定的权利义务具有涉外因素，等等。

国内担保是指担保合同的各要素都不具有涉外因素的担保。

由于本书第十六章将专章介绍保证合同，所以本章只介绍物的担保以及定金担保。其中，物的担保包括抵押权、质权与留置权。

---

① 周枏．罗马法原论：下册．北京：商务印书馆，1996：811.

② 该条规定的内容是：第三人为债务人向债权人提供担保时，可以要求债务人提供反担保。

第二节 抵押权

一、抵押权的概念和特征

(一) 抵押权的概念

抵押权，是指为担保债务的履行，债务人或者第三人不转移财产的占有，将该财产抵押给债权人，当债务人不履行到期债务或者发生当事人约定的实现抵押权的情形时，债权人享有的就该财产变价优先受偿的权利。其中，提供抵押物的债务人或者第三人为抵押人，债权人为抵押权人，用于担保的财产为抵押物。

我国的抵押制度肇始于《民法通则》，但《民法通则》未区分抵押和质押，而是将两者合并规定，统称为“抵押”。至《担保法》方将其分开加以规定。依据《担保法》的规定，抵押既包括不动产抵押，又包括动产抵押。

在抵押担保中，抵押人不需要移转抵押物的占有，抵押人仍可行使对抵押物的占有、使用、收益和处分权。这样，既可以达到担保债权实现的目的，也没有造成抵押期间资源的闲置。对于抵押权人来说，他无须对抵押物加以保管而获得债的担保，减少其保管费用和责任；对于抵押人来说，可继续使用、收益抵押物而达到担保目的，又不影响物的应有效用的发挥。这种“双赢”的格局是其他担保形式都无法相比的，因此，抵押担保又被称为“担保之王”。

(二) 抵押权的特征

抵押权作为担保物权的一种，除了具有担保物权的一般属性，如从属性、不可分性、物上代位性等特征，还有其自身特有的以下一些特征。

1. 从属性

从属性是民法“从随主”原则在担保领域的体现。抵押权作为一种担保物权，自然属于从权利，其成立、消灭和处分通常以一定债权关系的存在为前提，而且从属于该主债权。但应当看到，作为对投融资的担保，抵押权的从属性有弱化的趋势，《民法典》关于最高额抵押的规定即是该趋势的表现。

2. 不可分性

抵押权的不可分性，是指抵押权的效力不可分，包括两个方面的含义：一是当抵押物部分灭失时，其剩余部分仍对全部主债权提供担保；二是当主债权部分分割或让与时，抵押权不因此而受影响，各债权人仍有权对抵押物的全部行使权利。

3. 物上代位性

物上代位性①，是指在抵押物的实体发生毁损或者灭失时，如果抵押人因此获得抵押物的价值变形物或替代物，则抵押权的效力及于该变形物和替代物。譬如《民法典》第 390 条规定：“担保期间，担保财产毁损、灭失或者被征收等，担保物权人可以就获得的保险金、赔偿金或者

① 对于担保物权为什么具有物上代位性，学者的认识不一致，参见陈华彬．物权法原理．北京：国家行政学院出版社，1998：607－608。

补偿金等优先受偿。被担保债权的履行期限未届满的，也可以提存该保险金、赔偿金或者补偿金等。”

4. 抵押权是一种无须移转占有的担保物权

抵押权的成立无须转移抵押物的占有，即抵押物仍在抵押人的占有之下。不以占有抵押物为条件，这是抵押担保的重要特征，也是区分抵押权与质权的重要标志。

5. 抵押权的客体具有广泛性

依据《民法典》第 395 条的规定，债务人或者第三人有权处分的下列财产都可以抵押：建筑物和其他土地附着物；建设用地使用权；海域使用权；生产设备、原材料、半成品、产品；正在建造的建筑物、船舶、航空器；交通运输工具；法律、行政法规未禁止抵押的其他财产。可见，抵押权的客体非常广泛，既可以是建筑物和其他土地附着物等不动产，也可以是生产设备、原材料、半成品、产品以及交通运输工具等动产，还可以是建设用地使用权、海域使用权等权利。

二、抵押权的设立

根据抵押权产生依据的不同，抵押权可分为法定抵押权与约定抵押权。所谓法定抵押权，是指依照法律的规定直接产生的抵押权，譬如《合同法》第 286 条规定的权利。[①] 由于法定抵押权直接依照法律的规定产生，通常与当事人的意思表示无关，因此，这里只讨论约定抵押权设定的若干问题。

（一）抵押合同的形式

《民法典》第 388 条规定，设立担保物权，应当依照本法和其他法律的规定订立担保合同。担保合同包括抵押合同、质押合同和其他具有担保功能的合同。第 400 条规定，设立抵押权，当事人应当采用书面形式订立抵押合同。该规定与《担保法》《物权法》的规定完全相同。依此，抵押合同是一种要式合同。在法国，法律为了保护设定抵押的债务人，担保法不仅要求抵押合同遵循严格的要式主义，而且要求将公证人文书作为抵押的有效条件。[②]

（二）抵押合同的条款

依据《民法典》第 400 条第 2 款的规定，抵押合同一般包括下列条款：（1）被担保债权的种类和数额；（2）债务人履行债务的期限；（3）抵押财产的名称、数量等情况；（4）担保的范围。

需要说明的是，上述条款是抵押合同一般情形下具备的条款，不能将这些条款都理解为抵押合同的必备条款。换言之，抵押合同即使未能具备这些条款，也不一定不成立，而应分析欠缺的条款是何种条款。如果必备条款缺失，抵押合同将难以成立。

（三）抵押物的范围

各国和各地区对动产抵押标的物范围的规定差异很大。

《民法典》第 395 条、第 399 条从正反两个方面规定了抵押物的范围。根据第 395 条的规定，债务人或者第三人有权处分的下列财产可以抵押：建筑物和其他土地附着物；建设用地使用权；

---

① 学界对此存有不同认识，梁慧星、王利明等认为，我国法律规定了法定抵押权。梁慧星．合同法第 286 条的权利性质及其适用．山西大学学报（哲学社会科学版），2001（3）：5－7；王利明．抵押权若干问题的探讨．法学，2000（11）：38. 陈本寒认为我国现行法并未规定法定抵押权。陈本寒．担保法通论．武汉：武汉大学出版社，1998：152.

② 沈达明．法国/德国担保法．北京：中国法制出版社，2000：162.

海域使用权；生产设备、原材料、半成品、产品；正在建造的建筑物、船舶、航空器；交通运输工具；法律、行政法规未禁止抵押的其他财产。第399条则以负面清单的方式规定了不得抵押的财产。①

（四）抵押权设定的公示问题

《民法典》继承了《担保法》的安排，采纳了“折中主义”的立法例。依据《民法典》第402条、第403条的规定，以建筑物和其他土地附着物、建设用地使用权、海域使用权或者正在建造的建筑物抵押的，应当办理抵押登记，抵押权自登记时设立。以动产抵押的，抵押权自抵押合同生效时设立；未经登记，不得对抗善意第三人。我们认为，这种安排是合理的，除以建筑物和其他土地附着物等为抵押物采登记要件主义之外，动产抵押应当采登记对抗主义，因为抵押登记的目的在于让公众知悉抵押物的权利状况，如没有登记，一旦出现同一物上的权利冲突，就难以保障抵押权的实现。抵押权本身是一种私权利，是否登记应由当事人决定。《担保法》将部分动产纳入登记要件主义的适用范围，过分扩大了登记要件主义的适用范围，过度限制了当事人的意思自治权。

关于登记部门，在国外立法中，不动产登记一般是由统一的登记机关负责的②，对于动产担保的登记机关，各国做法不统一，有采统一登记机关者，有采分别登记机关者。③ 我国已建立不动产统一登记制度，对于动产抵押登记，《担保法》采用了分别登记的做法，即抵押登记机关因抵押物的不同而不同，具体为：（1）以航空器、船舶、车辆抵押的，为运输工具登记部门；（2）以企业设备与其他动产抵押的，为财产所在地的工商行政管理部门；（3）以上述以外的其他财产抵押的，当事人自愿登记时，为抵押人所在地的公证部门。如此登记模式，不仅出现登记规则不统一等问题，严重影响登记的社会公信力；而且影响了当事人以及利害关系人对登记信息的查询，影响登记的效果。为了统一登记规则与流程，强化登记的权威性与公信力，方便当事人的登记行为，应尽快制定动产担保统一登记制度，以规制登记行为。

三、抵押权的效力

抵押权的效力，即抵押权设立后所产生的法律约束力。概括起来，可以从以下几个方面来把握。

（一）对债权的效力

依据《民法典》第389条的规定，除当事人另有约定外，担保物权的担保范围包括主债权及其利息、违约金、损害赔偿金、保管担保财产和实现担保物权的费用。

（二）抵押权效力所及的标的物的范围

一般而言，抵押权效力所及的标的物的范围越大，后顺序的抵押权人的受偿机会越多，而普通债权人的受偿机会相对越少。因此，明确抵押权效力所及的标的物的范围，对于平衡保护各方

---

① 根据该条的规定，下列财产不得抵押：（1）土地所有权；（2）宅基地、自留地、自留山等集体所有土地的使用权，但是法律规定可以抵押的除外；（3）学校、幼儿园、医疗机构等为公益目的成立的非营利法人的教育设施、医疗卫生设施和其他公益设施；（4）所有权、使用权不明或者有争议的财产；（5）依法被查封、扣押、监管的财产；（6）法律、行政法规规定不得抵押的其他财产。

② 郭明瑞．担保法原理与实务．北京：中国方正出版社，1995：151.

③ 王泽鉴．民法学说与判例研究：第1册．北京：中国政法大学出版社，1998：246.

当事人的合法权益非常重要。

（1）对于从物的效力。所谓从物，是指非主物成分，与主物同属一人、经常配合主物发挥效用的物。《民法典》对此无明确规定，但依照民法上“从随主”的原则，也应作相同解释。

（2）对于附合物的效力。所谓附合物，是指一物与另一物相结合，构成另一物的重要成分，非经毁损不能分离或者分离费用过大的物。在实践中，附合一般包括两种情况，一是动产与动产的附合，二是动产与不动产的附合。一般认为，除当事人另有约定外，抵押权的效力及于附合物。

（3）对于代位物的效力。一般认为，抵押权的物上代位性决定了抵押权的效力应当及于代位物。但对于代位物的范围的规定，各国立法宽严不一，在我国《民法典》的规定非常广泛，依照《民法典》第 390 条的规定，抵押权的效力不仅及于因抵押物毁损、灭失所得的赔偿金、保险金、补偿金，而且还及于因出售抵押物所得的价金。

（4）对于孳息的效力。所谓孳息，是指由原物派生出的收益。根据《民法典》第 412 条的规定①，抵押权的效力并不当然及于抵押期间抵押物所产生的全部孳息，而只是及于抵押物被扣押之后至抵押物变价之前所产生的孳息，且抵押权人须及时通知对法定孳息负有清偿义务的人。

综上所述，除当事人另有约定外，抵押权的效力及于抵押物以及抵押物的从物、附合物、代位物、从权利，在一定条件下，还及于抵押物的孳息。

（三）对抵押人的效力

在一般情形下，抵押权设定后，抵押人依然是抵押物的所有权人。基于其所有权人的地位，抵押人依法享有对抵押物的占有、使用、收益与处分权，此时，容易发生抵押权人与抵押人之间的冲突。实务中，这种冲突主要表现为以下两种情形：

1. 抵押人出租抵押物引发的冲突

在一般情况下，抵押权人关注的是抵押物的交换价值，承租人关心的是租赁物的使用价值，因此，这两种权利在性质与内容上具有相容性，可以在同一物之上并存。但当债务人不履行到期债务或者出现约定的实现抵押权的情形时，就会引发抵押权与租赁权的冲突。为了解决这种冲突，《民法典》第 405 条在继受《物权法》相关规定的基础上，作了细化与完善，将租赁关系的设立时间由《物权法》第 190 条规定的“订立抵押合同前”变更为“抵押权设立前”，并要求“转移占有”；而且删除了《物权法》第 190 条“抵押权设立后抵押财产出租的，该租赁关系不得对抗已登记的抵押权”的规定。这种规定，较好地平衡了各方当事人的权益。

2. 抵押人出售抵押物引发的冲突

依据《物权法》第 191 条的规定，抵押期间，抵押人转让抵押财产的，不仅应当经抵押权人同意，而且应当将转让所得的价款向抵押权人提前清偿债务或者提存。

《民法典》对此作了颠覆性设计，依据《民法典》第 406 条的规定，抵押人转让抵押财产时，只需及时通知抵押权人即可，而无须经抵押权人同意。但是，该条特别强调规定：抵押财产转让的，抵押权不受影响。

两相比较，《民法典》的规定更加科学、合理。它不仅有利于抵押物流通，实现物的效用最大化的目标，而且通过明确抵押权的追及效力，有利于保护抵押权人的权益。

---

① 该条第 1 款规定：“债务人不履行到期债务或者发生当事人约定的实现抵押权的情形，致使抵押财产被人民法院依法扣押的，自扣押之日起，抵押权人有权收取该抵押财产的天然孳息或者法定孳息，但是抵押权人未通知应当清偿法定孳息义务人的除外。”

(四) 对抵押权人的效力

抵押权设定后，抵押权人主要享有抵押权的保全权、处分权、次序权与优先受偿权等几项权利。

1. 保全权

在抵押期间，抵押权人并不占有抵押物，如抵押人或第三人的行为致抵押物价值减少，就意味着抵押权人的债权有不能实现的危险。为此，《民法典》第408条规定："抵押人的行为足以使抵押财产价值减少的，抵押权人有权请求抵押人停止其行为；抵押财产价值减少的，抵押权人有权请求恢复抵押财产的价值，或者提供与减少的价值相应的担保。抵押人不恢复抵押财产的价值，也不提供担保的，抵押权人有权请求债务人提前清偿债务。"

2. 处分权

依据《民法典》第407条的规定，抵押权不得与债权分离而单独转让或者作为其他债权的担保。除法律另有规定或者当事人另有约定外，债权转让的，担保该债权的抵押权一并转让。

3. 次序权

依据《民法典》第414条的规定，同一财产向两个以上债权人抵押的，拍卖、变卖抵押财产所得的价款依照下列规定清偿：抵押权已经登记的，按照登记的时间先后确定清偿顺序；抵押权已经登记的先于未登记的受偿；抵押权未登记的，按照债权比例清偿。

问题在于，如果前一顺序的抵押权因某种原因而消灭，处于后一顺序的抵押权应如何变化？《民法典》对此未具明文。国外主要有两种不同的主张与立法例①：一是"次序升进主义"，以法国、日本为代表，主张在前一次序抵押权消灭时，原则上后一次序抵押权当然升进；二是"次序固定主义"，以德国、瑞士为代表，主张在前一次序抵押权消灭时，后一次序抵押权不升进。两者各有利弊，我国学者对此也是见仁见智。②

依据《民法典》第409条的规定，抵押权人可以放弃抵押权的顺位。抵押权人与抵押人可以协议变更抵押权顺位以及被担保的债权数额等内容，但未经其他抵押权人书面同意，抵押权顺位的变更不得对其他抵押权人产生不利影响。

4. 优先受偿权

此处所谓的优先受偿权，包括以下几个方面：一是优先于一般债权受清偿；二是在抵押物被查封、执行时，抵押权优先于依强制执行制度采取保全措施的保全权人；三是在债务人宣布破产时，抵押权人享有别除权，抵押财产不列入破产财产；四是登记在先的抵押权优先于登记在后的抵押权。

四、几种特殊的抵押权

(一) 最高额抵押

1. 最高额抵押的界定及其制度功能

所谓最高额抵押，是指为担保债务的履行，债务人或者第三人对一定期间内将要连续发生

---

① 陈本寒．担保法通论．武汉：武汉大学出版社，1998：180.

② 梁慧星、王利明等认为，应采纳次序升进主义。梁慧星．中国物权法草案建议稿．北京：社会科学文献出版社，2000：664；王利明．抵押权若干问题的探讨．法学，2000（11）：34. 陈本寒等主张采纳次序固定主义的立法例。陈本寒．担保法通论．武汉：武汉大学出版社，1988：182。

的债权提供担保财产，在债务人不履行到期债务或者发生当事人约定的实现抵押权的情形时，抵押权人依法享有的在最高债权额限度内就该担保财产优先受偿的权利。

最高额抵押主要适用于基于连续性交易、连续性提供劳务以及连续性借贷等形成的主债权债务关系。借助最高额抵押这样一种特殊的抵押担保方式，当事人就不必再采用“一事一押”的方式为每一笔交易逐一签订抵押合同，逐一办理抵押登记等相关手续，有利于节约交易成本、提高交易效率。

2. 最高额抵押的特征

最高额抵押之所以被称为特殊抵押，是因为它具有一般抵押所不具有的一些特征，概括起来，这些特征表现在以下几个方面：

（1）最高额抵押是限额抵押。在设定抵押时，抵押人与抵押权人必须在协议中明确约定抵押财产担保的最高债权限额，抵押权人只能在该最高债权范围内对抵押财产享有优先受偿权。实际发生的债权数额超过约定的最高债权限额的，债权人以约定的最高债权额为限优先受偿；实际发生的债权低于最高债权限额的，以实际发生的债权额优先受偿。

（2）最高额抵押是为未来发生的债权提供担保。在一般情形下，最高额抵押所担保的债权属于未来债权。作为例外，经当事人同意，也可以将最高额抵押权设立前已经存在的债权转入最高额抵押担保的债权范围。

（3）最高额抵押担保的债权具有不特定性。一般抵押担保的债权都是特定的，这不仅要求债权类型是特定的，而且要求债权的数额也是特定的。但在最高额抵押成立时，它所担保的债权将来是否发生、债权类型是什么、债权数额多少，均具有不确定性。只有在约定的决算期届满时，才能确定抵押权担保的债权类型及其数额。

（4）最高额抵押是对一定期间内连续发生的债权提供担保。一般抵押仅对已经存在的债权作担保，且这些债权通常为一个独立的债权，而最高额抵押一般不适用于一个独立债权的情况，而是为一定期限内连续发生的债权提供担保。

3. 最高额抵押的确定

最高额抵押权所担保债权的确定，是指在出现一定事由时，最高额抵押权所担保的债权由不特定而归于特定。依据《民法典》第 423 条的规定，具有下列情形之一的，最高额抵押权所担保的债权确定：（1）约定的债权确定期间届满；（2）没有约定债权确定期间或者约定不明确，抵押权人或者抵押人自最高额抵押权设立之日起满二年后请求确定债权；（3）新的债权不可能发生；（4）抵押权人知道或者应当知道抵押财产被查封、扣押；（5）债务人、抵押人被宣告破产或者解散；（6）法律规定债权确定的其他情形。

（二）浮动抵押

1. 浮动抵押的界定

浮动抵押是指企业等民事主体以其现有的、将有的生产设备、原材料、半成品、产品抵押，在债务人不履行到期债务或者发生当事人约定的实现抵押权的情形时，债权人有权就抵押财产确定时的动产优先受偿。学界普遍认为，《物权法》第 181 条规定是我国法律对浮动抵押的首次确认。

2. 浮动抵押的特征

概括起来，浮动抵押主要有以下几个方面的特征。

（1）抵押人的广泛性。依据《民法典》第 396 条的规定，设定浮动抵押的既可以是公司企业、合伙企业以及个人独资企业等各类企业，还可以是“个体工商户、农业生产经营者”。

（2）抵押物的相对不特定性。普通抵押权仅以现存的各类财产，如动产、不动产以及某些权利为客体，但无论是哪类财产，在设定抵押权时抵押物必须特定。而与此不同的是，浮动抵押权的客体既包括抵押人现有的财产，还包括抵押人将来所有的财产。换言之，浮动抵押权的客体是变动不居的，处于不断变动状态之中。

（3）抵押权效力的特定性。在普通抵押中，抵押人需通知抵押权人之后才可转让抵押财产，且抵押权人能够证明抵押财产转让可能损害抵押权的，可以请求抵押人将转让所得的价款向抵押权人提前清偿债务或者提存。但在浮动抵押中，在发生法定的浮动抵押财产确定事由之前，抵押人用于抵押的财产是变动不居的，可以流入也可以流出，抵押权人的抵押权不得对抗正常经营活动中已经支付合理价款并取得抵押财产的买受人。

3. 浮动抵押财产的确定

依据《民法典》第 411 条的规定，抵押财产自出现下列情形之一时确定：债务履行期限届满，债权未实现；抵押人被宣告破产或者解散；当事人约定的实现抵押权的情形；严重影响债权实现的其他情形。

第三节　质　权

一、质权的概念和特征

（一）质权的概念

质权，又称质押，是指债务人或第三人将动产或权利交于债权人占有，作为债权实现的担保，当债务人不履行到期债务或者发生当事人约定的实现质权的情形时，债权人依法享有的以该动产或权利变价并优先受偿的权利。在质权关系中，享有质权的债权人称为质权人，提供动产或权利用于担保的人称为出质人，用于担保的动产或权利称为质物。

（二）质权的特征

质权与前面介绍的抵押权一样，属于担保物权的一种，因此质权具有担保物权的一般属性，如从属性、不可分性、物上代位性、优先受偿性等，但与抵押权不同的是，质权有自己的特征。这就是：

（1）质物的特定性，即质权的标的可以是动产，也可以是具有可让与性的财产权利，但不可以是不动产。同时，无论是动产质权，还是权利质权，质押的财产都必须是特定的物或者财产权利。

（2）质权是以质权人占有质物为要件的担保物权。质权以出质人移交质押的财产占有为成立要件，也以债权人占有质押财产为存续要件，质权人将质物返还于出质人后，以其质权对抗第三人，人民法院不予支持。

二、动产质权

（一）动产质权的界定

所谓动产质权，是指为了担保债权的实现，债务人或第三人将动产移交给债权人占有，当债务人不履行到期债务或者发生当事人约定的实现质权的情形时，债权人依法享有的以该动产变价并优先受偿的权利。

（二）动产质权的设定

动产质权取得的方式主要有两种：一是法律行为，二是法律行为之外的原因。法律行为是取得质权的一般方式，在实践中又可包括两种情况：一是质权设定行为，二是质权让与行为。所谓法律行为之外的原因，主要包括法律规定、继承、善意取得等。

质权设定行为属于要式法律行为。《民法典》第 388 条规定：设立担保物权，应当依照本法和其他法律的规定订立担保合同。担保合同包括抵押合同、质押合同和其他具有担保功能的合同。第 427 条规定：设立质权，当事人应当采用书面形式订立质押合同。依此，质押合同是一种要式合同。

（三）最高额质权

质押合同当事人，即出质人与质权人可以协商设立最高额质权。最高额质权有关问题的处理，除适用动产质权有关规定外，可参照适用《民法典》物权编第十七章中最高额抵押的有关规定。

三、权利质权

（一）权利质权的界定

权利质押，是指为了担保债务的履行，债务人或第三人以所有的不动产物权以外的可让与的财产权为标的而设立的质权。

权利质权与动产质权虽存在一些差异，如两者的标的物范围不同、设定方式不同、实现方式不同等，但两者都是质权的表现形式，权利质权与动产质权效力基本相同，因此，根据《民法典》第 446 条的规定，权利质权除适用《民法典》中“权利质权”一节规定外，适用《民法典》“质权”一章有关动产质权的规定。

（二）权利出质的范围

依据《民法典》第 440 条的规定，债务人或者第三人有权处分的下列权利可以出质：“（一）汇票、本票、支票；（二）债券、存款单；（三）仓单、提单；（四）可以转让的基金份额、股权；（五）可以转让的注册商标专用权、专利权、著作权等知识产权中的财产权；（六）现有的以及将有的应收账款；（七）法律、行政法规规定可以出质的其他财产权利。”

值得研究的是，如何理解《民法典》第 440 条第 7 项规定的“其他财产权利”的范围。我们认为，要回答这个问题，须了解权利质权标的的性质。按照传统民法理论，并非所有的权利都可用以设定质权，作为权利质权标的的权利必须是：（1）财产权。只有财产权才具有交换价值，才能在质权实现时具有可变价性。（2）具有可让与性。质权为价值权，须有变价的可能。不具让与性的权利，如继承权、抚恤金领取请求权、抚养请求权等权利，要求当事人之间有一定的身份关系，不能变价，不能作为质权标的。（3）适宜设质。

（三）权利质权的设立

依据《民法典》第 441 条至第 445 条的规定，出质的权利类型不同，权利质权设立的时间也不同。

以汇票、本票、支票、债券、存款单、仓单、提单出质的，除法律另有规定外，质权自权利凭证交付质权人时设立；没有权利凭证的，质权自办理出质登记时设立。以基金份额、股权出质的，质权自办理出质登记时设立。以注册商标专用权、专利权、著作权等知识产权中的财产权出质的，质权自办理出质登记时设立。以应收账款出质的，质权自办理出质登记时设立。

第四节 留置权

留置权肇始于罗马法时期。在留置权的历史沿革上，先后出现了民事留置权和商事留置权。[①] 民事留置权起源于罗马诉讼法上的抗辩权，是指债权人对于相对人负有与其债权相关联的债务，在债务人未履行债务前，债权人得拒绝履行债务的权利，与同时履行抗辩权相似。商事留置权则起源于中世纪意大利的习惯法，适用范围较广，现代各国民法上的留置权多受商事留置权的影响。

一、留置权的概念与性质

（一）留置权的概念

留置权的概念有广义与狭义之别。广义的留置权，是指当事人之间基于同一法律关系互负债务，一方在相对方的债务清偿期届满而未受清偿前，得拒绝给付的权利。狭义的留置权，是指债权人合法占有他人之物，在债权清偿期届满而未受清偿前，债权人得留置该物以作为担保的一种物权。

依照《民法典》第 447 条的规定，所谓留置权，是指债务人不履行到期债务时，债权人可以留置已经合法占有的债务人的动产，并有权就该动产优先受偿的权利。其中，享有留置权的债权人为留置权人，占有的动产为留置财产。

（二）留置权的性质

留置权是基于法律规定发生的一种担保物权，是法定担保物权，故留置权不依合同而产生。

二、留置权的成立要件

留置权的成立要件，可从积极要件、消极要件两个方面观察。

（一）积极要件

1. 须债权人合法占有债务人的动产

留置权人的占有，可以是直接占有，也可以是间接占有；可以是单独占有，也可以是共同占有。占有物以动产为限。《民法典》第 447 条明确规定：留置财产为“占有的动产”。债权人的占有须是合法占有。所谓合法占有的财产，是指经债务人同意由债权人占有的财产，而不包括那些误入债权人之手的财产。

2. 留置物应为债务人的动产

根据《民法典》第 447 条的规定，留置权人占有的动产仅限于“债务人的动产”，而不包括

---

① 汪贻祥．中华人民共和国担保法理论与实务．北京：中国政法大学出版社，1995：311.

其他人的动产。

3. 债权人留置的动产与债权属于同一法律关系

所谓同一法律关系，又称关联关系，是指债权是由留置物所生，或者债权的发生与留置物的返还请求权是基于同一法律关系。具体而言，在下述三种情形之下，可认定留置的动产与债权属于同一法律关系：(1) 债权由该动产本身产生。(2) 债权与该动产的返还义务是基于同一法律关系。(3) 债权与该动产的返还义务是基于同一事实关系，如甲乙双方相互拿错了对方的财产，即彼此负有返还义务，在对方返还之前，各自都享有留置权。

4. 债权清偿期已届满

依据《民法典》的规定，债权人行使留置权的条件是，债务人不按合同约定的期限履行债务。

(二) 消极要件

所谓消极要件，是指留置权成立的限制因素。只要不符合以下条件，留置权即不能成立。

1. 动产的留置不得与债权人所承担的义务相抵触

债权人不得为了行使留置权而不履行其基本义务。譬如，承运人在依约将货物运至约定地点之前，不得行使留置权。

2. 动产的留置不违反公序良俗

在法治社会中，任何权利的行使均不得违反公共利益和善良风俗，这是大陆法系各国民法通行的基本原则。留置权的行使也应当遵循这一原则，否则应属权利滥用行为，不能发生相应的法律效力。

3. 无排除留置的特别规定或者约定

依《民法典》的规定，可行使留置权的债权是基于合同而产生的，债权既然因当事人的合意而产生，则当事人也可因合意而排除对债权的担保。因此，《民法典》第 449 条规定："法律规定或者当事人约定不得留置的动产，不得留置。"

第五节　定金担保

一、定金担保的概念与作用

(一) 定金担保的概念

定金担保，是指债务人为担保债的履行，以一定数额的金钱所设定的担保。定金担保实际上是物的担保的一种特殊形态。其中，给付定金的一方称为定金给付方，接受定金的一方称为定金接受方。

(二) 定金的作用

依据《民法典》第 587 条等规定，债务人履行债务后，定金应当抵作价款或者由给付定金方收回。如出现当事人违约，则依定金罚则处理，即交付定金的一方违约时，丧失定金返还请求权；接受定金的一方违约时，则应双倍返还定金。

首先，定金与预付款不同。定金具有证约的作用，预付款却无此作用；定金只是一种担保手段，本身并不是履行债务的行为，而预付款的交付属于履行债务的行为，不具有担保的作用。

其次，定金与违约金也不同。虽然两者都具有一定的制裁性，但前者是在合同履行之前的一种给付，后者则是违约之后发生的偿付。

二、定金的成立

定金的成立具有实践性，即定金合同的成立，不仅需要当事人的合意，还需要定金的实际交付，只有合同当事人将定金实际交付给对方，定金合同才能成立。因此，定金合同的成立需同时具备以下条件。

1. 当事人之间的合意

即当事人需就定金金额、定金的给付等协商一致，形成合意。

2. 定金的实际交付

定金合同的成立以定金的实际交付为条件。《民法典》第586条规定，定金合同自实际交付定金时成立。关于定金交付时间的要求，各国法对不同种类的定金有不同的规定，如成约定金应于合同订立时交付；证约定金通常在合同成立之时交付；违约定金则可在合同成立之时交付，也可在合同成立之后、履行之前交付。

三、定金的适用

定金具有双重担保性，即同时担保合同双方当事人的债权。根据定金罚则，交付定金的一方违约时，丧失定金返还请求权；接受定金的一方违约时，则应双倍返还定金。在实务中，应当注意《民法典》的相关限制性规定，以便正确适用定金条款。

（一）定金的最高数额限制

依据《民法典》第586条的规定，定金的数额由当事人约定，但是不得超过主合同标的额的20%，超过部分不产生定金的效力。

（二）定金罚则的适用条件

在实务中，有人认为只要当事人违约，即可适用定金罚则。我们认为，这种理解明显不妥。依据《民法典》第587条的规定，定金罚则适用的条件是“一方不履行债务或者履行债务不符合约定，致使不能实现合同目的”。如当事人一方虽然违约，但并不影响合同目的的实现，则不能适用定金罚则。

（三）定金罚则的选择适用

当事人在合同中既约定违约金，又约定定金的，一方违约时，对方可以选择适用违约金或者定金条款。①

（四）定金与赔偿金同时适用的限制

假设当事人在合同中只约定了定金条款，或者虽然同时约定了违约金和定金条款，但非违

① 最高人民法院《关于在审理经济合同纠纷案件中具体适用〈经济合同法〉的若干问题的解答》规定：定金与违约金的性质不同，定金是一种担保方式，而违约金是对违约的一种制裁和补偿手段。所以，合同的一方在对方违约时，既要求对方偿付违约金，又要求按定金罚则处理定金问题，只要法律和法规没有相反规定，就应当给予保护，但并用的结果以不超过合同价金总额为限。在《合同法》实施之后，上述司法解释就不再适用了。

约方选择适用定金条款，依据《民法典》第588条第2款之规定，定金不足以弥补一方违约造成的损失的，对方还可以请求赔偿超过定金数额的损失。

本章复习题

【案例1】 甲公司与乙公司依法订立一份总货款为20万元的购销合同。合同约定违约金为货款总值的5%；同时，约定甲向乙给付定金5 000元，甲于签约时足额支付了定金。后乙违约，给甲造成损失2万元。

问：

(1) 如甲主张适用定金罚则，甲最多可从乙处拿到多少钱？为什么？

(2) 如甲主张适用违约金条款，甲最多可从乙处拿到多少钱？为什么？

(3) 如甲实际给付的定金为3 000元，本案该如何处理？为什么？

【案例2】 甲、乙签订借款合同，约定甲向乙无息借款100万元用于生产经营，丙、丁在借款合同中以保证人身份签名，承诺提供一般保证。为保证借款的及时收回，乙又要求甲提供财产担保，甲便让戊以其房屋抵押，乙、戊签订了书面抵押合同，并办理了抵押登记。借款到期后，甲无力归还，乙要求丙、丁、戊偿还借款本息，丙、丁、戊互相推诿。

问：

(1) 乙应如何实现债权？

(2) 假设用于抵押的房屋产权属于甲而不属于戊，乙又应如何实现债权？

在前述案例中，如果甲、乙签订借款合同之后，甲、乙通过协商将借款金额调整为80万元，但乙实际交付了100万元给甲。

问：

(3) 丙、丁是否应承担保证责任？为什么？

(4) 假设甲届期无力清偿100万元借款，乙将债权转让给小明，并通知了甲和丙、丁，丙、丁是否应承担保证责任？

参考文献

1. 王家福．中国民法学·民法债权．北京：法律出版社，1991.
2. 周枏．罗马法原论：下册．北京：商务印书馆，1996.
3. 陈华彬．物权法原理．北京：国家行政学院出版社，1998.
4. 王泽鉴．民法学说与判例研究：第1册．北京：中国政法大学出版社，1998.

第七章 合同的变更与转让

本章重点问题

1. 合同的变更与转让概述
2. 合同的狭义变更
3. 合同债权的让与
4. 合同债务的承担
5. 合同权利义务的概括转移

第一节 合同的变更与转让概述

合同变更，有广义和狭义两种含义。广义的合同变更是指合同的内容变更与和合同主体的变更。合同内容的变更是指合同当事人保持不变，合同内容发生变更的情形。合同主体的变更，又被称为合同的转让，是指在保持原合同内容的情况下，以新的主体取代原合同关系的主体，即新的债权人、债务人代替原来的债权人、债务人的情形。在这种变更方式中，债权人变更的，称为债权让与；债务人变更的，称为债务的承担。狭义的合同变更仅指合同内容的变更。《民法典》合同编第六章规定了“合同的变更和转让”，其中“合同的变更”采用狭义的变更含义，指合同内容的变更。合同主体的变更作为“合同的转让”，即合同债权让与和债务承担。

第二节 合同的狭义变更

合同的狭义变更是指合同内容的变更，即在合同成立以后，尚未履行或尚未完全履行时，当事人对合同内容进行更改的情形。

一、合同的狭义变更条件

（一）原合同已经依法成立并有效，但尚未履行或尚未履行完毕

合同的变更是在原合同的基础上，通过当事人双方的协商或人民法院、仲裁机构依法变更，改变原合同关系的内容。无原合同关系存在则不可能发生合同的变更。如果合同被确认无效，则自始即无合同关系，不能变更原合同。如果存在可撤销的情形，在撤销权行使之前，合同依然有效，不妨碍当事人协商变更合同，但在合同被撤销后，合同失去法律效力，则不能变更合同。如

合同为效力待定合同，则在效力待定阶段，当事人可通过协商变更合同。追认权人拒绝追认或在催告后拒绝追认的，合同无效，因而不能变更合同。

（二）合同的变更在原则上必须经过当事人协商一致

合同是当事人意思表示一致的体现，当事人的契约自由既体现为订立合同的自由，也体现为对合同内容变更的自由。依据《民法典》第 543 条的规定，合同的变更须经过当事人的协商一致，任何一方未经协商不得单方变更合同内容，否则，将构成违约。这里的协商一致，实际上仍需经过要约、承诺的程序，即由原合同一方当事人发出变更合同的要约，再由他方当事人接受该要约的过程。《民法典》第 544 条规定，当事人对合同变更的内容约定不明确的，推定为未变更。根据该条文，如果当事人对合同变更的内容规定不明确，则推定当事人并没有达成变更合同的协议，合同视为未变更，当事人仍应当按原合同履行。

合同的变更在原则上必须经过当事人协商一致，并不意味着变更只能由约定产生。例如依据《民法典》第 533 条的规定，合同成立后，合同的基础条件发生了当事人在订立合同时无法预见的、不属于商业风险的重大变化，继续履行合同对于当事人一方明显不公平的，受不利影响的当事人可以与对方重新协商；在合理期限内协商不成的，当事人可以请求人民法院或者仲裁机构变更或者解除合同。人民法院或者仲裁机构应当结合案件的实际情况，根据公平原则变更或者解除合同。在此情形下，合同的变更非因当事人的约定，而是人民法院或仲裁机构经过审理，确认了变更的请求，合同发生变更。

（三）合同的变更必须遵循法定的程序和方式

合同的变更在本质上就是达成一个新的合同，合同的订立须经办理特别手续才能生效的，合同的变更也应当办理特别手续才能有效。例如《中外合作经营企业法》第 7 条规定，中外合作者在合作期限内协商同意对合作企业合同作重大变更的，应当报审查批准机关批准；变更内容涉及法定工商登记项目、税务登记项目的，还应当向工商行政管理机关、税务机关办理变更登记手续。所以，在这些情况下，当事人仅是达成变更合同的协议是不够的，还必须依照法律、行政法规的规定采用书面形式或办理批准、登记等手续，否则，合同不能发生变更。

二、合同狭义变更的效力

（1）合同经当事人协商一致变更或由人民法院、仲裁机构依法变更后，即对当事人发生效力，当事人应当按照变更后的合同内容履行各自的义务，如果违反则应当承担违约责任。

（2）已经履行完毕的部分不受影响。合同的变更原则上没有溯及力，对已经履行完毕的部分没有影响。合同变更前当事人所做的履行依然有效，合同变更不能使已经履行的部分失去法律依据。①

第三节　合同债权的让与

一、合同债权让与的概念和特点

所谓合同债权的让与，是指合同债权人通过协议将其债权全部或部分转让给第三人的行

---

① 韩松，等．合同法学．2 版．武汉：武汉大学出版社，2014：104.

为。《民法典》第545条规定，债权人可以将债权的全部或者部分转让给第三人。合同债权让与的特点在于：（1）合同债权的让与是指不改变合同债权的内容，由债权人将债权转让给第三人；（2）合同债权让与的对象是合同债权；（3）债权的让与既可以是全部的让与，也可以是部分的让与。

二、合同债权让与的条件

（一）须有有效的合同债权存在

合同债权的有效存在，是合同债权转让的根本前提。如果合同根本不存在，或者已经被宣告无效或被撤销、被解除，则不能发生合同债权的让与。让与人应对善意的受让人所遭受的损失承担损害赔偿责任。

（二）转让双方之间须达成债权让与合同，并依法办理相关手续

合同债权的让与，必须要由让与人和受让人之间订立债权让与合同。当事人订立将导致的债权让与合同应具备合同的有效要件。合同债权让与合同中存在合同无效的原因时，合同债权的目的将不能实现。如果法律、行政法规规定合同债权让与需要办理批准、登记等手续的，则合同债权让与在完成这些手续后才能生效。

（三）转让的合同债权须具有可让与性

合同债权须具有可让与性，方可转让。对于不具有可让与性的合同债权，债权人不得转让。依据《民法典》第545条的规定，下列债权不得转让。

1. 根据其性质不得转让的债权

根据其性质不得转让的债权，主要是基于当事人的身份关系或者基于个人信任关系而发生的债权，如收养合同中的债权、邀请某个演员表演的演出合同中的债权、邀约某个作家进行创作的出版合同中的债权等。

2. 按照当事人的特别约定不得转让的合同债权

根据合同自由原则，当事人可以在订立合同时或订立合同后特别约定，禁止任何一方让与合同债权，只要不违反法律的禁止性规定和社会公共道德，此约定就应当产生法律效力。但此种特别约定不绝对影响合同债权让与的效力。依据《民法典》第545条第2款的规定，当事人约定非金钱债权不得转让的，不得对抗善意第三人；当事人约定金钱债权不得转让的，不得对抗第三人。根据该款，禁止债权让与特约仅属相对禁止，其可于债权人、债务人之间发生效力，但是否对第三人发生效力，需要判断债权的标的及第三人主观上是否为善意：非金钱债权不得转让的约定，不得对抗善意第三人；金钱债权不得转让的预定，不得对抗第三人。

3. 依照法律规定不得转让的债权

法律规定债权不得让与，即该债权为禁止流通物的，让与人与受让人签订的债权让与合同无效。例如，根据《保险法》第34条第2款，按照以死亡为给付保险金条件的合同所签发的保险单，未经被保险人书面同意，不得转让或者质押。

三、合同债权让与的程序

债权让与基本上不影响债务人的利益，因此合同债权让与原则上由债权人自由进行，不需

经过债务人的同意，但需要债权让与人通知债务人。《民法典》第 546 规定：“债权人转让债权，未通知债务人的，该转让对债务人不发生效力。债权转让的通知不得撤销，但是经受让人同意的除外。”因此，债权的让与应当先有债权人与受让人签订让与合同，债权让与于让与合同生效时发生效力。债权人向债务人发出债权让与的通知后，让与对债务人发生效力，债务人应当向新债权人履行合同债务。若债权人未向债务人发出债权让与通知，让与对债务人不发生效力，债务人可向原合同债权人履行合同债务，但未通知债务人并不影响债权让与的生效。债权转让的通知不得撤销，但是经受让人同意的除外。

四、合同债权让与的法律效力

(1) 如果是合同债权的全部让与，则原债权人退出债权债务关系，债权债务关系存在于受让人与债务人之间；如果是合同债权的部分让与，则受让人加入该债权债务关系，与原债权人作为共同的债权人。

(2) 对受让人来说，合同债权的让与不仅使受让人取得合同的债权，还使受让人取得与债权有关的从权利。《民法典》第 547 条第 1 款规定：“债权人转让债权的，受让人取得与债权有关的从权利，但是该从权利专属于债权人自身的除外。”在转让合同债权时从属于主债权的从权利，如抵押权、利息债权、定金债权、违约金债权及损害赔偿请求权等，也将随主债权的移转而发生移转，但专属于债权人的从权利不能随主债权移转而移转。若从权利移转以变更登记或转移占有为条件，则未登记或未转移占有是否影响从权利移转的效力？对此，《民法典》第 547 条第 2 款作出了明确的回应，受让人取得从权利不因该从权利未办理转移登记手续或者未转移占有而受到影响。

(3) 对债务人来说，债务人在接到合同债权让与的通知后应当向受让人，也就是新的债权人，履行义务；并且债务人对原债权人的抗辩，可以向新债权人主张。《民法典》第 548 条规定：“债务人接到债权转让通知后，债务人对让与人的抗辩，可以向受让人主张。”这一规定主要是为了保护债务人的利益，使其不因合同债权的转让而受到损害。在合同债权转让之后，债务人对原债权人所享有的抗辩权，如同时履行抗辩、时效完成的抗辩、债权已消灭的抗辩、债权无效的抗辩等，仍可以对抗受让人即新的债权人。只有保障债务人的抗辩权，才能维护债务人的应有利益。

(4)《民法典》第 549 条规定：“有下列情形之一的，债务人可以向受让人主张抵销：（一）债务人接到债权转让通知时，债务人对让与人享有债权，且债务人的债权先于转让的债权到期或者同时到期；（二）债务人的债权与转让的债权是基于同一合同产生。”既然债务人对原债权人享有到期债权，而原债权人的债权已经转让给新的债权人，那么债务人已不可能向原债权人主张抵销，而只能向新的债权人主张抵销。债务人向受让人主张抵销，前提是其对债权人享有债权且该债权是到期的债权，即该债权先于转让的债权到期或者同时到期。但若债务人的债权与转让的债权源于同一合同，给付与对待给付之间具有牵连关系，则债务人的债权将来可用于抵销的期待同样值得保护。因此，债务人以基于同一合同产生的债权进行抵销，不受“债务人接到债权转让通知时，债务人对让与人享有债权”“债务人的债权先于转让的债权到期或者同时到期”的限制。

(5)《民法典》第 550 条规定：“因债权转让增加的履行费用，由让与人负担。”债权让与如果给债务人带来额外的负担，因债权让与而增加的履行费用，由让与人承担。

第四节　合同债务的承担

一、合同债务承担概述

合同债务承担又称债务的移转，是指基于债权人、债务人与第三人之间达成的协议，债务全部或者部分被移转给第三人承担。

二、合同债务承担的条件

合同债务的承担只有符合一定条件，才能产生效力。根据我国法律的规定，合同债务的移转须具备如下条件。

（一）须为有效合同债务

当事人移转的合同债务只能是有效存在的债务。如果债务本身不存在，或者在合同订立后被宣告无效或被撤销，则不能发生债务转移的后果。将来可发生的债务虽然在理论上也可以由第三人承担，但仅在该债务有效成立后，债务承担合同才能发生效力。例如，于附停止条件的合同债务，在合同债务有效发生时，债务移转协议才能生效。

（二）移转的合同债务须具有可让与性

因为合同债务移转后，合同债务主体将发生变更，所以，所移转的合同债务必须具有可让与性。依据法律的规定或合同的约定不得移转的债务，不得移转。例如，因扶养请求权而发生的债务，不得移转。

（三）须存在合同债务移转的协议

对于合同债务的移转，须由当事人达成移转的协议。该合同债务移转协议的订立有两种形式：既可由债权人与第三人订立，也可由债务人与第三人订立。第一，债务人与第三人之间的协议。债务人和第三人之间可以订立债务移转的协议，该协议一旦成立便在当事人间生效，第三人作为债务承担人将取代原债务人，原债务人被免除债务。第二，债权人与第三人之间订立协议。在债权人与第三人订立合同债务移转协议时，可以认为债权人已经同意由该第三人履行债务，故债权人与第三人之间订立的合同债务移转的协议一旦成立便生效。

（四）须经过债权人的同意

一般来说，债权转让不会给债务人造成损害，但债务的转让有可能损害债权人的利益，因为在债务人转让其债务以后，新的债务人是否具有履行债务的能力，或者是否为诚实守信者等，这些情况都是债权人所无法预知的。如果允许债务人随意转让债务，而受让人没有能力履行债务，或者有能力履行而不愿意履行，将直接导致债权人的债权不能实现。据此，《民法典》第551条规定：“债务人将债务的全部或者部分转移给第三人的，应当经债权人同意。债务人或者第三人可以催告债权人在合理期限内予以同意，债权人未作表示的，视为不同意。”如果未征得债权人同意，合同债务移转无效，原债务人仍负有向债权人履行的义务，债权人有权拒绝第三人向其作出的履行，同时也有权追究债务人迟延履行或不履行的责任。债务人或者第三人可以催告债权人在合理期限内予以同意，债权人未作表示的，推定为不同意。

债务人与第三人之间达成的移转合同债务的协议，一经债权人同意即发生效力。债权人的同意可以采取明示或默示的方式。如果债权人未明确表示同意，但他已经将第三人作为其债务人并请求其履行，可以推定债权人已经同意债务的转让。

（五）须依法办理有关手续

如果法律、行政法规规定，移转合同债务应当办理批准、登记等手续的，则在移转合同债务时应当办理这些手续。

三、合同债务承担的效力

合同债务承担发生以后，将产生如下效力。

第一，合同债务全部移转的，新债务人将代替原债务人的地位而成为当事人，原债务人将不再作为债的一方当事人。如果新债务人不履行或不适当履行债务，债权人只能向新债务人而不能向原债务人请求履行债务或要求其承担违约责任。但《民法典》第 552 条新增了并存的债务承担的情形，规定：第三人与债务人约定加入债务并通知债权人，或者第三人向债权人表示愿意加入债务，债权人未在合理期限内明确拒绝的，债权人可以请求第三人在其愿意承担的债务范围内和债务人承担连带债务。根据该条规定，成立并存的债务承担有两种方式：一是第三人与债务人约定加入债务并通知债权人，二是第三人向债权人表示愿意加入债务。并存债务承担的法律后果是，第三人在其愿意承担的债务范围内和债务人承担连带债务。

合同债务部分移转的，第三人加入合同关系，与原债务人共同承担合同债务。原债务人与新债务人之间应承担的债务份额依移转协议确定，如果当事人没有明确约定债务移转的份额，则原债务人与新债务人负连带责任。

第二，合同债务移转后，新债务人可以主张原债务人对债权人的抗辩，但原债务人对债权人享有债权的，新债务人不得向债权人主张抵销。《民法典》第 553 条规定："债务人转移债务的，新债务人可以主张原债务人对债权人的抗辩；原债务人对债权人享有债权的，新债务人不得向债权人主张抵销。"新债务人享有的抗辩权包括同时履行抗辩权、合同撤销和无效的抗辩权、合同不成立的抗辩权、诉讼时效已过的抗辩权，等等。这些抗辩事由必须是在合同债务移转时就已经存在的。原债权债务关系中的抗辩，新债务人可以主张，但抵销权则不能行使。原债务人对债权人享有债权的，新债务人不得向债权人主张抵销该债权。债务移转是特定债务的主体变更，原债务人没有转让自己对债权人享有的债权的，该债权不在转让的范围之内。原债务人对债权人享有的债权，仍然可以向债权人主张。

第三，合同债务移转后，新债务人应当承担与主债务有关的从债务。《民法典》第 554 条规定："债务人转移债务的，新债务人应当承担与主债务有关的从债务，但是该从债务专属于原债务人自身的除外。"从债务与主债务是密切联系在一起的，不能与主债务相互分离而单独存在，所以，当主债务发生移转以后，从债务也要发生转移，新债务人应当承担与主债务有关的从债务。值得注意的是，主债务移转后，专属于原债务人自身的从债务不得移转。

第五节　合同权利义务的概括移转

一、合同权利义务概括移转的含义

《民法典》第 555 条规定："当事人一方经对方同意，可以将自己在合同中的权利和义务一并转让给第三人。”这就是对合同权利义务概括移转的规定。所谓合同权利义务概括移转，是指由原合同当事人一方将其债权债务一并移转给第三人，由第三人概括地继受这些债权债务。这种移转与前面所说的债权转让和债务承担的不同之处在于，它不是单纯地转让债权或移转债务，而是概括地移转债权债务。受让人完全取代出让人成为新的合同当事人，概括转让的受让人既享有债权，也承担债务。

合同权利义务概括移转，可以依据当事人之间订立的合同而发生，也可以因法律的规定而产生，在法律规定的移转中，最典型的就是因企业的合并而发生的权利义务概括移转。

二、合同权利义务概括移转的情形

(一) 协议移转

合同的协议移转也称合同的承受，指一方当事人与他人订立合同后，依照其与第三人的约定，并经对方当事人的同意，将合同上的权利义务一并转移于第三人，由第三人承担合同一方当事人在合同中的全部权利和义务。

依据《民法典》第556条的规定，合同的权利和义务一并转让的，适用债权转让、债务转移的有关规定。合同权利义务概括移转的生效要件包括：(1) 须有有效的合同存在。合同权利义务概括移转以存在有效的合同为前提。(2) 权利义务概括移转的合同须为双务合同，只有双务合同中的当事人一方才可以移转此种权利和义务。在单务合同中，一方当事人可能仅享有权利或承担义务，因而不能移转全部的权利义务，故单务合同一般不发生合同权利义务概括移转的问题。(3) 须原合同当事人与第三人达成合同权利义务概括移转的合意，依照法律规定应当由有关机关批准的合同，其合同权利义务概括移转也必须经过原批准机关的批准。(4) 合同当事人一方与第三人达成的概括移转权利义务的协议，必须经另一方当事人同意后方可生效。因为权利义务概括移转包括义务的移转，所以必须取得合同另一方的同意，在取得另一方同意之后，承担人将完全代替原合同当事人一方的地位，原合同当事人一方将完全退出合同关系。如在概括移转之后承担人不履行或不适当履行合同义务，概由其承担义务和责任。(5) 根据合同性质不得转让的权利、按照当事人约定不得转让的权利、依照法律规定不得转让的权利，不能转让。

(二) 因法人合并与分立而移转

法人合并，是指两个或两个以上法人合并为一个法人。法人分立则是指一个法人分立为两个及两个以上法人。根据主体的承继性原则，法人合并或分立之前的合同债权和债务应由合并或分立后的法人承担。《民法典》第67条规定：“法人合并的，其权利和义务由合并后的法人享有和承担。法人分立的，其权利和义务由分立后的法人享有连带债权，承担连带债务，但是债权人和债务人另有约定的除外。”可见，第一，在法人合并的情况下，因为是多个法人合并成一个法人，所以由合并后的法人行使合同权利、履行合同义务。由法人合并引起的合同权利义务概括移转不需要通过合同方式来实现，而是由法律直接规定的，因而此种移转亦称为法律规定的移转。第二，由一个法人分立为数个法人时，除债权人和债务人另有约定外，分立后的法人对合同的权利和义务享有连带债权、承担连带债务。第三，如果债权人、债务人另有约定，则可以不适用上述规定。

本章复习题

【案例1】 2019年10月15日，甲公司与乙公司签订合同，约定由乙公司于2020年1月15

日向甲公司提供一批价款为50万元的电脑配件。2019年12月1日甲公司因销售原因，需要乙公司提前提供电脑配件，甲公司要求提前履行的请求被乙公司拒绝。甲公司为了不影响销售，只好从外地进货，随后将对乙公司的债权转让给了丙公司，但未通知乙公司。丙公司于2020年1月15日去乙公司提货时遭拒绝。

问：

（1）乙公司拒绝丙公司提货有无法律依据？为什么？

（2）甲公司与丙公司的转让合同是否有效？如何处理？

【案例2】　李某曾于2017年3月向程某借款300万元，程某曾于2016年8月向王某借款100万元。鉴于此，李某、程某、王某三人经过沟通后，2018年5月，李某邀约王某完善承担程某转债50万元的手续，将自己打印好的程某转债说明签字表交由王某填写转债的日期、息金的处理。双方约定，债权人王某的50万元债权于2018年5月21日从程某名下转至李某名下，债权从转债之日起按月息2%计息，由债务承担人李某于2019年8月31日前还清本息。此后，李某于2019年5月10日、2019年8月8日分别向王某偿还了20万元、15万元，剩余款项则以王某未提供程某出具的委托转债手续为由拒绝支付。王某多次催讨未果，诉争发生。

问：本案中的债务承担是否发生法律效力？

参考文献

1. 韩松，等．合同法学．武汉：武汉大学出版社，2014.

2. 苏惠详．中国当代合同法论．长春：吉林大学出版社，1992.

3. 王利明．合同法研究：第1卷．3版．北京：中国人民大学出版社，2015.

第八章　合同的解除

本章重点问题

1. 合同解除概述
2. 合同解除的条件
3. 合同解除的程序
4. 合同解除的效力

第一节　合同解除概述

一、合同解除的界定

合同解除，是指在合同成立后，当解除的条件成就时，依据当事人一方或双方的意思表示使合同关系自始或向后消灭的法律制度。尽管合同严守原则要求当事人在订立合同后自觉遵守合同约定，不得擅自变更或解除合同，然而，当客观情事发生剧烈变化或者当事人对形势产生错误判断，使义务的强制履行变得不可能或者不经济时，将会出现合同僵局，造成资源浪费和资源利用率的下降。合同解除制度是在合同的权利义务关系难以正常方式终止的情况下，使合同双方当事人得以自合同的约束中解脱出来的有效途径。合同解除制度可借由合同解除权的威慑使合同当事人积极自觉地履行合同义务，从而避免合同解除事由的发生。从这一角度而言，合同解除制度并未违背合同严守原则。

二、合同解除与合同无效

合同解除与合同无效是合同法中两项重要的制度，其区别主要体现在：(1) 在规范对象上，合同解除以有效成立的合同为适用对象，无效制度的规范对象不仅仅是合同，还包括所有欠缺有效要件的民事法律行为。(2) 在性质上，合同解除属于合同权利义务关系终止的原因，而合同无效是法定情形下对合同效力作出的负面评价。因此，合同无效属于当然无效，无须由当事人主张，而合同解除须依当事人的意思表示才能发生。(3) 在溯及力上，合同解除并非一定使合同自始没有法律约束力，合同解除的溯及力需要区分不同情况而定；而合同无效通常是自始无效，无效的合同自始没有法律约束力。

第二节　合同解除的条件

合同解除是依据一方或双方当事人的意思表示使合同归于终了的制度。在因一方意思表示而使合同消灭的场合，当事人须享有解除权；而在因双方意思表示而使合同解消的场合，不以解除权的存在为必要。《民法典》第 562 条和第 563 条规定了合同解除的三种基本类型及其适用条件。

一、协议解除

协议解除，又称合意解除，是指当事人协商一致解除合同，故又称“以第二契约结束第一契约”。协议解除通过采取新合同的形式将原来的合同废弃，新合同需具备合同成立和生效的要件才能产生效力。欲解除的合同本是基于双方当事人的合意而诞生，根据合同自由原则和合同的相对性，如果当事人达成新的合意以解除原合同，也是合同当事人意思自治的结果，并不违反交易安全，亦不影响交易秩序。

二、约定解除

约定解除，是指合同当事人可以约定解除合同的条件，在条件成就时享有解除权的当事人可以行使解除权以解除合同。其中，约定解除权的条款称为解约条款，其既可以约定将解除权赋予一方当事人，亦可以约定将解除权赋予双方当事人。约定解除与附解除条件的合同的区别在于，于后者在解除条件成就时合同自动解除，而于前者，当条件成就时当事人仅获得解除权，是否行使此权利，由解除权人自行决定，解除权人可以依据自己的利益考虑是保留还是消灭合同。故在约定解除的情形下，合同解除发生于解除权人行使解除权之时，而非约定的条件成就之时。

三、法定解除

法定解除，是指合同解除的条件由法律直接加以规定，在解除事由出现时，享有解除权的当事人可以行使解除权以解除合同。在法定解除中，有的法定解除适用于所有类型的合同，故被称为一般法定解除；有的法定解除仅适用于特定类型的合同，故被称为特别法定解除。《民法典》第 563 条明确且严格地规定了导致法定解除权产生的事由，充分体现了合同严守原则。其将导致法定解除权产生的事由限缩在一定范围内，意在避免当事人肆意行使解除权。这也保障了合同履行的稳定性，给予了债务人履行合同义务的信心和安全感。

1. 因不可抗力而产生的解除权

《民法典》第 563 条第 1 款第 1 项明确规定，“因不可抗力致使不能实现合同目的”的，当事人可以解除合同。不可抗力是不能预见、不能避免和不能克服的客观情况，其对合同的影响是不在当事人的预测和可控范围之内的，因此在不可抗力的影响下，合同可能会陷入无法实现目的之境地。此时，合同的存在只会制约当事人的人身、经济自由，当初订立合同时所期待的利益难以实现，因此合同已经没有存在的必要，合同解除权由此产生。

2. 因预期违约而产生的解除权

这是将预期违约作为合同的法定解除事由。预期违约是指在履行期限届满前，当事人一方明确表示或者以自己的行为表明不履行主要债务。值得注意的是，该法定解除与预期违约、不安抗辩权之间的关系。当合同仅出现不安抗辩权适用的情形时，并不当然构成预期违约。只有在后履行方无法提供担保时，先履行方才能解除合同。这基于如下理由：如果仅出现不安的情形，后履行方仅是在客观上一时难以履行债务，主观上或仍有继续履行债务的意愿，故其可能采取措施消除无法履行的状态。当其消除无法履行的状态后并不构成违约。所以只有后履行方不能提供担保时，才构成默示预期违约。而若后履行方在履行期届满前明确拒绝履行债务，则属于明示预期违约，先履行方获得合同解除权。

3. 因迟延履行而产生的解除权

迟延履行是在合同履行期限届满时债务人仍未履行债务的情形。依据《民法典》第563条第1款第3项的规定，当事人一方迟延履行主要债务时，需经催告后在合理期限内仍未履行，他方当事人才可解除合同。

关于上述“主要债务”，应从“质”和“量”两个方面进行解释。在“质”方面，应认为其为双务合同中基于对价关系产生的债务，即给付义务。附随义务有迟延履行时不能因此发生解除权。在“量”方面，主给付义务若不可分，则“主要债务”指债务的全体；若可分，则有时可指债务全体，有时可以是债务的一部分。

关于是否需要催告这一要件，需要考虑履行期限在合同履行中的重要程度。若履行期限在合同履行中并不影响合同目的实现，则合同的解除须有催告这一程序，即在守约方催告后，违约方在合理期限内仍未履行的，守约方才能解除合同。这是因为迟延履行后，经过债权人催告，若债务人在宽限期内能够履行债务，而不至于使合同目的不能实现，则此时的合同没有被解除的必要。这是合同严守原则的体现。而对于履行期限在合同履行中特别重要的合同，若债务人迟延履行可导致合同目的不能实现的，则此时可依据《民法典》第563条第1款第4项产生合同解除权。例如，甲欲在中秋节当天举办一个晚会，遂与乙签订月饼买卖合同，约定乙在农历八月十五日晚送来月饼，结果乙在中秋当天没有送来。此时甲可以不经催告而解除该月饼买卖合同。

4. 因其他根本违约而产生的解除权

依据《民法典》第563条第1款第4项的规定，当事人一方迟延履行债务或者有其他违约行为致使不能实现合同目的的，当事人可以解除合同。此类合同解除权的产生，基于合同当事人的现实根本违约。关于该项规定的措辞，将“迟延履行”再度重复是为了区别于前项所规定的情形，即若债务人迟延履行，只要造成了合同目的无法实现的后果，则债权人无须催告，即可解除合同。故按照该项规定的意思，不论何种违约行为，只要导致合同目的无法实现，守约方即可解除合同。

5. 因其他情形而产生的解除权

《民法典》第563条第1款第5项还规定了产生法定解除权的其他情形，包括《民法典》合同编中“典型合同”部分所规定的特别法定解除事由等。值得注意的是，《民法典》在第563条第2款中新增了以持续履行的债务为内容的不定期合同的任意解除权。依据该款的规定，对于以持续履行的债务为内容的不定期合同，当事人可以随时解除合同，但是应当在合理期限之前通知对方。

第三节　合同解除的程序

无论是协议解除还是行使解除权解除，合同的解除都必须遵循一定的程序，否则肆意的解除不但会给相对人带来不必要的经济损失，还可能影响交易秩序的构建和运行。并且依据《民法典》的规定，解除的条件成就时并非合同自动解除，而是需要当事人主动、自发地按规定的方式行使合同解除权。在比较法上《德国民法典》规定“无须履行给付的，对待给付义务消灭”，在国际示范法上《欧洲合同法原则》规定“如果一方当事人因完全的和永久的障碍而依法免责，则合同于该障碍产生时起自动终止而无需通知”。可见，它们均采取了合同自动消灭的规则。[①] 相较之下在我国，《民法典》要求当事人采取自行行使解除权的方式，更能够尊重当事人的处分权，更符合私法自治原则，也更有助于当事人根据具体履行情况和经济形势作出自身效益最大化的选择。

一、协议解除的程序

合同的解除有多种方式，在协议解除的场合，是通过以第二契约结束第一契约的方式，故并不需要当事人行使解除权，而只需要“第二契约”具备合同的成立和生效要件。在协议解除的情况下，解约方须向相对人发出内容为消灭原合同权利义务关系的要约，并对解除合同的期限、责任承担方式等作出约定。而相对方所作之承诺也须针对这一要约，对之表示完全同意。最终双方当事人协商一致时，即可产生合同解除的效力。至于该效力发生的时间，既可由双方当事人协商确定，也可是解除的合同成立时。这种解除合同的方式完全取决于当事人的合意，充分体现了意思自治和合同自由原则，有利于更高效地进行市场资源的配置。

二、解除权的行使程序

（一）解除权的行使方式

合同解除权可由约定或法定的事由产生。解除权的行使在一般情况下不构成违约，但依据《民法典》的规定，在委托合同中，虽然当事人可以随时解除委托合同，但是造成损失的，该当事人对于可归责于自己的事由造成的损失承担赔偿责任。由此可知，在解除权的行使过程中，若不当行使解除权则可能会产生民事责任。在约定解除的场合，根据双方当事人的合意，约定解除权可以约定由一方当事人享有，也可约定由双方当事人享有。在法定解除的场合，通说认为，因不可抗力致使不能实现合同目的的，解除权可由双方当事人享有；因一方违约而产生法定解除权的，解除权由守约方享有。这是诚实信用、公序良俗等原则和禁止非法获利原则所蕴含的公平正义价值理念的体现。

解除权在性质上属于形成权，其行使只需权利人单方面作出意思表示，即可产生解除合同的法律效果，并不需要相对人对此表示同意。解除权的行使不要求采取特定形式，无论是口述、书面还是电子邮件，抑或采取诉讼方式，都可产生效力。依据《民法典》第565条的规定，当事人一方依法主张解除合同的，应当通知对方。合同自通知到达对方时解除。通知载明债务人在一定期限内不履行债务则合同自动解除，债务人在该期限内未履行债务的，合同自通知载明的期限届满时解除。对方对解除合同有异议的，任何一方当事人均可以请求法院或者仲裁机构确认解除行为的效力。当事人一方未通知对方，直接以提起诉讼或者申请仲裁的方式依法主张解除合同，法院或者仲裁机构确认该主张的，合同自起诉状副本或者仲裁申请书副本送达对方时解

---

① 蔡睿．吸收还是摒弃：违约方合同解除权之反思：基于相关裁判案例的实证研究．现代法学，2019（3）：152－168.

除。可以看出，《民法典》新增了附期限自动解除的情形，进一步明确了合同解除的时间，为合同争议的解决提供了时间限定，更有利于当事人及时处理合同解除问题。

值得注意的是，以诉讼方式行使解除权并非请求法院或仲裁机构直接依职权解除合同。因为此种解除合同的方式同样是基于当事人自己行使解除权，属于当事人自己的行为，法院仅是基于当事人的申请确认解除合同的效力，故此类诉讼属于确认之诉而非形成之诉。关于举证责任的分配，应由主张合同关系解除的一方当事人对引起合同关系变动的事实承担举证责任。相对方对合同解除有异议的，可以请求人民法院或仲裁机构确认解除合同的效力。对于合同解除的异议期限，当事人有约定的从其约定，没有约定的须在三个月内向法院提起诉讼。这是出于督促当事人行使权利，从而维护合同效力的稳定性的目的。对此，有学者提出，此时的异议权在性质上属于请求权，即请求撤销合同解除的权利。而问题在于如果相对人未在异议期间向法院提起诉讼，是否可认为合同已当然解除，以及法院是否有必要再对合同解除权及其行使作实质审查。对此问题现行立法及司法解释没有作出规定。应当认为，如果相对人未在异议期间提出异议，则法院仅需对此作形式审查，一旦发现存在逾期情形即可驳回相对人的异议，不必对解除权是否成立作实质审查。

(二) 解除权的除斥期间

合同解除权的存续受到期限的限制。依据《民法典》第564条可知，法律规定了或者当事人约定了解除权行使期限，期限届满当事人不行使的，该权利消灭。法律没有规定或者当事人没有约定解除权行使期限，自解除权人知道或者应当知道解除事由之日起一年内不行使，或者经对方催告后在合理期限内不行使的，该权利消灭。《民法典》明确了解除权的行使期限，这有助于防止解除权人不行使权利带来法律关系的不稳定，督促解除权人及时行使权利。

对于行使解除权的意思表示可否附条件或附期限这一问题，我们认为，基于解除权系形成权，其行使仅凭权利人一方的意思表示即可使法律关系产生、变更或消灭，为了保护对方的合理信赖，维持法律关系和财产秩序的稳定，不应当允许解除权的行使附条件和期限。

(三) 解除权的不可分性

当解除权人一方或相对方存在数人时，解除权如何行使?《民法典》对此没有作出明确规定。传统民法理论承认解除权的不可分性。[①] 所谓解除权的不可分性，包括解除权行使的不可分性和消灭的不可分性。当解除权方有数人时，须全体一齐行使解除权，若其中有人不愿行使的，则不发生解除的效力；当相对方有数人时，行使解除权的意思表示须向相对方全体作出，否则也不发生解除的效力；而双方都存在数人的，则须解除权方全体向相对方全体作出意思表示，才能产生解除的效力。相应地，一方当事人中一人的解除权消灭的，其他人的解除权也随之消灭。

第四节 合同解除的效力

依据《民法典》第566条的规定，合同解除后，尚未履行的，终止履行；已经履行的，根据履行情况和合同性质，当事人可以请求恢复原状或者采取其他补救措施，并有权请求赔偿损失。

---

① 崔建远．合同法．6版．北京：法律出版社，2016：202.

在理论上，关于合同解除的效果仍有争论。按照通说，《民法典》对合同解除的效力采取直接效果说，即合同因解除而溯及既往地消灭，尚未履行的债务免于履行，已经履行的部分发生返还请求权的学说。而亦有学者认为，《合同法》参照了《联合国国际货物销售合同公约》（the United Nations Convention on Contracts for the International Sale of Goods，CISG）、《国际商事合同通则》（Principles of International Commercial Contracts，PICC）和欧洲合同法原则（Principles of European Contract Law，PECL）的规定，实则是采纳了折中说的立场。①

一、合同解除与溯及力

遵循《民法典》的精神，对于已经履行的合同部分，根据履行情况和合同性质，当事人可以要求恢复原状等。对于“根据履行情况和合同性质”应如何理解？需要区分继续性合同和非继续性合同不同的情况予以确定。

（一）对于非继续性合同合同解除原则上有溯及力

对于非继续性合同合同解除原则上有溯及力，原因在于非继续性合同，如买卖、赠与等合同，对合同成立具有确定性更高的要求，因而其权利义务关系更为清晰，合同履行的情况相较之下不那么复杂，更易于恢复原状。例如，对于交付物的合同而言，其合同标的有返还的可能，对于恢复原状是可行的、易做到的，则应当肯定其解除具有溯及力。恢复原状是有溯及力解除具有的直接效力。恢复原状并非指完全恢复到当事人原订立合同时所处的状态，而主要是指恢复到合同订约时的状态，即双方将已经作出的履行相互返还后的状态。

（二）对于继续性合同合同解除原则上没有溯及力

继续性合同之成立对确定性的要求更小，且相比于非继续性合同其更重视信赖基础，在合同履行过程中也会产生更多的附随义务，合同的履行更为复杂。具体而言，如对于租赁等以使用、收益标的物为目的的合同，承认其解除具有溯及力会导致实行上的困难且不符合交易常态。例如，对于委托合同的解除，若承认其溯及力，则会使受托人的代理行为失去法律根据，变成无权代理，这也会使交易秩序混乱、交易成本和风险上升，因而委托合同的解除不应有溯及力。细究之，就继续性合同而言，其已履行的合同内容基本上都有相应的合同对价，或者合同目的主要体现在工作成果上，因此原则上其合同解除无溯及力。

二、合同解除与违约责任

依据《民法典》第566条的规定，合同因违约解除的，解除权人可以请求违约方承担违约责任，但是当事人另有约定的除外；主合同解除后，担保人对债务人应当承担的民事责任仍应当承担担保责任，但是担保合同另有约定的除外。这说明，合同解除并不影响当事人请求对方承担赔偿损失等违约责任的权利。《民法典》新增加关于合同解除效果的补充规定，进一步说明合同解除虽具有消灭合同给付的效力，但却不影响合同中结算和清理条款的效力。

本章复习题

【案例1】 某年9月1日，甲乙达成买卖合意：乙向甲购买大型机器1台，用于生产某种营

① 韩世远．合同法总论．北京：法律出版社，2018：668－671.

利产品；甲于9月8日交付设备时，乙支付一半价款，在机器运转正常后，乙再付另一半价款。双方对合同解除事由没有约定。9月8日，甲乙依约交货付款。乙接收机器后发现，机器无法正常安装和运转。乙方支出机器安装费500元，机器的运转障碍造成营业利润损失20 000元和其他财产损失2 000元。

问：

（1）乙能否解除合同？为什么？

（2）合同解除后，乙是否能要求恢复原状和赔偿损失？

【案例2】 甲从乙处购煤100吨用于发电，约定交货期限为2017年9月30日，付款期限为2017年10月31日。9月30日，乙交付煤。甲经检验发现煤的含硫量远远超过约定标准，根据政府规定不能在该厂区燃烧。

问：

（1）甲能否主张合同解除？

（2）甲能否主张乙承担违约责任？

参考文献

1. 蔡睿．吸收还是摒弃：违约方合同解除权之反思：基于相关裁判案例的实证研究．现代法学，2019（3）.

2. 崔建远．合同法．6版．北京：法律出版社，2016.

3. 韩世远．合同法总论．北京：法律出版社，2011.

第九章　合同的终止

本章重点问题

1. 合同终止概述
2. 清偿
3. 抵消
4. 提存
5. 免除
6. 混同

第一节　合同终止概述

一、合同终止的概念和原因

合同的终止又称为合同的消灭，是指基于一定的法律事实，合同当事人双方之间的权利义务关系在客观上不复存在，归于消灭。也即合同的履行效力消灭，当事人一方无权要求另一方继续履行合同。但合同的终止不必然引起债权债务关系的消灭，如因一方违约另一方行使终止权致使合同终止，则责任方应当承担支付赔偿金或违约金的义务。

《民法典》第557条规定："有下列情形之一的，债权债务终止：（一）债务已经履行；（二）债务相互抵销；（三）债务人依法将标的物提存；（四）债权人免除债务；（五）债权债务同归于一人；（六）法律规定或者当事人约定终止的其他情形。"依据该规定，合同终止的原因大致可分为以下三类。

（一）当事人的意思

合同当事人之间的权利义务关系，可以依当事人的意思而终止。当事人的意思可以是当事人一方的意思表示，如互负债务的当事人之间，在有可抵销的情形时，一方可以抵销的方式消灭当事人之间的权利义务。当事人的意思也可以是当事人双方的意思表示，如合同的权利义务因当事人以协议的方式解除合同而终止。

（二）合同目的的消灭

这又可分为合同目的的实现和目的不能达到两种情况。合同目的的实现就是债权人的利益得到了满足，如清偿、提存。合同目的的不能达到是指当事人的合同利益在客观上无法实现。由于不可归责于当事人的原因，债务不能履行，债务人的履行义务即可免除，从而合同权利义务终止。

(三) 法律的直接规定

法律直接规定的导致合同终止的情形出现时，如合同被法定解除、当事人死亡或丧失民事行为能力、法人终止等，合同也归于终止。

二、合同终止的效力

合同终止产生如下法律效力。

1. 合同当事人之间的权利义务消灭，从权利义务终止

一般情况下，在合同终止时，当事人不必经过主张即可自动脱离合同关系，合同当事人之间的权利义务归于消灭。依附于该合同的从权利义务如各种担保物权、保证债务等，也随之消灭。

2. 负债字据的返还

负债字据是合同权利义务的证明。有负债字据的合同关系全部消灭的，债务人得请求返还或者涂销负债字据；合同关系部分消灭的，或者负债字据上载有债权人其他权利的，债务人得请求将合同消灭的事由记入负债字据。合同终止后，债权人应当将负债字据返还给债务人。如果负债字据丢失，债权人应当向债务人出具债务消灭的证书。

3. 后合同义务的产生

后合同义务，指合同的权利义务消灭后，当事人遵循诚实信用原则、根据交易习惯所应履行的通知、协助、保密等义务。《民法典》第558条规定：债权债务终止后，当事人应当遵循诚实信用等原则，根据交易习惯履行通知、协助、保密、旧物回收等义务。

4. 合同终止不影响合同中结算和清理条款的效力

《民法典》第567条规定：合同的权利义务关系终止，不影响合同中结算和清理条款的效力。

第二节　清　偿

一、清偿的概念

清偿，是指债务人按照合同的约定实现债权的行为。《民法典》没有使用清偿的概念，而是规定为“债务已经按照约定履行”。清偿与履行的意义相同，只不过履行是从合同的效力、合同的动态方面观察的，而清偿则是从合同的权利义务终止、债权消灭的角度着眼的。

合同的本来目的为合同当事人利益的实现。只有合同债务人履行了合同，债权人的权利才能实现，合同的目的才能达到。因此，清偿是合同终止的最正常、最常见的原因。

二、清偿抵充

(一) 清偿抵充的概念

清偿抵充，是指债务人对同一债权人负担数宗同种类债务，而债务人的履行不足以清偿全部债务时，决定该履行抵充某宗或某几宗债务的现象。

案例：

(1) 甲对乙欠货款 8 万元、承揽费 10 万元，货款尚未到期，承揽费已经到期。甲向乙的账户打款 8 万元，应认为偿还了 10 万元承揽费中的 8 万元。

(2) 甲对乙欠货款 8 万元、承揽费 10 万元，均已到期，但货款设有担保。甲向乙的账户打款 8 万元，应认为偿还了 10 万元承揽费中的 8 万元。

(3) 甲对乙欠货款 8 万元、承揽费 10 万元，均已到期，均设有担保。甲向乙的账户打款 8 万元，应认为偿还了 8 万元货款。

(4) 甲对乙欠货款 8 万元、承揽费 10 万元，均已到期，均设有担保，两个担保的数额都是 8 万元（承揽费没有设全额担保）。货款的迟延利息是每日万分之三，承揽费的迟延利息是每日万分之四。甲向乙的账户打款 8 万元，应认为偿还了 10 万元承揽费中的 8 万元。

(5) 甲对乙欠货款 8 万元、承揽费 10 万元，均已到期，但货款先到期。甲向乙的账户打款 8 万元，应认为偿还了 8 万元货款。

(6) 甲对乙欠货款 5 万元、承揽费 10 万元，同时到期。甲向乙的账户打款 3 万元，应认为偿还了货款 1 万元、承揽费 2 万元。

（二）清偿抵充的成立条件

第一，必须是债务人对同一债权人负有数宗债务。该数宗债务的取得方式、有无担保、是否到期，均在所不问。若债务人仅负担一宗债务，在其履行不能完全清偿债务时，仅发生部分清偿而非清偿抵充。

第二，该数宗债务的种类必须相同。种类不相同的债务不发生清偿抵充的问题，只要债务人对某宗债务为给付行为，该宗债务即告消灭。例如，债务人借麦子、大豆各 50 公斤，若其提出仅偿还 50 公斤麦子，不发生抵充效果。若债权人事先预订雨伞 1 000 把，后又追加 600 把，后债务人仅交付 400 把时，即发生抵充的效果。

第三，必须是债务人的履行不足以清偿所有债务，但能够清偿其中至少一宗债务，否则债权人可以拒绝其部分履行，而不发生清偿抵充的效果。

（三）清偿抵充的确定方法

清偿抵充的确定方法一般有三种，分别是约定抵充、指定抵充、法定抵充。对于抵充的顺序，大多数国家确立的规则是：有约定从约定，无约定依指定，无指定依法定。[①]

1. 约定抵充

约定抵充是指当事人之间事先约定债务人的清偿系抵充何宗债务。[②] 该约定既可以是明示的，也可以是默示的。但在该抵充的债务消灭后，当事人之间不得再就该履行行为缔结关于债务清偿抵充的合同。这主要是为了防止已消灭的债务复活，从而使已免责的保证人等第三人的利益受到影响。[③]

2. 指定抵充

指定抵充是指由当事人一方以其意思表示指定清偿人的清偿应抵充的债务。债务人的该项

---

① 沈德咏，奚晓明．最高人民法院关于合同法司法解释（二）理解与适用．北京：人民法院出版社，2009：156.

② 王利明，房绍坤，王轶．合同法．4 版．北京：中国人民大学出版社，2014.

③ 陈建勋．论债的清偿抵充．人民司法，2001（11）：37－40.

权利是一种形成权，行使时必须向债权人以明示方式作出意思表示，一经行使，不得撤回。

案例：张某（女）与李某（男）在离婚协议中约定：李某补偿张某10万元，在离婚后3个月内支付。到期不支付，李某个人的房屋归张某所有。离婚后2个月，李某向张某的卡上拨付了12万元。后张某起诉李某，称李某的12万元为清偿婚前债务的本息，请求法院判决李某个人的房屋为自己所有。李某则称，该12万元是清偿离婚协议中所确定的债务，多出来的2万元属于赠与。

按照真意解释原则，应认定李某的清偿为指定清偿，即李某在约定的时间内清偿了自己在离婚协议中所确定的债务。

3. 法定抵充

法定抵充是指在当事人未指定抵充时依法律规定决定清偿人的清偿应抵充的债务。[①]《合同法解释（二）》第20条规定：债务人的给付不足以清偿其对同一债权人所负的数笔相同种类的全部债务，应当优先抵充已经到期的债务；几项债务均到期的，优先抵充对债权人缺乏担保或者担保数额最少的债务；担保数额相同的，优先抵充债务负担较重的债务；负担相同的，按照债务到期的先后顺序抵充；到期时间相同的，按比例抵充。但是，债权人与债务人对清偿的债务或者清偿抵充顺序有约定的除外。

另外，《合同法解释（二）》第21条规定，“债务人除主债务之外还应当支付利息和费用，当其给付不足以清偿全部债务时，并且当事人没有约定的，人民法院应当按照下列顺序抵充：（1）实现债权的有关费用；（2）利息；（3）主债务。”

三、代物清偿

“债权人一经受领他种给付以代替履行，债务关系即归于消灭”[②]。这种债务清偿方式，在学理上被称为代物清偿。

依通说，代物清偿需要满足以下构成要件：（1）合同的原债务存在。如果债务自始不存在或者已经消灭，则债务人的代物清偿无效，可请求返还。（2）债务人以他种给付代替合同原来约定的给付。债务人给付的标的可以是行为、财产（包括物、无形财产和工作成果）或者权利，这三者间可以互相替代。如，给付行为以代替给付财产，或者给付标的同为财产的，以给付电视机替代给付洗衣机。（3）当事人必须就代物清偿达成合意。如果只有债权人或者债务人一方的意思，则不能发生代物清偿的效果。（4）债务人为给付且债权人现实地受领给付。若债务人没有给付或者债权人没有实际受领给付，则不发生代物清偿的效果。

第三节　抵　销

一、抵销概述

抵销，是指二人互负债务时，各以其债权充当债务之清偿，从而使其债务与相对人的债务在

---

① 王利明，房绍坤，王轶．合同法．4版．北京：中国人民大学出版社，2014.

② 《德国民法典》第364条（代替履行的受领，Annahme an Erfuellungs Statt）。

对等额内相互消灭。[①]

抵销具有以下制度功能：(1) 简化履约程序，节约交易成本。在当事人之间存在两个或多个债的关系，并且任一当事人均应向对方为给付时，双方当事人均应适当地履行自己的债务。但是，如果双方当事人以各自的债权充当债务的清偿，相互抵销债务，直接实现消灭两个或多个债的关系的效果，则可以免除各自的实际履行义务，简化履约程序，节约交易成本。(2) 担保债权。在合同履行过程中，债务人可能会丧失履行能力或者有各种违约行为，为债权人合同利益的实现制造极大的障碍，特别是在没有设定债权担保的情况下。所以，在当事人双方因两个或多个债的关系而互负债务时，抵销制度可为合同当事人债权的实现提供一定的保障。这在破产法中体现得最为明显，即当债务人因不能清偿到期债务而破产时，如果债权人在破产申请受理前对债务人也负有债务，则该债权人可以在破产清算前，以其对债务人享有的债权充当债务的清偿，避免因债务人破产而不能获得充分的清偿。

依产生的依据不同，可以将抵销分为法定抵销和合意抵销。《民法典》第 568 条第 1 款规定：当事人互负到期债务，该债务的标的物种类、品质相同的，任何一方可以将自己的债务与对方的债务抵销，但依照法律规定或者根据债务性质、按照当事人约定不得抵销的除外。这是关于法定抵销的规定。《民法典》第 569 条规定：当事人互负债务，标的物种类、品质不相同的，经双方协商一致，也可以抵销。这是关于合意抵销的规定。

二、法定抵销

(一) 法定抵销的概念

法定抵销是指由法律规定其构成要件，当要件具备时，依当事人一方的意思表示即可发生抵销的效力。

案例：某年 6 月 1 日，甲向乙借得人民币 5 万元，约定同年 9 月 1 日前还款。至 8 月 25 日，甲称同年 4 月乙欠甲 5 000 元粮食款至今尚未归还，因此只还给乙 4.5 万元。乙的律师认为，粮食款与所欠借款是两个法律关系，不能混为一谈。

甲只还 4.5 万元应当允许，甲的抵销权依法成立。

抵销，只在两个相互独立的法律关系产生的债权、债务能够充抵时才有意义。而同一合同即同一法律关系产生的作为对价关系的债务，是不能抵销的，否则，合同就不可能有约束力。

(二) 法定抵销的构成要件

依据我国法律规定，法定抵销的构成要件如下。

1. 当事人双方互负合法、有效的债务

首先，双方当事人必须互负债务，且该债务必须是合法、有效的。例如，赌债不能主张抵销。抵销的目的在于使双方当事人的债务在对等额内相互消灭，因此，只有在双方当事人互负债务、互享债权的情况下，才能发生抵销。如果一方当事人只享有债权而不负担债务或者只负担债务而不享有债权，均无从发生抵销的效果。

其次，效力不完全的债权不能作为主动债权而主张抵销，如诉讼时效完成后的债权，债权人不得以之供抵销，但作为被动债权，对方以其债权与之抵销的，应当允许。

---

① 崔建远．合同法．6 版．北京：法律出版社，2016.

再次，双方的债务必须是确定的，不确定的债务不能抵销。如果一方当事人对另一方的债权享有抗辩权，则该债务即为不确定的债务，不能用于抵销。

最后，抵销人只能以自己的债权供抵销。至于他人的债权，即使其他债权人同意，也不得以之供抵销。

2. 当事人双方债务的给付为同一种类

双方债务的给付为同一种类，也就是债务人用以履行债务的标的物种类、品质相同，例如，均以货币为给付标的，或者均以同类物为给付标的等。抵销的债务之所以以同一种类的给付为必要，是因为只有给付的种类相同时，当事人双方才有相同的经济目的，通过抵销才可满足当事人双方的利益需要。如果两项债务为不同种类的给付，而当事人用以抵销而不必为给付，则当事人的经济需要就难以得到满足。因此，抵销的债务一般为金钱债务和种类之债。抵销的两项债务只要求为同种类的给付，而不以其标的物数额或价值相等为必要。①

3. 当事人双方的债务均届清偿期

债权人只有在清偿期届至时，才能请求债务人清偿。如果债权未届清偿期，就允许该债权作为主动债权与对方的债权抵销，则意味着债权人强迫债务人牺牲期限利益，提前清偿债务，有失公平。因此，主动债权只有在已届清偿期时，才允许抵销。不过，对于被动债权，即使未届清偿期，也应允许抵销，因为，被动债权的债务人有权抛弃期限利益，在无相反的规定或者约定时，在清偿期届至前清偿。②

4. 当事人双方的债务均为可抵销的债务

《民法典》第568条就法定抵销规定了例外情形，即依照法律规定或者根据债务性质、按照当事人约定不得抵销的除外。一般来说，下列债务均不可抵销：

（1）法律规定不得抵销的债务，例如，因故意侵权行为而产生的债务、违约金债务、赔偿金债务等。

（2）因合同性质不得抵销的债务。有些债务按照合同的性质是不能抵销的，否则就违反了债务设立的本旨，不能实现合同的目的。例如，不作为债务不能抵销，要求当事人一方亲自作为的劳务合同、承揽合同所产生的债务也不能抵销。这些债务具有很强的人身属性，需要当事人亲自履行才能达到合同的目的。

（3）当事人约定不得抵销的债务。合同双方当事人约定不得抵销的债务，不得抵销。

（三）法定抵销的方法和效力

《民法典》第568条第2款规定：当事人主张抵销的，应当通知对方。通知自到达对方时生效。可见，抵销应当采取通知的方法。至于通知的形式，法律没有规定，可以采取口头形式、书面形式或其他形式。法定抵销依当事人一方的意思表示即可发生效力，而无须对方的同意。除法律另有规定外，当事人也不得撤回抵销。因此，抵销权属于形成权。

抵销的效力主要表现在以下方面。

1. 双方的债权债务于抵销数额内消灭

当事人双方的债务数额相等的，双方的债权债务全部消灭；双方的债务数额不等的，数额少

---

① 王利明，房绍坤，王轶．合同法．4版．北京：中国人民大学出版社，2014.

② 崔建远．合同法．6版．北京：法律出版社，2016.

的一方的债务全部消灭，另一方的债务在与对方债务相等的数额内消灭，其余额部分仍然存在，债务人就此余额部分仍负有清偿责任。在抵销后，如当事人对已抵销的债务再为清偿的，发生不当得利。

2. 抵销的意思表示溯及得为抵销之时

抵销的意思表示具有溯及力，即溯及得为抵销时，发生消灭合同的效力。也就是说，双方的债务适于抵销时，就是抵销权发生之时。在双方债务的清偿期不一致时，以主张抵销的一方的抵销权发生的时间为适于抵销的时间。

抵销的溯及力主要包括以下内容：(1) 自得为抵销之时起，利息支付的债务消灭；(2) 自得为抵销之时起，不再发生当事人的迟延责任；(3) 自得为抵销时起，债务人所承担的损害赔偿责任、违约金责任免除。

3. 抵销不得附条件或附期限

《民法典》第 568 条第 2 款规定：抵销不得附条件或附限期。因此，当事人在为抵销时，不得附条件或附期限。这样会使抵销的效力变得不确定，有违抵销的本意，也有害于他人的利益，故不允许。

三、合意抵销

(一) 合意抵销的概念

合意抵销是通过合同形式进行的，此合同通常称为抵销合同，是指双方当事人协商一致，达成抵销各自债务的共同意思表示。《民法典》第 569 条规定：当事人互负债务，标的物种类、品质不相同的，经双方协商一致，也可以抵销。

案例：甲公司向乙银行借款 100 万元，甲、乙双方在合同中约定：甲公司到期不能偿还借款，而甲公司在乙银行开立的账户有款项时，可以扣划款项。后甲公司未能按期还本付息。乙银行发现甲公司的账户上有 100 万元，就划到自己的账户上。甲公司对乙银行的扣划行为一无所知，以至于给他人开出了空白支票。

对乙银行的行为有两种观点：一种观点认为，乙银行有权扣划；另一种观点认为，乙银行的行为是侵权行为。

我们认为，乙银行有权扣划。乙银行是在合意的基础上行使抵销权，即以自己的 100 万元债权，充抵自己的 100 万元债务。如果甲公司的账户上还有钱，乙银行还可以扣划约定的利息。乙银行实施扣划行为时，依照《民法典》第 509 条的规定，有通知甲公司的附随义务。未履行通知义务造成甲公司损失的，乙银行应当给予赔偿。

(二) 合意抵销的效力

合意抵销的效力体现在两个方面：一方面，合意抵销与法定抵销具有相同的效力，即消灭当事人之间同等数额的债权债务关系。在合意抵销中，于抵销合同订立前，双方的债务就处于得为抵销的状态，则抵销合同具有溯及力，自抵销适状时发生效力；在抵销合同订立前，双方的债务不符合抵销适状时，则抵销合同不发生溯及力。此时，当事人特别约定溯及于某时期发生效力的，始发生溯及力。另一方面，合意抵销可以改变法定抵销的条件。在抵销合同中，当事人可以约定减轻或加重法定抵销的条件。

第四节 提 存

一、提存的概念

在我国现行法上，提存制度有一般的提存制度和特殊的提存制度。前者由《民法典》第570条至第574条加以规定，后者被规定在《民法典》第406条——“抵押人转让抵押财产的，应当及时通知抵押权人。抵押权人能够证明抵押财产转让可能损害抵押权的，可以请求抵押人将转让所得的价款向抵押权人提前清偿债务或者提存。转让的价款超过债权数额的部分归抵押人所有，不足部分由债务人清偿”。这种提存制度不要求具备债务人因债权人的原因而难以履行债务这一原因。而一般的提存则是指由于债权人的原因债务人无法向其交付合同标的物时，债务人将该标的物交给提存部门而消灭合同的制度。

二、提存的条件

依照《民法典》及《提存公证规则》的有关规定，提存须具备以下条件。

（一）提存主体适格

提存的主体，又称提存的当事人，包括提存人、债权人（提存受领人）、提存部门。在一般情况下，提存人即为债务人，但不以债务人为限，凡债务的清偿人均可为提存人。当然，由于提存是一种法律行为，所以，提存人应具有民事行为能力。提存机关是法律规定的有权接受提存物并为保管的机关。我国目前还没有设立专门的提存所，公证处、人民法院、银行等均可为提存机关。提存受领人主要是提存之债的债权人，得为受领清偿的第三人也可为提存受领人。

（二）据以提存的合同有效且已届履行期

提存是消灭合同的一种原因，因而，提存的发生以有效合同已经存在为前提。同时，债务人只有在合同已届履行期时，才能向提存机关提存履行的标的物。这一方面是因为，合同未届履行期的，若债务人提存，则等于提前履行合同；另一方面，提存之标的物的风险以及提存的费用都应由债权人承担，提前提存对债权人是不利的。

（三）提存原因合法

提存的原因，就是债务人无法向债权人清偿债务。依照《民法典》第570条的规定，有下列情况之一，难以履行债务的，债务人可以依法办理提存。

1. 债权人无正当理由拒绝受领标的物

构成该提存的原因，必须是债务人现实地提出了给付，包括以言辞提出给付。如果债务人未现实地提出给付，则不构成提存原因。

2. 债权人下落不明

债权人下落不明包括债权人不清、地址不详，债权人失踪又无代管人等情况。如果存在财产代管人的，则债务人应向财产代管人履行债务，不能提存。

3. 债权人死亡或丧失民事行为能力，又未确定继承人、遗产管理人或监护人

在此情形下，债务人没有给付受领人，或者即使履行也达不到合同目的。为将债务人从这一

困境中解放，《民法典》允许提存。

4. 法律规定的其他情形

《民法典》第 406 条第 2 款规定：抵押人转让抵押财产的，应当及时通知抵押权人。抵押权人能够证明抵押财产转让可能损害抵押权的，可以请求抵押人将转让所得的价款向抵押权人提前清偿债务或者提存。转让的价款超过债权数额的部分归抵押人所有，不足部分由债务人清偿。《提存公证规则》第 5 条第 2 项规定，债权人不在债务履行地又不能到履行地受领的，债务人可以申请提存。

另外，法律还允许当事人在合同中约定以提存的方式给付。

（四）提存的标的物适当

提存的标的物，以适于提存者为限，包括：货币；有价证券、票据、提单、权利证书；贵重物品；担保物（金）或其替代物；其他适于提存的标的物。不动产，有毁损、灭失风险的物，易腐烂的物、提存费用过高的物不适于提存，债务人依法可以拍卖、变卖标的物，提存所得价款。

三、提存的效力

（一）在债务人与债权人间的效力

依照《合同法解释（二）》第 25 条第 2 款的规定，提存成立的，视为债务人在其提存范围内已经履行债务。因此，标的物提存后，毁损、灭失的风险由债权人承担；提存期间，标的物的孳息归债权人所有；提存费用由债权人负担（《民法典》第 573 条）。为了使债权人能及时得知提存的事实，《民法典》第 572 条规定："标的物提存后，债务人应当及时通知债权人或者债权人的继承人、遗产管理人、监护人、财产代管人。"

（二）在提存人与提存机关间的效力

提存成立后，提存机关应当采用适当的方法妥善保管提存物，以防毁损、变质；对不宜保存的、债权人到期不领取或超过保管期限的提存物，提存机关可以拍卖，保存其价款。依照《提存公证规则》第 26 条的规定，提存人可以凭人民法院生效的判决、裁定或提存之债已经清偿的公证证明，取回提存物。提存受领人以书面形式向提存机关表示抛弃提存受领权的，提存人得取回提存物。提存人取回提存物的，视为未提存，因此而产生的费用由提存人承担。

（三）在提存机关与债权人间的效力

（1）债权人有权随时要求提存机关交付提存物，并承担必要的费用。但是，依据《民法典》第 574 条的规定，债权人可以随时领取提存物，但债权人对债务人负有到期债务的，在债权人履行债务或者提供担保之前，提存机关根据债务人的要求应当拒绝其领取提存物。

（2）提存机关有妥善保管提存物的义务，若提存物因提存机关的过错而毁损、灭失的，提存机关应负赔偿责任。但若因不可归责于提存机关的原因而毁损、灭失的，提存机关不负责任。

（3）从提存之日起 5 年内债权人不领取提存物的，其受领权消灭。提存物，在扣除提存费用后，将归国家所有，但是，债权人未履行对债务人的到期债务，或者债权人向提存部门书面表示放弃领取提存物权利的，债务人负担提存费用后有权取回提存物（《民法典》第 574 条）。

（4）对不宜保存的、提存受领人到期不领取或超过保管期限的提存物品，公证处可以拍卖而保存其价款（《提存公证规则》第 19 条），因此而支出的费用由债权人负担。

第五节 免 除

一、免除的概念和性质

《民法典》第575条规定："债权人免除债务人部分或者全部债务的，债权债务部分或者全部终止，但是债务人在合理期限内拒绝的除外。"可见，免除是指债权人以债的消灭为目的而抛弃债权的意思表示。因此，免除为合同终止的原因。

免除是民事法律行为，但其为合同行为还是单方行为，各国（地区）的立法及学理上的观点不一。赞同其为单方行为的话，并不意味着债权人和债务人就不能以双方意思表示作出债务免除。债权人以单方行为免除债务的，债权人向债务被免除的债务人作出免除的意思表示，即可发生免除的效力。而一旦债权人免除债务的意思表示作出了，即不得撤回。以合同免除债务的，债权人和债务人应明确约定免除债务的范围。

关于免除的性质，还可以从以下几个方面理解：第一，免除为无因行为。免除依债权人作出免除债务的意思表示而发生效力，其原因无效或不成立时，均不影响免除的效力。第二，免除为无偿行为。免除的原因得为有偿或无偿，但免除本身为无偿行为。第三，免除是一种不要式行为。免除的意思表示无须采特定形式，书面、口头及其他形式均可。因此，免除是一种不要式行为。

二、免除的成立条件

免除是一种法律行为，故应具备法律行为成立的一般条件。此外，免除还应具备以下条件。

第一，免除的意思表示应向债务人为之。

免除作为一种单方行为时，免除的意思表示应由债权人或其代理人向债务人或其代理人为之，该意思表示到达债务人或其代理人时生效。债权人向第三人为免除的意思表示，不发生免除的法律效果。如果当事人订立免除协议，则免除自协议达成时起生效。关于免除是否可以附条件或期限，存在争议。如果免除协议附有条件或期限的，则免除自条件成就或期限届至时生效。

第二，债权人须具有处分能力。

免除是债权人处分其债权的行为，故债权人须有处分能力。对于法律禁止抛弃的债权而免除债务的，债权人的免除无效。

第三，免除不得损害第三人的利益。

债权人免除债务人的债务，虽然是债权人的权利，但该权利的行使不得损害第三人的利益。例如，已就债权设定质权的债权人不得免除债务人的债务而对抗质权人。

三、免除的效力

免除发生债务绝对消灭的效力。债务全部免除的，合同关系即全部消灭；债务部分免除的，合同关系于免除的范围内部分消灭。主债务因免除而消灭的，从债务也随之消灭。但从债务因免除而消灭的，并不影响主债务的存在。

第六节　混　同

一、混同的概念和性质

《民法典》第 576 条规定：“债权和债务同归于一人的，债权债务终止，但是损害第三人利益的除外。”可见，混同是指债权与债务同归于一人，而使合同关系消灭的事实。混同作为一种法律事实，其性质属于事件。

二、混同的原因

债权债务的混同，由债权或债务的承受而产生。其承受包括概括承受与特定承受两种。

一是概括承受。概括承受是发生混同的主要原因，即合同关系的一方当事人概括承受他方的权利与义务。例如，甲、乙两厂之间订有买卖合同关系，甲为债权人，乙为债务人。后甲、乙两厂合并，成立丙厂，债权人和债务人即成为一人，原有的债权和债务均由丙厂享有和承担，因此，甲、乙之间原有的合同关系，因它们的合并即混同而消灭。

二是特定承受，系指债务人由债权人处受让债权，或者债权人承担债务人的债务，因而发生混同，合同归于消灭。

三、混同的效力

原则上混同使债权债务归于绝对消灭，并且主债务消灭，从债务也随之消灭。但在例外情形下，如该债权的继续存在具有特别的经济意义或法律意义，则认为该债权并不因混同而消灭。《民法典》第 576 条后段所规定的“但是损害第三人利益的除外”，即指这种情况。

第一，债权成为第三人的权利标的时该债权不消灭。

例如甲以对乙的债权，为丙设定权利质权。此后，甲乙之间的债权债务即使发生混同，但为了保护质权人丙的利益，作为权利质权之标的的债权并不消灭。

第二，具有流通性的证券化债权不因混同而消灭。

票据转让中，对受让人无限制，票据再转让到以前的票据债务人（出票人、承兑人或其他票据债务人）也可以（回头背书），而且此时票据上的权利义务关系不因混同而消灭。另外，无记名债权、公司债等证券化债权，可以作为独立的有价物交易，自然不因混同而消灭。

本章复习题

【案例 1】　甲男与乙女协议离婚，双方在离婚协议中写道：离婚后双方情、债两清，甲乙双方在婚姻关系存续期间的财产各自所有。离婚后不久，甲持乙于婚姻关系存续期间出具给他的借条起诉乙，要求乙偿还借款 10 万元。法院受理后依法开庭审理，乙对借条的真实性没有异议，但在法庭上辩称，原、被告在离婚协议中写明了“情、债两清”，也就是说感情之债与财产之债都已经清结，应视为离婚时甲免除了自己向甲借的 10 万元债务。

问：乙的观点是否正确？

【案例 2】　甲向乙、丙借款。为还欠款，甲与乙、丙约定，以自己的一套住房抵债，该住房的产权归乙所有，再由乙承担对丙的债务。经过协商，乙、丙均表示同意。乙在向当地房管部门申请办理房屋过户手续时，了解到该住房被当地人民法院查封，于是乙没有成功办理产权过户手续，乙也没有偿还丙的债务。

问：

(1) 甲以住房抵偿乙、丙的欠款是否构成代物清偿?

(2) 本案中，由乙偿还甲欠丙的债务是否发生债务承担的效力?

参考文献

1. 沈德咏，奚晓明．最高人民法院关于合同法司法解释（二）理解与适用．北京：人民法院出版社，2009.

2. 王利明，房绍坤，王轶．合同法．4版．北京：中国人民大学出版社，2014.

3. 陈建勋．论债的清偿抵充．人民司法，2001 (11).

4. 崔建远．合同法．6版．北京：法律出版社，2016.

第十章 违约责任

本章重点问题

1. 违约责任的概念与特征
2. 违约责任的归责原则
3. 违约行为样态
4. 违约责任的形式
5. 违约责任的免责事由

第一节 违约责任的概念与特征

一、违约责任的概念

违约责任是合同当事人违反合同义务应依法承担的法律责任。当事人之间缔结的合法、有效的合同对其具有法律约束力，合同当事人应当全面履行合同义务。对此，《民法典》第 509 条第 1 款规定："当事人应当按照约定全面履行自己的义务。"任何一方当事人不全面履行合同义务，就要承担相应的法律责任，这种法律责任就是违约责任。《民法典》第 577 条规定："当事人一方不履行合同义务或者履行合同义务不符合约定的，应当承担继续履行、采取补救措施或者赔偿损失等违约责任。"

二、违约责任的特征

违约责任是民事责任的一种，具有民事责任的强制性、补偿性等一般特征。然而，作为一种重要的民事责任形式，违约责任与其他的民事责任相比，违约责任还具有以下特征。

（一）违约责任是违反合同义务所引起的法律后果

违约责任的发生以合同义务为前提，没有合同义务就不可能产生违约责任。当然，有了合同义务，也不一定发生违约责任。违约责任的产生还必须有合同当事人违反合同义务的事实，表现为不履行合同义务或者履行合同义务不符合约定。这里的合同义务主要是当事人约定的，但不限于此，也存在当事人没有约定而基于法律规定产生的。当事人应当遵循诚实信用原则，根据合同的性质、目的和交易习惯履行通知、协助、保密等义务。[①] 这里的基于诚实信用原则产生的

---

① 《民法典》第 509 条第 2 款规定："当事人应当遵循诚信原则，根据合同的性质、目的和交易习惯履行通知、协助、保密等义务。"

"通知、协助、保密等义务"，即使当事人没有约定，也应当履行。如医疗服务合同中，医生负有不得将纱布、手术刀留在病人腹内的义务；玻璃花瓶买卖合同中，出卖人负有妥善包装花瓶，使买受人能安全携带的义务；等等。这些义务，即使当事人没有约定，也应当履行，就属于基于法律规定产生的义务。总之，违约责任是合同当事人违反合同义务所应承担的民事责任。如果违反法律规定的其他义务，产生的就不是违约责任了，而是侵权责任、缔约过失责任或者不当得利返还责任等。

（二）违约责任主要是合同当事人承担的民事责任

合同具有相对性，原则上由合同一方当事人向另一方当事人履行合同义务，如果不履行合同义务或者履行合同义务不符合约定，则要承担违约责任。所以，违约责任也具有相对性，是违约的一方当事人向另一方当事人承担的民事责任。即使存在合同约定向第三人履行债务或者由第三人向债权人履行债务的情形，一方当事人因第三人的原因而违约的，应当向对方承担违约责任。但该方当事人和第三人之间的纠纷，依照法律规定或者按照约定解决。[①] 对此，《民法典》第 522 条第 1 款规定："当事人约定由债务人向第三人履行债务的，债务人未向第三人履行债务或者履行债务不符合约定的，应当向债权人承担违约责任。"《民法典》第 523 条规定："当事人约定由第三人向债权人履行债务的，第三人不履行债务或者履行债务不符合约定，债务人应当向债权人承担违约责任。"合同具有相对性是传统合同法上的重要理论，滥觞于罗马法，迄今为两大法系所确认，是合同法规则和制度的奠基石。[②]

正如美国学者吉莫尔说，社会需要是法律产生的前提，而法律的产生又能为社会需要提供保障。纷繁复杂的生产生活中涉及第三人利益的合同屡见不鲜，例如，网购合同约定由第三人收货等，按照《合同法》的规定，如果债务人向第三人交付的货物质量有缺陷，只能由债权人向债务人提起违约诉讼，不能由第三人直接向债务人提起诉讼，使第三人没有对债务人直接的诉权，权利得不到及时救济。这种规定与生产生活实践中的真实需求有很大差距。《民法典》第 522 条第 2 款对此作出回应，规定在例外情况下可突破违约责任的相对性，第三人可以请求债务人承担违约责任，即"法律规定或者当事人约定第三人可以直接请求债务人向其履行债务，第三人未在合理期限内明确拒绝，债务人未向第三人履行债务或者履行债务不符合约定的，第三人可以请求债务人承担违约责任"。

（三）违约责任可由当事人在法律规定的范围内约定

违约责任作为法律责任虽然具有强制性，但基于平等原则和合同自由原则，当事人可以在法律规定的范围内加以约定。《民法典》第 585 条第 1 款规定："当事人可以约定一方违约时应当根据违约情况向对方支付一定数额的违约金，也可以约定因违约产生的损失赔偿额的计算方法。"但是基于公平原则、诚实信用原则，这种约定的违约责任也要受到法律规定的限制，超过，就可以依法予以调整或超过的部分无效。对此，《合同法》第 114 条第 1 款和《民法典》第 585 条第 2 款都规定，约定的违约金低于或高于造成的损失的，人民法院或者仲裁机构可以根据当事人的请求增加或适当减少。[③] 需注意，《民法典》对《合同法》的规定有所调整，《合同法》第

---

① 《民法典》第 593 条规定："当事人一方因第三人的原因造成违约的，应当依法向对方承担违约责任。当事人一方和第三人之间的纠纷，依照法律规定或者按照约定处理。"

② 王利明，崔建远．合同法新论·总则．北京：中国政法大学出版社，1997：31.

③ 《合同法》第 114 条第 2 款规定："约定的违约金低于造成的损失的，当事人可以请求人民法院或者仲裁机构予以增加；约定的违约金过分高于造成的损失的，当事人可以请求人民法院或者仲裁机构予以适当减少。"《民法典》第 585 条第 2 款规定："约定的违约金低于造成的损失的，人民法院或者仲裁机构可以根据当事人的请求予以增加；约定的违约金过分高于造成的损失的，人民法院或者仲裁机构可以根据当事人的请求予以适当减少。"

114 条第 2 款中的两处“当事人可以请求人民法院或者仲裁机构”被改变为“人民法院或者仲裁机构可以根据当事人的请求”。调整后的立法精神没有改变，仍然是对违约责任的约定受法律规定的限制，但是内涵更加丰富，除了包含《合同法》中的“当事人可以请求人民法院或者仲裁机构予以增加或适当减少”，同时也明确了人民法院或者仲裁机构的自由裁量权。这种表达更加准确。此时，对定金责任的约定也受法律规定的限制：虽然当事人可以约定定金的数额，但是超过主合同标的额的 20%的部分不产生定金的效力。给付定金的一方不履行债务或者履行债务不符合约定，致使不能实现合同目的的，无权请求返还定金；收受定金的一方不履行债务或者履行债务不符合约定，致使不能实现合同目的的，应当双倍返还定金。① 这里的“定金”数额就被限定在“主合同标的额的 20%以内”，如果约定“定金为主合同标的额的 30%”，则超过的 10%就无效，不会产生定金效力。

（四）违约责任是一种财产责任

合同关系是一种财产流转关系，所以违反合同义务者应承担财产责任。合同法规定的实际履行、赔偿损失、支付违约金、定金责任等违约责任都属于财产责任。但是，生活实践中合同当事人违约侵害对方人身权益的案例比比皆是，如美容服务合同中，美容机构未经顾客同意公布顾客的整容事实与效果为自己做广告，就侵害了顾客的隐私权、名誉权等人格权。此时美容机构应顾客要求承担的赔礼道歉、消除影响，就不是违约责任形式。尽管该行为是违约行为，但是违约责任与侵权责任构成竞合，顾客有权选择要求美容机构承担侵权责任②，赔礼道歉、消除影响是侵权责任的承担形式。

三、违约责任与其他民事责任的区别

（一）违约责任和缔约过失责任

《民法典》第 500 条规定了缔约过失责任。③ 依据该规定，缔约过失责任，是指在合同订立的过程中，一方因其违反诚实信用原则所生的义务，给对方造成损失时所应承担的赔偿责任。缔约过失责任与违约责任都与合同有关，却是不同的民事责任。二者的区别主要在于以下几点。

其一，发生前提不同。违约责任是违反有效合同而产生的责任，以合同有效为前提，且当事人不履行义务或者履行义务不符合约定。缔约过失责任则发生在合同订立过程中，是当事人一方违反诚实信用原则所产生的义务，造成缔约相对人信赖利益受损时所应承担的责任，不问合同是否有效。即使合同有效，发生在缔约过程中的前述事实，也可能引发缔约过失责任。如甲在乙商店柜台前挑选商品时，乙商店不干净的柜台弄脏了甲的羊绒大衣，即使甲与乙之间买卖某商品的合同有效成立，甲仍可要求乙商店对其损害负缔约过失责任。④

---

① 《民法典》第 586 条第 2 款规定：“定金的数额由当事人约定；但是，不得超过主合同标的额的百分之二十，超过部分不产生定金的效力。实际交付的定金数额多于或者少于约定数额的，视为变更约定的定金数额。”第 587 条规定：“债务人履行债务的，定金应当抵作价款或者收回。给付定金的一方不履行债务或者履行债务不符合约定，致使不能实现合同目的的，无权请求返还定金；收受定金的一方不履行债务或者履行债务不符合约定，致使不能实现合同目的的，应当双倍返还定金。”

② 《民法典》第 186 条规定：“因当事人一方的违约行为，损害对方人身权益、财产权益的，受损害方有权选择请求其承担违约责任或者侵权责任。”

③ 《民法典》第 500 条规定：“当事人在订立合同过程中有下列情形之一，造成对方损失的，应当承担赔偿责任：（一）假借订立合同，恶意进行磋商；（二）故意隐瞒与订立合同有关的重要事实或者提供虚假情况；（三）有其他违背诚信原则的行为。”

④ 王荣珍．论先合同责任．社会科学家，2005（6）：109.

其二，违反义务性质不同。违约责任产生的前提是当事人对合同义务的违反，主要是违反了当事人约定的主给付义务，也可能违反了在合同履行的过程中基于诚实信用原则产生的保密、通知、保护等法定义务，但这些义务是以主给付义务的发生为前提，无主给付义务，不可能有这些法定义务。而缔约过失责任产生的前提是当事人违反了先合同义务，这是一种法定义务，不以主给付义务存在为前提。这两种义务在性质上存在着较明显的差异，因此也成为违约责任与缔约过失责任之间的一个显著区别。

其三，责任形式不同。违约责任的承担形式多样，包括继续履行、采取补救措施、赔偿损失、违约金责任、定金责任等，责任的承担形式可以由当事人约定，比如约定违约金的数额或比例、定金条款、免责条款等等。而缔约过失责任的承担形式只是赔偿责任，而且这是法定责任，不能由当事人来进行约定，只能由法律直接进行规定。

其四，归责原则不同。违约责任主要适用无过错责任原则，例外适用过错责任原则、过错推定原则。而缔约过失责任只能适用过错责任原则，即只有在缔约当事人一方有过错的情况下才会产生缔约过失责任，反之，缔约当事人无须承担缔约过失责任。

其五，赔偿范围不同。违约责任赔偿主要针对债权人基于债务人履行合同而得到的履行利益损害（未按时交付装修的酒店房屋导致酒店未如期开业而带来的预期利润损失），赔偿额计算受到可预见规则的限制；而缔约过失责任赔偿主要针对缔约当事人因相信合同有效成立受到的信赖利益损害（如缔约费用、准备履行合同所支出的费用等），在某些特殊情况下其赔偿额计算可不受可预见规则的限制。

（二）违约责任与侵权责任

侵权责任是指行为人侵害他人的财产或者人身权益，以及法律特别规定应当承担民事责任的其他致人损害的侵权行为发生而应承担的民事责任。违约责任与侵权责任分属于合同法、侵权责任法领域，主要区别为：

其一，违反义务的性质不同。违约责任是违反合同义务所产生的民事责任，合同义务主要是当事人之间约定的，也有在合同履行过程中基于诚实信用原则产生的保密、通知、保护等法定义务。这些义务的发生都以当事人之间存在有效合同为前提。侵权责任的发生是因为违反了法定义务，即不得侵害他人的人身、财产权益的义务，故不以当事人之间存在有效合同为前提。

其二，侵害的民事权益不同。违约责任是侵害合同债权而承担的民事责任。侵权责任侵害的是人身权、物权等绝对权以及不属于其他民事权利的合法民事利益。对此《侵权责任法》第 2 条规定："侵害民事权益，应当依照本法承担侵权责任。本法所称民事权益，包括生命权、健康权、姓名权、名誉权、荣誉权、肖像权、隐私权、婚姻自主权、监护权、所有权、用益物权、担保物权、著作权、专利权、商标专用权、发现权、股权、继承权等人身、财产权益。"《民法典》第 1165 条明确为"民事权益"①。与《侵权责任法》列举、概括相结合的立法模式不同，《民法典》没有对民事权益作出列举。这可能是考虑到《民法典》总则编就民事权益作出了比较详尽的规定，通过体系解释，可以明确侵权责任制度要保护的民事权益的具体类型，故没有必要再在侵权责任编中进行列举。

其三，归责原则不同。《民法典》对违约责任大多适用无过错责任原则，例外适用过错责任

---

① 《民法典》第 1165 条规定："行为人因过错侵害他人民事权益造成损害的，应当承担侵权责任。"

原则和过错推定原则，而对侵权责任一般适用过错责任原则，例外实行无过错责任原则、过错推定原则和公平原则。如《民法典》第1165条规定："行为人因过错侵害他人民事权益造成损害的，应当承担侵权责任。""依照法律规定推定行为人有过错，其不能证明自己没有过错的，应当承担侵权责任。"该条第1款确立的是过错责任原则，第2款确立的是过错推定原则。《民法典》第1166条规定："行为人造成他人民事权益损害，不论行为人有无过错，法律规定应当承担侵权责任的，依照其规定。"该条确立的是无过错责任原则。《民法典》第1186条规定："受害人和行为人对损害的发生都没有过错的，依照法律的规定由双方分担损失。"该条确立的是公平原则。

其四，责任形式不同。违约责任的承担形式包括：继续履行、修理、重作、更换、退货、减少价款或者报酬、赔偿损失、违约金责任、定金责任等。侵权责任的承担形式包括：赔偿损失，停止侵害，排除妨碍，消除危险[①]，消除影响、恢复名誉，赔礼道歉，返还财产，恢复原状，等等。《侵权责任法》第15条对此作了明确列举。《民法典》可能是基于体系考虑，鉴于总则编对民事责任作了明确列举，在物权编、人格权编等对侵害物权、人格权等合法权益的民事责任作了规定，就没有在侵权责任编作重复列举。

其五，赔偿范围不同。违约责任的赔偿范围主要是财产损失，不包括人身伤害。对于违约造成的精神损害是否应该赔偿，传统民法上是予以否定的。近年来，无论是英美法系国家还是大陆法系国家，都开始突破传统民法理论，在合同法领域为违约造成的精神损害提供救济。[②]我国学者对于违约精神损害赔偿争议较大，司法实践中也有支持违约精神损害赔偿请求的案例；但是，《合同法》以及最高人民法院的司法解释并不支持违约精神损害赔偿。[③]《民法典》第996条规定："因当事人一方的违约行为，损害对方人格权并造成严重精神损害，受损害方选择请求其承担违约责任的，不影响受损害方请求精神损害赔偿。"该规定设计在人格权编，而且规定的是在请求违约责任的同时，不影响请求精神损害赔偿。可见，对违约造成的精神损害是否赔偿，《民法典》的态度还是不明朗。

第二节　违约责任的归责原则

一、违约责任的归责原则概念

归责原则是确定行为人的民事责任的规则和标准，是民事责任制度的重要内容，决定着民事责任的构成要件、当事人举证责任的承担、免责事由的确定、损害赔偿的范围，对当事人利益影响很大。所谓违约责任的归责原则，是指确定合同当事人承担违约责任的规则与标准，对违约责任制度的内容具有决定作用。

---

① 《民法典》第1167条规定："侵权行为危及他人人身、财产安全的，被侵权人有权请求侵权人承担停止侵害、排除妨碍、消除危险等侵权责任"。《民法典》第1205条规定，因产品缺陷危及他人人身、财产安全的，被侵权人有权请求生产者、销售者，承担停止侵害、排除妨碍、消除危险等侵权责任。

② 尹志强．论违约精神损害赔偿的正当性及适用范围．中国政法大学学报，2014（6）：109.

③ 柳经纬．违约精神损害赔偿立法问题探讨：以《民法典各分编（草案）》第七百七十九条为对象．暨南学报（哲学社会科学版），2019（7）：58.

二、我国法上的违约责任归责原则

大陆法系国家对违约责任一般采取过错责任原则，但是也不排除无过错责任原则。[①] 英美法系国家对违约责任一般采取严格责任原则[②]，但也没有将过错排除在确定违约责任时的考虑因素之外。《国际商事合同通则》《欧洲合同法原则》都采用的是过错责任与严格责任并行的二元化违约损害赔偿归责原则。[③]

在我国，《合同法》第107条规定："当事人一方不履行合同义务或者履行合同义务不符合约定的，应当承担继续履行、采取补救措施或者赔偿损失等违约责任。"对此，绝大多数学者解读为：《合同法》确立的违约责任一般归责原则为无过错责任原则（或严格责任原则），同时，对某些有名合同违约责任的认定不排除过错因素，如《合同法》第265条、第303条、第406条的规定。《民法典》第577、784、824、929条各自承继了《合同法》第107、265、303、406条相应的规定，只是在文字表述上作了微改。可见，《民法典》确立的违约责任归责原则是以无过错责任原则为主，以过错责任原则、过错推定原则为补充的多元归责原则。

（一）无过错责任原则

所谓无过错责任原则，是指一方当事人不履行或者履行合同义务不符合约定，就应当承担违约责任。其特点是：违约行为发生后，违约方即应当承担违约责任，而不以违约方的主观过错作为其承担违约责任的依据，非违约方无须就违约方的过错承担举证责任，只是就违约行为与违约后果之间具有因果关系进行举证。该原则下，待证内容具有一定的客观性，有利于追究违约方的违约责任，保障合同缔约目的的实现或对违约损害的救济。

（二）过错责任原则

所谓过错责任原则，是指一方当事人不履行或者履行合同义务不符合约定时，追究其违约责任时要考虑其主观过错。简言之，无过错即无违约责任。如《民法典》第784条规定："承揽人应当妥善保管定作人提供的材料以及完成的工作成果，因保管不善造成毁损、灭失的，应当承担赔偿责任。"根据该规定，承揽人交付给定作人保管的材料等毁损、灭失的，定作人承担违约责任以其"保管不善"为前提，没有过错，就不应承担违约责任。过错责任原则的特点是：其一，相对于违约行为、违约后果、因果关系等构成要件而言，过错始终是最终要件，无过错即无责任，由非违约方对违约方的过错承担举证责任。其二，依过错程度确定责任范围。在混合过错下，双方当事人都违反合同的，应当各自承担相应的责任。在当事人一方违约造成对方损失时，对方对损失的发生有过错的，可以减少违约方相应的损失赔偿额。[④]

（三）过错推定原则

所谓过错推定原则，是指一方当事人不履行或者履行合同义务不符合约定时，法律直接推定违约方有过错，违约方不能证明自己无过错时承担违约责任。如《合同法》第374条规定，保

---

① 参见《法国民法典》第1147条、《德国民法典》第276条、《俄罗斯联邦民法典》第1134条等。

② 严格责任原则是英美法国家在确定违约责任时主要考虑是否存在违约行为，而不考虑违约方主观心理状态的规则的表述。大陆法系国家对此称为无过错责任原则。除介绍英美法系违约责任归责原则时用严格责任原则外，下文表述违约责任的归责原则时都用无过错责任原则。

③ 朱广新．违约责任的归责原则探究．政法论坛，2008（4）：81.

④ 参见《民法典》第592条。

管为无偿时，保管物毁损、灭失，保管人证明自己没有重大过失的，不承担损害赔偿责任。《民法典》第 897 条对《合同法》第 374 条的表述稍作修改，在没有“重大过失”的基础上增加了没有“故意”的情形，从而更加合理。① 其特点是：其一，根据法律规定的一定的基础事实推定行为人具有过错；其二，在举证责任分配上倒置，非违约方只需证明存在一定的基础事实，无须证明违约方具有过错，而违约方能举证证明自己没有过错，方免责。

第三节 违约行为样态

违约行为是各种违约责任必不可少的要件，研究违约行为样态对违约责任的认定与承担具有基础意义。

一、违约行为的概念与特征

违约行为是指合同当事人不履行或者履行合同义务不符合约定的民事违法行为。违约行为的发生以当事人之间存在合法、有效的合同为前提，如果合同成立未生效、生效后被撤销或被解除，合同无效，都不可能发生违约行为。

相比于其他民事违法行为，违约行为的特点在于：

其一，从主体来看，违约行为的主体是合同当事人，具有特定性。这是由合同相对性原则决定的。即使当事人约定由第三人向债权人履行债务，当第三人不履行债务或者履行债务不符合约定时，违约行为的主体仍然是债务人（合同的当事人），该债务人应当向债权人承担违约责任。② 如约定由第三人支付邮费的快递合同，如果第三人没有支付邮费，则违约行为的主体是寄件人，其应当向快递公司支付邮费。此外，如果第三人实施了侵害合同债权的行为，虽然也发生不履行合同的后果，但第三人承担的是侵权责任而不是违约责任。

其二，从违反对象来看，违约行为违反的是合同义务。合同义务主要通过当事人之间的约定确定，具有任意性。对约定义务的违反构成违约行为。对合同没有明确约定，但是根据诚实信用原则产生的通知、保密、保护、协助等法定义务的违反，也可能构成违约行为。所以，违约行为违反的是合同义务，而不能仅仅理解为合同约定义务。

其三，从侵害权利的性质来看，违约行为侵害的是合同债权。合同关系具有相对性，合同债权和合同债务是其内容。合同义务的履行有助于合同债权的实现，实现当事人特定的缔约目的，维护正常的合同交易秩序。合同当事人不履行债务或者履行债务不符合约定，合同债权必然受到侵害，合同债权人的利益就不能全部或部分实现。

二、违约行为的具体样态

在《合同法》颁布之前的《民法通则》、《经济合同法》及配套使用的各条例、《技术合同法》、《涉外经济合同法》都有对违约行为样态的规定，但其分类并不统一，甚至同一种违约行为

① 参见《民法典》第 897 条：“保管期内，因保管人保管不善造成保管物毁损、灭失的，保管人应当承担赔偿责任。但是，无偿保管人证明自己没有故意或者重大过失的，不承担赔偿责任。”

② 《民法典》第 523 条规定：“当事人约定由第三人向债权人履行债务，第三人不履行债务或者履行债务不符合约定的，债务人应当向债权人承担违约责任。”

被赋予不同的术语。例如《民法通则》第111条将违约行为分为不履行合同义务和履行合同义务不符合约定条件两种；《民法通则》第116条和《经济合同法》第29条又规定了不能履行和不能完全履行；《经济合同法》第33条第1款和第2款、第35条第2款又规定了不完全履行、迟延履行和迟延受领的违约行为；《经济合同法》的十个配套使用的条例规定了延期履行、部分履行、拒付货款、逾期提货或供货等违约行为。正是由于立法对违约行为样态划分的不统一，学理上对违约行为样态的分类难以统一，有代表性的观点有：一是履行迟延、瑕疵履行、不完全履行（一部分履行）、拒绝履行和履行不能①；二是履行不能、履行拒绝、履行迟延和履行不当；② 三是将违约行为划分为预期违约和实际违约，实际违约不履行、迟延履行、不当履行和不完全履行。③ 1999年制定的《合同法》总结了以往的立法经验和学术成果，对大陆法系和英美法系兼收并蓄，完善了对违约行为的划分。依据《合同法》的规定，我国的违约行为被划分为预期违约和实际违约（第107、108条），实际违约又分为不履行合同义务和履行合同义务不符合约定（第107条），履行合同义务不符合约定包括瑕疵履行（第111条）、加害给付（第112条）、迟延履行（第94条第4项、第114条）、部分履行（第94条第3项、第164条、第165条）以及其他履行不符合约定的违约行为（如履行方式、地点）。《民法典》第577、578、582、583、563、631、632条等规定承继了《合同法》在违约行为形态上的划分，充分表明立法上对违约行为形态的分类日益稳定。

（一）不履行

所谓不履行，是指在合同履行期内，合同当事人不履行合同约定或法定的义务。不履行的原因可能来自主观，也可能来自客观。据此不履行可区分为拒绝履行和履行不能。

1. 拒绝履行

所谓拒绝履行，是指合同债务人客观上能够履行，但主观上不愿意履行合同义务。判断拒绝履行时要考虑以下几个要件：一是合同有效存在。二是合同债务人向债权人表示拒绝履行合同义务。这种意思表示可以是明示的，也可以是默示的。如房屋买卖合同的卖方，在约定的房屋所有权过户登记期限届满后，将房屋所有权卖给第三人并办理了过户登记，就是以默示的方式表明其拒绝履行合同义务。三是拒绝履行是在合同履行期届满后作出，反之，则属于预期违约。四是拒绝履行须合同债务人能够履行，但没有正当理由不履行。拒绝履行发生后，合同债权人有权解除合同，并请求支付违约金或赔偿损失；也可以诉请法院强制履行，并请求支付违约金或赔偿损失。在双务合同中，债务人的拒绝履行可使对方当事人享有不安抗辩权、先履行抗辩权，使自身丧失同时履行抗辩权。

2. 履行不能

所谓履行不能，是指合同债务人因不可归责于自己的原因不能履行合同义务，客观上履行不能。这种不可归责于债务人的原因既可以发生在合同成立时，也可以发生在合同生效后债务履行期届满前。许多国家都认可其不影响合同效力，属于违约行为样态。④ 我国学者多认为履行不能包括自始履行不能和嗣后履行不能。自始履行不能是指在给付义务成立之时给付即为不可能。嗣后履行不能是指债务成立后发生的给付不可能。自始履行不能导致合同无效，不存在违约问题；嗣后履行不能，构成违约。《民法典》第563条第1项“因不可抗力致使不能实现合同目

① 梁慧星．民法．成都：四川人民出版社，1988：403－404.

② 王家福．民法债权．北京：法律出版社，1991：151.

③ 王利明．违约责任论．北京：中国政法大学出版社，1996：127.

④ 马俊驹，余延满．民法原论．2版．北京：法律出版社，2005：632.

的”就包含着嗣后履行不能的违约情形，双方当事人都有权解除合同。

（二）瑕疵履行

所谓瑕疵履行，是指合同债务人的履行行为不符合合同的质量要求，虽然减损该履行的价值或效用，但未造成合同债权人的人身和其他财产损害的行为。如甲向乙购买50只种鸡，乙交付的50只种鸡有传染病，结果全部死亡。乙的行为就是瑕疵履行。瑕疵履行须具备的要件包括：一是合同有效存在；二是合同债务人已经履行合同义务；三是合同债务人的履行行为不符合合同的质量要求；四是合同的履行行为减损了履行的价值或效用，但没有造成债权人的人身和其他财产损害，否则就是加害给付了。《民法典》第582条等条文对瑕疵履行作出了规定。瑕疵履行能够补救的，受损害的合同债权人可根据标的的性质以及损失的大小，合理选择请求对方承担修理、重作、更换、退货、减少价款或者报酬等违约责任。① 瑕疵履行不能补救的，亦即导致合同目的不能实现的，合同债权人有权解除合同，并有权要求债务人承担赔偿损失等违约责任。

（三）加害给付

所谓加害给付，是指合同债务人有责违反合同义务，给合同债权人造成履行利益以外的人身、财产利益损害，并不排除可能同时侵害债权人履行利益的行为。② 甲向乙购买50只种鸡，乙交付的50只种鸡有传染病，结果全部死亡，并且使甲的50只鸡受传染而死亡。乙的违约行为就是加害给付。

加害给付须符合的构成要件是：(1) 合同债务人未依合同要求履行合同义务，包括加害瑕疵给付、违反附随义务的给付、其他不符合合同约定或法定的履行行为。加害瑕疵给付是指虽然债务人为一定的履行行为，但该履行行为存在瑕疵，致使合同债权人的固有利益受到损害。这种瑕疵包括质、量、权利的瑕疵。如承运人未将旅客安全运送到目的地，使旅客在中途时身体受到伤害；供电人供电不足使工厂停工并遭受重大损失。违反附随义务的给付致使债权人的固有利益受到损害的，也是加害给付。如出卖人没有告知产品的正确使用方法而使债权人的固有利益遭受损害；供电人因检修电路中断供电未通知用电人造成用电人的固有利益受损害等。其他不符合合同约定或法定的履行行为，如存货人未按合同约定的要求包装仓储物，致使仓储物对仓库设备造成损害。(2) 合同债务人不符合合同要求的履行行为造成对合同债权人固有利益的损害，即对人身、其他财产的损害，但不排除对债权人履行利益的损害。(3) 须合同债务人有过错。

依据《民法典》第186条的规定，因当事人一方的违约行为，侵害对方人身、财产权益的，受损害方有权选择依照《民法典》要求其承担违约责任或者依照其他法律要求其承担侵权责任。

（四）部分履行

所谓部分履行，是指合同债务人履行合同义务不符合数量的要求，在数量上存在不足，如还款期到，借款人仅偿还部分本金；交货期到，卖方仅交付部分货物等。一般情况下，发生部分履行时，如果合同债务有履行可能性的，债权人可以要求债务人继续履行。但是部分履行导致合同目的不能实现的，债权人可以解除合同。如出卖人不交付其中一批标的物，致使之后其他各批标的物的交付不能实现合同目的的，买受人可以就该批以及之后其他各批标的物解除合同。③

---

① 《民法典》第582条规定：“履行不符合约定的，应当按照当事人的约定承担违约责任。对违约责任没有约定或者约定不明确，依据本法第五百一十条的规定仍不能确定的，受损害方根据标的的性质以及损失的大小，可以合理选择请求对方承担修理、重作、更换、退货、减少价款或者报酬等违约责任。”

② 王荣珍．对加害给付概念与救济的再思考．政法论坛，2005 (5)：176.

③ 《民法典》第633条第2款。

(五) 迟延履行

迟延履行包括债务人迟延给付和债权人迟延受领。

所谓迟延给付，是指合同债务人履行合同义务不符合履行期限的要求。迟延给付发生在履行期限届满后。合同债务人应当在履行期限内履行合同义务。履行期限未到，债务人享有期限利益，不需履行合同义务，债权人也无权要求债务人履行。履行期限届满后，债务人有能力履行却拒绝履行合同义务的，构成拒绝履行，不属于迟延给付。迟延给付须具备的构成要件包括：一是存在有效的合同债务；二是债务人履行了合同义务；三是债务人履行合同义务在合同履行期限届满后；四是债务人的合同履行可归责于其自身的原因。当事人一方迟延给付主要债务，经催告后在合理期限内仍未给付，或者迟延给付债务致使不能实现合同目的的，非违约一方享有法定解除权，可以解除合同。

所谓迟延受领，是指合同债权人接受合同债务人的履行不符合时间要求。合同债务的履行大多需要债权人的协助，债权人基于诚实信用原则或约定应当及时接受履行，否则构成迟延受领。迟延受领的构成要件为：一是存在有效的合同债权；二是债务清偿期已经届满；三是合同债务人已经履行合同债务；四是债权人没有按时受领；五是债权人未按时受领系基于债权人自身的原因。合同债权人受领迟延的法律效果主要有：其一，不可抗力导致履行不能的，债务人免除履行义务，不承担违约责任。其二，债务人可以将动产提存，由此发生的提存费用以及标的物毁损、灭失的风险由债权人承担。① 其三，债务人有权要求债权人支付迟延受领期间支出的必要保管费用。

(六) 预期违约

所谓预期违约，是指在合同生效后履行期限届满前，合同当事人明确表示或者以自己的行为等客观事实表明不履行合同义务。

预期违约是英美法系特有的概念，包括明示预期违约和默示预期违约。预期违约制度适应了现代商品经济社会经济生活复杂多变的需要，在某种意义上有助于实现社会经济效益，减少非违约方的损失，平衡合同当事人之间的利益，实现法律的效益、公平和安全价值。《合同法》引进了该制度，于第 94、108 条对其作出了规定，包括明示预期违约和默示预期违约两种形态。《民法典》第 563、578 条作出了与《合同法》同样的规定。②

1. 明示预期违约

所谓明示预期违约，是指合同生效后履行期限到来前，合同债务人明确表示在履行期限届满时不履行合同义务。明示预期违约的构成要件包括：一是发生的时间为合同生效后合同履行期限到来前。如果在合同履行期限到来后，合同债务人向合同债权人明确表示不履行合同，则构成实际违约，而并不是预期违约。二是合同债务人向对方所作的不履行表示必须是明确的。这种明确的表示必须是自愿、肯定、无条件、不含糊的，向合同债权人确定表示合同履行期限届满将不履行合同义务。三是合同债务人明确表示不履行影响合同目的实现的主合同义务，或严重损害合同当事人的期待利益。四是合同债务人明确表示于合同履行期限届满时不履行合同义务无

① 《民法典》第 570、573 条。

② 《合同法》第 108 条规定："当事人一方明确表示或者以自己的行为表明不履行合同义务的，对方可以在履行期限届满之前要求其承担违约责任。"《民法典》第 578 条规定："当事人一方明确表示或者以自己的行为表明不履行合同义务的，对方可以在履行期限届满前请求其承担违约责任。"

合法理由。如果合同债务人不履行合同有合法理由，如不可抗力等，则其不履行合同的表示是对正当权利的行使，不构成预期违约。判断合同不履行是否有合法的理由，需要对合同的性质、附随的条件和违约的动机等因素进行考察，不能孤立地确认。五是合同债务人能够履行而不履行。如果因为合同标的物灭失等原因合同债务人履行不能，则不可能发生明示预期违约。对此只能依履行不能的调整规则予以解决。

2. 默示预期违约

所谓默示预期违约，是指合同生效后履行期限到来前，合同债务人以行为或客观事实表明在履行期限届满时不履行或不能履行合同。默示预期违约的构成要件包括：一是发生时间必须是在合同生效后合同履行期限到来前。二是合同债务人以行为或客观事实表明在履行期限届满时不履行或不能履行合同。参照《民法典》第 527 条有关产生不安抗辩权的法定事由的规定，这些行为或客观事实有：一方当事人经营状况严重恶化；转移财产、抽逃资金以逃避债务；丧失商业信誉；其他丧失或可能丧失履行债务能力的情形等。①

预期违约发生后，对非违约的合同债权人的救济包括：一是债权人对合同债务人预期违约的表示不予理会，等到合同履行期限届满后，按实际违约要求对方承担违约责任，包括继续履行、采取补救措施、赔偿损失、承担违约金等。在合同履行期限到来后，合同债权人要求对方履行合同债务，对方迟延履行主要债务的，合同债权人也有权解除合同，并要求赔偿损失。二是债权人接受预期违约，并在合同履行期限届满前要求对方承担违约责任。依据《民法典》第 578 条的规定，当事人一方明示或默示预期违约的，对方可以在履行期限届满之前要求其承担违约责任，责任承担形式包括继续履行、采取补救措施、承担违约金、赔偿损失等。如果债权人解除合同的，只能要求债务人赔偿损失，而不能要求继续履行。三是债权人有权解除合同，并要求赔偿损失。依据《民法典》第 563 条的规定，在履行期限届满之前，当事人一方明确表示或以自己的行为表明不履行主要债务的，另一方当事人有权解除合同；非违约方如果因解除合同而遭受损失的，有权要求对方赔偿损失。

须注意的是，在默示预期违约的情况下，合同债务人如以《民法典》第 527 条所规定的几种行为造成预期违约的，非违约的合同债权人并不能立即解除合同，而应中止履行合同并及时通知对方当事人。对方当事人应在合理期限内提供适当担保。如果对方当事人未在合理期限内恢复履行能力并提供适当担保的，中止履行的一方有权解除合同。

第四节 违约责任的承担形式

一、继续履行

（一）继续履行的概念

所谓继续履行，又称为强制实际履行，是指在合同债务人违反合同义务时，合同债权人请求

① 《民法典》第 527 条规定：“应当先履行债务的当事人，有确切证据证明对方有下列情形之一的，可以中止履行：（一）经营状况严重恶化；（二）转移财产、抽逃资金，以逃避债务；（三）丧失商业信誉；（四）有丧失或者可能丧失履行债务能力的其他情形。”

法院强制违约方继续履行合同义务。《民法典》第 577 条将继续履行放在条文所列举的三种违约责任之首，是我国合同立法所确立的合同全面履行原则在违约责任中的具体体现。①

继续履行规范起源于罗马法，被《法国民法典》和《德国民法典》承继。② 英美法系国家在涉及货物给付、服务给付、承揽给付、不作为或者意思表示的作出时，在金钱损害赔偿不充分的情况下，赋予债权人以继续履行请求权。③ 合同是当事人对各自权利、义务所作的安排，具有相应的缔约目的，继续履行显然有助于合同缔约目的的实现，维护合同秩序。

（二）继续履行的适用要件

《合同法》第 110 条规定了非金钱债务继续履行的适用情形，即："当事人一方不履行非金钱债务或者履行非金钱债务不符合约定的，对方可以要求履行，但有下列情形之一的除外：（一）法律上或者事实上不能履行；（二）债务的标的不适于强制履行或者履行费用过高；（三）债权人在合理期限内未要求履行。"《民法典》第 580 条第 1 款成承继了《合同法》第 110 条的规定，并在第 2 款增加了"有前款规定的除外情形之一，致使不能实现合同目的的，人民法院或者仲裁机构可以根据当事人的请求终止合同权利义务关系，但是不影响违约责任的承担"的规定。据此，继续履行的适用要件可以概括为：一是合同债务人不履行合同义务，含迟延给付、迟延受领、拒绝履行等。二是合同履行具有可能性。如果合同履行变得不可能，则要求继续履行是强人所难，也不能实现。三是合同履行具有合理性。如债务的标的不适于强制履行或者履行费用过高，则不适用继续履行。所谓"债的标的不适于强制履行"，主要指债务具有人身性质，或者从属于以信赖关系为基础的一类合同。债务具有人身性质的合同，比如说演出合同、著作权合同等等。这种性质就决定了不适于强制履行，否则就与法律上保护人格尊严、人身自由等一些最基本的法律价值相冲突。此外，有的合同以信赖关系为基础，比如委托合同、行纪合同、居间合同等，如果这种信赖关系丧失了，就不能再强制履行。关于"履行费用过高"，如关于建筑一栋楼房的合同中对于铺设的管道约定为某个特定品牌。楼房建好了，发包方发现里面铺设的管道跟合同要求的不一样，建造商违约了。发包方要求凿开地板、凿开墙壁，把里面的东西抽出来，然后换上新的管道，砌平再粉刷好。如果法院接受发包方的请求，显然费用特别高。此时，只要建造商铺设的管道并不影响功能的发挥和安全，原则上发包方的请求不应该得到支持。在这种场合只能判决赔偿损失。四是债权人在合理期限内要求履行。

二、采取补救措施

采取补救措施主要是指修理、更换、重作、减少价款或报酬、退货。依据《民法典》第 582 条的规定，采取补救措施的适用情形有：一是合同债务人履行债务不符合约定。二是当事人对违约责任没有约定或约定不明，事后又未达成补充协议，并且依照合同有关条款或交易习惯不能确定。三是受损害方有权根据标的的性质以及损失的大小，合理选择采取何种补救措施，包括修理、重作、更换、退货、减少价款或者报酬等。采取补救措施后，受损害方还有其他损失的，合同债务人还应当赔偿损失。此外，这些补救措施在适用上无先后顺序。

---

① 《民法典》第 509 条第 1 款规定："当事人应当按照约定全面履行自己的义务。"

② 如《法国民法典》第 1610 条规定："出卖人未能在当事人双方约定的时间内交付标的物，如果迟延系出卖人造成的，买受人得依其选择，或要求解除买卖，或请求占有标的物。"

③ 王洪亮．强制履行请求权的性质及其行使．法学，2012（1）：106.

三、赔偿损失

（一）赔偿损失的概念

赔偿损失是指合同债务人违反合同义务造成对方财产损失时所应承担的经济赔偿责任。《民法典》第 577 条将赔偿损失作为该条所列举的三种违约责任的承担形式之一，其他条款同时规定了赔偿损失可以与继续履行、采取补救措施并用，损失赔偿范围的确定规则，有名合同中的赔偿损失等内容。赔偿损失与侵权责任法中的损害赔偿同为民事责任，都是对受害人损失的填补，但二者在责任主体、归责原则、赔偿范围以及免责事由上都有不同，应注意区分。

（二）赔偿损失的适用条件

适用赔偿损失，要具备以下条件：

（1）须合同债务有效存在。如果合同无效、被解除或被撤销，也可能会发生赔偿损失，但这不是违约责任的承担形式。

（2）须合同债务人未履行合同或履行合同不符合约定，包括拒绝履行、部分履行、迟延履行、加害给付、瑕疵履行等。

（3）须受害人有损害发生。此为赔偿损失的特有构成要件。如果没有损害，则不可能发生赔偿损失。如买卖合同中，交付的货物如果仅仅型号不符合，则退货或更换即可，但因此增加非违约方的交易成本的，则属于损害，非违约方有权要求对方赔偿损失。损害通常包括财产损害和非财产损害。对于违约造成的财产损害，非违约方可以主张赔偿损失。对于违约造成的非财产损害，可否通过赔偿损失予以填补，最高人民法院的司法解释并不支持，民法典的态度也不明朗，已如本章第一节中所述，此不赘述。

（4）须违约行为与损害之间具有因果关系。也就是说，受害人的损害是合同债务人的违约行为所造成的，违约行为是损害发生的必要条件。

（5）在过错责任原则下，还要求合同债务人对于违约具有主观过错。违约责任的一般归责原则是无过错责任原则，不要求合同债务人违约时具有主观过错。但是在法律另有规定，对某些违约责任的承担要求违约方具有过错时，则过错为适用赔偿损失的必要条件，缺少之，违约方不承担赔偿损失的责任。如乘客随身携带的行李箱放在有偿乘坐的大巴车下方的货厢里，该货厢没有上锁且司乘人员没有告知此种情况，结果下车时有乘客发现其行李箱不翼而飞。依据《民法典》第 824 条关于“在运输过程中旅客随身携带物品毁损、灭失，承运人有过错的，应当承担赔偿责任”之规定，判断承运人是否对此行李箱的丢失承担赔偿责任，就要认定其是否具有过错。本案中承运人对乘客行李箱的丢失具有过错，应承担赔偿责任。

（6）违约方不存在违约免责事由，如不可抗力、免责条款、财物的自然损耗、非违约方的过错等。

（三）赔偿损失的范围

《合同法》第 113 条第 1 款规定，当事人一方不履行合同义务或者履行合同义务不符合约定，给对方造成损失的，损失赔偿额应当相当于因违约所造成的损失，包括合同履行后可以获得的利益。《民法典》第 584 条第 1 款作出了与《合同法》一致的规定，只在个别文字上作了微调。这些规定确立了完全赔偿原则。

所谓完全赔偿原则，是指合同债务人就其违约给对方造成的损失承担全部的赔偿责任。这些损失包括直接损失和间接损失。完全赔偿原则旨在使受害人因合同债务人违约而遭受的损失得到填补，得到合同得到正常履行时其应当得到的利益。

直接损失是指违约行为所造成的受害人既存利益的减少，如仓储合同中仓库爆炸，导致仓储物毁损或灭失；货运合同中货物毁损或灭失；融资租赁合同中租赁物毁损或灭失等。间接损失，也称可得利益损失，是指违约行为所造成的受害人因合同履行未来可得利益的损失，如房屋买卖合同中买方购得房屋后再出售的利润损失、供用电合同中供电人违约断电导致工厂停产的利益损失、应付未付货款产生的资金占用费等。

（四）赔偿损失的限制规则

1. 可预见规则

所谓可预见规则，是指损失的赔偿范围以违约方订立合同时预见到或者应当预见到的违约可能造成的损失为限。《民法典》第584条第1款规定，违约损失赔偿额不得超过违约一方订立合同时预见到或者应当预见到的因违约可能造成的损失。例如某洗染公司订购锅炉用于生产，卖方交付锅炉的时间比约定时间晚了1个月，洗染公司要求赔偿这1个月的利润损失，标准是洗染市场平均利润。那么，洗染公司主张的利润损失是否属于违约损失的赔偿范围？

可预见规则确立的理论基础是合同自由原则，合同的订立、合同义务的内容可由当事人意思自治，当事人在订立合同时对合同将来履行与否带来的风险应当有一定的预见。将不履行合同义务所导致的后果控制在当事人的预见范围内，既是合同自由原则的应有之义，也有利于降低交易风险、控制交易成本、鼓励交易。可预见规则为大陆法系、英美法系国家和地区以及国际公约所肯认。①

依据《民法典》对可预见规则的规定，考虑相关理论，该规则在适用时须符合以下要件：一是预见的主体是违约的一方当事人。二是预见的时间为“订立合同时”，而不是违约时。三是预见的对象是损失，为财产损失，包括直接损失和间接损失。四是预见的标准为预见或应当预见。所谓预见，是指违约方在订立合同时事实上预见到其违约可能造成的损失；所谓应当预见是指按照一个合理人的标准判断，违约方作为一个合理人在订立合同时预见到其违约可能造成的损失。前述洗染公司所主张的利润损失，显然符合上述四个要件，属于赔偿损失的范围。

2. 减损规则

所谓减损规则，是指合同当事人一方违约后，对方应当采取适当措施防止损失的扩大，没有采取适当措施致使损失扩大的，扩大的损失不计入损失赔偿范围。《民法典》第591条对此作出了规定：当事人一方违约后，对方应当采取适当措施防止损失的扩大；没有采取适当措施致使损失扩大的，不得就扩大的损失请求赔偿。当事人因防止损失扩大而支出的合理费用，由违约方负担。

减损规则是诚实信用原则在违约损失救济中的具体体现，有利于促使合同当事人之间彼此协作，激励受害人在对方违约后及时行动，减少浪费，促进经济效益。该规则发端于英美普通

---

① 《联合国国际货物销售合同公约》第74条规定：“一方当事人违反合同应负的损害赔偿额，应与另一方当事人因他违反合同而遭受的包括利润在内的损失额相等。这种损害赔偿不得超过违反合同一方在订立合同时，依照他当时已知道或理应知道的事实和情况，对违反合同预料到或理应预料到的可能损失。”《国际商事合同通则》第7.4.4条规定：“不履行方当事人仅对在合同订立时他能预见到或理应预见到的、可能因其不履行而造成的损失承担责任。”

法，为各国立法和判例所确认和采纳，也规定于国际公约、国际示范法中。适用减损规则应具备以下要件：一是合同债务人违约造成对方损失。二是受害人未及时采取适当措施防止损失的扩大。对于“适当措施”的判断，应坚持主、客观相统一：主观上受害人基于诚实信用原则在采取减损措施时是善意的，尽自己可能而为；客观上，应以一个合理人为标准，即受害人在采取减损措施时作为一个合理的人依据公平交易标准行事。适当措施通常表现为：其一，停止工作。如买方明确表示不要货物时，卖方就应当停止生产。反之，还继续生产，最后造成更多的资源浪费的，这些扩大的损害，就不能获得赔偿。其二，替代安排。如在卖方违约的场合，买方就要到市场上去找新的卖方，替代购买；在买方违约的场合，卖方应当到市场上再去找其他的买方，替代交易。通过替代安排，减轻损害发生。三是造成损失的扩大。该扩大的损失系受害人未及时采取适当措施所造成的。

3. 损益相抵规则

所谓损益相抵规则，是指受害人基于导致损害发生的同一原因而获得利益时，应将所受利益从所受损害中扣除，违约方仅就差额部分进行赔偿。损益相抵规则能够体现民事责任的补偿性，有利于平衡合同当事人之间的利益，符合诚实信用原则和公平原则。《民法通则》和《合同法》都没有规定损益相抵规则，但司法实践予以认可，如最高人民法院《关于当前形势下审理民商事合同纠纷案件若干问题的指导意见》（2009 年）第 10 条、最高人民法院《关于审理买卖合同纠纷案件适用法律问题的解释》（2012 年）第 31 条，对违约赔偿损益相抵的适用作出了规定。① 但《民法典》没有纳入这些司法解释的相关规定。

损益相抵是确定赔偿损失范围的重要规则。根据这一规则，在受害人所遭受的损害和所获得的利益是基于对方的违约行为，即违约既使受害人遭受了损害，又使受害人获得了利益时，法院应责令违约方赔偿受害人全部损害与受害人所得利益的差额。因此，损益相抵是确定受害人因对方违约而遭受的净损失的规则，是计算受害人所受真实损失的规则，而不是减轻违约方本应承担的责任的规则。

适用损益相抵规则，应当具有下列构成要件：一是合同债务人违约造成了受害人的损失。二是合同债务人违约给受害人带来了收益，这种收益既可以是受害人应该支出而没有支出的费用，也可以是因违约而避免的损失。三是损失和收益是同一违约行为的不同结果，违约行为与损失和收益都具有因果关系。

四、支付违约金

（一）违约金的概念与特点

所谓违约金，是指合同当事人在合同中约定，合同债务人违约时，向对方当事人支付一定数额的金钱。合同法的基本原则是合同自由原则，只要当事人在合同中对违约金的约定不违反法律、行政法规的强制性规定，不违背公序良俗，就应当肯认其效力。《民法典》第 585 条第 1 款规定，当事人可以约定一方违约时应当根据违约情况向对方支付一定数额的违约金。

违约金具有以下特点：一是违约金是由合同当事人约定的。二是违约金是合同当事人事先确定的，有利于敦促当事人履约，避免违约后责任承担时的证明损失、证明因果关系等举证困

① 最高人民法院《关于审理买卖合同纠纷案件适用法律问题的解释》（2012 年）第 31 条规定：“买卖合同当事人一方因对方违约而获有利益，违约方主张从损失赔偿额中扣除该部分利益的，人民法院应予支持。”

难，提高违约后纠纷解决的效率。三是违约金条款于违约行为发生后生效。合同生效后，违约金条款并非当然发生效力，只有当合同约定的违约行为发生时，违约金条款才发生效力，非违约方才可以主张对方支付违约金。四是违约金责任的承担并不影响合同义务的履行。《民法典》第 585 条第 3 款规定，当事人就迟延履行约定违约金的，违约方支付违约金后，还应当履行债务。

（二）违约金的调整

《民法典》第 585 条第 2 款规定了约定的违约金低于造成的损失、过分高于造成的损失的调整规则。根据该规定，违约金调整的适用条件为：

（1）合同当事人在合同中约定的违约金低于违约造成的损失，或者过分高于违约造成的损失。对违约金与违约造成的损失的比较中的“低”和“过分高于”，法官享有自由裁量权，根据诚实信用原则和公平原则加以裁量。司法实践认为，当事人约定的违约金超过造成的损失的 30%的，一般可以认定为“过分高于造成的损失”①。

（2）合同当事人请求人民法院或仲裁机构予以调整。违约金调整与否的发动权在于当事人，理由是违约金是合同当事人意思自治的结果，调整与否的决定权应在当事人，人民法院或仲裁机构不能主动予以调整，而应根据当事人的请求（起诉、反诉或抗辩的方式等）进行。所以，《民法典》第 585 条第 2 款强调“根据当事人的请求”来调整的精神是合理的。

（3）违约金调整的参照标准是“损失”，亦即违约金条款中约定的违约行为所造成的损失。当事人主张约定的违约金过高，请求予以适当减少的，人民法院应当以实际损失为基础，兼顾合同的履行情况、当事人的过错程度以及预期利益等综合因素，根据公平原则和诚实信用原则予以衡量，并作出裁决。

五、定金责任

（一）定金的概念

所谓定金，是指合同当事人在合同履行前约定的，为确保合同的履行，由一方当事人预先支付给对方的一定款项。定金不同于留置金、担保金、保证金、订约金、押金或者订金等。司法实践中，对于采用上述名称但没有约定定金性质，当事人主张定金权利的，人民法院不予支持。

《合同法》第 115～116 条、《担保法》第 89～91 条、《民法典》第 586～588 条对定金制度作出了规定，均强调：定金设定的目的是确保合同的履行，由当事人约定，定金表现为一定的款项。相较于《合同法》《担保法》，《民法典》总结理论研究成果与司法实践，对以往定金制度作出了较大的修改、完善，体现在：一是把定金实际交付时定金合同的“生效”修改为“成立”，更加合理。二是把定金抵作价款的发生时间由“债务人履行债务后”修改为“债务人履行债务的”，“后”与“的”虽然只是一字之差，但是更加合乎逻辑和交易实践。从逻辑上看，定金可以抵作价款，客观上必定是以价款尚未支付为前提，否则，就没有用定金抵作价款的必要和可能。生活实践中，当事人履行合同完毕后，定金没有抵偿也可能发生。此时显然不需要定金抵作价款。三是对定金罚则发生效力的前提增加了“或者履行债务不符合约定，致使不能实现合同目的

① 《民法典》第 585 条。

的”，更加全面和明确。四是增加了“定金不足以弥补一方违约造成的损失的，对方可以请求赔偿超过定金数额的损失”，明确了定金与赔偿损失的关系，符合违约责任的补偿性质。五是取消了对定金约定的“书面形式”要求，反映了当事人在交易实践中的习惯做法。

（二）定金的适用条件

不同的国家对定金的种类以及功能的规定有所不同，不同种类定金的适用条件会有差异。定金的种类概括起来有立约定金、证约定金、成约定金、违约定金、解约定金等。《担保法》《合同法》规定的定金种类有证约定金和违约定金。最高人民法院《关于适用〈中华人民共和国担保法〉若干问题的解释》肯定了立约定金、成约定金、违约定金、解约定金。《民法典》主要规定了成约定金、违约定金。

依据《民法典》规定，定金的适用条件为：

(1) 定金担保的债权有效存在。定金是为担保债权的实现而生，具有从属性。债权无效，则定金约定也无效。

(2) 定金合同或条款订立的时间在合同履行前，包括合同订立时等。合同履行完毕，债权实现，无须定金来担保。

(3) 定金合同或条款不必采纳书面形式，口头也是可以的，但必须标明“定金”字样，或强调“定金”性质。采口头形式在纠纷发生时不便举证，故交易数额大或交易复杂、时间长的，最好采用书面形式。

(4) 定金约定有效。定金条款要符合合同的有效条件，亦即双方当事人具有相应的缔约能力；意思表示真实，如约定为留置金、担保金、保证金、订约金、押金或者订金的，必须明确其具有定金的性质，才能发生定金效力；不得违反法律、行政法规的强制性规定，不得违反公序良俗。如《民法典》第 586 条第 2 款规定：“定金的数额由当事人约定；但是，不得超过主合同标的额的百分之二十，超过部分不产生定金的效力。”这就是法律的禁止性规定，定金数额超过主合同标的额的 20%的部分无效。《民法典》规定，实际交付的定金数额多于或者少于约定数额的，视为变更约定的定金数额，变更后的数额同样受“不得超过主合同标的额的 20%”的限制。

(5) 定金须交付。定金是实践合同，不仅需要订立定金合同或定金条款，《民法典》还要求定金合同自实际交付定金时成立，因而需要交付定金。

（三）定金效力与罚则

债务人履行债务的，定金应当抵作价款或者收回。给付定金的一方不履行债务或者履行债务不符合约定，致使不能实现合同目的的，无权请求返还定金；收受定金的一方不履行债务或者履行债务不符合约定，致使不能实现合同目的的，应当双倍返还定金。

（四）违约金与定金的选择

依据《民法典》第 588 条第 1 款的规定，合同既约定了定金，又约定了违约金，一方违约的，对方只能请求支付定金或违约金，二者不能并用。支付定金和支付违约金同属于违约责任的承担形式，具有补偿性，允许同时请求支付定金和违约金会加重违约方的责任，造成不公平结果。

如果违约行为给守约方造成了损失，守约方选择支付定金后，定金不足以弥补一方违约造成的损失的，守约方可以请求赔偿超过定金数额的损失，借此填补违约所造成的全部损失，符合全部赔偿原则。

第五节 违约责任的免责事由

免责事由，又称免责条件，是指法律规定或者合同中约定的，当事人对其不履行债务或者履行债务不符合约定，部分或全部免除承担违约责任的条件，通常包括不可抗力、受害人的过错和免责条款等。

一、不可抗力

（一）不可抗力的概念

所谓不可抗力，是指不能预见、不能避免且不能克服的客观情况。[①]《民法典》第 590 条规定："当事人一方因不可抗力不能履行合同的，根据不可抗力的影响，部分或者全部免除责任，但是法律另有规定的除外。因不可抗力不能履行合同的，应当及时通知对方，以减轻可能给对方造成的损失，并应当在合理期限内提供证明。当事人迟延履行后发生不可抗力的，不免除其违约责任。"可见，不可抗力是违约责任的免责事由。

不可抗力的含义有三方面：(1) 不可抗力仅指客观情况，即独立于个体之外的事件，通常指自然灾害（台风、地震、海啸、泥石流等），也包括政府行为（政府封锁禁运等）、社会异常事件（战争、罢工等），但不包括单个民事主体的行为。(2) 不可抗力具有不可预见性，即合同当事人依现有的技术水平、经验无法预知。(3) 不可抗力具有不可避免和不可克服性。不可避免，是指不可抗力及其损害后果的发生具有必然性，而且当事人虽尽最大努力仍不能加以避免；不可克服，是指不可抗力及其损害后果发生后，当事人虽尽最大努力仍不能加以克服，因而无法履行或者适当履行合同义务。据此，"SARS"疫情、"新冠肺炎"疫情都不属于不可抗力，它们是能够被医疗技术克服的，只是时间早晚问题。

（二）不可抗力免责的适用条件

不可抗力免责的适用条件包括：一是发生了不可抗力情况。二是不可抗力发生在合同生效后、合同履行完毕前。合同履行完毕，合同债务消灭，即使发生不可抗力，对合同也没有影响，因而无须讨论免责问题。但是当事人迟延履行后发生不可抗力的，不免除其违约责任。这是对其违约行为的惩罚，以此敦促当事人按照约定的履行期限履行合同。

（三）不可抗力的免责效力

根据不可抗力对当事人履行合同义务的影响大小、范围等因素，可部分或者全部免除其违约责任。但是，不可抗力致使合同目的不能实现的，当事人双方可以解除合同，按照合同解除的规定进行处理。

发生不可抗力并非必然免责，法律另有规定的除外。例如《民法典》第 579 条规定："当事人一方未支付价款、报酬、租金、利息，或者不履行其他金钱债务的，对方可以请求其支付。"据此，金钱之债履行完毕前发生不可抗力的，不能免除合同债务人的给付义务。

因不可抗力不能履行合同的，基于诚实信用原则，应当及时通知对方，以减轻可能给对方造

---

① 《民法典》第 180 条第 2 款规定："不可抗力是不能预见、不能避免且不能克服的客观情况。"

成的损失，并应当在合理期限内提供证明，让对方确信。

二、受害人的过错

受害人的过错，是指受害人对违约行为或者违约损害后果的发生或者扩大存在过错。《民法典》第 592 条第 2 款规定："当事人一方违约造成对方损失，对方对损失的发生有过错的，可以减少相应的损失赔偿额。"将受害人的过错作为免责事由体现了法律对当事人有过错的谴责和非难，符合诚实信用原则和公平原则。虽然，我国对违约责任一般实行严格责任的归责原则，但是受害人的过错可以成为违约方全部或者部分被免除责任的依据。如买卖合同中，当事人约定了检验期限的，买受人应当在检验期限内将标的物的数量或者质量不符合约定的情形通知出卖人。买受人怠于通知的，视为标的物的数量或者质量符合约定。[①]

三、免责条款

（一）免责条款的概念

免责条款是当事人双方在合同中约定，旨在限制或免除未来责任的条款。免责条款是合同条款的组成部分，是约定的免责事由，体现了合同自由原则。只要不违背法律、行政法规的强制性规定，不违背公序良俗，免责条款就应该受法律保护。

（二）免责条款的构成要件

免责条款要产生免责效力，应具有以下构成要件：一是免责条款由当事人在合同中加以约定。二是当事人约定的时间在合同违约责任发生之前，一般在合同订立时。违约责任发生后，当事人达成和解协议减轻责任的，不是免责。三是条款约定的内容是免除或限制当事人未来所负责任，可以是违约责任，也可以是侵权责任。四是免责条款是有效的，符合合同的生效条件。《民法典》第 506 条规定了合同免责条款无效的法定事由：造成对方人身损害的、因故意或者重大过失造成对方财产损失的。《消费者权益保护法》第 26 条规定：经营者不得以格式条款、通知、声明、店堂告示等方式，作出排除或者限制消费者权利、减轻或者免除经营者责任、加重消费者责任等对消费者不公平、不合理的规定。格式条款、通知、声明、店堂告示等含有以上所列内容的，其内容无效。

（三）免责条款的效力

免责条款生效的，当事人违约且符合当事人约定的免责情形的，发生部分或全部免除违约责任的效果。

四、其他

除法律规定的不可抗力这种法定免责事由外，法律对违约责任的免责事由有特别规定的，如果当事人违约且符合该规定的，则发生免责效力。如《民法典》第 832 条规定，承运人对运输过程中货物的毁损、灭失承担赔偿责任，但是，承运人证明货物的毁损、灭失是因货物本身的自然性质或者合理损耗造成的，不承担赔偿责任。《民法典》第 917 条规定，储存期内，因保管不善造成仓储物毁损、灭失的，保管人应当承担赔偿责任。因仓储物本身的自然性质造成仓储物变

---

① 参见《民法典》第 621 条第 1 款。

质、损坏的，保管人不承担赔偿责任。

本章复习题

【案例 1】 2019 年 6 月 4 日，王某、贾某经第三方甲房产中介公司签订了“房产买卖及中介服务合同”，约定：王某将某单元楼 601 室以 28 万元的价格卖给贾某。付款分为 3 次，合同签订之日付定金 1 万元，房屋过户后当日付 5 万元，剩余 22 万元由贾某向银行申请按揭贷款，银行放款当日付给王某。合同签订后，贾某给付王某 1 万元，付给甲房产中介公司中介费 8 000 元。王某的房屋的登记所有人系其丈夫黄某，黄某在外地无法回来，使该房屋无法过户，致使贾某无法给付房款。经双方多次协商未果，贾某提出无法购买此房，但对定金及中介费的返还问题一直未达成协议，故贾某起诉至法院。庭审后，甲房产中介公司退给贾某中介费2 400元，故贾某变更诉讼请求，要求赔偿中介费 5 600 元。王某辩称卖房时，其丈夫不知情，该合同不生效。但王某在开庭时已承认，其丈夫同意在合同签订后的两个月内从外地回来，协助办理过户。

问：

(1) 王某与贾某的房屋买卖合同是否有效？

(2) 甲房产中介公司是否有权向王某请求支付中介费？

(3) 王某对于未能办理过户登记导致贾某未能购买房屋需要承担哪些违约责任？

【案例 2】 A 公司主要经营煤炭及制品批发零售。B 公司是提供物业服务管理、供热的物业服务企业。自 2016 年 8 月 30 日起，A 公司开始向 B 公司供煤。2016 年 9 月 8 日双方补签了“煤炭购销合同”，约定：甲方 B 公司，乙方 A 公司；甲方向乙方购买 5 000 卡及 5 500 卡煤炭各 1 万吨，5 000 卡煤炭到货价为 510 元/吨，5 500 卡煤炭到货价为 560 元/吨；质量应符合双方约定的要求。双方约定的结算方式为：自甲方 9 月 15 日收取供热费时起，要陆续支付乙方所送煤炭煤款，支付额度为到货的 70%。考虑到甲方的资金困难，甲方须支付乙方的煤款不得低于全款的 70%，剩余的尾款可以年后支付。由于推迟付款，甲方给乙方月二分利作为补偿。双方还约定了违约条款：若是指标没有达到甲方的要求，甲方有权拒收，所造成损失均由乙方自己承担。若甲方没有按约定结算煤款，则乙方有权停止供煤，甲方须支付乙方合同金额 2 倍的款项作为违约赔偿。B 公司接收前述货物后，一直未支付货款，也未就煤炭质量问题向 A 公司提出书面异议。2016 年 12 月 3 日起，A 公司经多次催告，B 公司仍未按合同约定支付货款，A 公司遂停止供应煤炭，并诉至法院，要求 B 公司支付货款 4 287 215 元及利息、违约金 1 286 164.5 元。法院经审理查明：自 2016 年 8 月 30 日起至 2016 年 12 月 2 日，A 公司共向 B 公司供煤 7 224.62 吨，双方对于供货总量为 7 224.62 吨无异议。2016 年 10 月 24 日 B 公司法定代表人刘某与 A 公司销售代表李某通话的录音中，刘某陈述，煤炭在 3 000 吨时按照 580 元/吨计算。B 公司主张变更合同单价为 580 元/吨是在 2016 年年底，之后 A 公司未再供货，但未能提供证据。

问：

(1) 关于 3 000 吨煤炭的单价，应该如何认定？

(2) B 公司拒绝支付货款的行为是否构成违约？A 公司能否停止提供煤炭？

(3) A 公司是否可以同时请求 B 公司支付合同约定的月二分利补偿以及合同约定的违约金？

参考文献

1. 王利明，崔建远．合同法新论·总则．北京：中国政法大学出版社，1997.

2. 柳经纬．违约精神损害赔偿立法问题探讨：以《民法典各分编（草案）》第七百七十九条为对象．暨南学报（哲学社会科学版），2019（7）.

3. 朱广新．违约责任的归责原则探究．政法论坛，2008（4）.

4. 王家福．民法债权．北京：法律出版社，1991.

5. 马俊驹，余延满．民法原论．2版．北京：法律出版社，2005.

6. 王荣珍．对加害给付概念与救济的再思考．政法论坛，2005（5）.

7. 王洪亮．强制履行请求权的性质及其行使．法学，2012（1）.

第十一章　合同的解释

本章重点问题

1. 合同解释概述
2. 合同解释的规则
3. 免责条款的解释
4. 合同漏洞的补充

第一节　合同解释概述

一、合同解释的概念

合同的解释，是指依据一定的原则和规则，对合同及其相关资料的含义进行分析和说明，以明了当事人的真实意思，从而判断合同是否成立及生效，并确定合同的内容。合同是当事人为自己制定的法律，然而，由于语言文字内涵具有不确定性，合同当事人对合同条款及用语会产生分歧，并且由于当事人主观认识具有不完备性，当事人不可能在合同中对未来的各项事务作出充分预料并作出完备的约定，合同中某些条款表意不清，甚至出现一些漏洞，确实难以避免。因此，对合同进行解释具有客观的必要性。

二、合同解释与法律解释

民法学所关注的解释主要为法律的解释和法律行为的解释，合同的解释属于一种法律行为的解释。[①] 法律的解释和合同的解释之间的区别如下：

（1）解释对象不同。合同解释的对象是合同，是一种事实；法律解释的对象是具有普遍约束力的法律。

（2）解释目的不同。合同解释的目的是澄清事实；法律解释的目的是解决法律适用的问题。

（3）解释方法不同。由于合同通常只约束双方当事人，在解释合同时，解释者应当考量当事人的真实意愿及理解能力，不能对合同的内容作出扩大解释；而在法律解释中，可以对法律条文作出扩大解释。填补合同的漏洞，经常需援引任意性规范；而填补法律的漏洞，可以用类推适用的方法，或者目的性限缩的方法，通常不会用任意性规范填补漏洞。

---

① 韩世远．合同法总论．4版．北京：法律出版社，2018：864.

(4) 解释效力不同。合同解释仅适用于个案，对当事人具有约束力；而法律解释的效力具有相对普遍性。

尽管合同解释与法律解释之间存在上述不同，但实质上二者之间存在着紧密的关系。通常而言，在司法过程中，合同解释完成后会进入法律适用阶段，法律解释是法律适用阶段的重要内容。

关于合同解释究竟是事实问题还是法律问题，学说上存在争议。事实说认为，违反交易法上一般观念的解释是违法的，对证书文字的解释是法律问题，除此之外的合同解释均是对事实的确定。法律说认为，合同解释不是对事实的确定，而是运用解释规则，对合同文字、交易习惯、交易目的等事实进行法律判断，对当事人的意思表示予以明确和补充，确定表示行为在社会上应有的含义，因而合同解释是对意义的确定，是法律问题。[①] 折中说认为，合同解释可分为两类，一类解释仅就合同的意思表示的事实的客观性进行判断，是事实问题；另一类是对合同意思表示的法律价值作出判断，以决定是否给予法律保护、救济，此类解释是法律问题。[②]

三、合同解释的主体与客体

(一) 合同解释的主体

任何主体均可以对合同及其相关资料进行分析和说明，这是广义的合同解释。例如，缔约双方对合同内容进行解释。当发生纠纷时，由法院或仲裁机构对合同内容进行解释。合同在鉴证、公证时，鉴证人员、公证人员、当事人也要解释合同；消费者协会等社会团体对受理的合同纠纷，要发表对合同及其相关资料的看法；学者进行个案研究时，亦会对合同及其相关资料进行解释。[③]

狭义的合同解释，专指有权解释，即受理合同纠纷的法院或仲裁机构对合同及其相关资料的含义所作的有法律约束力的分析和说明。[④] 当然，不应认为法院或仲裁机构之外的主体对合同所作的解释没有任何法律意义，因为法院或仲裁机构对合同的解释往往是以这些主体的解释为基础所作的解释。

(二) 合同解释的客体

合同解释的客体，即合同解释的对象。由于合同解释不仅仅是对合同中的某个条文进行解释，而是将合同看作一个整体，全面考虑与合同有关的各项因素，包括双方缔约过程中的文字资料、口头陈述、交易习惯等，因此，合同解释的对象不仅包括有争议的合同条款，还包括没有争议的合同文字。具体而言，在不同情形下，合同解释的客体分别表现为：(1) 合同中的文字表述模糊不清时，合同解释的客体表现为内涵模糊不清的合同条文的含义。(2) 在合同当事人主张合同条文所表达的意思与其内心真意不一致时，合同解释的客体为当事人的内心真意。(3) 在合同中欠缺对特定事项进行约定的情形，合同解释的客体是遗漏的合同条款。(4) 在合同内容不符合法律的规定，需要变更、修订其内容的情形，合同解释的客体为不适法的合同内容。

---

① 史尚宽. 民法总论. 北京：中国政法大学出版社，2000：424.

② 陈阮雄. 民法总则新论. 台北：三民书局，1982：602.

③④ 崔建远. 合同法. 3版. 北京：北京大学出版社，2016：379.

第二节 合同解释的规则

《民法典》对合同解释的规则作出了一般规定，即《民法典》第 466 条："当事人对合同条款的理解有争议的，应当依据本法第一百四十二条第一款的规定，确定争议条款的含义。合同文本采用两种以上文字订立并约定具有同等效力的，对各文本使用的词句推定具有相同含义。各文本使用的词句不一致的，应当根据合同的相关条款、性质、目的以及诚信原则等予以解释。"《民法典》第 142 条是关于民事法律行为中意思表示的解释，即"有相对人的意思表示的解释，应当按照所使用的词句，结合相关条款、行为的性质和目的、习惯以及诚信原则，确定意思表示的含义。无相对人的意思表示的解释，不能完全拘泥于所使用的词句，而应当结合相关条款、行为的性质和目的、习惯以及诚信原则，确定行为人的真实意思"。据此，合同解释的规则具体包括以下。

一、文义解释

合同的内容由文字构成，文字是当事人意思的外在表现形式。因此，要确定合同条款的含义，应当从文义着手。文义解释应当秉持客观主义为主、主观主义为辅的原则。

所谓客观主义，指的是合同解释应当探寻当事人表示出来的意思，注重以合同用语为载体，按通常的字面含义进行解释。当合同当事人就合同条款的含义发生争议时，法院应当立于一个通情达理的第三人的地位，来理解争议条款的内容。

所谓主观主义，指的是合同解释应当探寻当事人在签订合同时的内心真意，而不应满足于对词语含义的解释。

现代法奉行客观主义，应按当事人表示出来的意思进行合同解释。这对于保护交易信赖具有重大意义。"所谓当事人之真意，不是指当事人主观内心之意思，而是从意思表示受领人立场去认定之'客观表示价值'。"① 不过，在合同因欺诈、胁迫、乘人之危、错误等原因而订立的情形，如果不考虑受欺诈人、受胁迫人、处于困难境地的人、重大误解人的内心真意，片面强调其外部意思，不仅不利于保护处于不利一方的当事人，而且还会怂恿欺诈等违法行为的发生。在这些情形中，应当采用主观主义的解释规则。

二、整体解释

整体解释，又称体系解释，指的是将全部合同条款和构成部分看作一个统一的整体，从各个合同条款即构成部分的相互关联、所处的地位和总体联系上阐明当事人系争的合同用语的含义。②

体系解释之所以必要，原因在于：第一，合同条款之间是有组织关系的，彼此之间具有逻辑关系，而非简单地无序排列。如果孤立地理解争议条款的意思，而不将其与合同其他条款联系起来，就很难正确合理地确定当事人的真实意图。第二，合同内容通常并非由单纯的合同文本所组

---

① 王泽鉴．民法债编总论·基本理论·债之发生：第1册．台北：三民书局，1993：178.

② 崔建远．合同法．6版．北京：法律出版社，2016：285.

成，还包括其他行为或书面材料，例如当事人的谈判、信件、电传等，这些材料中可能包含当事人对合同文本内容的补充、修订、说明等，因此应当将这些材料作为一个整体进行解释。

三、目的解释

目的解释，指的是当合同条款存在两种或两种以上的解释之时，应当选择最适合合同目的的解释。当事人订立合同有其特定的目的，合同条款均是围绕合同的目的而存在，因此，与该目的最接近的解释应当是最符合当事人意图的解释。例如《法国民法典》第 1158 条规定："文字可作两种解释时，应采取适合于契约目的的解释。"在合同条款与合同目的相反时，应当通过解释予以更正。当合同文本采用两种文字订立并约定具有同等效力，而各文本的用词不一致时，应当根据合同的目的予以解释。

合同目的，首先是合同的典型交易目的。这种典型交易目的在每一类合同中是相同的，不因当事人订立某一具体合同的动机不同而改变。例如，买卖合同的目的是转移特定物品的所有权并支付对价。然而，典型交易目的仅仅是合同解释的大致方向，仅仅依据其解释合同还不够，在特定合同中，还需要考虑当事人订立合同时的主观目的，即当事人订立合同的动机。

进行目的解释之时，应当注意几个方面：第一，要综合考虑当事人双方共同的目的和各自的目的，当然，其条件是当事人一方的目的应当是对方已经知道或者是有理由知道的。第二，在合同条款可以被解释为有效、无效、可撤销、不成立时，应当按照有效来解释，因为，对合同作无效、可撤销、不成立的解释，不符合当事人订立合同的目的。

四、习惯解释

习惯解释，是指在合同条款的含义不明或者存在分歧之时，可以参照交易习惯或者惯例予以明确。所谓习惯或惯例，包括当事人之间长期从事某种交易所形成的交易习惯、特殊行业的交易习惯、特定地区的交易习惯以及一般的交易习惯。

习惯与惯例是在人们长期反复实践的基础上形成的，在某一经济关系、某一地区、某一行业中普遍采用，能够被广大交易主体接受和遵从的做法。人们的行为除了受法律规定的支配，还受习惯的影响。因此，合同解释中，参照习惯与惯例，不仅符合当事人的利益，也是社会正义和法律的要求。习惯解释是各国法律及国际公约所共同认可的解释方法，是国际贸易中合同解释的通则。《民法典》中有诸多条款将交易习惯作为合同解释的依据。

关于交易习惯的认定，最高人民法院《关于适用〈中华人民共和国合同法〉若干问题的解释（二）》[①] 第 7 条规定："下列情形，不违反法律、行政法规强制性规定的，人民法院可以认定为合同法所称'交易习惯'：（一）在交易行为当地或者某一领域、某一行业通常采用并为交易对方订立合同时所知道或者应当知道的做法；（二）当事人双方经常使用的习惯做法。对于交易习惯，由提出主张的一方当事人承担举证责任。"

在进行习惯解释时，应当注意：第一，这种习惯或惯例应当是客观存在的，提出主张的当事人负有举证责任。第二，习惯或惯例必须合法，不得违反现行法律。第三，交易当事人在订立合同时知道或者应当知道这种习惯或惯例，并且没有明示排斥其适用。第四，当事人处于不同国家或地区的，应当兼顾当事人的贸易习惯或惯例。

---

① 该解释已于 2021 年 1 月 1 日被废止。

五、不利解释规则

不利解释规则，指的是当对合同条款发生争议时，应当作出对合同提供者不利解释的合同解释规则。这一解释规则主要针对对格式条款的解释。格式条款在形成及内容的平等协商性等方面，与普通合同相比较为特殊，其当事人的经济地位通常处于不平等的状态。对格式条款作不利于提供者的解释看似对条款提供者不公平，但却在实际上有利于形成公平的交易结果，有利于对处于弱势一方当事人之权益的保护。

罗马法上即有"有疑义应为表意者不利益之解释"的规则，这也为现世许多国家的立法或判例所采纳，在我国立法中也有体现。《民法典》第 498 条规定："对格式条款的理解发生争议的，应当按照通常理解予以解释。对格式条款有两种以上解释的，应当作出不利于提供格式条款一方的解释。格式条款和非格式条款不一致的，应当采用非格式条款。"《保险法》第 30 条规定："采用保险人提供的格式条款订立的保险合同，保险人与投保人、被保险人或者受益人对合同条款有争议的，应当按照通常理解予以解释。对合同条款有两种以上解释的，人民法院或者仲裁机构应当作出有利于被保险人和受益人的解释。"

不利解释规则还有另一层含义，即当格式条款和非格式条款不一致时，应当采用非格式条款，因为非格式条款是当事人协商的结果，具有优先适用的效力。但要指出的是，在格式条款经过规制之后，其内容对双方当事人较为公平合理的情形下，条款提供人利用其强势地位与用户或消费者协商形成的非格式条款，可能并不有利于用户或消费者。于此场合，该商议条款不得具有优先性。由此看来，需要对《民法典》第 498 条关于非格式条款优先于格式条款的规定进行目的性限缩。

六、诚信解释

诚信解释，是指在合同用语有疑义或者当事人对合同的理解有分歧之时，依据诚信原则确定其含义。诚信原则是现代民法上指导当事人行为的基本原则，也是《民法典》确立的为一切民事活动所应遵循的基本规则。法官运用诚信原则解释有争议的合同用语时，需要平衡当事人的利益，公平合理地确定合同内容。合同内容经解释仍不能与诚信原则相协调者，应无效。①

在运用诚信解释规则时，应当注意，由于诚信原则较为抽象，法官在适用时具有较大的自由裁量权，因此，该规则一般是在其他解释规则难以适用的情况下才适用。《民法典》第 466 条将诚信解释规则作为合同解释的最后一项规则，意在如此。

第三节　免责条款的解释

免责条款，是指合同中约定的用以免除或限制当事人未来合同责任的条款。对免责条款的解释以免责条款被订入合同并有效为前提。当免责条款存在民事法律行为无效之原因，以及具有《民法典》第 506 条规定的情形之时，该条款归于无效，不属于解释的范畴。当免责条款以格式条款的形式出现，具有《民法典》第 497 条规定之情形时，该条款无效，亦不属于解释的范

① 梁慧星．民法学说判例与立法研究：第 2 册．北京：法律出版社，2003：65.

畴。具体而言，关于免责条款的解释，除了依照前述合同解释的规则，还需遵循以下限制规则。

一、免责条款不得违反合同主要目的

违反合同主要目的的免责条款，应当从合同中排除。这种解释已经获得广泛的支持。

二、不得将“免责条款之合意”视为“自甘冒险”

免责条款是否免除违约责任或侵权责任不明确时，只能免除违约责任，对侵权责任不发生免除的效力。尽管不发生免除侵权责任的效力，但仍产生“通知”的效力，如果使行为人据此援引“自甘冒险理论”，由受害人自行负责，无异于发生适用免责条款的结果。因此，英国 1977 年《不公平合同条款法》第 2 条和第 3 条规定，对于免除或限制过错责任条款或者通知之知悉或同意本身，不得视为自甘冒险。

三、非为企业合理化经营所必需的免责条款应从严规制

以功能为标准，免责条款可以分为两类：一是“企业合理化经营所必需的免责条款”，其旨在避免企业遭受偶发或无法负担的损失，使企业预先估算风险、确定成本。二是“非为企业合理化经营所必需的免责条款”，其旨在排除或限制企业依法应承担的责任、谋取不当利益。对其应从严控制。

四、限制解释原则在免责条款上的具体化

（1）在免责条款未指明免除的是违约责任还是侵权责任之时，从不利于条款提供人的解释原则出发，不能同时免除这两种责任，只能免除其中之一，即解释为只免除违约责任。因为侵权责任规范较违约责任规范更属强制性规范，事关公共秩序之重大问题。

（2）在条款提供人可能承担过错责任和无过错责任之时，如果免责条款未指明所免除的责任是否包括过错责任，从不利于条款提供人的解释原则出发，只解释为免除无过错责任。因为过错责任是对过错行为予以否定性评价的表现，为维护法律的严肃性，应树立尽可能限制免除过错责任的条款生效的基本思想。

（3）在免责条款是适用于“隐蔽性瑕疵责任”还是“不符合特定目的所生责任”不明确之时，根据不利于条款提供人的解释原则，不能同时免除两种责任，只能免除其中的“隐蔽性瑕疵责任”。因为每个合同都有特定的目的，若免除“不符合特定目的所生责任”，意味着相对人达不到特定目的，其需求无法满足，因此应尽可能限制免除“不符合特定目的所生责任”的条款生效。

（4）在买卖合同中，若当事人双方约定，买受人在一定期间内对货物的质量不提出异议，即视为货物合格，出卖人不负责，则在这里，免除的是出卖人“已经交付的货物”的瑕疵责任，还是“尚未交货”的责任？在表述不明确之时，根据不利于条款提供人的解释原则，应解释为只免除“已经交付的货物”的瑕疵责任，不免除“尚未交货”的责任，以保护买受人的合法权益。

（5）在当事人有权约定免除第三人对合同相对人所承担责任的情形，免责条款所欲免除的责任是否包括第三人所承担的责任不明确之时，根据不利于条款提供人的解释原则，应解释为只免除第三人所承担的责任，不免除条款提供人所承担的责任。之所以如此解释，主要是为了防止条款提供人故意违约，逃避债务。但是，如果第三人对合同相对人所承担的责任是故意或重大过错责任，而条款提供人所承担的责任为无过错责任或一般过错责任，那么就不能免除第三人所

承担的责任。

第四节　合同漏洞的补充

一、合同漏洞

合同漏洞，又称合同欠缺条款，是指合同应对某事项有约定而未约定。造成合同漏洞的原因主要有二：其一，当事人对于非必要之事项未予以协商，例如，于房屋租赁合同场合未约定房屋修缮费用由谁承担。其二，当事人对非必要之事项虽经协商，但未达成协议，约定于合同成立后再行协商。

合同漏洞的构成必须是就合同的非必要之事项欠缺约定，如对必要事项欠缺约定，比如，合同欠缺当事人或标的，则可能导致合同不成立。

二、合同漏洞的补充方法

合同漏洞的补充，指的是对合同的客观规范内容加以解释，以填补合同的漏洞。合同漏洞的填补，应当按照《民法典》第510条和第511条的规定执行。《民法典》第510条规定："合同生效后，当事人就质量、价款或者报酬、履行地点等内容没有约定或者约定不明确的，可以协议补充；不能达成补充协议的，按照合同相关条款或者交易习惯确定。"第511条区分合同的具体内容作了进一步的规定："当事人就有关合同内容约定不明确，依据前条规定仍不能确定的，适用下列规定：（一）质量要求不明确的，按照强制性国家标准履行；没有强制性国家标准的，按照推荐性国家标准履行；没有推荐性国家标准的，按照行业标准履行；没有国家标准、行业标准的，按照通常标准或者符合合同目的的特定标准履行。（二）价款或者报酬不明确的，按照订立合同时履行地的市场价格履行；依法应当执行政府定价或者政府指导价的，依照规定履行。（三）履行地点不明确，给付货币的，在接受货币一方所在地履行；交付不动产的，在不动产所在地履行；其他标的，在履行义务一方所在地履行。（四）履行期限不明确的，债务人可以随时履行，债权人也可以随时请求履行，但是应当给对方必要的准备时间。（五）履行方式不明确的，按照有利于实现合同目的的方式履行。（六）履行费用的负担不明确的，由履行义务一方负担；因债权人原因增加的履行费用，由债权人负担。"依据前述规定，合同漏洞的补充方法包括协议补充、整体解释补充、交易习惯补充与法律的任意规定补充等。其中需特别注意的是，协议补充属于合同当事人的行为，不属于此处的合同解释范畴；法律的任意规定补充属于法律适用的问题，亦不属于合同解释范畴。属于合同解释范畴的，只是其中的整体解释补充和交易习惯补充。关于这两种解释的规则参照前文，此处不再赘述。

但应当注意的是，合同漏洞的补充，所探求的是当事人的真意，不是事实上经验的意思，而是假设的当事人意思，即合同当事人在通常交易上合理所意欲或接受的意思。合同漏洞的补充，旨在补充合同的不完备，而非在为当事人创造合同，故应采最少介入原则，不能变更合同内容，致侵害当事人的私法自治。①

---

① 王泽鉴．债法原理：第1册．北京：北京大学出版社，2013：218-219.

三、补充的合同解释与任意性规范之间的关系

补充的合同解释与任意性规范之间的关系有三：(1) 无任意性规范时，应依补充的合同解释方法，填补合同的漏洞。(2) 任意性规范优先于补充的合同解释适用。任意性规范是立法者斟酌某类型合同的典型利益状态而设，通常符合当事人的利益，因此，只要合同符合任意性规范规定的类型，任意性规范原则上应当优先适用，使合同漏洞得到补充。此时排除了补充的合同解释的机会。(3) 在下述情形中，补充的合同解释应优先于任意性规范而适用：第一，当事人所订合同虽具备有名合同的要素，但具有特殊性，适用任意性规范未尽符合当事人利益的场合。例如，出卖人对物之瑕疵不负修缮义务，其主要理由是出卖人多非商品制造人，不具备修缮能力或设备，一般来说固甚合理，唯若在家具店购买高级沙发，出卖人特别表示系自制自销，则应依补充的合同解释，肯定买受人有瑕疵修补请求权。[①] 第二，在无名合同，如旅游合同，适用或类推适用任意性规范违反合同目的时，应针对该合同的特殊利益状态，依补充的解释，补充合同的欠缺。第三，合同显示当事人不愿意接受任意性规范的适用。第四，由于当事人的错误想法，任意性规范的适用效果与当事人所寻求的效果大相径庭。第五，任意性规范不符合改变的经济关系，以至于合同实务中均不予采纳。[②]

本章复习题

【案例 1】 建行广州荔湾支行与蓝粤能源公司于 2011 年 12 月签订了“贸易融资额度合同”及“关于开立信用证的特别约定”等相关附件，约定该行向蓝粤能源公司提供不超过 5.5 亿元的贸易融资额度，包括开立等值额度的远期信用证。粤东电力等担保人签订了保证合同等。2012 年 11 月，蓝粤能源公司向建行广州荔湾支行申请开立 8 592 万元的远期信用证。为开立信用证，蓝粤能源公司向建行广州荔湾支行出具了《信托收据》，并签订了《保证金质押合同》。《信托收据》确认自收据出具之日起，建行广州荔湾支行即取得上述信用证项下所涉单据和货物的所有权，建行广州荔湾支行为委托人和受益人，蓝粤能源公司为信托货物的受托人。信用证开立后，蓝粤能源公司进口了 164 998 吨煤炭。建行广州荔湾支行承兑了信用证并付款人民币 84 867 952.27 元。建行广州荔湾支行履行开证和付款义务后，取得了包括相关提单在内的全套单据。蓝粤能源公司因经营状况恶化而未能付款赎单，故建行广州荔湾支行一直持有提单及相关单据。后提单项下的煤炭因其他纠纷被广西壮族自治区防城港市港口区人民法院查封。建行广州荔湾支行向广东省广州市中级人民法院提起本案诉讼，请求判令蓝粤能源公司清偿信用证项下本金人民币 84 867 952.27 元及利息；确认信用证项下 164 998 吨煤炭属建行广州荔湾支行所有，并对处置提单项下煤炭所获价款有优先受偿权；粤东电力等担保人承担担保责任。[③]

问：

(1)《信托收据》能否产生担保物权的效力？为什么？

(2)《关于开立信用证的特别约定》约定蓝粤能源公司违约时，建行广州荔湾支行享有担保

---

① 崔建远．合同法．3 版．北京：北京大学出版社，2016：393.

② 黄立．民法债编总论．北京：中国政法大学出版社，2002：81.

③ 最高人民法院第一巡回法庭 (2015) 民提字第 126 号民事判决书。该案例为最高人民法院发布的第二批涉“一带一路”建设典型案例之一。

权利并有权处分信用证项下单据及货物，其是否产生设定提单质押的效力？如果认为建行广州荔湾支行享有提单权利质权，运用的是何种合同解释方法？

【案例 2】 夏某（系江某之妻）与某旅游公司于 2010 年 12 月 20 日签订“出境旅游合同”，参加某旅游公司组织的“澳洲大堡礁逍遥纯玩游”，团员包括江某、夏某等四人。“出境旅游合同”签订后，江某等四人按约向某旅游公司交付了旅游费和保险费。2011 年 1 月 25 日，甲保险公司出具了以江某为投保人、被保险人的保单，约定保险合同生效日为 2011 年 1 月 28 日，保险合同满期日为 2011 年 2 月 4 日，保单约定的保险项目包括旅程延误、行李延误、随身财产受损、旅程变更、慰问探访费用补偿等保险项目。某旅游公司的行程安排是从 2011 年 1 月 28 日起至 2011 年 2 月 4 日共计 6 晚 8 天，其中 2011 年 2 月 3 日的行程安排是“凯恩斯—大堡礁—凯恩斯”。江某于 2011 年 1 月 28 日出境。2 月 1 日夜，某旅游公司通知江某，因受台风影响，原定赴凯恩斯的行程发生变更。江某未能按原计划赴大堡礁游玩。江某于 2 月 5 日入境回国。江某回国后即与甲保险公司协商保险理赔。甲保险公司认为，旅程延误、行李延误、随身财产受损、旅程变更等保险项目在保险条款中均有明确定义，即使保险事故发生后也应当按照保险条款来赔偿。由于江某未能提供证据证明保险事故发生和实际损失发生的事实，故甲保险公司拒绝理赔。江某遂诉请法院判令甲保险公司赔偿 19 400 元。①

问：

（1）对于旅程延误、旅程变更保险项目应当按照何种合同解释方法来确定甲保险公司的赔付责任？

（2）对于慰问探访费用补偿保险项目，江某将慰问探访费用理解为精神损害抚慰金，认为旅游目的未完成，应由甲保险公司进行慰问、探访。这种理解是否符合合同解释规则？其主张是否应当得到支持？

参考文献

1. 韩世远．合同法总论．4 版．北京：法律出版社，2018.
2. 李永军．合同法．3 版．北京：法律出版社，2010.
3. 崔建远．合同解释的三原则．国家检察官学院学报，2019（3）.
4. 崔建远．论合同漏洞及其补充．中外法学，2018（6）.
5. 王利明．民法分则合同编立法研究．中国法学，2017（2）.

① 上海市第一中级人民法院（2012）沪一中民六（商）终字第 38 号民事判决书。该案例为 2012 年度上海市高级人民法院金融审判系列白皮书和金融审判十大案例之一。

下　编

合同法分则

第十二章　买卖合同

本章重点问题

1. 买卖合同的概念、特征和内容
2. 买卖合同当事人的权利和义务
3. 标的物所有权转移的规则
4. 标的物风险转移的规则
5. 买卖合同的解除
6. 特种买卖合同

第一节　买卖合同的概念、特征和内容

一、买卖合同的概念

买卖合同是指出卖人转移标的物所有权于买受人，买受人支付价款的合同。其中，转移所有权的一方为出卖人或卖方，支付价款而取得所有权的一方为买受人或者买方。

对于买卖合同标的物的范围，各个国家和地区的规定不尽一致。在有的国家，买卖合同的标的物既可以是实物，也可以是财产权利。有的国家将其限定为实物，该实物可以是买卖合同成立时业已存在的物，也可以是将来产生的物；可以是特定物，也可以是不特定物。

二、买卖合同的特征

1. 买卖合是最典型的有偿合同

买卖合同的实质是以等价有偿方式转让标的物的所有权，即出卖人移转标的物的所有权于买方，买方向出卖人支付价款。因为买卖是商品交换最一般的形式，因此，买卖合同是最典型的有偿合同，其他有偿合同均可准用买卖合同的规定。譬如《民法典》第646条规定：法律对其他有偿合同有规定的，依照其规定；没有规定的，参照适用买卖合同的有关规定。第647条规定：当事人约定易货交易，转移标的物的所有权的，参照适用买卖合同的有关规定。

2. 买卖合同是典型的双务合同

在买卖合同中，买卖双方都享有一定权利、承担相应的义务，而且，其权利和义务存在对应关系，即买方的权利就是卖方的义务，买方的义务就是卖方的权利。买卖合同的双务性，对当事人的履行顺序以及履行中的抗辩权的行使具有重要意义。

3. 买卖合同是诺成合同

一般买卖合同自双方当事人意思表达一致即可成立。除非当事人有特别约定，否则，买卖合同不以交付标的物或交付货币为合同成立条件，因而买卖合同一般是诺成合同。

4. 买卖合同一般是非要式合同

所谓要式合同，是指法律、行政法规特别规定或当事人特别约定需要采用特定方式才可成立、生效的合同。在一般情况下，买卖合同的成立、生效均不需要具备特定的形式，因此买卖合同一般是非要式合同。

三、买卖合同的内容

一般而言，一个规范的买卖合同，通常包括标的物名称、数量、质量，价款，履行期限、履行地点和方式，包装方式，检验标准和方法，结算方式，合同使用的文字及其效力等条款。

需要注意的是，《民法典》第 596 条规定的买卖合同所包括的条款，属于买卖合同的示范条款，而并不都是必备条款。

第二节　买卖合同当事人的权利和义务

一、出卖人的主要权利和义务

（一）出卖人的主要权利

1. 收取价款

买卖合同是出卖人转移标的物的所有权于买受人，买受人支付价款的合同。对于出卖人来说，依约收取相应的价款是其主要权利。

2. 要求买受人受领标的物

除标的物不符合质量要求，致使不能实现合同目的的，或者其他符合合同约定的特殊情形外，出卖人有权要求买受人根据合同约定接受标的物。

（二）出卖人的主要义务

1. 依约交付标的物

《民法典》第 598 条规定：出卖人应当履行向买受人交付标的物或者交付提取标的物的单证，并转移标的物所有权的义务。标的物的交付，不仅关系到买受人能否占有、使用标的物，在动产买卖中，还直接影响了标的物所有权的转移时间，因此，这是出卖人的首要义务。

出卖人应当按照约定的期限、约定的地点交付标的物。约定了交付期限的，出卖人可以在该交付期限内的任何时间交付。当事人没有约定或者约定不明确的，依照《民法典》第 510 条、第 511 条第 4 项等的规定处理。

2. 转移标的物所有权

取得标的物的所有权是买受人的主要交易目的，因此，将标的物的所有权转移给买受人，是出卖人的主要义务之一。

一般来说，对于动产而言，标的物所有权的转移时间通常是交付标的物的时间；对于不动产而言，标的物所有权的转移时间则是办妥过户登记手续之时。

3. 瑕疵担保义务

出卖人的瑕疵担保义务包括以下两个方面：

（1）权利瑕疵担保义务。

标的物权利瑕疵担保义务，是指出卖人就其所移转的标的物，负有担保不受任何第三人追夺以及不存在未告知的权利负担的义务。依据《民法典》第612条、第613条的规定，除法律另有规定，或者买受人订立合同时知道或者应当知道第三人对买卖的标的物享有权利外，出卖人就交付的标的物，负有保证第三人不得向买受人主张任何权利的义务。

出卖人违反权利瑕疵担保义务，致使标的物存在权利瑕疵时，买受人不仅可请求出卖人除去权利负担，还可根据债务不履行的规定，请求出卖人负不履行债务或损害赔偿的责任。譬如依据最高人民法院《关于审理商品房买卖合同纠纷案件适用法律若干问题的解释》（2020年修正）第9条的规定，出卖人订立商品房买卖合同时，故意隐瞒所售房屋已经抵押的事实，或者故意隐瞒所售房屋已经出卖给第三人或者为拆迁补偿安置房屋的事实，导致合同无效或者被撤销、解除的，买受人可以请求返还已付购房款及利息、赔偿损失，并可以请求出卖人承担不超过已付购房款1倍的赔偿责任。

（2）物的瑕疵担保义务。

标的物欠缺约定或法定品质的，称为物的瑕疵。物的瑕疵担保义务，是指出卖人在其所交付的物欠缺约定或法定品质时所须负担的责任，即出卖人要保证标的物移转于买受人之后，不存在品质或使用价值降低、效用减弱的瑕疵。依其被发现的难易程度，物的瑕疵可被划分为表面瑕疵和隐蔽瑕疵。

依据《民法典》第615条、第616条、第618条等之规定，在认定标的物的瑕疵时，合同有约定的，依合同约定；如无约定而由出卖人提供有关标的物质量说明的，交付的标的物应当符合该说明的质量要求。如果当事人对标的物的质量要求没有约定或者约定不明确，依据《民法典》第510条的规定，由当事人协议补充。不能达成补充协议的，按照合同有关条款、合同性质、合同目的或者交易习惯确定。仍不能确定时，按照强制性国家标准履行；没有强制性国家标准的，按照推荐性国家标准履行；没有推荐性国家标准的，按照行业标准履行；没有国家标准、行业标准的，应按照通常标准或者符合合同目的的特定标准履行。

依据《民法典》第618条之规定，即使当事人存在减轻或者免除出卖人对标的物的瑕疵担保义务的特别约定，如出卖人故意或者因重大过失不告知买受人标的物的瑕疵，出卖人仍须承担瑕疵担保责任。①

4. 交付有关单证和资料

《民法典》第599条规定：出卖人应当按照约定或者交易习惯向买受人交付提取标的物单证以外的有关单证和资料。

在实务中，单证可分为两类：一类是提取标的物的单证；另一类是辅助单证和有关资料，主要包括产品合格证、产品说明书、保修单、发票、检验单证、检疫单证、保险单、质量保证书、

① 该条规定是对最高人民法院《关于审理买卖合同纠纷案件适用法律若干问题的解释》（2012年）第32条之规定的吸收。

装箱单等。两者的功能与意义并不相同：前者是为了实现标的物的转移占有，实现标的物所有权的变动；后者则是为了优化给付效果，实现买受人利益的最大化。

此处所指“习惯”，既包括在交易行为当地或者某一领域、某一行业通常采用并为交易对方在订立合同时所知道或者应当知道的做法，也包括当事人双方经常采用的习惯做法。当然，习惯不得违反法律、行政法规的强制性规定，也不得违背公序良俗。

二、买受人的主要权利和义务

（一）买受人的主要权利

1. 取得标的物所有权

取得标的物所有权，是买卖合同买受人订立买卖合同的主要目的，因此，依约取得标的物所有权是买受人的主要权利。

2. 占有标的物以及单证和资料

依约占有标的物以及相关单证和资料，不仅是买受人使用标的物、获取标的物收益的基础条件，也是买受人作为标的物所有权人这一地位的重要体现。

（二）买受人的主要义务

1. 付款义务

支付价款的义务是买卖合同买受人的主要义务，《民法典》第 626 条至第 629 条对此作出了明确规定。

首先，买受人应当按照合同约定的数额和支付方式支付价款。如没有约定或者约定不明确的，可依据《民法典》第 510 条、第 511 条第 2 项和第 5 项的规定处理。

其次，买受人应当按照合同约定的地点支付价款。没有约定或者约定不明确，且依据《民法典》第 510 条的规定仍不能确定的，买受人一般应当在出卖人的营业地支付；但是，如合同约定以交付标的物或者交付提取标的物的单证为支付价款条件的，则可在交付标的物或者交付提取标的物的单证所在地支付。

再次，买受人应当按照合同约定的时间支付价款。没有约定或者约定不明确，且依据《民法典》第 510 条的规定仍不能确定的，买受人应当在收到标的物或者提取标的物的单证的同时支付，否则构成逾期支付。

最后，如出卖人实际交付的标的物数量超出合同约定，则买受人有权接收或者拒绝接收多交的部分。如选择接收多交部分的，则买受人应按照约定的价格支付价款；如拒绝接收多交部分的，则买受人应当及时通知出卖人。

2. 受领标的物

对于出卖人交付的标的物以及单证和资料，买受人有受领的义务。如怠于受领，买受人应当承担相应的风险与责任。但是，如果出卖人交付的标的物不符合质量要求，致使不能实现合同目的，则买受人可以拒绝接受标的物或者解除合同。

3. 检验和通知义务

《民法典》第 620 条规定：买受人收到标的物时应当在约定的检验期限内检验。没有约定检验期限的，应当及时检验。

当事人约定的检验期限应当为合理期限。该“合理期限”并非一个整齐划一的期限，而应根据标的物的性质和交易习惯，以及法律、行政法规是否存在特殊规定等因素进行判断。如约定的检验期限过短，买受人在该期限内难以完成全面检验的，则该期限仅被视为买受人对外观瑕疵提出异议的期限。如果约定的检验期限短于法律、行政法规规定的期限，则约定的期限无效，仍应执行法律、行政法规规定的期限。

如果当事人约定了检验的合理期限，买受人就应当在该期限内进行检验，并将标的物的数量或者质量不符合约定的情形通知出卖人。如买受人无正当理由不履行该通知义务，视为标的物的数量或者质量符合约定。

如果当事人没有约定检验期限的，则买受人应当在发现或者应当发现标的物的数量或者质量不符合约定的合理期限内通知出卖人。买受人在合理期限内或者自收到标的物之日起两年内未向出卖人提出异议的，视为标的物的数量或者质量符合约定；但是，出卖人对标的物有质量保证期的，适用质量保证期，不适用该两年的规定。

当然，如果出卖人明知或者应当知道提供的标的物不符合合同约定，仍将该标的物交付于买受人，则买受人提出异议的权利不受检验期限、合理期限等通知时间的限制。

第三节　标的物所有权转移的规则

（一）一般规则——交付主义

依据《民法典》第 208 条、第 224 条的规定，除法律另有规定或者当事人另有约定外，标的物的所有权自标的物交付时起转移。

在动产交易实务中，除现实交付之外，还有简易交付、指示交付、占有改定等交付方式。除当事人另有约定外，《民法典》第 224 条所规定的“交付”，可以是任一交付方式。

（二）交付主义的例外：法律另有规定

《民法典》第 208 条、第 214 条规定：不动产物权的设立、变更、转让和消灭，应当依照法律规定登记。不动产物权的变动，自记载于不动产登记簿时发生效力。

（三）交付主义的例外：当事人另有约定

在实务中，标的物所有权的转移一般只涉及买卖合同当事人的私利益，与社会公共利益无关，因此，当事人可根据意思自治原则，在买卖合同中设立“所有权保留条款”，即约定在买受人依约支付全部价款或者履行其他义务之前，标的物的所有权属于出卖人。基于该特别约定，即使出卖人履行了交付标的物的义务，仍不发生标的物所有权转移的效果。

第四节　标的物风险转移的规则

一、风险的含义

风险分配制度是合同制度的重要问题之一。买卖合同中的风险分配问题，在合同制度中具有特别重要的意义，以至于有学者认为：买卖法的目的就在于把基于合同关系所产生的各种损失的风险在当事人之间适当分配。①

风险是一个具有丰富内涵的概念，常被人们在不同的语境中使用。在合同法上，广义的风险是指各种非正常的损失，它既包括可归责于合同一方或双方当事人的事由所导致的损失，又包括不可归责于合同双方当事人的事由所导致的损失。狭义的风险则仅指不可归责于合同一方或双方当事人的事由所带来的标的物毁损、灭失等损失。

不同类型的风险其成因及其影响力不同，因此，比较合理的做法是，区分不同类型的风险适用差异化的风险分配策略。对于可归责于买卖合同一方或双方当事人的事由所导致的损失，一般宜纳入违约责任制度进行处理。而对于不可归责于一方或双方当事人的事由所导致的损失，即狭义的损失，则经由风险负担规则来处理。

二、一般规则——交付主义

从比较法的角度看，有关风险分配的规则，大致有两种立法例：一种将标的物毁损、灭失的风险负担与标的物所有权归属相关联，即风险负担者与所有权人一致；另一种将标的物毁损、灭失的风险负担与标的物所有权的归属相分离，即风险负担者未必是标的物所有权人。当然，无论是哪一种立法例，关于风险负担的规定均非强制性规定，当事人完全可以通过协商形成合意予以变更。

在我国，《民法典》第 604 条规定：除法律另有规定或者当事人另有约定外，标的物毁损、灭失的风险，在标的物交付之前由出卖人承担，交付之后由买受人承担。由此可见，《民法典》确立的风险转移的一般规则是交付主义规则，即标的物毁损、灭失的风险，在标的物交付之前由出卖人承担，在交付之后由买受人承担。

以交付作为风险转移的时间界点，不仅适用于动产，也适用于不动产。依据最高人民法院《关于审理商品房买卖合同纠纷案件适用法律若干问题的解释》（2020 年修正）第 11 条的规定，除法律另有规定或者当事人另有约定外，房屋毁损、灭失的风险，在交付使用前由出卖人承担，在交付使用后由买受人承担；买受人接到出卖人的书面交房通知，无正当理由拒绝接收的，房屋毁损、灭失的风险自书面交房通知确定的交付使用之日起由买受人承担。

当然，交付标的物与交付有关标的物的单证和资料，是两个完全不同的概念。出卖人未按照约定交付有关标的物的单证和资料的，不影响标的物毁损、灭失风险的转移。

同时，应特别注意的是，最高人民法院《关于审理买卖合同纠纷案件适用法律问题的解释》（2020 年修正）第 14 条规定：当事人对风险负担没有约定，标的物为种类物，出卖人未以装运单据、加盖标记、通知买受人等可识别的方式清楚地将标的物特定于买卖合同，买受人主张不负担标的物毁损、灭失的风险的，人民法院应予支持。

三、特殊情形下的风险转移规则

（一）路货买卖的风险负担

买卖正在运输途中的标的物，具有一定的特殊性。该特殊性表现在以下两个方面：第一，在买卖合同订立时，标的物已经交付于承运人，脱离了出卖人的实际控制。第二，交付方式多为拟

---

① 冯大同．国际货物买卖法．北京：对外经济贸易出版社，1993：132.

制交付，即交付提单等物权凭证，在交付提单的同时交付保险单。基于以上两个特点，出卖人与买受人一样，也可能对标的物的近况不了解。因此，《民法典》第 606 条规定：除当事人另有约定外，出卖人出卖交由承运人运输的在途标的物的，标的物毁损、灭失的风险自合同成立时起由买受人承担。

但是，如果出卖人在合同成立时明知或者应当知道标的物已经毁损、灭失却未告知买受人，则标的物毁损、灭失的风险应由出卖人承担。[①]

（二）交付地点没有约定或者约定不明时的风险负担

依据《民法典》第 607 条的规定，如果当事人没有约定交付地点或者约定不明确时，可按以下步骤处理：

首先，可由当事人协商，通过订立补充协议的方式予以明确，双方根据补充协议约定履行各自的义务。

其次，不能达成补充协议的，由人民法院或者仲裁机构按照合同有关条款、合同性质、合同目的或者交易习惯等因素确定具体交付地点。

最后，通过前两个步骤仍无法确定时，如标的物需要运输，则从出卖人将标的物交付给第一承运人时起，标的物毁损、灭失的风险由买受人承担。此处所谓"标的物需要运输"，是指标的物由出卖人负责办理托运，承运人系独立于买卖合同当事人之外的运输从业者的情形。

（三）因买受人的原因未按期交付时的风险负担

交付转移风险是风险分配的一般规则，但因买受人的原因出卖人不能依约交付时，仍将标的物毁损、灭失的风险分配给出卖人就明显有失公平。

对此，《民法典》第 605 条明确规定：因买受人的原因致使标的物未按照约定的期限交付的，买受人应当自违反约定时起承担标的物毁损、灭失的风险。

应当明确的是，此处所谓"买受人的原因"，不一定是指买受人的过错。这是两个不同的概念。在实务中，因"买受人的原因"，导致不能按期交付，主要有以下几种情况：（1）买受人未做好受领标的物的准备，以致出卖人不能按期交付。（2）买受人无合法的理由拒绝受领标的物。（3）买受人应先支付价款而未支付，出卖人因行使先履行抗辩权而拒绝交付标的物。

另外，依照《民法典》第 608 条之规定，如果出卖人按照约定或者依据该法第 603 条第 2 款第 2 项的规定将标的物置于某交付地点，买受人违反约定没有按时收取的，标的物毁损、灭失的风险自买受人违反约定时起转移于买受人。

（四）因出卖人根本违约时的风险负担

依照《民法典》第 610 条之规定，因标的物不符合质量要求，致使不能实现合同目的的，买受人可以拒绝接受标的物或者解除合同。无论买受人是拒绝接受标的物还是解除合同，标的物毁损、灭失的风险均由出卖人自行承担。

提供符合合同约定、相关标准或者法律规定的质量的标的物，是出卖人的基本义务。如出卖人提供的标的物质量不符合质量要求，致使买受人不能实现合同目的，则构成根本违约或重大违约。在此种情况下，买受人可以拒收标的物，要求出卖人重新发货；也可以直接通知出卖人解除合同。无论买受人选择行使哪种救济方式，标的物毁损、灭失的风险，均由出卖人负担。

---

① 最高人民法院《关于审理买卖合同纠纷案件适用法律问题的解释》（2020 年修正）第 10 条。

如果出卖人交付的标的物虽有瑕疵，但不影响买受人合同目的的实现，则依照诚信原则，买受人仍负有接受标的物的义务。买受人拒收的，应当承担标的物毁损、灭失的风险。但是，出卖人的履行行为不完全符合合同约定的，买受人有权请求出卖人承担相应的违约责任。

第五节 买卖合同的解除

一、合同解除权的行使

依照《民法典》第562条、第563条的规定，当事人经协商一致，可以解除合同。此外，出现当事人约定的或者法定的一方有权解除合同的事由时，解除权人可以解除合同。

《民法典》第564条明确规定了解除权行使的期限。法律规定或者当事人约定了解除权行使期限时，期限届满当事人不行使的，该权利消灭。如法律没有规定或者当事人没有约定解除权行使期限，自解除权人知道或者应当知道解除事由之日起一年内不行使，或者经对方催告后在合理期限内不行使的，该权利消灭。

《民法典》还明确了解除权行使的方式以及合同解除的时间：当事人一方依法主张解除合同的，应当通知对方。合同自通知到达对方时解除；通知载明债务人在一定期限内不履行债务则合同自动解除，债务人在该期限内未履行债务的，合同自通知载明的期限届满时解除。解除权人也可不采取通知方式，直接以提起诉讼或者申请仲裁的方式依法主张解除合同，如当事人选择以提起诉讼或者申请仲裁的方式解除合同，且经法院或者仲裁机构审理确认的，合同自起诉状副本或者仲裁申请书副本送达对方时解除。①

二、主、从物买卖合同的解除

根据两个独立存在的物在用途上客观存在的主从关系，可以把物分成主物和从物。《民法典》第631条规定：因标的物的主物不符合约定而解除合同的，解除合同的效力及于从物。因标的物的从物不符合约定被解除的，解除的效力不及于主物。

三、数物买卖合同的解除

《民法典》第632条规定：标的物为数物，其中一物不符合约定的，买受人可以就该物解除。但是，该物与他物分离使标的物的价值显受损害的，买受人可以就数物解除合同。

案例：王某为置办新婚家具在某家具店购买了床、床头柜等家具。后王某发现床不能承重，就要求一起退货。家具店认为，既然只是床有问题，就只能退床。王某认为该四件家具风格一致、用料一致，是作为一套家具出卖的，标注的出售价为全套出售价格就证明了这一点，故坚持四件一起退。在该案中，某家具店将床与床头柜等作为一套家具整体出卖的，有瑕疵的床与他物分离将明显减损标的物的价值，因此，王某有权就全部标的物解除合同。

① 《民法典》第565条第2款规定：当事人一方未通知对方，直接以提起诉讼或者申请仲裁的方式依法主张解除合同，人民法院或者仲裁机构确认该主张的，合同自起诉状副本或者仲裁申请书副本送达对方时解除。此规定与《民法典》施行之前实务中的主流做法不尽一致，值得注意。

四、分批交付买卖合同的解除

1. 就其中的一批解除

《民法典》第 633 条第 1 款规定：出卖人分批交付标的物的，出卖人对其中一批标的物不交付或者交付不符合约定，致使该批标的物不能实现合同目的的，买受人可以就该批标的物解除。

如甲方卖给乙方 10 批某品牌大米，其中第八批大米不符合质量标准。因大米是可替代物，乙方仅解除第八批即可获得救济。第八批解除后，其他各批继续有效。当事人若在合同中约定了定金或不履行的违约金，则乙方可按不履行的比例要求甲方承担相应的违约责任。

2. 就某批和今后各批的解除

《民法典》第 633 条第 2 款规定：出卖人不交付其中一批标的物或者交付不符合约定，致使之后其他各批标的物的交付不能实现合同目的的，买受人可以就该批以及之后其他各批标的物解除。

在分批交付标的物的合同中，一批标的物不交付或者交付不符合约定的，买受人是仅可以解除该批次合同，还是有权解除该批以及之后其他各批标的物？这不能一概而论，而应考察该批次是否影响其他各批次的效力，是否影响实现合同目的。如果影响合同目的的实现，说明数批履行之间具有不可分性，一批标的物的不履行影响到其他标的物的履行，应允许买受人就该批以及之后其他各批标的物解除合同。

3. 全部解除

《民法典》第 633 条第 3 款规定：买受人如果就其中一批标的物解除，该批标的物与其他各批标的物相互依存的，可以就已经交付和未交付的各批标的物解除。

例如，甲方卖给乙方积木，分四批发货，第一批符合合同约定；第二批不符合要求；第三批、第四批的交货期未至，是否符合要求尚不知。因四批货是组合使用于搭建积木房屋的，乙方仅解除其中任何一批次均难以获得周全的救济，因此，乙方可以全部解除合同，并追究甲方的违约责任。

第六节　特种买卖合同

一、分期付款买卖合同

（一）概念与特征

1. 概念

分期付款买卖，是指当事人双方约定出卖人先行交付标的物于买受人，买受人将其应付的总价款分期支付给出卖人的买卖合同。在实务中，作为具有促销与融资功能的特殊买卖，分期付款买卖一般适用于标的额较大的买卖合同。

2. 特征

（1）标的物先行交付。分期付款买卖是典型的“物先交付型”买卖，即出卖人一般需在买受人第一次支付价款时即将买卖标的物交付给买受人。除法律另有规定或合同另有约定外，标的物所有权也自出卖人交付时起转移给买受人。

（2）价款分期给付。买受人需依约将应付的总价款在一定期间内按约定时间和金额向出卖人分期支付。依据最高人民法院《关于审理买卖合同纠纷案件适用法律问题的解释》（2020 年修正）第 27 条的规定，至少需分三期以上的次数支付价款，否则，不属于分期付款买卖合同。

（二）出卖人的权利

依照《民法典》第 634 条之规定，买受人未支付到期价款的金额达到全部价款的 1/5，且经催告后在合理期限内仍未支付到期价款的，出卖人有权选择行使以下权利：（1）要求买受人支付剩余的全部价款，即买受人丧失期限利益，尚未到期的债务视为已经到期；（2）行使解除权解除合同，根据履行情况和合同性质要求买受人承担违约责任。如出卖人解除合同的，出卖人还有权要求买受人按照约定支付标的物的使用费；如当事人对标的物的使用费没有约定的，可以参照当地、同时段、同类标的物的租金标准确定。

（三）买受人的保护

由于分期付款买卖的总价款往往高于一次性付款买卖的总价款，因此，应当对出卖人要求买受人提前支付剩余全部价款以及单方解除合同的权利进行限制，即《民法典》第 634 条规定的"五分之一"这一比例。该规定属于强制性规范，当事人的约定违反该比例，损害买受人利益的，约定无效。如出卖人违反该规定要求买受人提前支付剩余全部价款，买受人有权拒绝；如出卖人违反该规定行使解除权，买受人可请求人民法院或者仲裁机构确认解除合同的效力。

二、所有权保留买卖合同

在分期付款买卖中，出卖人为了保护自己的权益，通常会在买卖合同中设立所有权保留条款。《民法典》第 641 条规定：当事人可以在买卖合同中约定买受人未履行支付价款或者其他义务的，标的物的所有权属于出卖人。所有权保留的特别预定，排除了"所有权在标的物交付时起转移"的一般规则。

根据合同相对性原则，出卖人对标的物保留的所有权，未经登记，不得对抗善意第三人。

（一）所有权保留的概念与功能

1. 概念

所有权保留是指在移转标的物所有权的买卖合同中，根据当事人的约定，出卖人移转标的物的占有于买受人，但仍保留其对该标的物的所有权，待买受人支付部分或全部价款，或完成约定的其他义务时，标的物所有权才移转于买受人的一种约定（安排）。

2. 功能

所有权保留条款通常出现于买卖、互易、赠与等合同中，尤其是买卖合同中。

所有权保留制度的特殊功能在于，买受人可在支付全部价款之前占有标的物，获得对标的物的占有、使用权。因此，所有权保留在本质上是一种信用交易，是以接受买受人信用的方式来获取融资。

在所有权保留买卖中，保留所有权的约定是现代法上权利分化的一种现象。基于该约定，出卖人在收回全部价款之前，取得以保留的所有权为内容的担保，其债权的实现有较充分的保障。

（二）出卖人的取回权

1. 概念

所谓出卖人的取回权，是指在所有权保留买卖中，在买受人有特定的违约行为，致损害出卖人的合法权益时，出卖人依法享有的自买受人处取回标的物的权利。

在所有权保留买卖中，出卖人借保留所有权来担保其债权（价款），所以标的物价值的保持与状态的维护，对出卖人的利益，关系甚大。当买受人的行为有可能致标的物受损害时，出卖人应当依法享有一定的救济权利。此即法律创设出卖人取回制度的目的。

2. 法律性质

关于出卖人取回权的法律性质，学界有不同学说。[①] 一是解除权效力说，认为当买受人不依约支付价款，构成迟延给付时，出卖人有权取回标的物并再行出卖，附条件买卖合同（即所有权保留买卖合同）因此失去效力。二是附法定期限解除合同说，认为取回权是附有法定期限的解除合同，即在出卖人取回标的物时，买卖合同依然存在，须回赎期限届至，买受人不为回赎时，合同关系方告解除。三是就物就偿说，认为从保留所有权的功能看，出卖人保留所有权的目的在于保留价金债权，出卖人基于保留的所有权，取回标的物的目的，也在于满足未受偿的价金债权。从整个取回制度的内容来看，它与强制执行基本类似。出卖人的取回，类似于强制执行法上的查封；买受人的回赎，类似于强制执行法上的撤销查封；出卖程序，类似于强制执行法上的拍卖程序。

3. 行使条件

我国现行法律对取回权行使的条件未具明文。根据法律创设出卖人取回制度的目的，参照有关国家与地区的有关法律规定，笔者认为，在标的物所有权移转于买受人前，买受人有下列情形之一，致妨害出卖人权益时，出卖人得取回标的物：（1）买受人未支付到期价款的金额达到全部价款的 1/5，且不依约定偿还价款；（2）不依约定完成特定条件；（3）将标的物出卖、设定他物权或为其他处分；（4）其他严重危害出卖人权益的情形。

在实务中，如标的物处于买受人占有且未被设定权利负担的情况，则出卖人取回权的行使通常较为顺利。但如标的物不在买受人控制之下或已被设定他物权，则出卖人的取回权就可能与该物之上的其他权利发生冲突。此时，如果第三人已经善意取得标的物所有权或者其他物权，则出卖人的取回权将难以得到支持。[②]

（三）买受人的期待权

1. 概念

所谓期待权，是与既得权相对应的一种权利，是民事主体在取得特定权利的部分构成要件之后，依法享有的于法律规定或当事人约定的其他要件成就时取得该权利的地位。

2. 性质

期待权一般于财产权上发生，而财产权一般分为债权、物权及无体财产权，故期待权可相应区别为债权之期待权、物权之期待权及无体财产权之期待权。但不可据此推导出：取得债权的期

---

① 龙著华．论所有权保留买卖中出卖人的取回权．法商研究，2000（4）：73－78.

② 参见最高人民法院《关于审理买卖合同纠纷案件适用法律问题的解释》（2020 年修正）第 26 条的规定。

待权即为债权，取得物权的期待权即为物权。期待权本身只是一种具备取得权利部分要件的地位，并非现实的具体的权利。它能否转化为一种具体的民事权利，须待某种特定事实（条件）能否成就。为此，笔者主张，对买受人期待权的性质，应根据它将来可能取得的完全权利的性质来认识、分析。期待权旨在取得物权者，具有物权的性质；反之，旨在取得债权者，则应归入债权的范畴。在所有权保留买卖中，标的物所有权的转移附有停止条件，当条件成就时，买受人的期待权即强化为所有权，出卖人的所有权即归于消灭。因此，买受人的期待权是所有权的期待权。

3. 对买受人期待权的保护

在买受人取得所有权之前，其期待权既可能受到来自出卖人的侵害，也可能受到来自第三人的侵害。因此，对期待权的保护也应区分两种情形。

在第一种情形下，出卖人于价金清偿前，虽然保留了对标的物的所有权，但该所有权是一种有负担、不完整的权利。基于诚信原则，出卖人负有不得随意为处分行为的义务，否则就可能构成侵权或者违约行为。在出卖人因过错毁损标的物或者再次出让标的物时，买受人得主张侵权法或者合同法上的权利。

在第二种情形下，买受人除了可依据《民法典》物权编规定的占有保护请求权，行使占有物返还请求权、排除占有妨害的请求权与防止占有妨害的请求权，还可依据《民法典》侵权责任编的规定，向加害人请求损害赔偿，获得赔偿后，与出卖人协商分配赔偿金；如协商不成，可按买受人已支付价金的比例来确定赔偿金的分配比例。

(四) 善意第三人的保护

一方面，出卖人与买受人有关保留所有权的约定相对隐蔽，使建立在该约定基础上的利益平衡机制很容易为第三人的行为所打破；另一方面，对该约定之效力的扩张解释，又会使第三人之利益遭受不测的风险，进而影响交易的安全与秩序。因此，对善意第三人之合法利益的保护，应是所有权保留制度中的应有之义。所有权保留买卖中善意第三人的保护，主要涉及以下三种情形。①

1. 出卖人再让与标的物与善意第三人的保护

此时应区分两种情形：一是所有权保留买卖已经登记。此时若出卖人将标的物的所有权再行让与第三人，则该让与行为对买受人均不生效力，买受人在条件成就时，仍可取得标的物所有权。二是所有权保留买卖未经登记。此时，买受人的期待权因欠缺法定的公示方法而不具有对抗第三人的效力，对期待权的保护，应视出卖人交付标的物的方式②及第三人接受让与时是否善意而有所区别。

2. 买受人处分标的物与第三人的保护

此时也应依所有权保留买卖是否登记及第三人受让时是否善意来确定第三人的地位。如保留所有权买卖已经登记，保留所有权的特别约定就具有对抗第三人的效力，出卖人有权基于其保留的所有权，追及第三人处取回标的物，善意第三人仅能向买受人主张违约责任；如保留所有权买卖未经登记，由于买受人是标的物的直接占有人，从占有的事实状态中，第三人无从了解出

---

① 龙著华．论所有权保留买卖与善意第三人的保护．当代法学，2005 (3)：55－60.

② 交付即指占有的转移。交付可分为现实交付和拟制交付。所谓现实交付，是指出卖人将标的物的事实管领力转移于买受人，由买受人直接占有标的物。所谓拟制交付，又称观念上的交付，是指出卖人将对标的物占有的权利转移于买受人，以代替交付实物。拟制交付主要包括简易交付、指示交付与占有改定等。

卖人与买受人关于保留所有权的约定，故第三人可依善意取得制度取得标的物的所有权，并可借此阻却出卖人取回权的行使。

3. 所有权保留与担保物权竞合[①]时第三人的保护

这种竞合包括所有权保留与动产抵押竞合、所有权保留与动产质权竞合、所有权保留与留置权竞合等多种情形，涉及的问题也比较多。笔者认为，原则上可以考虑担保物权与所有权保留买卖成立的时间、当事人是否善意等因素，结合个案的具体情形进行判定。

三、样品买卖合同

（一）概念

样品买卖合同是指出卖人交付的标的物须与当事人保留的样品具有同一品质的买卖合同。

在样品买卖中，样品是判断出卖人的履约行为是否适当的重要标准，直接关系到双方当事人权利的实现，因此，当事人应当妥善封存样品，并对样品质量予以详细说明。出卖人应当确保交付的标的物的质量不低于样品及其说明的质量。

（二）样品与说明不一致时的处理

在一般情况下，当事人封存的样品质量与文字说明是一致的。如果出现合同约定的样品质量与文字说明不一致时，应按照以下程序和规则进行处理：

首先，由当事人协商，形成处理此种不一致的补充协议。在补充协议中，双方可基于平等自愿、公平合理等原则达成具体处理方案。

其次，如当事人不能形成补充协议，可根据个案具体情形进行处理：如样品封存后外观和内在品质没有发生变化的，人民法院应当以样品为准；外观和内在品质发生变化，或者当事人对是否发生变化有争议而又无法查明的，人民法院应当以文字说明为准。

（三）样品买卖合同的质量标准

在一般情形下，样品及其质量说明即为样品买卖合同的质量标准。如出卖人交付的标的物与封存的样品不一致，或者与关于样品质量的说明不一致，就应当认为出卖人交付的标的物不符合约定的质量标准，构成违约。

鉴于实务中当事人交易的标的物千差万别，样品买卖合同的质量标准不能一刀切。如标的物存在尽一般注意、通过一般观察难以发现的隐蔽瑕疵，致使买受人不知道样品具有隐蔽瑕疵的，即使出卖人交付的标的物与样品相同，也不能因此认定标的物符合合同约定；出卖人交付的标的物还应当符合同种物的通常质量标准，否则，仍构成违约。

四、试用买卖合同

（一）概念

试用买卖合同是指当事人双方约定，于合同成立时，出卖人将标的物交付买受人试验或检

---

① 在民法上，“竞合”一词可在多种场合使用，最常见的是“责任竞合”或者“请求权竞合”。所谓“责任竞合”，是指不法行为人实施的某一违法行为符合多种民事责任的构成要件，导致多种责任形式并存的现象。所谓“请求权竞合”，是指从权利人的角度看，因行为人不法行为的多重性，权利人具有多重请求权的现象。这里所讲的“竞合”，是指两个以上的权利并存于同一标的物之上的现象。

验，并以买受人在约定的期限内对标的物的认可作为生效要件的买卖合同。

试用买卖合同成立时尚未生效，须经买受人于试用期内作出认可的表示时，买卖合同才生效。认可是买受人的权利而不是义务，是否认可，完全听凭买受人的意志。下列两类买卖合同不属于试用买卖合同：(1) 当事人约定如果标的物没有瑕疵则买受人必须购买的；(2) 约定买受人在一定期限内可以任意调换同价款的标的物的。

(二) 试用期的确定

依照《民法典》第 637 条之规定，试用买卖的当事人可以自行约定标的物的试用期限，如对试用期限没有约定或者约定不明确，可依以下规则确定试用期：首先，由当事人通过协商达成补充协议。其次，按照合同相关条款或者交易习惯确定。最后，既不能达成补充协议，又无法按照合同相关条款或者交易习惯确定时，由出卖人确定。

(三) 买受人的认可或拒绝

1. 认可

买受人认可时，买卖合同生效。认可属于形成权，可以明示或默示的方式行使。

所谓明示认可，是指买受人以口头或者书面方式发出购买的意思。

依据《民法典》第 638 条的规定，默示认可包括单纯的沉默和推定的方式两种，如试用期届满，买受人对是否购买标的物未作表示的，视为购买；如试用期内，买受人未表示是否购买，但买受人在试用期内已经支付部分价款或者对标的物实施出卖、出租、设立担保物权等行为的，视为同意购买。

2. 拒绝

买受人拒绝的，买卖合同确定不发生效力，买受人应当及时返还标的物。拒绝亦属形成权，可以采用明示或者推定的方式行使。例如，试用期内或者试用期满，买受人向出卖人返还标的物的，可推定其具有拒绝的意思。

依据《民法典》第 639 条的规定，试用买卖的当事人对标的物使用费没有约定或者约定不明确的，出卖人无权请求买受人支付。

(四) 风险的承担

依据《民法典》第 640 条的规定，标的物在试用期内毁损、灭失的风险由出卖人承担。

本章复习题

【案例 1】 甲公司与乙公司签订多份“电缆采购合同”，约定甲公司向乙公司采购电缆线。几份“电缆采购合同”的内容基本一致，均设置了“第九条 质量与检验”，对货物的质量检验和相应责任进行了约定，其中第 9.1.2 条约定：“货物到达目的地后，卖方应及时到现场，与买方一起根据运单和装箱单对货物的包装、外观及件数进行清点检验。如发现有任何不符之处经双方代表确认属卖方责任后，由卖方按买方的要求立即处理解决。当货物运到现场后，买方应尽快开箱检验，检验货物的数量、规格和质量……如买方未通知卖方而自行开箱或设备到达现场六个月后仍不开箱，产生的后果由买方承担。”第 11.2 条约定：“设备质量保证期自保修期届满之日计算，至设备合理使用寿命周期届满之日止。卖方保证其所供应的设备是全新、未使用过的合格正品，并完全符合合同规定的质量、规格和性能的要求，符合国家有关标准，不存在任何质量瑕疵或质量瑕疵而导致的安全隐患；保证其提供的设备正确安装、正常使用和保养条件下，在质量保证期限内具有良好的性能，否则买方有权予以索赔。”

甲公司接收最后一批电缆约四年后，甲公司以乙公司交付的电缆存在胶皮粘连、开裂，铜芯直径不够，电缆线长度不够，跳码等问题为由，提出索赔请求。乙公司认为甲公司未在检验期内提出异议，应视为标的物的数量或者质量符合约定。甲公司认为即使其在检验时未发现问题，乙公司仍应当承担质量保证责任，对于出现质量问题的产品可以退货或者索赔。

问：

(1) 检验期和质量保证期是什么关系？本案的质量异议期应当适用哪个期间？为什么？

(2) 甲公司的索赔请求是否应该得到支持？为什么？

【案例 2】 甲、乙约定卖方甲负责将所卖货物运送至买方乙指定的仓库。后甲如约交货，乙验收后收货，但甲未将产品合格证和原产地证明文件交给乙。乙已经支付 80%的货款。交货当晚，因山洪暴发，乙仓库内的货物全部毁损。

问：

(1) 甲是否有权要求乙支付剩余 20%的货款？为什么？

(2) 甲未交付产品合格证与原产地证明，是否构成违约？乙是否有权要求解除合同？为什么？

参考文献

1. 冯大同．国际货物买卖法．北京：对外经济贸易出版社，1993.
2. 龙著华．论所有权保留买卖中出卖人的取回权．法商研究，2000 (4).
3. 龙著华．论所有权保留买卖与善意第三人的保护．当代法学，2005 (3).

第十三章　供用电、水、气、热力合同

本章重点问题

1. 供用电、水、气、热力合同的概念和特征
2. 供用电合同当事人的权利和义务

第一节　供用电、水、气、热力合同的概念和特征

一、供用电合同的概念

（一）供用电合同的概念

供用电合同，是指当事人约定，供电人在一定期限内向用电人供给一定种类、品质和数量的电，用电人支付相应价金的合同。此处的供电人一般是指电力经营企业，用电人则包括电力的生产消费者和生活消费者。

（二）供用水、气、热力合同的参照适用

供用水、气、热力合同，与供用电合同有许多共同点，譬如供应方都是特殊主体，即依法取得特定营业资格的供应企业；法律关系的本质都是买卖关系，且都是一种持续供给的合同；合同的标的，都是一种社会公众日常生活对其具有高度依赖性的特殊商品。正因为如此，《民法典》第656条规定：供用水、供用气、供用热力合同，参照供用电合同的有关规定。

二、供用电、水、气、热力合同的特征

（一）供用电、水、气、热力合同的主要条款

《民法典》第649条规定，供用电合同的内容一般包括供电的方式、质量、时间，用电容量、地址、性质，计量方式，电价、电费的结算方式，以及供用电设施的维护责任等条款。供用水、气、热力合同，一般也包含这些主要条款。

在实务中，供用电合同一般由供电人提供，属于典型的格式合同。

（二）供用电、水、气、热力合同的特征

1. 公益性

电、水、气、热力的消费主体一般是社会公众，且为公众的日常生产、生活所必需，因此，供用电、水、气、热力合同具有很强的公益性。这一特性决定了除非法定情况，否则，供应人的

意思自治受到限制，供应人无权拒绝相对人的正当缔约要求，而且，收费标准由国家规定。同时，国家价格主管部门对于这类商品的定价有上限，供应人不得任意提高收费标准，如遇到水、电、气、热等价格需要调整时，必须举行价格听证会。

2. 连续性

电、水、气、热力的提供不是一次性的，而是在一定时间内持续的、不间断的，使用人则是按期付款。因此，这类合同的解除不能溯及既往。

3. 格式性

供用电、水、气、热力合同是格式合同，适用法律对格式合同的规定。依据《民法典》第496条～498条的规定，供电（水、气、热力）人一方应当遵循公平原则确定当事人之间的权利和义务，并采取合理的方式提请用电（水、气、热力）方注意免除或者限制其责任的条款，并按照用电（水、气、热力）方的要求，对该条款予以说明。对格式条款的理解发生争议的，应当按照通常理解予以解释。对格式条款有两种以上解释的，应当作出不利于供电（水、气、热力）人的解释。格式条款和非格式条款不一致的，应当采用非格式条款。格式条款具有《民法典》总则编第六章第三节和《民法典》第506条规定的无效情形，或者供电（水、气、热力）人不合理地免除或减轻其责任、加重用电（水、气、热力）人责任、限制用电（水、气、热力）人主要权利的，条款无效。

4. 履行地点的特殊性

供用电、水、气、热力合同属于使用管线、管道连续供给的转移财产所有权的买卖合同。其履行地点不同于一般买卖合同的履行地点。《民法典》第650条规定，供用电合同的履行地点，按照当事人约定；当事人没有约定或者约定不明确的，供电设施的产权分界处为履行地点。

第二节　供用电合同当事人的权利和义务

供用电、水、气、热力合同在供应主体、供应方式、供应标的等方面都具有相似性，因此，本节关于供用电合同当事人的权利、义务的分析，可准用于供水、供气、供热等合同。

同时，供用电、水、气、热力合同作为特殊买卖合同，准用《民法典》合同编有关一般买卖合同当事人权利、义务的规定。

一、供电人的权利和义务

（一）供电人的主要权利

1. 收取电费的权利

供用电合同属于典型的双务合同，用电人使用了供电人在按照国家规定的供电质量标准和合同约定供给的电力之后，用电人就应当按时支付电费。用电人逾期支付的，供电人有权要求用电人按照合同约定支付违约金。

2. 履行抗辩权

《民法典》第654条规定：用电人应当按照国家有关规定和当事人的约定及时支付电费。用电人逾期不支付电费的，应当按照约定支付违约金。经催告用电人在合理期限内仍不支付电费和违约金的，供电人可以按照国家规定的程序中止供电。此处的“中止供电”，是行使履行抗辩权的行为。至于是哪种抗辩权，要看具体情况，不能一概而论。

有两点要注意：第一，行使履行抗辩权，应当事先通知用电人；第二，行使履行抗辩权，应当事先催告用电人，且经过“合理期限”。

（二）供电人的主要义务

1. 安全供电的义务

依据《民法典》第651条之规定，供电人应当按照国家规定的供电质量标准和约定安全供电。供电人未按照国家规定的供电质量标准和约定安全供电，造成用电人损失的，应当承担赔偿责任。

2. 中断供电的通知义务

依据《民法典》第652条之规定，因供电设施计划检修、临时检修、依法限电或者用电人违法用电等原因，需要中断供电时，供电人应当按照国家有关规定事先通知用电人。未履行事先通知义务中断供电，造成用电人损失的，供电人应当承担赔偿责任。

3. 及时抢修义务

依据《民法典》第653条之规定，因自然灾害等原因断电，供电人应当按照国家有关规定及时抢修。未及时抢修，造成用电人损失的，应当承担赔偿责任。

二、用电人的权利和义务

（一）用电人的主要权利

用电人的主要权利，就是获得安全的、符合相关标准的电力。从技术上看，决定用户供电质量的指标为电压、频率和供电可靠性。电压、频率、供电可靠性须符合国家规定和约定的标准，供电的方式、时间、地址和点量等须符合合同的约定。供电人未按照国家规定的供电质量标准和约定安全供电，造成用电人损失的，应当承担赔偿责任。

（二）用电人的主要义务

1. 支付电费

这是用电人最主要的义务。逾期不支付电费的，应当按照约定支付违约金。没有约定违约金的，应当支付电费的逾期利息。经催告后在合理的期限内仍不支付电费的，供电人可按国家规定的程序终止供电。

2. 安全用电

依据《民法典》第655条之规定，用电人应该按照国家有关规定和当事人的约定安全、节约和计划用电。用电人未按照国家有关规定和当事人的约定安全用电，擅自改动供电人的用电设计装置、供电设施，或者擅自超负荷用电等，造成供电人损失的，应当承担赔偿责任。

本章复习题

【案例1】 高某放牛时因沉迷于玩手机游戏而疏于照管牛，牛在奔跑中将电线杆撞倒，造成局部电力中断，宋某的养鸡场通风设备无法运转。宋某向当地供电部门求援，供电部门回复说可即刻派人修复（当地以前出现类似情况时，可在1小时内修复）。但实际上，供电部门在12个小时后才恢复通电。宋某的养鸡场通风不足，导致100多只鸡死亡。宋某要求供电人赔偿损失。供电人抗辩称是高某的原因造成的损害，自己无须承担责任。

问：供电人是否有赔偿责任？

【案例2】 2019年4月3日，某自来水公司在某小区公告栏张贴“停水通知”，称“因管网改造，定于4月5日9时至4月6日9时停水，请各户注意贮水备用”。4月5日中午，小区住户王五毛打开水龙头取水未果。匆忙之中，王五毛忘记关紧水龙头即外出。4月5日17时，管网改造提前完工，自来水公司于18时恢复供水。王五毛家中无人，自来水持续外溢，造成室内被淹，并渗漏至楼下杨过家，致使杨过家家用电器等受损。经评估，杨过家的财产损失达2万多元。

杨过向法院起诉，要求王五毛、自来水公司两被告共同承担责任，赔偿自己的损失。王五毛辩称，自己疏忽，未及时关闭水龙头是事实，但自来水公司提前供水，系违约行为，且是造成损失的主要原因，故应由自来水公司赔偿。自来水公司则辩称：公司对停水行为有通知义务，但对恢复供水及提前恢复供水没有通知义务。况且提前供水主观上没有过错，故不应承担赔偿责任。

问：

（1）自来水公司提前供水行为时，是否负有通知义务？

（2）自来水公司未告知就提前供水的行为是否构成违约？

参考文献

1. 杨立新．王竹．论自然力的物权客体属性及法律规则．法学家，2007（6）.

2. 崔建远．合同法．北京：法律出版社，2003.

第十四章　赠与合同

本章重点问题

1. 赠与合同概述
2. 赠与合同的效力
3. 赠与合同的终止

第一节　赠与合同概述

一、赠与合同的概念和特征

赠与合同是赠与人将自己的财产无偿给予受赠人，受赠人表示接受赠与的合同。其中，转移财产的一方为赠与人，受领财产的一方为受赠人。赠与合同可以使受赠人获得经济上的资助，也有满足当事人情感需要的功能。

赠与合同具有如下法律特征：

（1）赠与合同是无偿合同、单务合同。赠与合同是转移财产权利的合同，且是一种单向转移。赠与的内容为财产，不包括无偿提供服务。转移财产，会使赠与人减少财产而直接使受赠人增加财产。赠与合同是典型的单务、无偿合同。赠与的一大特征是赠与人无偿给付财产，受赠人不负担相应对价。即便在附义务的赠与中，受赠人所负义务并未作为赠与的对价，因此并未改变赠与的无偿性质。

（2）赠与合同是诺成合同。首先，赠与合同作为一种典型合同，属于双方民事法律行为。只有当事人双方的意思表示一致时才能成立赠与合同，若一方有赠与的意思表示而另一方没有愿意接受赠与的意思表示，或者一方愿意接受赠与而另一方无赠与的意思表示，则赠与合同不能成立。其次，赠与合同的成立不需要赠与物的实际交付，只要双方当事人意思表示达成一致。

二、赠与合同的分类

（一）一般赠与和特种赠与

依据赠与的成立、效力是否有特殊情况，赠与可分为一般赠与和特种赠与。前者是指不具有特殊情形的赠与；后者是指有特殊情形的赠与，包括附条件赠与、附期限赠与、死因赠与、现实赠与、附义务赠与等。其中，附义务赠与是特种赠与中讨论最多的类型。

依据《民法典》第661条的规定，赠与附义务的，受赠人应当按照约定履行义务。在一般的赠与中，受赠人仅享有权利，不负担任何义务。附义务赠与和一般赠与的不同之处在于，赠与人对其赠与附加一定的条件，使受赠人负担一定的给付义务。附义务赠与中的义务是赠与合同的组成部分，须具有合法性。然而，需要注意的是，附义务赠与中的义务并非赠与的对价，赠与人不能以受赠人不履行义务作为抗辩事由。与附条件赠与不同的是，在附义务赠与中，一般在赠与人履行给付义务后，受赠人履行其负担的义务才发生。而在附条件赠与中，在条件成就后，赠与人才履行赠与义务。在赠与人向受赠人给付赠与物后，若受赠人不履行其负担，则赠与人有权请求受赠人履行或者撤销其赠与。因受赠人不履行其负担，赠与人撤销赠与的，赠与视为自始无效，受赠人应将赠与物返还赠与人。由于赠与原本应使受赠人纯获利益，若受赠人所负义务超过赠与物的价值，则受赠人无任何利益可言，与赠与的本旨不符，因此，受赠人履行的义务，仅限于在赠与物的价值限度内。对于超过赠与价值的部分，受赠人可以拒绝履行。

（二）履行道德义务的赠与和非履行道德义务的赠与

依据赠与人赠与的目的是否为履行道德上的义务，赠与可分为履行道德义务的赠与和非履行道德义务的赠与。履行道德义务的赠与，其赠与的目的在于履行道德上的义务。非履行道德义务的赠与，其赠与目的与履行道德上的义务无关。区分这两类赠与的意义在于两者的效力有所不同：履行道德义务的赠与效力较强，赠与人不得任意撤销，负交付赠与物的义务；而非履行道德义务的赠与效力较弱，赠与人于标的物所有权转移之前，可任意撤销赠与。

第二节　赠与合同的效力

赠与合同为单务合同，其效力主要体现为赠与人所负有的义务和责任，以及受赠人享有的权利。赠与人的合同义务主要有以下两项：

1. 转移赠与标的物所有权的义务度

赠与合同依法成立后，赠与人有向受赠人转移财产权利的义务。由于赠与合同以赠与物归受赠人所有为直接目的，故赠与人的主要义务是依据合同的约定移转赠与物的占有，并转移赠与物的所有权。

2. 瑕疵担保义务

赠与合同属于无偿合同，原则上赠与人不负担瑕疵担保义务。即便在特殊情况下负担，该义务也不如在买卖合同下严格。依据《民法典》第662条的规定，赠与的财产有瑕疵的，赠与人不承担责任。但在两种例外情况下，赠与人将负担瑕疵担保义务：（1）赠与人故意不告知瑕疵或者保证无瑕疵，造成受赠人损失的。对此，赠与人应当承担赔偿责任。所谓故意不告知瑕疵，是指赠与人自订立合同到合同履行期间发现赠与物有瑕疵，且不告知不知情的受赠人。所谓保证无瑕疵，是指赠与人向受赠人保证赠与物是无瑕疵状态。（2）附义务的赠与，赠与的财产有瑕疵的，赠与人在附义务的限度内承担与出卖人相同的责任。于附义务的赠与，受赠人按照约定向赠与人有所付出，此时赠与人若不承担瑕疵担保责任有违公平原则。因此，在赠与人的瑕疵担保责任与受赠人所附义务对称的情况下，可要求赠与人在附义务的限度内承担瑕疵担保责任。

第三节 赠与合同的终止

一、赠与的任意撤销

赠与的任意撤销，是指无须具备法定情形，赠与人可依其意思任意撤销赠与合同的情形。依据《民法典》第658条的规定，赠与人在赠与财产的权利转移之前可以撤销赠与。任意撤销权是法律赋予赠与人的反悔权，赠与人可以通过撤销赠与，取消自己的债务人地位。

任意撤销权的行使必须具备两大条件：一是时间条件。任意撤销权的行使，必须在财产权利转移之前。二是范围条件。尽管任意撤销权的特点在于其任意性，无须法定理由，但也存在下列两个例外：(1) 已经公证的赠与合同。已经公证的赠与，当事人经过了深思熟虑，这类赠与当事人不能反悔，故《民法典》规定赠与人不得任意撤销。(2) 具有救灾、扶贫、助残等社会公益、道德义务性质的赠与合同。这类赠与一般涉及不特定多数人的利益，或属于扶危济困的赠与，因而不得任意撤销。

任意撤销权是形成权，赠与人向受赠人为撤销的意思表示即可发生撤销的效力，撤销的法律效果为赠与人无须向受赠人交付赠与物。

二、赠与的法定撤销

法定撤销，是指具备法定事由时，赠与人或者其他享有撤销权的主体行使撤销权，撤销赠与合同的情形。法定撤销与任意撤销的区别在于：首先，任意撤销是法律赋予赠与人的一种反悔权，而法定撤销则是在出现有悖赠与初衷的情况时，对赠与人的救济措施；其次，法定撤销不受财产权利是否转移的限制，在赠与财产权利转移前和转移后均可撤销；最后，不因是经公证或是公益的赠与而受到限制，经公证的赠与、具有道德义务性质的赠与，均可以依法定事由予以撤销。法定撤销权与任意撤销权均属于形成权，依据撤销权人的通知发生撤销的效力。

(一) 法定撤销的情形

依据《民法典》第663条的规定，法定撤销的事由主要包括：(1) 受赠人严重侵害赠与人或者赠与人近亲属的合法权益。首先，被侵害的主体是赠与人或赠与人的近亲属。其次，须存在侵害行为。赠与人将财产赠与受赠人，虽未要求回报，但若受赠人以德报怨，侵害赠与人或其近亲属的合法权益，有与公序良俗相背，故赠与人应有权要求撤销赠与。再次，侵害行为必须是违法侵害行为，如因正当防卫、紧急避险使赠与人或其近亲属受到伤害，赠与人的撤销权并不产生；最后，侵害后果须达到严重程度，如致使赠与人残废，对赠与人进行辱骂、诽谤，使赠与人的感情被严重伤害等。(2) 受赠人对赠与人有扶养义务而不履行。这种扶养义务，既包括法定扶养义务，又包括约定扶养义务。所谓不履行，是指受赠人有履行能力而拒绝履行。(3) 附义务赠与中，受赠人不履行赠与合同约定的义务。赠与合同可以附义务，当受赠人不履行赠与合同所附义务时，赠与人可以撤销赠与合同。

(二) 法定撤销权的行使

在符合法定撤销的情形时，赠与人可以行使法定撤销权，使赠与合同溯及既往地消灭。一般情况下，享有撤销权的主体为赠与人，即在赠与人有意思能力的情况下，应由赠与人为撤销的意思表示。但受赠人的违法侵害行为致使赠与人死亡或者丧失民事行为能力的，赠与人的继承人或者法定代理人可以行使法定撤销权。撤销权为形成权，受除斥期间的限制。撤销权人为赠与人的，应在知道或应当知道撤销原因之日起一年内行使撤销权；撤销权人为赠与人的继承人或法定代理人的，则应在知道或应当知道撤销原因之日起六个月内行使撤销权。撤销权人撤销赠与的，可以向受赠人要求返还赠与的财产。如果赠与的财产已经被受赠人消费，不复存在，则撤销权人有权要求受赠人返还不当得利。

三、赠与义务的不再履行

赠与义务的不再履行，也称赠与履行的拒绝，是指赠与合同成立后，赠与人的经济状况显著恶化，严重影响其生产经营或者家庭生活的，可以不再履行赠与义务。赠与义务的不再履行，规定于《民法典》第666条。这种不再履行赠与义务的权利，在学理上被称为穷困抗辩权。

赠与义务的不再履行，应当满足以下几个条件：(1) 赠与人的经济状况显著恶化。赠与人一般在经济状况允许的条件下为赠与行为。然而，倘若在赠与合同订立后，赠与人的经济状况急转直下，无力承担赠与义务，则此时仍要求赠与人履行合同义务，对赠与人而言无异于雪上加霜。(2) 赠与人经济状况的恶化，发生在赠与财产权利转移之前。穷困抗辩权作为一种抗辩权，必须在赠与财产的所有权转移之前、受赠人请求时行使。(3) 赠与人经济状况的恶化，须严重影响其生产经营或家庭生活，即继续履行赠与合同会加剧赠与人经济上的困境。

本章复习题

【案例1】 某市电视台为了支援抗洪救灾，组织了一场大型募捐义演晚会。在晚会现场，甲公司根据晚会公布的热线电话发出传真，表示愿意捐款100万元，转账支票于第二日送到晚会组委会。主持人当晚在电视上向公众公布了甲公司的捐款信息，向甲公司表示感谢。次日，甲公司经理致电组委会，称昨晚纯属一时冲动，不能给付100万元捐款，最多只能给10万元。组委会则认为甲公司的捐款信息已在电视上公布，家喻户晓，甲公司不得出尔反尔。

问：甲公司和组委会，哪一方的说法有理？

【案例2】 甲表示将赠与乙1万元，乙表示接受。随后甲往乙的账户打入3 000元。在甲准备给乙转余下的7 000元之际，乙因小事将甲的儿子丙殴打成重伤。

问：

(1) 甲是否能撤销赠与？为什么？

(2) 甲是否有权要求乙返还已赠与的3 000元？为什么？

参考文献

1. 罗昆．“依法”不得撤销的公益性赠与之认定．法律适用，2020 (15).

2. 白纶．《民法典》无偿合同规范模式研究——以赠与及间接赠与的法律规制为中心．中国政法大学学报，2020 (1).

第十五章　借款合同

本章重点问题

1. 借款合同概述
2. 借款合同的效力

第一节　借款合同概述

一、借款合同的概念和种类

借款合同是借款人向贷款人借款，到期返还借款并支付利息的合同。其中，向对方借款的一方称为借款人，出借钱款的一方称为贷款人。依据贷款人的不同，借款合同可以分为金融借款合同和民间借款合同。金融借款合同的贷款人为银行等金融机构，民间借款合同的贷款人为金融机构以外的主体。民间借贷既可以发生于自然人之间，又可以发生于法人、非人组织之间，或法人、非人组织与自然人之间。

二、借款合同的特征

借款合同有如下法律特征：

（1）借款合同的标的物具有特殊性。借款合同的标的物为金钱。此处的金钱，又叫货币。金钱是消费物，又是特殊的种类物，不易特定。在借款合同中，贷款人将货币交付给借款人占有，借款人取得钱款的占有，意味着其取得了货币的所有权。因此，借款合同为转移标的物所有权的合同。

（2）借款合同一般为诺成合同。只要符合合同的成立要件，无须现实交付标的物，借款合同即告成立。但《民法典》第679条规定了例外，即自然人之间的借款合同是实践合同，自贷款人提供借款时成立。

（3）借款合同约定有利息的，为有偿合同；借款合同对支付利息没有约定的，则视为没有利息。借款合同对支付利息约定不明确，当事人不能达成补充协议的，按照当地或者当事人的交易方式、交易习惯、市场利率等因素确定利息；自然人之间借款合同对支付利息约定不明确的，视为没有利息。

（4）借款合同一般为要式合同。借款合同应当采用书面形式，但是自然人之间借款另有约定的除外。借款合同的内容一般包括借款种类、币种、用途、数额、利率、期限和还款方式等条款。

第二节　借款合同的效力

一、贷款人的义务

（一）依约提供借款的义务

借款合同生效后，贷款人应按期、按量提供借款。贷款人未按照约定的日期、数额提供借款，造成借款人损失的，应当赔偿损失。在借款合同中，贷款人不得利用优势地位预先在本金中扣除利息。预先在本金中扣除利息的，应当按照实际借款数额返还借款并计算利息。

（二）保密义务

贷款人不得将借款人的营业秘密泄露于第三方，否则应承担相应的法律责任。

二、借款人的义务

（一）依约收取借款的义务

借款人应按照合同约定的日期、数额收取借款。

（二）接受贷款人检查、监督的义务

订立借款合同，借款人应当按照贷款人的要求提供与借款有关的业务活动和财务状况的真实情况。在借贷关系存续期间，贷款人按照约定可以检查、监督借款的使用情况。借款人应当按照约定向贷款人定期提供有关财务会计报表或者其他资料。

（三）按照约定的用途使用借款的义务

借款合同对借款有约定用途的，借款人须按照约定用途使用借款，接受贷款人对贷款使用情况实施的监督、检查。借款人未按照约定的借款用途使用借款的，贷款人可以停止发放借款、提前收回借款或者解除合同。

（四）按期归还借款本金和利息

借款人应当按照约定的期限返还借款。对借款期限没有约定或者约定不明确，依据《民法典》第 510 条的规定仍不能确定的，借款人可以随时返还；贷款人可以催告借款人在合理期限内返还。当然，借款人可以在还款期限届满前向贷款人申请展期；贷款人同意的，可以展期。

当借款为无偿时，借款人须按期归还借款本金；当借款为有偿时，借款人除须归还借款本金外，还必须按约定支付利息。对支付利息的期限没有约定或者约定不明确，依据《民法典》第 510 条的规定仍不能确定，借款期间不满一年的，应当在返还借款时一并支付；借款期间一年以上的，应当在每届满一年时支付，剩余期间不满一年的，应当在返还借款时一并支付。依据《民法典》第 680 条的规定，借款的利率不得违反国家有关规定，禁止高利放贷。

最高人民法院《关于审理民间借贷案件适用法律若干问题的规定》（法释〔2020〕17 号）就对民间借款合同的利率作出具体规定。依据其第 25 条的规定，出借人请求借款人按照合同约定利率支付利息的，人民法院应予支持，但是双方约定的利率超过合同成立时一年期贷款市场报价利率四倍的除外。

前文所称“一年期贷款市场报价利率”，是指中国人民银行授权全国银行间同业拆借中心自2019年8月20日起每月发布的一年期贷款市场报价利率。

借款人提前返还借款的，除当事人另有约定外，应当按照实际借款的期间计算利息。例如，甲借给乙10万元，约定年利率20%，借期1年，未约定提前还款事宜。现乙提前半年还款，乙应归还的本息为本金10万元和半年的利息1万元。

依据前述司法解释的规定，借贷双方对逾期利率有约定的，从其约定，但是以不超过合同成立时一年期贷款市场报价利率四倍为限。

对于未约定逾期利率或者约定不明的，人民法院可以区分不同情况处理：其一，既未约定借期内利率，也未约定逾期利率，出借人主张借款人自逾期还款之日起参照当时一年期贷款市场报价利率标准计算的利息承担逾期还款违约责任的，人民法院应予支持。其二，约定了借期内利率但是未约定逾期利率，出借人主张借款人自逾期还款之日起按照借期内利率支付资金占用期间利息的，人民法院应予支持。其三，出借人与借款人既约定了逾期利率，又约定了违约金或者其他费用，出借人可以选择主张逾期利息、违约金或者其他费用，也可以一并主张，但是总计超过合同成立时一年期贷款市场报价利率四倍的部分，人民法院不予支持。

本章复习题

【案例1】 2019年1月1日，甲准备出国旅游，遂向朋友乙借款10万元。乙同意借款。双方约定，借款数额为10万元，借期为7个月，还款日期为2019年7月31日，月利率为千分之十；并约定乙于签约当天直接将借款转入甲的账户。双方签订了书面协议。后乙因事忙，直到2月1日才将10万元借款转至甲的账户。7月底，甲向乙还款时，双方因利息的计算产生争议。乙认为，甲应返还7个月的利息；而甲认为，自己只实际只用了6个月，不应支付7个月的利息。

问：甲和乙中谁的观点有依据？

【案例2】 2019年1月，甲厂因急需生产资金，遂向乙银行申请30万元贷款。甲厂向乙银行提交了借款申请书、丙会计师事务所核准的年度财务报告等资料。乙银行经审查后同意贷款，双方签订了借款合同。合同约定：借款金额为30万元，借款期为1年，借款利率为5.6%，乙银行于2019年2月1日将贷款划到甲厂的账户上。2010年2月1日，乙银行只划了28.32万元到甲厂的账户，甲厂派人询问，乙银行称为了保证收回利息，对30万元贷款预扣了利息。

问：还款期到来后，甲厂需返还乙银行多少本息？为什么？

参考文献

1. 王建文．论我国民间借贷合同法律适用的民商民分。现代法学，2020（1）.
2. 王学棉．民间借贷合同逾期利息请求及其判决．当代法学，2015（6）.

第十六章　保证合同

本章重点问题

1. 保证合同概述
2. 保证责任
3. 特殊保证

第一节　保证合同概述

一、保证合同的概念与特征

（一）保证合同的概念

在日常生活中，“保证”一词常被使用，但其含义与担保制度意义上的“保证”不尽相同，担保制度意义上的“保证”有特殊的含义。担保制度意义上的保证，是指保证人和债权人约定，当债务人不履行债务时，保证人按照约定履行债务或者承担责任的行为。

保证合同是为保障债权的实现，保证人和债权人约定，当债务人不履行到期债务或者发生保证合同当事人约定的情形时，由保证人履行债务或者承担责任的合同。其中，担保合同债务履行的第三人称为保证人，被担保的债务人称为被保证人，被担保的债务称为主债务。由此可见，保证涉及三方当事人，即债权人、债务人和保证人。与此相适应，保证也涉及三个法律关系：一是债权人与债务人之间的主债权债务关系，二是债务人与保证人之间的委托关系，三是保证人与债权人之间的保证合同关系。

保证合同是《民法典》增加的四种有名合同中的一种。

《民法典》第 681 条对保证合同的规定，系对《担保法》第 6 条之规定的继受与完善。

（二）保证合同的特征

1. 是从合同

保证合同是主债权债务合同的从合同，除法律另有规定外，主债权债务合同无效，保证合同也无效。据此，保证债务依附于主债务，债权人向保证人主张权利时，必须举证证明主债务、保证债务的存在以及两者间的关联关系，否则保证人可拒绝履行保证义务。

在实务中，保证合同的从属性通常表现在以下几个方面：

（1）设立上的从属性。主合同不成立，保证合同也不能成立；主合同无效或被撤销，保证合同也无效。

(2) 保证范围和强度上的从属性。保证的范围和强度原则上应与主债务相同，不得大于或强于主债务。

(3) 移转上的从属性。保证债权随主债权的移转而移转，主债权人在出让主债权时，应将保证债权一同转让。对于主债权转让时，债权人是否应该通知保证人或者是否要征得保证人的同意这一问题，各国民法均无明确规定。

(4) 变更上的从属性。在主债权的范围与强度减小时，保证债权的范围和强度也随之减小。如果债权人与主债务人协议变更合同内容，则视为成立新的债的关系，此新债务对原保证人不发生效力，除非该变更得到了保证人的书面同意。

(5) 消灭上的从属性，指保证债务随主债务的消灭而消灭，如主合同债务因清偿、抵销、混同、债权人抛弃等原因消灭，保证也随之消灭。

2. 主体的特殊性

《民法典》虽然对于自然人为债权人提供保证担保没有设立限制性规定，但由于保证合同属于典型的民事法律行为，因此，民事法律行为的生效条件当然适用于保证合同，作为保证人的自然人应当具有相应的民事行为能力，就是不言而喻的。

此外，依据《民法典》第683条之规定，除经国务院批准为使用外国政府或者国际经济组织贷款进行转贷的外，机关法人不得为保证人；以公益为目的的非营利法人、非法人组织也不得为保证人。

3. 要式性

要式合同，是指法律、行政法规规定或者当事人约定，应当采用书面形式的合同。前者被称为法定的要式合同，后者被称为约定的要式合同。

依据《民法典》第685条的规定，保证合同应当采取书面形式。当然，进入大数据时代之后，应从广义上理解“书面形式”，即它既包括传统的合同书、信件，也包括数据电文（包括电报、电传、传真、电子数据交换和电子邮件）等。只要是可以有形地表现所载内容的形式，都可被认定为书面形式。

4. 成立方式的多元性

依据《民法典》第685条的规定，保证合同既可以是单独订立的书面合同，也可以是主债权债务合同中的保证条款，还可以是第三人单方以书面形式向债权人作出的、债权人接收且未提出异议的保证意思。据此，保证合同可以基于以下任何一种情形而成立：其一，保证人与债权人在主债权债务合同之外单独签订的保证合同；其二，在包含保证条款的主债权债务合同中，债权人、债务人之外的第三人以保证人的身份签字或者盖章确认；其三，第三人单方以书面形式向债权人发出的、债权人接收且未提出异议的具有保证担保的意思。

二、保证合同的成立及主要内容

（一）保证合同的成立

无论是依据《担保法》第6条的规定，还是依据《民法典》第681条的规定，保证担保都是基于保证合同成立的担保方式，是一种典型的意定担保。因此，除《民法典》合同编第十三章有特别规定外，保证合同的成立应遵循《民法典》合同编第二章“合同的订立”的一般要求。一般情形下，在保证人与债权人就保证人为特定债务提供担保一事形成合意时，保证合同即告成立。

（二）保证合同的主要内容

依据《民法典》第 684 条的规定，保证合同的内容一般包括被保证的主债权的种类、数额，债务人履行债务的期限，保证的方式、范围和期间等条款。

《民法典》第 684 条规定的条款只是法律预先提供给当事人参考的示范性条款，并不都是必备条款。基于合同自由原则，如一个具体的保证合同缺少其中的一些条款，只要欠缺的不是必备条款，就应允许当事人补正，或者借助法定补正规则进行补正，而不应轻易认定合同无效。这样处理，不仅体现了对当事人自治权的尊重，还有利于维护交易的安全与秩序，有利于促进融资与贸易活动的发展。

第二节　保证责任

一、保证的方式与范围

（一）保证的方式

保证的方式包括一般保证和连带责任保证。前者是指当事人在保证合同中约定，债务人不能履行债务时，由保证人承担保证责任的保证。后者是指当事人在保证合同中约定保证人与债务人对债务承担连带责任的保证。

在一般保证中，保证人享有先诉抗辩权，即一般保证的保证人在主合同纠纷未经审判或者仲裁，并就债务人的财产依法强制执行仍不能履行债务前，有权拒绝承担保证责任，但是有下列情形之一的除外："（1）债务人下落不明，且无财产可供执行；（2）人民法院已经受理债务人破产案件；（3）债权人有证据证明债务人的财产不足以履行全部债务 或者丧失履行债务能力；（4）保证人书面表示放弃此权利。"

连带责任保证的债务人在主合同规定的债务履行期届满没有履行债务的，或者发生保证合同约定的情形时，债权人可以请求债务人履行债务，也可以请求保证人在其保证范围内承担保证责任。

（二）保证方式的推定

对于实务中存在的当事人对保证方式没有约定或者约定不明确时保证方式的确立问题，《民法典》确立了保证方式的推定规则。依据《民法典》第 686 条的规定，在出现当事人对保证方式没有约定或者约定不明确的情形时，保证人按照一般保证承担保证责任。

我们赞成《民法典》的规定，这既符合担保制度立法的价值取向，符合大陆法系国家的主流立法例①，也符合国内司法实务的主流做法。② 在普遍存在所谓"寻保难"现象的情况下，《担保法》第 19 条的规定明显欠妥，因为它虽然有利于保护债权人的利益，但是，它在客观上加重了保证人的负担。面对连带责任的风险，保证人可能更愿意选择置身事外，其结果必将损害保证人

---

① 梁书文，单长宗．中外合同法担保法问题研究．北京：人民法院出版社，1999：79.

② 最高人民法院于 1994 年 4 月 15 日发布的《关于审理经济合同纠纷案件有关保证的若干问题的规定》。

提供担保的积极性，使“寻保难”的问题恶化，进而甚至影响融资与交易的发展。

（三）保证的范围

依据《民法典》第691条的规定，除当事人另有约定外，保证人保证的范围包括主债权及其利息、违约金、损害赔偿金和实现债权的费用。

所谓实现债权的费用，是指债权人为了实现债权所产生的合理费用，包括但并不限于评估费、公证费、律师费、执行费和差旅费等。

二、保证期间

（一）保证期间的概念及确定

1. 概念

保证期间也称保证责任期间，是指确定保证人承担保证责任的期间。债权人没有在该期间主张权利的，保证人不再承担责任。

2. 保证期间的确定

依据《民法典》第692条的规定，保证期间的确定主要有以下几种情况：(1) 债权人与保证人有约定且约定有效的，依照约定确定保证期间。(2) 债权人与保证人有约定但约定无效的，即约定的保证期间早于主债务履行期限或者与主债务履行期限同时届满，保证期间为主债务履行期限届满之日起6个月。(3) 债权人与保证人对保证期间没有约定或者约定不明确，保证期间为主债务履行期限届满之日起6个月。

最高人民法院《关于适用〈中华人民共和国民法典〉有关担保制度的解释》第32条规定，保证合同约定保证人承担保证责任直至主债务本息还清时为止等类似内容的，视为约定不明，保证期间为主债务履行期限届满之日起6个月。

（二）保证期间的性质

由于保证期间关系到债权的实现、保证人保证责任等重大问题，因此，各国法律都规定了保证期间。但法律的规定并没有明确保证期间的性质，因此，学说与判例对保证期间的性质存有较大的分歧。

由于我国《担保法》和最高人民法院《关于适用中华人民共和国担保法若干问题的解释》关于保证期间的规定存在重大冲突，学界对这一问题也始终没有达成一致意见，导致法院在司法实践中也多有争议。一种意见认为保证期间属于诉讼时效；另一种意见认为保证期间是除斥期间；还有一种意见认为，保证期间既非诉讼时效，也不是除斥期间，而是一种独立的期间类型。①

《民法典》第692条规定：保证期间是确定保证人承担保证责任的期间，不发生中止、中断和延长。据此，我们认为，保证期间属于除斥期间，而非诉讼时效。

实务中，保证债务一般是单务的和无偿的，保证人不享有要求对方为对待给付的请求权，设立保证期间就是为了不过分加重保证人的负担。《担保法》在对债权人的保护问题上没有采取诉讼时效的保护方案，而是采取除斥期间的保护方案。这绝非偶然。其目的在于：通过这种制度设

① 孔祥俊．保证期间再探讨．法学，2001（7）：56.

计，使保证人处于相对有利的地位，从而促进保证担保方式的规模化运用。至于《担保法》第25条第2款关于保证期间适用诉讼时效中断的规定，不能作为认定保证期间是诉讼时效的证明。其立法理由是："如果债权人积极行使了他的权利，对债务人提起诉讼或者申请仲裁，由于诉讼或者仲裁的程序的关系，有可能待到案件了结，经依法强制执行债务人仍不能履行债务之时，原来约定的保证期间以及法律规定的保证期间已经届满了。这时，债权人还能不能再要求保证人承担保证责任了呢？如果规定不能，对于债权人的利益显然是不公平的。"① 换言之，规定保证期间的中断就是为了解决这类特殊问题的，与《民法通则》所规定的能引起诉讼时效中断的事由有明显区别。

三、主债权债务合同变动时保证人的保证责任

（一）主债权债务合同的内容变动时保证人的保证责任

主债权债务合同的内容发生变动时，保证人应如何承担保证责任？应区分两种变动情况来分析：一是债权人、债务人与保证人协商，经保证人书面同意后，协商变更主债权债务合同的内容；二是债权人、债务人未与保证人协商，未经保证人书面同意，协商变更主债权债务合同的内容。在第一种情形下，保证人须对变更后的主债务承担保证责任。在第二种情形下的，保证人应依据《民法典》第695条确立的有利于保证人的"从轻兼从旧"规则承担保证责任，即减轻债务的，保证人仍对变更后的债务承担保证责任；加重债务的，保证人对加重的部分不承担保证责任。

（二）主债权债务合同的期限变动时保证人的保证责任

依据《民法典》第695条的规定，也应区分两种变动情况来分析保证人的保证责任承担问题。一是债权人、债务人与保证人协商，经保证人书面同意后，协商变更主债权债务合同的履行期限；二是债权人、债务人未与保证人协商，未经保证人书面同意，径行变更主债权债务合同的履行期限。在第一种情形下，主债权债务合同履行期限的变更，对保证期间发生影响，保证人须对变更后的约定承担保证责任，保证期间从变更之后的主债务履行期届满开始起算；在第二种情形下，主债权债务合同履行期限的变更，对保证期间不发生影响，保证人只需在原保证期间内承担保证责任。

（三）主债权债务合同的主体变动时保证人的保证责任

1. 债权人变动时保证人的保证责任

依据《民法典》第696条的规定，如保证人未与债权人约定仅对特定的债权人承担保证责任或者禁止债权转让，则债权人将全部或者部分债权转让给第三人，且通知保证人后，保证人对受让人应承担相应的保证责任。

如保证人事先与债权人约定仅对特定的债权人承担保证责任或者禁止债权转让，则债权人欲将全部或者部分债权转让给第三人的，必须取得保证人的书面同意，并通知保证人，否则，保证人对受让人的债权不再承担保证责任。

2. 债务人变动时保证人的保证责任

依据《民法典》第697条的规定，应区分两种变动情况讨论主债务变动时保证人的保证责任

---

① 全国人大常委会法制工作委员会民法室．中华人民共和国担保法释义．北京：法律出版社，1995：34.

问题：一是债权人经保证人书面同意，允许债务人转移全部或者部分债务，保证人的保证责任不受影响，即保证人仍应在原约定范围内承担保证责任；二是债权人未经保证人书面同意，允许债务人转移全部或者部分债务，除债权人和保证人另有约定外，保证人原则上不再承担保证责任。

3. 债务加入时保证人的保证责任

所谓债务加入，即并存的债务承担。《合同法》对此并无规定，但在司法裁判中得到了广泛适用。[①]

2019年，关于债务加入在规范层面有了新突破，《第九次全国法院民商事审判工作会议纪要》明确提出债务加入的效力准用担保规则。

依据《民法典》第552条的规定，在构成债务加入后，债权人可以请求第三人在其愿意承担的债务范围内和债务人承担连带债务。连带债务之下，原债务人的债务并无加重，换言之，第三人的债务加入行为，对保证人不发生不利影响。因此，《民法典》第697条第2款规定，第三人加入债务的，保证人的保证责任不受影响。

四、保证人的抗辩权与追偿权

（一）保证人的抗辩权

虽保证合同一般为无偿、单务合同，但这并不意味着保证人在保证之债中不享有任何权利。相反，为了平衡合同双方的利益，《民法典》赋予保证人一系列抗辩权，以对抗债权人的请求权。

保证人的抗辩权包括以下两种：

1. 主债务人享有的抗辩权

对于保证人来说，担保债务是主债务的从债务，其承担保证责任的基础为主债务有效存在，因此，凡是主债务人享有的对债权人的抗辩权，除非另有特别约定，保证人均可行使，譬如债权消灭、债权已过诉讼时效、债权履行期限未到等等。

值得注意的是，保证人对主债务人享有的抗辩权的行使，不受主债务人的影响，即使主债务人放弃抗辩，保证人仍有权向债权人主张抗辩。[②]

2. 专属于保证人的抗辩权

专属于保证人的抗辩权，主要包括催告抗辩权和先诉抗辩权。

所谓催告抗辩权，是指当债权人请求保证人履行债务时，保证人有权请求债权人先向债务人进行债务清偿的催告。需要注意的是，催告抗辩权一般适用于代为履行的保证责任，在这种情况下，债权人请求保证人代为履行时，应先请求主债务人履行。

所谓先诉抗辩权，又称检索抗辩权，是指保证人在债权人就主债务人的财产强制执行而无效果之前，得拒绝债权人请求清偿的权利。先诉抗辩权属于延期性抗辩权，不能永久否定债权人的请求权。实务中需要辨明的一个问题是：如果债权人同时起诉一般保证人和债务人，法院是否可以判决保证人承担保证责任？《民法典》未对此作出明确规定。最高人民法院《关于适用中华人民共和国民法典有关担保制度的解释》第28条第2款对此作了灵活处理：一般保证中债权人

---

① 江苏省高级人民法院《关于适用〈中华人民共和国合同法〉若干问题的讨论纪要（一）》（苏高发审委〔2005〕16）（已于2021年1月1日《民法典》生效之日失效）。

② 《民法典》第701条。

一并起诉债务人和保证人的，人民法院可以受理，但是，除有《民法典》第 687 条第 2 款但书规定的情形外，应当在判决书主文中明确保证人仅对债务人财产依法强制执行后仍不能履行的部分承担保证责任。这种处理既保障了一般保证的保证人的先诉抗辩权，又体现了方便诉讼原则，有利于节约诉讼成本。

依据《民法典》第 687 条的规定，在出现下列情形之一时，保证人不得行使先诉抗辩权：(1) 债务人下落不明，且无财产可供执行；(2) 人民法院已经受理债务人破产案件；(3) 债权人有证据证明债务人的财产不足以履行全部债务或者丧失履行债务能力；(4) 保证人书面表示放弃此权利。

(二) 保证人的追偿权

保证人追偿权又称保证人求偿权，是指保证人在履行保证债务后，得请求主债务人偿还的权利。《民法通则》《担保法》曾明确保证人享有该权利。[①]《民法典》第 700 条对《担保法》的规定作了完善。

依据《民法典》第 700 条的规定，在同时满足以下条件时，保证人有权向主债务人追偿：

(1) 保证合同没有作出相反的约定。

(2) 保证人向债权人履行了保证债务。保证人只要承担了保证责任，就可享有追偿权。保证人履行债务的方式，保证人履行债务的程度，均在所不问。

(3) 主债务人因保证人的履行而免责。所谓主债务人免责，是指主债务人对债权人的债务因保证人的履行而消灭或者部分消灭。债务人非因保证人对保证债务的履行而免责的，保证人不享有求偿权。例如，债务人因自己的清偿行为而免责时，即使保证人又履行了保证债务，保证人也不享有向债务人追偿的权利。于此情形下，保证人只能依不当得利的规定请求债权人返还。

(4) 保证人在履行保证债务时无过错。保证人在承担保证责任时有过错的，譬如保证人在债权人请求其承担保证责任时，应行使主债务人的抗辩权而未行使，致使承担了不应承担的债务，则保证人丧失相应的求偿权。

五、保证责任的免除

(一) 保证人的免责请求权

保证人的免责请求权，是指保证人在特定事由出现时，依法享有的请求免除其保证责任的权利。

(二) 保证人的免责事由

1. 保证合同无效或被撤销

依据《民法典》第 154 条的规定，主合同当事人双方串通，骗取保证人提供保证的，保证合同应属无效。依据《民法典》第 149、150 条的规定，主合同债权人采取欺诈、胁迫等手段，使保证人在违背真实意思的情况下提供保证的，保证人可行使撤销权。在保证合同无效或被撤销时，保证人无须承担保证责任。

---

① 参见《民法通则》第 89 条、《担保法》第 31 条的规定。

2. 债权人放弃或者怠于行使权利致使主债务人的财产不能被执行

一般保证的保证人在主债务履行期限届满后，向债权人提供债务人可供执行财产的真实情况，债权人放弃或者怠于行使权利致使该财产不能被执行时，保证人在其提供可供执行财产的价值范围内不再承担保证责任。①

3. 主债务人对债权人享有抵销权或者撤销权

依据《民法典》第702条的规定，债务人对债权人享有抵销权或者撤销权的，保证人可以在相应范围内拒绝承担保证责任。经审查，确认保证人的拒绝权成立的，保证人可以在相应范围内免除承担保证责任。

4. 债权人未在保证期间内主张权利

依据《民法典》第693条的规定，此处所谓“主张权利”应区分两种情形讨论。对于一般保证而言，如债权人未在保证期间内对债务人提起诉讼或者申请仲裁的，保证人不再承担保证责任；对于连带责任保证而言，如债权人未在保证期间对保证人主张承担保证责任的，保证人不再承担保证责任。

第三节　特殊保证

一、共同保证

(一) 界定

所谓共同保证，是指两人以上就同一债务人的同一债务共同提供的保证担保。

共同保证是保证的种类之一与其他保证相比，其典型特征就是，保证人的多数性。

《民法典》第699条规定：同一债务有两个以上保证人的，保证人应当按照保证合同约定的保证份额，承担保证责任；没有约定保证份额的，债权人可以请求任何一个保证人在其保证范围内承担保证责任。

(二) 成立条件

一般而言，共同保证的成立需要具备以下条件：

(1) 保证人为两人以上。至于数个保证人是与债权人共同订立保证合同还是分别订立保证合同，各保证人之间有无共同提供保证的意思联系，均不影响共同保证的成立。但如果两个保证人所提供的保证一为有效、一为无效的，不能成立共同保证；两个保证人发生合并，或者债权人于不损害其他保证人利益的前提下放弃对某一按份保证人的权利的，原来的共同保证也相应地转化为单独保证。

(2) 担保的债务为同一债务。这里的“同一债务”，可以是同一债务的全部，也可以是同一债务的一部分；可以是同一债务的相同部分，也可以是同一债务的不同部分。

(3) 具备保证合同成立的一般条件。共同保证虽然具有一定的特殊性，但是作为保证的一

① 《民法典》第698条。

种，它应当具备保证合同成立的一般条件。

（三）主要类型

1. 按份共同保证与连带共同保证

这是根据各保证人的保证份额以及其相互关系的不同所作出的分类。

共同保证的保证人与债权人约定各自保证担保份额的，为按份保证。按份保证的各保证人仅在约定的份额内向债权人承担保证责任，保证人在承担保证责任后，有权就其清偿的债务份额向主债务人追偿。

共同保证的保证人未与债权人约定保证份额的，为连带保证。连带共同保证的各保证人都有义务承担全部保证责任，在保证债务全部清偿前，各保证人的保证责任一般都不能免除。连带共同保证人向债权人承担保证责任后，既可以向主债务人追偿，也可以要求其他保证人清偿其应当承担的份额。各保证人应保证合同的约定承担相应的保证份额，没有约定或者约定不明确的，视为各保证人平均承担保证责任。

2. 一般保证方式的共同保证、连带责任保证方式的共同保证与混合保证方式的共同保证

这是根据各个保证人承担保证的方式或清偿债务顺序关系的不同而作出的分类。

在共同保证中，各保证人承担保证责任的方式既可以都是一般保证，也可以都是连带责任保证，还可能有的为一般保证，有的为连带责任保证（即混合保证方式的共同保证）。

二、最高额保证

（一）界定

所谓最高额保证，是指保证人和债权人签订一个总的保证合同，约定在最高债权额限度内就一定期间债权人与债务人之间连续发生的债权提供保证。

实务中，最高额保证主要适用于债权人与债务人之间具有经常性的、同类性质的业务往来，需多次订立合同的情形。该保证形式既可节省交易成本又可提高交易效率，因此，得到了各国判例、学说的广泛承认。

（二）特征

（1）担保的债权具有不确定性。最高额保证所担保的债权在保证设立时可能已经发生，也可能没有发生。在后面这种情形下，最高额保证担保的就是未来债权。

（2）须预定最高债权限额。设定最高额保证时，保证人与债权人协议约定保证担保的最高债权限额，无论将来实际发生的债权如何增减变动，保证人只在最高债权额范围内对债权人承担保证责任。实际发生的债权超过最高限额的，以约定的最高债权额为限；不及最高限额的，以实际发生的债权额为限。

（3）须对决算期作出明确规定。约定决算期，是为了明确最高额保证的存续期间，并进而确定保证人的保证责任范围。保证人只对存续期间之内发生的债权承担保证责任，对存续期间之前或之后发生的债权不必承担责任。

（4）担保的债权具有同质性。如上所述，最高额保证的成立，不以主债权的存在为前提，其担保的债权可以全部或者部分是未来债权。这里的“未来债权”，是指最高额保证成立时尚未发生，在最高额保证期间将发生的债权。最高额保证担保的债权并非多个任意债权的组合，它们应当是同一种类债权，产生于同一性质的法律关系，债务人承担同一性质的给付义务。

（三）法律适用

依据《民法典》第690条的规定，最高额保证合同除了可适用合同编第十三章“保证合同”的有关规定，还可参照适用物权编最高额抵押权的有关规定。

本章复习题

【案例1】 甲、乙签订了一份借款合同，甲为借款人，乙为出借人，借款数额为500万元，借款期限为两年。丙、丁为该借款合同进行了保证担保，担保条款约定：如甲不能如期还款，丙、丁承担保证责任。但没约定各自的担保范围。

问：

（1）甲到期无力还款，丙、丁应否承担保证责任？为什么？

（2）根据约定，丙、丁应承担何种保证责任？为什么？

（3）根据法律规定，如共同保证的保证人没有约定各自的担保范围时，应如何确定他们的保证责任范围？他们之间是否享有追偿权？为什么？

【案例2】 甲公司向乙公司购买一批货物，价值100万元。合同中约定：甲公司预付货款35万元，其余的65万元货款在提货后一年之内付清。甲公司要求丙公司为其提供连带担保，没有约定保证范围。提货1个月后，甲公司在征得乙公司同意后，将65万元的债务转移给欠自己70万元货款的丁公司。丙公司对此完全不知情。债务清偿期届满之后，乙公司要求丁公司偿还65万元的货款及利息，而这时丁公司因违法经营被依法查处，公司的账户被银行冻结。于是，乙公司找到了丙公司，要求其承担保证责任。丙公司以自己刚刚知道甲公司将债务转让给丁公司为由，拒绝承担责任。

问：

（1）丙公司保证担保责任的范围如何确定？为什么？

（2）甲公司转让债务后，丙公司是否继续承担保证责任？为什么？

（3）若乙公司将其债权转让给戊公司，而未经保证人丙公司的同意，则丙公司是否继续承担保证责任？为什么？

参考文献

1. 全国人大常委会法制工作委员会民法室．中华人民共和国担保法释义．北京：法律出版社，1995.

2. 梁书文，单长宗．中外合同法担保法问题研究．北京：人民法院出版社，1999.

3. 孔祥俊．保证期间再探讨．法学，2001（7）.

第十七章　租赁合同

本章重点问题

1. 租赁合同的效力
2. 租赁合同的风险负担和合同终止

租赁合同是出租人将租赁物交付承租人使用、收益，承租人支付租金的合同。租赁合同中，将租赁物租出的一方称为出租人，使用租赁物并支付酬金的一方称为承租人，支付的报酬称为租金。租赁合同的内容一般包括租赁物的名称、数量、用途、租赁期限、租金及其支付期限和方式、租赁物维修等条款。租赁合同有如下法律特征：一是租赁合同是转让财产使用权的合同，出租人所移转的是租赁物的使用权和部分收益权，而非所有权。这是租赁合同与买卖合同的不同之处。第二，租赁合同为双务、诺成、有偿合同。在租赁合同中，出租人和承租人均负有合同义务，双方意思表示达成一致时租赁合同即成立，不以租赁物的交付为要件。出租人出租租赁物有权获得租金，由此与具有无偿性的借用合同区别开来。第三，租赁合同是继续性合同。租赁合同当事人的义务并非一次给付即可完成，合同内容的实现需要经过一定期限。租赁合同的租赁期限不得超过20年，超过20年的，超过部分无效。第四，租赁合同一般为不要式合同，但租赁期限6个月以上的，应当采用书面形式。当事人未采用书面形式，无法确定租赁期限的，视为不定期租赁。

第一节　租赁合同的效力

一、出租人的义务

（一）依约交付租赁物及使租赁物适于使用、收益的义务

租赁的特征在于承租人对租赁物的占有、使用与收益。租赁合同目的的实现，有赖于出租人依约交付租赁物及使租赁物处于适于使用、收益的状态。《民法典》第708条明确规定了出租人的此项主给付义务，要求出租人应当按照约定将租赁物交付承租人，并在租赁期限内保持租赁物符合约定的用途。租赁合同为继续性合同，承租人有权在租赁关系存续期间持续占有、使用、收益租赁物，这要求出租人在交付时及租赁有续期间均应保持租赁物处于合于约定的使用、收益的状态。出租人不得妨害承租人的使用、收益，此外对于第三人的妨害，出租人还应当予以排除。在标的物受到自然侵害而不处于合于约定的使用、收益状态时，出租人应予以恢复。租赁合同中，除双方当事人另有约定外，在租赁关系存续期间内因占有、使用租赁物获得的收益，归承租人

所有。

(二) 瑕疵担保义务

租赁合同中，出租人对租赁物应当承担瑕疵担保义务，包括物的瑕疵担保义务和权利的瑕疵担保义务。关于出租人的物的瑕疵担保义务，《民法典》第731条的，当租赁物危及承租人的安全或者健康时，即使承租人订立合同时明知该租赁物质量不合格，承租人仍然可以随时解除合同。关于出租人的权利的瑕疵担保义务，《民法典》第723条规定，因第三人主张权利，致使承租人不能对租赁物使用、收益的，承租人可以请求减少租金或者不支付租金；第三人主张权利的，承租人应当及时通知出租人。

(三) 租赁物的维修义务

所谓维修义务，是指在租赁物不符合约定的适于使用、收益的状态时，出租人对租赁物进行修理和维护，以使承租人得以按照约定对租赁物进行正常使用、收益的义务。出租人负有的对租赁物的维修义务是由物的瑕疵担保义务派生出来的一项义务，出租人不仅应保证其交付的标的物无瑕疵，而且要保证在租赁期间租赁物符合用途，以满足承租人对租赁物使用、收益的利益需要。《民法典》第712条和第713条明确规定了出租人的租赁物维修义务，承租人在租赁物需要维修时可以请求出租人在合理期限内维修。

出租人负有租赁物的维修义务，须具备以下条件：(1) 当事人无另外约定。基于合同自由原则，当事人对租赁物发生损坏时的修缮问题另有约定的，应当依约定处理。承租人实际上占有租赁物，由其直接负责对租赁物进行修缮更为方便，有时更符合双方当事人的意愿。(2) 租赁物有修缮的必要和可能。租赁物有修缮的必要，是指租赁物发生毁损等情事，如不修缮则不能继续对租赁物进行使用、收益。如出租的汽车刹车损害、出租的房屋遇雨渗漏等，在这些情况下，如不对租赁物进行修缮，则租赁物无法使用或者不能圆满使用。而如果租赁物仅与交付当初时的状态不同，但不会导致租赁物不能使用、收益，如租赁房屋内墙壁色泽陈旧，则没有修缮的必要。另外，虽租赁物有修缮的必要，但如其已无修缮的可能，或者虽有修缮的可能，但修缮本身耗费过巨，如租赁的房屋被大火烧毁，则应寻求其他的救济途径。(3) 在租赁期间承租人已发出维修的通知。在租赁关系存续期间中，租赁物已为承租人所占有，出租人难以及时了解租赁物的状态。除出租人已经知悉或应当知悉租赁物损坏的情况外，承租人发现租赁物有维修的必要和可能时，应及时通知出租人。承租人未作通知的，出租人可以不承担维修义务。

维修租赁物是出租人的义务，出租人不履行此项义务，构成债务的不履行。在租赁关系存续期间出租人不履行修缮义务的，承租人可以催告其于一定期限内履行此义务，出租人仍不履行的，依据《民法典》第713条的规定，承租人可以自行维修，维修费用由出租人负担。因维修租赁物影响承租人使用的，出租人应当相应减少租金或者延长租期。

(四) 费用偿还义务

这里所谓的费用，是指承租人为维持租赁物或增加租赁物的价值而支付的金钱、实物等，它主要包括必要费用、有益费用和奢侈费用三种。其中，除奢侈费用以外，其余两种由承租人支出的费用都应由出租人偿还。

二、承租人的义务

(一) 支付租金的义务

租金的支付是承租人应负担的主要义务。租金一般以金钱形式支付，但不限于金钱形式。租金可以分期支付，也可以一次性支付。依据《民法典》第 721 条和第 722 条的规定，承租人应当按照约定的期限支付租金。对支付租金的期限没有约定或者约定不明确，依据《民法典》第 510 条的规定仍不能确定，租赁期限不满一年的，应当在租赁期限届满时支付；租赁期限一年以上的，应当在每届满一年时支付，剩余期限不满一年的，应当在租赁期限届满时支付。承租人无正当理由未支付或者迟延支付租金的，出租人可以请求承租人在合理期限内支付；承租人逾期不支付的，出租人可以解除合同。

（二）不得随意转租的义务

转租是指在承租人不脱离原租赁关系的情况下，将租赁物出租给次承租人的情形。它与租赁权转让的区别在于：租赁权的转让中，承租人脱离了原租赁关系；而在转租中，承租人依然留在原租赁关系中。转租关系中原出租人仍称为出租人，承租人则称为转租人。出租人与承租人订立的租赁合同使承租人取得了房屋的租赁权，具体体现为承租人可以在合同约定的范围内占有、使用、收益租赁物。承租人对租赁物进行转租，只是使占有、使用权发生了转移，对出租人的所有权并不产生影响，对租赁物上的权利状态也没有起到任何的限制或扩大的作用。所以承租人转租并不是对租赁物的无权处分，相反，是对承租人通过与出租人订立的租赁合同所取得的占有、使用、收益权利的处分，是一种对自己权利的有权处分。

然而，承租人不得随意转租租赁物。承租人转租租赁物需要征得出租人同意，否则出租人可以解除合同。承租人转租经过出租人同意的，承租人与出租人之间的租赁合同继续有效；第三人造成租赁物损失的，承租人应当赔偿损失。出租人知道或者应当知道承租人转租，但不同意的，需要在 6 个月内提出异议，否则视为出租人同意转租。承租人经出租人同意将租赁物转租给第三人，转租期限超过承租人剩余租赁期限的，超过部分的约定对出租人不具有法律约束力，但是出租人与承租人另有约定的除外。在转租的情况下，承租人拖欠租金的，次承租人可以代承租人支付其欠付的租金和违约金，但是转租合同对出租人不具有法律约束力的除外。次承租人代为支付的租金和违约金，可以充抵次承租人应当向承租人支付的租金；超出其应付的租金数额的，次承租人可以向承租人追偿。

（三）按照合同约定的方法或者租赁物的性质使用租赁物的义务

承租人应当按照约定的方法使用租赁物；对租赁物的使用方法没有约定或者约定不明确，依据《民法典》第 510 条的规定仍不能确定的，应当根据租赁物的性质使用。承租人按照约定的方法或者根据租赁物的性质使用租赁物，致使租赁物受到损耗的，不承担赔偿责任。承租人未按照约定的方法或者未根据租赁物的性质使用租赁物，致使租赁物受到损失的，出租人可以解除合同并请求赔偿损失。

（四）妥善保管和到期返还的义务

承租人应当妥善保管租赁物。承租人应尽善良管理人的注意，如同保管自己的财物一样地保管租赁物。承租人因保管不善造成租赁物毁损、灭失的，应当承担赔偿责任。系承租人的同居人和经承租人允许使用租赁物的第三人的原因造成租赁物毁损、灭失的，也属于承租人未尽妥善保管义务造成的损害，承租人同样应负赔偿责任。租赁期限届满，承租人应当返还租赁物，返还的租赁物应当符合按照约定或者根据租赁物的性质使用后的状态。

三、租赁合同的特别效力

（一）买卖不破租赁

对于租赁物所有权的移转所产生的出租人变更，《民法典》第 725 条规定，租赁物在承租人按照租赁合同占有期限内发生所有权变动的，不影响租赁合同的效力。此即“买卖不破租赁”规则，是租赁权物权化的表现。买卖不破租赁的成立要件包括：(1) 租赁物的所有权发生变动，对变动的原因不予考究。(2) 租赁物所有权发生变动时，承租人必须实际占有租赁物。若承租人没有实际占有租赁物，则由于租赁权欠缺公示，第三人难以知晓租赁权存在，租赁权无法获得特别的对抗效力。(3) 原租赁合同有效。买卖不破租赁的法律效果体现为：(1) 租赁物的所有权发生转移，受让人既成为租赁物的新所有权人，又成为租赁关系的出租人；(2) 租赁权有了对抗第三人的效力，即无须经过合同订立程序，承租人和受让人之间直接发生租赁关系，租赁合同继续存在。

(二) 承租人的优先购买权

承租人的优先购买权，是指在租赁关系存续期间，出租人出卖租赁房屋的，承租人享有的以同等条件优先购买的权利。优先购买权适用于房屋租赁的场合。法律赋予承租人优先购买权的立法目的是简化法律关系。

基于承租人的优先购买权，出租人在出卖房屋之前应履行事先通知的义务。出租人履行通知义务后，承租人在15日内未明确表示购买的，视为承租人放弃优先购买权。出租人委托拍卖人拍卖租赁房屋的，应当在拍卖5日前通知承租人。承租人未参加拍卖的，视为放弃优先购买权。出租人未通知承租人或者有其他妨害承租人行使优先购买权的情形的，承租人可以请求出租人承担赔偿责任。但是，出租人与第三人订立的房屋买卖合同的效力不受影响，承租人无权请求确认出租人与第三人签订的房屋买卖合同无效。优先购买权在行使过程中也受到一定的限制：(1) 房屋共有人行使优先购买权；(2) 出租人将房屋出卖给近亲属，包括配偶、父母、子女、兄弟姐妹、祖父母、外祖父母、孙子女、外孙子女；(3) 出租人履行通知义务后，承租人在15日内未明确表示购买；(4) 第三人善意购买租赁房屋并已经办理了登记手续。

第二节 租赁合同的风险负担和合同终止

一、租赁合同的风险负担

在租赁物部分或全部被毁坏、灭失而无修缮的可能的情况下，支付租金的风险由谁来承担，取决于租赁合同的风险负担规则。依据《民法典》第729条的规定，因不可归责于承租人的事由，租赁物部分或者全部毁损、灭失的，承租人可以请求减少租金或者不支付租金；因租赁物部分或者全部毁损、灭失，不能实现合同目的的，承租人可以解除合同。不可归责于承租人的事由包括因不可抗力、意外事件等。在不可抗力和意外事件引起租赁物毁损、灭失的情况下，应当维护哪一方当事人的利益是风险负担规则所要解决的问题。在租赁合同中，对物的风险责任是以谁享有所有权为标准的，即所有权人承担对物的毁损、灭失的风险。在租赁合同中，当发生不可归责于双方当事人的事由，导致租赁物毁损、灭失时，风险责任由出租人承担。

二、租赁合同的终止

租赁合同终止的原因有多种：其一，租赁期限届满。应注意的是，租赁期限届满，当事人可以续订租赁合同；但是，约定的租赁期限自续订之日起不得超过20年。租赁期限届满，承租人继续使用租赁物，出租人没有提出异议的，原租赁合同继续有效，但是租赁期限为不定期。其二，租赁物毁损、灭失，导致目的无法实现，租赁合同终止。其三，租赁合同约定的合同解除条件成就时享有解除权的主体行使解除权。《民法典》合同编除在“通则”中规定了一般法定解除权外，还规定了租赁合同的特别法定解除权,其中，出租人的特别法定解除权包括：(1) 承租人未按约使用租赁物，致使租赁物受损；(2) 承租人非法转租；(3) 承租人无正当理由未支付或延迟支付租金，经催告仍不支付。出租人解除合同应在合理期限前通知承租人。承租人享有的特别法定解除权包括：(1) 租赁物被司法机关或者行政机关依法查封、扣押；(2) 租赁物权属有争议；(3) 租赁物具有违反法律、行政法规关于使用条件的强制性规定情形；(4) 租赁物由于不可归责于承租人的事由毁损、灭失，导致合同目的不达；(5) 租赁物危及承租人的安全或健康。除此之外，出租人和承租人在不定期租赁的情况下均享有解除权。

租赁合同终止后，基于租赁合同继续性的特征，合同的消灭向将来发生，不能溯及既往。

本章复习题

【案例 1】 2020 年 10 月 1 日，甲与乙口头约定，甲承租乙的一套房屋，租期为 5 年，租金一次付清，交付租金后即可入住。洽谈时，乙告知甲屋顶有漏水现象，甲对此未置可否。入住后不久甲发现屋顶漏水，便要求乙维修。乙认为在订立合同时已将漏水问题提前告知，甲仍同意承租，故现在乙不应承担维修义务。于是，甲自行进行维修，花费 2 000 元。

问：

(1) 甲乙之间的租赁合同的期限如何确定?

(2) 房屋维修及费用负担问题应如何处理?

【案例 2】 甲和乙签订了书面的房屋租赁合同，租期为五年。半年后，出租人甲将房屋出售给第三人丙，双方签订了买卖合同，但未通知乙。乙过后知悉时表示自己也想购买，但此时甲已将此房屋过户给丙。

问：

(1) 乙能否以自己的房屋优先购买权受侵害为由，主张甲、丙的买卖合同无效?

(2) 乙能否继续居住在该房屋，直至租赁期结束?

参考文献

1. 李永军，论优先购买权的性质和效力，中国政法大学学报，2014 (16).

2. 最高人民法院民事审判第一庭．最高人民法院关于审理城镇房屋租赁公司纠纷案件司法理解的理解与适用．北京：人民法院出版社，2009.

第十八章　融资租赁合同

本章重点问题

1. 融资租赁合同概述
2. 当事人的权利和义务

第一节　融资租赁合同概述

一、融资租赁合同的概念与特征

（一）融资租赁合同的概念

融资租赁合同是出租人根据承租人对出卖人、租赁物的选择，向出卖人购买租赁物，提供给承租人使用，承租人根据合同约定支付租金的合同。

在实务中，有一种特殊情况，即承租人将其自有物出卖给出租人，再通过融资租赁方式将租赁物从出租人处租回。此时，就会出现承租人和出卖人系同一人的情形。依照《民法典》第735条的规定，这种情形不影响融资租赁合同的成立。

融资租赁合同虽有“租赁”之名，但其目的是融资，因此，在融资租赁合同中，租金通常是融资的对价，而不是使用租赁物的对价。正因为如此，有人将融资租赁合同称为金融合同。

（二）融资租赁合同的特征

1. 主体具有特殊性

典型的融资租赁合同通常涉及三方当事人，即出租人、出卖人、承租人。

根据现行相关法律、行政法规之规定，融资租赁合同的出租人只能是专营融资租赁业务的租赁公司，须具有融资租赁业务经营资格和金融业务的经营许可。融资租赁合同的承租人没有特别限制，但在实务中一般是法人或非法人组织，而非自然人。

2. 内容具有复合性

融资租赁集借贷、租赁、买卖于一体，是将融资与融物结合在一起的交易方式，因此，融资租赁合同一般包含买卖合同和租赁合同两个法律关系：前者发生在出卖人与买受人（租赁合同的出租人）之间，后者发生在出租人与承租人之间，但其法律效力又不是买卖和租赁两个合同之效力的简单叠加。

从形式上看，买卖合同和租赁合同都包括双方当事人，融资租赁合同所涉及的主体似乎是四方当事人，即买卖合同的出卖人与买受人、租赁合同的出租人与承租人。但由于融资租赁合同的买方具有双重身份，它既是买卖合同的买受人，又是租赁合同的出租人，所以，融资租赁合同实际涉及的主体是三方当事人，即出卖人、买受人（出租人）、承租人。无论是对出卖人，还是对标的物，买受人都不能自行决定，而必须根据承租人的要求来选择，因为买卖合同的订立、履行，都是为了服务于承租人、服务于租赁合同。

3. 标的物具有特殊性

融资租赁合同之租赁物的特殊性表现在两个方面：

首先，一般是由出租人按照承租人的要求购买。此处“承租人的要求”，一是表现为对出卖人的选择；二是表现为对租赁物的选择。出租人购买标的物，是为了满足承租人对标的物的特殊要求，因此，出租人一般不负担租赁物的维修与瑕疵担保义务。

其次，标的物一般是设备、交通运输工具等特殊动产。《民法典》对融资租赁合同的租赁物没有作限制性的规定，在实务中，融资租赁物一般是设备、交通运输工具等特殊动产，但在法理上不动产作为融资租赁物并无不可，不会影响到融资租赁合同的性质。

4. 租金具有特殊性

融资租赁合同的租金与一般租赁合同的不同，在性质与功能上均具有一定的特殊性。

在一般租赁合同中，出租人的投资回收来源于不同承租人在各租期内所缴纳的租金之和，出租人的购置成本不可能基于一个租赁合同的履行得到全部清偿，租金具有非全额清偿性。在融资租赁合同中，租金往往具有全额清偿的特点，出租人不仅可通过一次融资租赁交易全部收回购置租赁物的成本，还可赚取一定利润。一般说来，融资租赁合同的租金构成包括以下几项：设备购置成本、融资成本、手续费及利润等。

《民法典》第746条规定：融资租赁合同的租金，除当事人另有约定外，应当根据购买租赁物的大部分或全部成本以及出租人的合理利润确定。这充分反映出融资租赁合同的融资以及促进经济发展的功能。

5. 合同形式具有特殊性

融资租赁合同经当事人意思表示一致即成立，而非以租赁物或租金的实际交付为条件，因此，融资租赁合同应为诺成合同。另，依据《民法典》第737条之规定，融资租赁合同应当采用书面形式。这主要是考虑到融资租赁合同通常涉及三方当事人、两个法律关系，合同的内容比较复杂，而且履行时间长，涉及的金额往往比较巨大。

二、融资租赁合同的内容

（一）融资租赁合同的主要条款

依据《民法典》第736条的规定，融资租赁合同的内容一般包括租赁物的名称、数量、规格、技术性能、检验方法、租赁期限，租金构成及其支付期限和方式、币种，租赁期限届满租赁物的归属等条款。

应当说明的是，《民法典》第736条规定的条款只是融资租赁合同的示范条款，其中有些条款并非必备条款。

（二）融资租赁合同与普通租赁合同的区别

1. 租赁物范围不同

在普通的租赁合同中，租赁物既可以是不动产，也可以是动产。在融资租赁合同中，租赁物主要是动产。

2. 涉及的法律关系不同

在普通租赁合同中，一般只涉及一个法律关系，即出租人与承租人之间的租赁合同关系。在融资租赁中，出租人往往要依照承租人的特殊需要，向承租人指定的出卖人购买标的物，出租人购买标的物的行为与其出租标的物的行为是紧密联系在一起的。由此产生两个有关联的法律关系：一是买卖合同关系：二是租赁合同关系前者是为后者服务的。

3. 租赁期限的要求不同

在普通的租赁合同中，租期受到法律的限制，即租赁期限不能超过二十年，超过二十年的，超过部分无效。融资租赁合同的期限，在法律上并受到限制。

4. 租赁物的维修义务主体不同

在普通的租赁合同中，除另有约定外，出租人承担维修义务。在融资租赁合同中，承租人须承担占有租赁物期间的维修义务。

5. 租期届满时租赁物的归属不同

在普通的租赁合同中，租期届满，租赁物所有权仍属出租人，出租人有权收回租赁物。在融资租赁合同中，承租人可以基于约定取得租赁物的所有权。

第二节　当事人的权利和义务

一、出卖人的权利与义务

（一）出卖人的主要权利

1. 收取价金的权利

从缔约目的看，融资租赁所涉及的买卖合同是服务于租赁合同的，但这并不影响出卖人收取价金的权利。

2. 抗辩权

买卖合同是典型的双务合同，因此，出卖人有权依据《民法典》第525条、第526条、第527条的规定，行使同时履行抗辩权、先履行抗辩权、不安抗辩权等权利。

（二）出卖人的主要义务

1. 交付标的物

依约交付标的物是出卖人的主要义务。

如出租人系根据承租人对出卖人、租赁物的选择订立买卖合同的，出卖人应当按照约定向承租人交付标的物，承租人享有与受领标的物有关的买受人的权利，包括检验、提出异议等权利。

出卖人违反向承租人交付标的物的义务，出现租赁物严重不符合约定，或者未按照约定交付租赁物，经承租人或者出租人催告后在合理期限内仍未交付等违约行为时，承租人可以拒绝受领租赁物，但应当及时通知出租人。

2. 有关单证和资料

出卖人应当按照约定或者交易习惯向买受人出租人交付提取标的物单证以外的有关单证和资料。

3. 瑕疵担保

除法律另有规定，或者出卖人能够证明买受人出租人订立合同时知道或者应当知道第三人对买卖的标的物享有权利外，出卖人应当担保就交付的标的物，任何第三人对该标的物不享有任何权利。

如有证据证明第三人对标的物享有权利，买受人出租人可以中止支付相应的价款，但是出卖人能及时提供适当担保的除外。

二、出租人的权利与义务

（一）出租人的主要权利

1. 索赔权

如出卖人不履行瑕疵担保义务或者履行有瑕疵的，出租人（即买受人，下同）可以行使索赔权，也可以依照出租人、出卖人、承租人之间的约定，将索赔权转让给承租人。当承租人行使索赔权时，出租人应当予以协助。

索赔权利的转让，实质上是债权的转让。根据有关债权转让的规定，只要出租人与承租人达成协议，并通知出卖人，该债权转让即可对出卖人生效。当然，出卖人对出租人享有的抗辩权亦可对承租人行使。

2. 取回权

出租人虽然是根据承租人对出卖人、租赁物的选择订立买卖合同，但出租人依法享有租赁物的所有权。当租赁期限届满、承租人重大违约致使合同解除时，出租人有权取回标的物；当承租人破产时，租赁物不属于破产财产，出租人也有权取回标的物。

3. 收取租金

在融资租赁法律关系中，出租人具有双重身份：一是买卖合同的买受人，二是租赁合同的出租人。作为租赁合同的出租人，出租人当然有权收取租金。

4. 合理补偿请求权

如出租人与承租人在合同中明确约定，租赁期限届满租赁物归出租人所有，后发生租赁物毁损、灭失，或者租赁物附合、混合于其他物的情形，致使承租人不能返还的，出租人有权请求承租人给予合理补偿。

（二）出租人的主要义务

1. 支付价金

买卖合同是典型的双务合同，在买卖合同中，出租人作为买受人，自然应当履行支付价金的义务。

2. 不得任意变更买卖合同的内容

如出租人系根据承租人对出卖人、租赁物的选择订立买卖合同，则未经承租人同意，出租人不得变更与承租人有关的合同内容。法律之所以作出如此限制，是因为擅自变更买卖合同的内容，有可能损害承租人的利益，影响其缔约目的的实现。

3. 瑕疵担保

出租人应当保证承租人对租赁物的占有和使用，即出租人应当担保标的物不被任何第三人（包括出卖人、出卖人的抵押权人等）追夺，也不会被任何第三人主张任何权利，包括但不限于知识产权、担保物权等。

如因出租人的原因第三人对租赁物主张权利，影响承租人对租赁物占有和使用的，承租人有权请求出租人赔偿损失。

4. 协助索赔

如出卖人不履行瑕疵担保义务或者履行有瑕疵，出租人（买受人）可以依照出租人、出卖人、承租人之间的约定，将索赔权转让给承租人。当承租人行使索赔权利时，出租人应当予以协助。

三、承租人的权利与义务

（一）承租人的主要权利

1. 占有、使用租赁物

占有、使用租赁物，这是承租人的主要权利，也是实现承租人缔约目的所必需。因此，出租人应当保证承租人对租赁物的占有和使用，如出租人无正当理由收回租赁物，或者无正当理由妨碍、干扰承租人对租赁物的占有和使用，或者出租人的原因致使第三人对租赁物主张权利，承租人均有权请求出租人承担赔偿责任。

2. 租金返还请求权

如承租人与出租人约定租赁期限届满，由承租人取得租赁物所有权，承租人已经支付大部分租金，但无力支付剩余租金，出租人主张解除合同、收回租赁物的，当收回的租赁物的价值超过承租人欠付的租金以及其他费用时，承租人有权请求部分返还。

（二）承租人的主要义务

1. 保管、使用和维修租赁物

在实务中，融资租赁合同的期间通常较长，因此，承租人除应当妥善保管、合理使用租赁物之外，还应当履行占有租赁物期间的维修义务。这与普通租赁合同明显不同，在普通租赁关系中，如当事人没有特别约定，通常由出租人承担租赁物的维修义务。这是由融资租赁合同的融资性质所决定的。

2. 支付租金

依据《民法典》第752条之规定，承租人应当按照约定支付租金。承租人经催告后在合理期限内仍不支付租金的，出租人可以请求承租人提前支付全部租金；也可以解除合同，收回租赁物。如出租人要求提前支付全部租金，就消灭了承租人分期付款的期限利益。如出租人选择解除合同，那么自解约通知到达承租人时，合同即发生解除的效力。由于融资租赁合同是持续性合同，所以，该解除行为原则上没有溯及力，已经履行的部分继续有效。

3. 返还租赁物

依据《民法典》第757条的规定，出租人和承租人可以在合同中约定租赁期限届满后租赁物的归属。如当事人对租赁物的归属没有约定或者约定不明确，依据《民法典》第510条的规定仍不能确定，则租赁物的所有权应归出租人。在这种情形下，承租人就负有及时返还租赁物的义务。

本章复习题

【案例1】　2018年3月8日，甲租赁公司与乙公司签订"××融资租赁合同"，约定：乙公司租赁甲租赁公司机器设备一台，首付款为20万元，租期为12个月，每月支付租金16 000余元；乙公司如不按时支付租金，乙公司须每月支付该到期应付金额的2%作为延迟利息；如果乙公司未按期支付租金及其他应付款项，甲租赁公司可以向乙公司收取合同项下的所有到期和未到期租金及其他应收款项。

同年8月10日，供应商依约交付了设备，乙公司验收后向甲租赁公司出具确认书。但乙公司除支付20万元首付款和两个月租金之外，未向甲租赁公司支付其他到期租金。经多次催讨不成，甲租赁公司向法院提起诉讼，请求判令乙公司支付到期及未到期的全部租金以及延迟利息。

问：如果双方的"××融资租赁合同"没有特别约定，甲租赁公司是否有权提前收取到期和未到期的全部租金？为什么？

【案例2】　2017年5月8日，A租赁公司与B公司签订"融资租赁合同"，约定：由A租赁公司向B公司指定的供应商购买B公司选定的两辆轿车租赁给B公司使用；租期为12个月；在租赁期内，租赁物的所有权属于A租赁公司，B公司对租赁物只有使用权；B公司不得于租赁期内对租赁物进行销售、抵债、转让、转租、分租、抵押、投资，或采取其他任何侵犯租赁物所有权的行为。

同日，A租赁公司与供应商签订车辆采购合同，购买奥迪A8和别克GS轿车各一辆。为便于车辆的日常使用、维修、保养及验车等事项，同时考虑到租赁车辆在租赁期满后，B公司将认购租赁车辆的所有权，故双方约定将租赁车辆的名义车主登记为B公司。

同年6月8日，B公司经验收后签收了上述车辆。

2018年3月5日，B公司基于融资需要将租赁的两车抵押给张三，并办理了抵押登记手续。

问：

(1) B公司与张三之间的抵押合同是否有效？张三的抵押权是否成立？为什么？

(2) A租赁公司应如何主张权利？为什么？

参考文献

1. 最高人民法院民事审判第二庭．最高人民法院关于融资租赁合同司法解释的理解与适用．北京：人民法院出版社，2014.

2. 宗晓明，等：关于审理融资租赁合同纠纷案件适用法律问题的解释的理解与适用．人民司法，2014 (7).

第十九章　保理合同

本章重点问题

1. 保理的概念与分类
2. 保理的法律关系

第一节　保理概述

一、保理的概念

保理是随着国际贸易的不断发展而产生的一种合同形式，多用于国际贸易支付。在现代的国际贸易支付中，信用证因其可靠性、安全性而由出口商较多使用，但是信用证手续复杂而且占用资金，因此进口商不愿意采用。出口商更愿意采取承兑交单或赊销方式，而在这种方式下，进口商会承担比较大的风险，因此进口商也不愿采用这种方式。在这种情况下，大家越来越重视对国际保理的运用。出口商根据自身的实际需要，会要求保理商提供信用销售控制、债款回收、销售账户管理、坏账担保和贸易融资等全部或部分业务服务。也就是说，出口商将应收账款转让给保理商。

1911年出版的《牛津简明词典》对保理作了如下定义：保理是指从他人手中以较低的价格购买债权并通过收回债权而获利的经济活动。这是一个广义的定义。该定义较为简单，未能反映债权人为什么出卖债权，是为了获得服务，还是为了在债权到期日之前提前收回债款，从而得到资金周转上的便利？还有一个狭义的定义，这个定义在美国被普遍接受。依该定义，保理业务是指承做保理的一方同以赊销方式出售商品或提供服务的一方达成一个带有连续性的协议，由承做保理的一方对因出售商品和提供服务而产生的应收账款提供以下服务：(1) 以即付方式受让所有的应收账款；(2) 负责有关应收账款的会计分录及其他记账工作；(3) 到期收回债款；(4) 承担债务人资不抵债的风险（即信用风险）。

国际统一司法协会（the International Institute for the Unification of Private Laws，UNIDROIT）在其1988年5月28日订立、1995年5月1日生效的《国际保理公约》(The Convention on International Factoring) 第1条中对保理合同作出的定义是：保理合同是指一方当事人（供应商）与另一方当事人（保理商）之间所订立的合同，根据该合同，(1) 供应商可以或将要向保理商转让由供应商与其客户（债务人）订立的货物销售合同所产生的应收账款，但主要供债务人个人、家人或家庭使用的货物销售所产生的应收账款除外。(2) 保理商应履行至少两项下述职能：——为供应商融通资金，包括贷款和预付款；管理与应收账款有关的账户（销售分户账）；代收应收账款；对债务人的拖欠提供坏账担保。

国际保理商联合会（Factoring Chain International，FCI）则将保理界定为：保理是融合了资金融通、账务管理、应收账款收取和坏账担保四项业务的综合性金融服务 。其在 2013 年 7 月修订的最新版《国际保理通则》(General Rules for International Factoring，GRIF) 规定，保理合同系指一项契约，据此，供应商可能或将要向一家保理商转让应收账款（视上下文不同，有时也指部分应收账款），不论其是否为了获得融资，至少要实现以下职能之一：(1) 销售分户账管理；(2) 账款催收；(3) 坏账担保 。

1991 年 4 月底，中国对外经济贸易部（现商务部国际贸易经济合作研究院）和中国银行正式向国际保理商联合会（Factors Chain International，FCI）发函，确认将 factors 一词的中文译名确定为“保理”，从此，中文“保理”一词在全球被广泛使用。

结合我国保理实务的特点，中国银行业协会保理专业委员会（FAC）在其 2010 年发布的《中国银行业保理业务规范》中将保理定义为：保理是一项以债权人转让其应收账款为前提，集融资、应收账款催收、管理及坏账担保于一体的综合性金融服务。债权人将其应收账款转让给银行，不论是否融资，由银行向其提供下列服务中的至少一项：(1) 应收账款催收：银行根据应收账款账期，主动或应债权人要求，采取电话、函件、上门催款直至法律手段等对债务人进行催收。(2) 应收账款管理：银行根据债权人的要求，定期或不定期向其提供关于应收账款的回收情况、逾期账款情况、对账单等各种财务和统计报表，协助其进行应收账款管理。(3) 坏账担保：债权人与银行签订保理协议后，由银行为债务人核定信用额度，并在核准额度内，对债务人无商业纠纷的应收账款，提供约定的付款担保。

在 2014 年由中国银行业监督管理委员会（简称“银监会”）公布的《商业银行保理业务管理暂行办法》中称：保理业务是以债权人转让其应收账款为前提，集应收账款催收、管理、坏账担保及融资于一体的综合性金融服务。债权人将其应收账款转让给商业银行，由商业银行向其提供下列服务中至少一项的，即为保理业务：(1) 应收账款催收：商业银行根据应收账款账期，主动或应债权人要求，采取电话、函件、上门等方式或运用法律手段等对债务人进行催收。(2) 应收账款管理：商业银行根据债权人的要求，定期或不定期向其提供关于应收账款的回收情况、逾期账款情况、对账单等财务和统计报表，协助其进行应收账款管理。(3) 坏账担保：商业银行与债权人签订保理协议后，为债务人核定信用额度，并在核准额度内，对债权人无商业纠纷的应收账款，提供约定的付款担保。(4) 保理融资：以应收账款合法、有效转让为前提的银行融资服务。

以应收账款为质押的贷款，不属于保理业务范围。

综上，我们可以得出结论：保理合同又称保付代理合同、托收保付合同，是贸易中以托收、赊销方式结算贷款时，出口方为了规避收款风险而采用的一种请求第三人（保理商）承担风险的综合性金融服务合同。依据《民法典》第 762 条的规定，保理合同应当采用书面形式。

二、保理的分类

（一）国际保理

国际保理（lnternational factoring）又称国际付款保理或保付代理或承购应收账款，是指出口商以赊销、承兑交单方式销售货物时，保理商买进出口商的应收账款，并向其提供资金融通、销售账户管理、应收账款回收、进口商资信评估及信用证风险担保等一系列综合性金融服务方式。①

根据不同的标准国际保理可以被划分为不同的类型。

1. 根据保理商的不同，可以划分为单保理和双保理

（1）单保理是指出口商与进口地的保理商签订保理协议，进口保理商再与出口地的一家银行签订协议，出口地银行只负责传递信息和划拨款项，不承担保理商责任。这种单保理的方式因风险大，比较少用。

（2）双保理是指由出口商与出口国所在地的保理商签订协议，出口保理商与进口保理商双方也签订协议，相互委托代理业务，并由出口保理商与进口保理商根据出口商的需要，一起提供应收账款催收、资信调查、坏账担保、资金融通、销售分户账管理等服务的金融业务。

2. 依据有无追索权，可以划分为有追索权保理和无追索权保理

（1）有追索权保理指保理商凭债权转让向供应商融资后，如果买方拒绝付款或无力支付，保理商有权向供应商要求偿还资金。

（2）无追索权保理指保理商凭债权转让向供应商融通资金后，即放弃对供应商追索的权利，保理商独立承担买方拒绝付款或无力付款的风险。

3. 依据是否提供融资，可以划分为到期保理和融资保理

（1）到期保理是指保理商根据出口商与进口商约定的付款期限计算出到期日，在该到期日将应收款项付给出口商。

（2）融资保理是指保理商承购供应商的应收账款，给予资金融通，并通过一定方式向买方催收欠款。

4. 依据是否公开保理商情况，可以分为公开型保理和隐蔽型保理

（1）公开型保理是指债权转让一经发生，供应商须以书面形式将保理商的参与情况通知买方，并指示买方将货款直接付给保理商。

（2）隐蔽型保理是指供应商不将债权转让以及保理商参与情况通知买方，买方仍将货款付给供应商，供应商收到货款后转付给保理商。整个操作过程只在供应商与保理商之间进行。

（二）国内保理

国内保理是根据国际保理发展而来的。与国际保理不同的是，国内保理的保理商、保理申请人、商务合同买方均为国内机构。按是否可以向供应商追索，国内保理业务可分为以下两种。

1. 有追索权保理（又叫应收账款收购及代购）

有追索权保理是指应收账款到期后买方没有履行付款义务时，保理商可向供应商追索的保理。保理商不负责为债务人核定信用额度和提供坏账担保，仅提供包括融资服务在内的其他服务。无论债务人因何种原因不能支付而形成呆账，保理商都有权索回已购买款项或拒付未付的购买款项。

2. 无追索权保理（又叫应收账款买断）

无追索权保理是指应收账款到期买方没有履行付款义务时，保理商不能向供应商追索的保

① 许南．国际结算案例与分析．北京：中国人民大学出版社，2015：92.

理。也就是说，保理商因债务人清偿能力不足而无法收回应收款项时，不能再向供应商追回已购款项或未付购买应收账款的账款不能拒付。但买方以商业纠纷为由拒绝付款的，保理商仍可向供应商追索。

目前在我国，保理多使用在国际贸易之中。

三、保理的参与人

一般情况之下，保理合同中至少需要包括两种不同的合同：(1) 基础交易合同：债权人与债务人之间的有关销售货物、提供服务或出租资产等签订的合同；(2) 保理合同：债权人与保理商签署的合同。所以，在保理中一般包含三方当事人。

(1) 卖方即债权人：基础交易合同中的债权人，在保理合同中将基础合同中的应收账款转让给保理商，因此又是保理合同中的应收账款的出让人，也就是供应商。

(2) 买方即债务人：基础合同项下的付款义务人。

(3) 商业保理商：开展保理业务的商业保理公司。在国际保理中，包括出口保理商和进口保理商两种。

四、保理的基本程序

(一) 国内保理的基本程序

(1) 买方与卖方签订买卖合同，形成实际交易，并在合同中注明采取保理的方式。

(2) 卖方与保理商签署保理合同，约定采取保理的方法。

(3) 卖方与保理商通知买方应收账款已经转让。

(4) 买方与保理商确认知悉。

(5) 货物发运后，卖方向保理商递交转让全部所有权的通知及全套单据。

(6) 保理商向银行等授信机构提交结算单据复印件。

(7) 银行等授信机构审核无误，划拨融资款。

(8) 保理商放款至卖方指定账户。

(9) 买方到期支付货款给保理商。

(10) 保理商扣除本息后回款给卖方。

(二) 国际保理的基本程序

1. 单保理方式的程序

在国际保理中，单保理方式的风险比较大，故单保理方式主要适用于出口商所在国没有保理商的国家和地区。

(1) 进、出口双方经过协商谈判，决定采用保付代理结算方式后，出口商即向进口商所在国的保理商提出申请，签订保付代理协议，并将需确定信用额度的进口商名单提交给保理商。

(2) 进口保理商对进口商进行资信调查评估，将确定的进口商信用额度通知出口商，并承担进口商信用额度内100%的收取货款风险担保；出口商依据由进口保理商确定的进口商信用额度决定签约。

(3) 发货后，将发票和货运单据直接寄交进口商；将发票副本送进口保理商，进口保理商负责催收账款。

如果出口商在发货后、收款前有融资要求，进口保理商将在收到发票副本后以预付款方式提供不超过发票金额 80%的无追索权短期货款融资；进口商在付款到期时将全部货款付给进口国保理商，进口保理商再将全部货款扣除相关费用及预付货款后转入出口商的银行账户。这种保理只涉及进口或出口保理商，缺少出口保理商的配合，因此，保理商的风险大得多，国际贸易中不太予以采用。

2. 双保理方式的程序

双保理方式适用于进、出口商双方所在国都有保理商的国家和地区。

(1) 出口商与本国的出口保理商签订保付代理合同。出口商向出口保理商提出确定进口商信用额度的申请；出口保理商再从进口国的保理商中挑出进口保理商，同时将需要核定信用额度的进口商名单提交给进口保理商；进口保理商对进口商进行信用调查评估，将确定的进口商信用额度通知出口保理商，出口保理商将进口商信用额度通知出口商，并承担进口商信用额度内 100%的收取货款风险担保；出口商依据由保理商确定的进口商信用额度决定是否签约。

(2) 出口商与进口商协商谈判，签订买卖合同并约定采用保付代理结算方式。

(3) 货物发运后，出口商向出口保理商递交转让全部所有权的通知及全套单据。

在信用额度内签约发货后，出口商将发票和货运单据直接寄交进口商，将发票副本送出口保理商，出口保理商负责催收账款；如果出口商在发货后、收到货款前有融资要求，出口保理商将在收到发票副本后以预付款方式提供不超过发票金额 80%的无追索权短期货款融资；出口保理商同时将应收账款清单提交给进口保理商，委托其协助催收货款；进口商在付款到期时将全部货款付给进口保理商，如果进口商在发票到期日 90 天后仍未付款，进口保理商做担保付款；进口保理商收款后，立即将全部款项转给出口保理商；出口保理商在扣除相关费用及预付货款后转入出口商的银行账户。

五、国际保理的作用

保理业务比较多在国际贸易中使用，因此在现代国际贸易中保理所占比例越来越大，发展也越来越完善。国际保理对贸易发展有怎样的作用?

(一) 对进口商的作用

(1) 进口商避免占用资金。保理业务适用于以商业信用购买商品，进口商通过保理商进行支付结算。这样，进口商不需要向银行申请开立信用证 (L/C)，免去交付押金，从而减少资金积压，降低了进口成本。

(2) 简化进口手续。经常往来的买卖双方，可根据交易合同的规定，定期发货寄单。通过保理业务，买方可迅速得到进口物资，按约定条件支付货款。这样，大大节省开证、催证等的时间，简化了进口手续。

(3) 在采用保理方式后，出口商将与办理该项业务有关的费用转移到出口货物的价格中，从而增加了进口商的成本负担，但是，货价提高的金额一般仍低于因进口商交付开证押金而蒙受的利息损失。

(二) 对出口商的作用

(1) 有利于出口商进行市场和资信调查。保理商代出口商对进口商进行资信调查，为出口商决定是否向进口商提供商业信用以扩大商品销售，提供信息和数据，因此，它的作用是显著的。

由于保理商熟悉海外市场情况，它们还经常向中小出口商提出建议，协助其打进国际市场，提高其竞争能力。

(2) 加速资本运转。出口商将货物装运完毕，可立即获得现金，从而满足营运需要，加速资金周转，促进利润增加。

(3) 有利于出口商转移风险。只要出口商的商品品质和交货条件符合合同约定，在保理商无追索权地购买其票据后，出口商即可以将信贷风险和汇价风险转嫁给保理商。

(4) 有利于出口商融资。出口商如从银行贷款取得资金融通，会增加其负债数字，提高企业的负债/资产比率，恶化资产负债表的状况，进而对企业的资信不利，影响其有价证券上市。而出口商利用保理业务，在货物装船、出卖票据后，立即收到现金，其资产负债表中的负债不会增加，反而是表中的资产增加了，改善了负债/资产比率，有利于企业的有价证券上市与进一步融资。

第二节　保理的法律关系

不同的保理，其参与的当事人是不同的。在国际双保理的情况下，会形成卖方（出口商）与买方（进口商）、卖方（出口商）与出口保理商、出口保理商与进口保理商、买方（进口商）与进口保理商之间的四层关系。

一、卖方（出口商）和买方（进口商）的权利义务

卖方和买方之间的权利义务关系主要依据它们之间的贸易合同。因为其采取保理的支付方式，所以买卖双方的权利义务具有以下特点：(1) 卖方应通知买方其应收账款已经转让给保理商；(2) 买方在接到通知后，向保理商履行付款义务。

二、卖方（出口商）和出口保理商之间的权利义务关系

卖方和出口保理商的法律关系是依据保理协议建立起来的合同关系。

(一) 卖方的主要义务

(1) 转让应收款。卖方应向出口保理商提交单据，履行债权转让手续，通知买方。

(2) 担保义务。1) 卖方应该保证其所转让的债权合法、真实、有效，并且保证出口保理商所购买的债权在无须卖方支持的情况下也可以得到偿付，获得当初它预期可以得到的金额。2) 卖方应当保证只有出口保理商获得这一债权，而且这一债权是完整的，不存在出口保理商不知道的其他权利，如，留置权、抵押权等。

(3) 披露的义务。出口保理商必须对卖方的账户进行充分了解，卖方应该提供相应的信息。

(4) 支付费用。卖方向出口保理商支付相关费用，包括佣金、转账的费用以及贴息等。

(二) 出口保理商的义务

(1) 提供资金融通、应收账款管理等情况报告和相关的财务信息，以及信用额度确认书。

(2) 提供服务的收费率。

(3) 购买应收账款。出口保理商按照合同的约定，提供相应的预付款。

(4) 告知卖方出口保理商行使追索权的条件，即在什么情况下，卖方必须重新向出口保理商

买回已出售的债权。

（5）保密的义务。出口保理商对在提供保理服务时所了解的商业秘密，应当予以保守。

三、出口保理商与进口保理商之间的权利义务关系

在国际贸易中，国际保理经过十几年的发展，逐渐成熟。国际保理业务在我国是一门比较新兴的结算融资业务。近年来，银行业的竞争必将日趋激烈，开展国际保理业务可加强与世界各大银行的业务联系，提高自身在国际上的地位和作用。

在国际保理中，出口保理商与进口保理商之间是相互保理合同关系。进、出口保理商之间应签订相互保理协议，双方具有债权转让人与受让人间的法律关系，即出口保理商将从卖方手中购买的应收账款再转让给进口保理商，即开展再保理而形成法律关系。

（一）出口保理商的义务

（1）转让应收账款。出口保理商应通过在正本发票上加注债权转让的通知，将债权再转让给进口保理商。

（2）担保责任。出口保理商应担保他所转让的应收款项的真实性和合法性，不存在进口保理商所不知道的瑕疵和权利。

（3）协助的义务。进口保理商在收款过程中需要出口保理商协助时，出口保理商应在必要时提供帮助。

（4）通知和披露义务。将履行中的信息及时通知进口保理商；及时披露所知道的任何可能对进口保理商收取应收款项产生不利影响的情况。

（5）按照约定向进口保理商支付佣金和费用。

（二）进口保理商的义务

（1）对买方进行资信调查与评估，并核定相应的额度。

（2）将应收款项的转让法律要求通知出口保理商。

（3）承担买方的信用风险。

（4）催收货款。

四、买方（进口商）和进口保理商之间的权利义务

买方与进口保理商之间没有合同关系，但是在国际贸易中，常常出现卖方和出口保理商之间签订债权转让合同，出口保理商再将债权转让给进口保理商的情况。各国法律都认为，受让人获得让与人的债权。这时，进口保理商取代了出口保理商的地位，成为债权人。《国际保理公约》第 6 条规定，即使供应商与债务人之间签有禁止转让应收账款的任何协议，保理商受让的应收账款仍然有效，除非债务人所在国的相关法律有相反的规定并且该国对此作出保留。进口保理商应在债务到期时向债务人提交对账和付款通知，债务人有义务向其付款。

本章复习题

【案例 1】 出口商为国内 A 纺织品公司，欲向英国 B 进口商出口真丝服装，且欲采用赊销（O/A）的付款方式。在交易磋商过程中，A 纺织品公司首先找到国内某保理商（作为出口保理商），向其提出出口保理的业务申请，填写“信用额度申请书”，用于为进口商申请信用额度。国

内保理商于当日选择英国一家进口保理商，通过由国际保理商联合会开发的保理电子数据交换系统EDIFACTORING将有关情况通知进口保理商，请其对进口商进行信用评估。进口保理商根据所提供的情况，运用各种信息来源对进口商的资信以及此种真丝服装的市场行情进行调查。经调查，进口商资信状况良好且进口商品具有不错的市场，进口保理商为进口商初步核准一定信用额度，并于第五个工作日将有关条件及报价通知出国保理商。按照签订的国际惯例规定，进口保理商应在10个工作日内答复出口保理商。

随即出口保理商与A纺织品公司签订"出口保理协议"，并与B进口商正式签订交易合同，合同金额为50万美元，付款方式为O/A，期限为发票日后60天。与A纺织品公司签署了"出口保理协议"后，向进口保理商正式申请信用额度。进口保理商于第三个工作日回复出口保理商，通知其信用额度批准额、有效期等。

A纺织品公司按合同发货后，将各种单据寄送进口商，将发票副本及有关单据副本（根据进口保理商的要求）交国内出口保理商。同时，A纺织品公司还向国内出口保理商提交"债权转让通知书"和"出口保理融资申请书"，前者将发运货物的应收账款转让给国内出口保理商，后者用于向国内出口保理商申请资金融通。国内出口保理商按照"出口保理协议"向其提供相当于发票金额80%（即40万美元）的融资。

出口保理商在收到副本发票及单据当天将发票及单据的详细内容通过EDIFACTORING系统通知进口保理商，进口保理商于发票到期日前若干天开始向进口商催收。发票到期后，进口商向进口保理商付款，进口保理商将款项付与出口保理商，出口保理商将扣除融资本息及有关保理费用后的余额付给A纺织品公司。

问：

（1）国际保理有哪些分类？

（2）双保理的优点是什么？

（3）保理中各方当事人具有什么样的权利与义务？

【案例2】 2013年10月31日，某银行武汉分行与甲公司签订编号为ZHl300000215184的"贸易融资主协议"，双方约定：甲公司可以申请使用的贸易融资业务产品为有追索权国内卖方明保理，该贸易融资额度为某银行武汉分行与甲公司签订的编号为ZHl300000215184的"综合授信合同"中授予甲公司用于贸易融资业务的本金额度限额；甲公司提出使用申请后，经银行审核同意的人应按约定办理相关业务；甲公司在该协议项下的全部或部分债务应由保证人李某、张某与银行签订的编号分别为个高保字第DBl300000217799、DBl300000217800的"最高额保证合同"予以担保，并作为该协议不可分割的组成部分。同日，某银行武汉分行与甲公司还签订"保理服务合同"和"保理服务合同——附属合同"各一份，双方约定：某银行武汉分行为甲公司提供保理融资服务（包括但不限于直接提供预付款含代付、汇票贴现、汇票承兑、押汇、开证、保函等），在"综合授信合同"和"贸易融资主协议"项下约定的最高保理融资额度内，就某银行武汉分行所受让的应收账款，于甲公司提交保理融资申请书并经某银行武汉分行核准后，某银行武汉分行依保理融资比率计算的金额或甲公司与某银行武汉分行所约定的其他金额核定具体保理融资金额和具体业务模式，并与甲公司签署融资附件和具体业务协议办理保理融资，某银行武汉分行有权行使追索权，即某银行武汉分行有权要求甲公司偿付所有未清偿保理融资金额。

2013年11月8日，某银行武汉分行与甲公司签订编号为公授信字第ZH1300000215184的"综合授信合同"，约定：甲公司依该合同可向某银行武汉分行申请使用的最高授信额度为8 000

万元，有效使用期限为1年，自2013年11月8日至2014年11月8日，适用授信种类为有追索权国内卖方明保理，并注明在该合同签订前，某银行武汉分行和甲公司根据已签订的“综合授信合同”或其他合同而授予甲公司或其子公司的授信额度，可继续按原授信合同及相应的具体业务合同的约定履行，但原授信合同项下未结清的额度应转入本合同约定的授信额度内计算和管理；担保方式包括保证人李某、张某与某银行武汉分行签订“最高额保证合同”“贸易融资主协议”“保理服务合同”。同日，李某、张某分别与某银行武汉分行签订个高保字第DB1300000217799、DB1300000217800“个人最高额保证合同”，约定李某、张某分别对前述“综合授信合同”项下发生的主债权本金和其他应付款项（包括利息、罚息、复利、违约金、损害赔偿金、实现债权和担保权利的费用）承担连带保证责任，保证期间为两年。

后双方因相关纠纷成讼。

关于某银行武汉分行能否依据保理合同向核电公司主张案涉应收账款债权的问题，审理法院：保理合同是指债权人与保理商之间就债权人将现在或将来的基于债权人与债务人订立的销售商品、提供服务、出租资产等基础合同所产生的应收账款债权转让给保理商，保理商向债权人提供应收账款催收、应收账款管理、坏账担保、保理融资等服务达成的协议。本案中，某银行武汉分行与甲公司签订有“保理服务合同”，该笔保理业务的基础是甲公司与核电公司之间基于“采购合同”履行所形成的应收账款，某银行武汉分行作为保理商通过债权转让方式，取得上述应收账款的相关权益，核电公司作为债务人应履行向债权人还款的义务，以确保甲公司与某银行武汉分行签订的保理合同项下融资款的偿付。据此案涉应收账款的转让和保理合同的履行形成一笔完整的保理业务，某银行武汉分行、甲公司、核电公司之间基于案涉保理合同的履行而形成权利义务对应关系。虽然从合同形式上看，核电公司并非案涉保理合同的当事人，但该保理合同标的为甲公司与核电公司签订的“采购合同”所对应的应收账款，某银行武汉分行依据其与甲公司签订的保理合同，代为向用款人的债务人即核电公司追偿应收账款并无不当。至于应收账款指定账户的归属并非确认债权转让有效成立的构成要件，不应作为案涉债权转让的直接依据。因此，核电公司辩称债权转让应另行起诉的理由缺乏事实依据，不予支持。①

问：

（1）该案件中，法院为什么认定保理合同是有效的？

（2）法律规定的保理合同的主要内容和形式是什么？保理合同是要式合同还是不要式合同？

参考文献

1. 许南．国际结算案例与分析．北京：中国人民大学出版社，2015.

2. 杨立新．中华人民共和国民法典释义与案例评注：合同编：上．北京：中国法制出版社，2020.

① 杨立新．中华人民共和国民法典释义与案例评注：合同编：上．北京：中国法制出版社，2020：762.

第二十章　承揽合同

本章重点问题

1. 承揽合同概述
2. 承揽合同的效力
3. 承揽合同中的风险负担
4. 承揽合同的终止

第一节　承揽合同概述

一、承揽合同的概念与特征

承揽合同，是指承揽人按照定作人的要求完成工作，交付工作成果，定作人给付报酬的合同。其中，完成工作并将工作成果交付给对方的一方当事人称为承揽人，接受工作成果并向对方给付报酬的一方当事人称为定作人。在承揽合同中，定作所需要的并非承揽人完成工作的过程以及劳务，而是其完成的工作成果。

承揽合同具有以下特征：

（1）承揽合同以完成一定工作并交付工作成果为目的。承揽合同中承揽人应当按照与定作人约定的标准和要求完成工作，并交付工作成果。定作人主要目的是取得承揽人完成的工作成果。若承揽人未完成并交付符合约定的工作成果，即使已经付出了努力，也应视为违反合同。

（2）承揽合同为双务、有偿合同。承揽合同中，承揽人应当以自己的劳力、设备和技术独立完成承揽工作，并向定作人交付工作成果。定作人取得承揽人完成的工作成果后，应当依照约定向承揽人支付报酬。因此，承揽合同为双务、有偿合同。

（3）承揽合同为诺成合同。承揽合同的当事人意思表示一致时合同即可成立，无须交付工作成果，故承揽合同为诺成合同。

（4）承揽合同的标的物具有特定性。承揽合同的标的物必须符合合同约定，符合定作人的特定要求，因为定作人对工作质量、数量、规格、形状等的要求使承揽的标的物特定化。承揽人交付的标的物不符合合同的要求，则视为违约，同时承揽人丧失报酬请求权。

二、承揽合同的分类

根据《民法典》第770条第2款规定，承揽合同可以分为以下几种。

1. 加工合同

加工合同是承揽人以自己的劳务用定作人提供的原材料，为定作人加工成成品，定作人接受该成品并支付报酬的合同。例如，承揽人使用定作人提供的衣料加工成服装，用定作人提供的原材料加工成食品等。

2. 定作合同

定作合同是指承揽人用自己的原材料和技术按照定作人的要求制作成品，定作人接受该成品并支付报酬的合同，如定制家具、定作字画等合同。定作合同与加工合同的根本区别在于，定作合同中承揽人自备原材料，不需定作人提供。

3. 修理合同

修理合同是指承揽人为定作人修复损坏的物品，由定作人支付报酬的合同，例如修理电脑、汽车等合同。

4. 复制合同

复制合同是指承揽人按照定作人的要求，根据定作人的样品为定作人重新制作相同或类似成品，定作人接受复制品并支付报酬的合同。

5. 测试合同

测试合同是指承揽人按照定作人的要求以自己的仪器、设备和技术为定作人完成某一特定项目的测试任务，定作人接受测试结果并支付报酬的合同，如测试仪器等合同。

6. 检验合同

检验合同指承揽人以自己的技术、仪器、设备等对定作人提出的特定事务的性能、问题等进行检验，定作人接受检验成果并支付报酬的合同。

除上述情况外，承揽合同还包括翻译、包装、装潢等合同。

三、承揽合同与雇佣合同的区别

雇佣合同是指当事人一方在一定或不定期限内按照另一方当事人的安排指示，提供特定或不特定劳动，并相应地取得报酬的合同。承揽合同和雇佣合同都属于劳务供给合同，合同的履行皆需要劳务的付出，但承揽合同与雇佣合同具有以下区别：

（1）在合同标的方面，承揽人向定作人交付的是工作成果，承揽合同是以完成工作成果为目的的，提供劳务仅仅是完成工作的手段；而雇佣合同是以提供劳务为目的的，受雇人向雇主交付的是劳动力。在承揽合同中，如果承揽人已经提供劳务，但未完成定作人所要求的工作成果，则承揽人不能请求定作人支付报酬，但在雇佣合同中，如果受雇人已经提供劳务，即使未能达到雇主所期望的结果，雇主仍须支付受雇人报酬。例如，某机关因组织大型活动而聘请摄影师为活动摄影，该机关所需要的并非摄影师辛勤工作的过程，而是摄影师最终交付具有专业水准的活动照片作为资料保存，因此某机关与摄影师之间构成的是承揽合同关系；而若某摄影部招聘摄影师，该摄影部需要的是摄影师辛勤工作的过程，那么构成的是雇佣合同关系。前者支付报酬的依据是交付符合要求的照片，如果照片不符合要求，则摄影师不得请求支付报酬；后者支付报酬的量化标准是工作量，而非工作成果。

（2）在合同履行过程中当事人的关系方面，承揽人在完成工作过程中具有独立性，承揽合同的当事人之间不存在支配与服从的关系，承揽人只要按合同约定交付工作成果即可；雇佣合同的受雇人在完成工作过程中须听从雇主的安排、指挥，雇主与受雇人之间存在控制、支配与从属关系。例如，某户家庭聘请装修工人对其房屋进行装修，业主会对装修工人提各种要求，但这些要求主要体现在最终的结果上，即工作成果要达到什么要求。对于装修工以什么样的方式、手段来达到业主对结果的要求，业主不用过问。反之，如果施工队聘请装修工为其工作，该施工队一定会对装修工的工作过程进行安排、指挥，以实现对其在安全、质量等方面的控制和管理。前者构成承揽关系，后者构成雇佣关系。

（3）在报酬的给付形式方面。雇佣关系中，雇主更看重受雇人提供的劳动力而非工作成果，因此，雇佣关系中报酬的支付方式通常是定期支付，以按月支付最为常见；承揽关系中承揽人通常是一次性提供工作成果，其报酬的支付方式通常是一次性结算。

（4）在风险负担方面，在承揽合同履行过程中，在工作成果交付前，工作成果因不可归责于当事人任何一方的原因而毁损、灭失的，风险由承揽人负担，承揽人不得要求定作人支付报酬或其他相关费用；在工作成果交付后发生风险的，由定作人负担，定作人应当支付承揽人报酬及其他相关费用，但在定作人受领工作成果迟延期间，工作成果的毁损、灭失风险应由定作人承担。在雇佣合同履行过程中，受雇人的义务是提供劳务，只要受雇人提供了劳务，即使没有产生雇主预期的工作成果，雇主也需要支付报酬。因在雇佣合同中，受雇人不以提供工作成果为必要，故因不可归责于当事人任何一方的原因而工作成果灭失的，其风险也由雇主承担。

（5）在致第三人或者本人（受雇人、承揽人）人身损害的责任承担方面，承揽合同中，承揽人在完成工作过程中对第三人造成损害或者造成自身损害的，定作人不承担赔偿责任，但定作人对定作、指示或者选任有过失的，应当承担相应的赔偿责任。所谓对定作有过失，是指定作人委托加工、制作的定作物本身具有高度的危险性或不法性。所谓对定作指示过失，是指使定作人承揽人用危险的方法制作或强迫承揽人违反规律蛮干。所谓对选任有过失，是指定作人对承揽人的选择具有明显过错，如明知承揽人没有从业资格而选任。受雇人在从事雇佣活动中造成第三人损害的，雇主应当承担责任。

第二节　承揽合同的效力

一、承揽人的义务

（一）依约完成承揽工作的义务

承揽人的主要义务是按照合同的约定，以自己的技术、设备和劳力完成所承揽的工作。这一义务包括以下三个方面的内容

（1）承揽人应在约定的期限内完成工作。承揽合同成立后，承揽人一般即应开始着手工作，不得拖延。合同对于开始期限另有约定的，可以从约定时间开始着手工作。在承揽合同中，承揽人应先履行工作义务，将自己的工作成果交付给定作人之后，才能向定作人请求报酬。因此，承揽人应当先履行工作义务，不得以定作人未支付报酬为由主张同时履行抗辩权。如果当事人约定由定作人预付一部分报酬或约定了合同定金的，则承揽人可以该预付款及定金未交付为由主张同时履行抗辩权，暂时不开展相应的承揽工作。如果合同约定由定作人首先提供材料而定作

人并未按时提供，或者提供的材料不符合约定，以致承揽人不能按时着手工作的，不能认定承揽人违约。承揽人在着手工作前，发现定作人提供的图纸或技术要求不合理并通知定作人修改，为此造成承揽人延期着手工作的，也不应认定承揽人违约。承揽人无正当理由未按时着手开始工作的，定作人可以请求其立即着手工作。

（2）承揽人应以自己的设备、技术、劳力依定作人的要求完成工作。承揽合同的订立以定作人对承揽人完成工作的条件和能力的信任为基础，因此，《民法典》第 772 条规定，承揽人应当以自己的设备、技术和劳力，完成主要工作，但是当事人另有约定的除外。承揽人将其承揽的主要工作交由第三人完成的，应当就该第三人完成的工作成果向定作人负责；未经定作人同意的，定作人也可以解除合同。主要工作一般是指对工作成果的质量起关键性、决定性作用的工作，也可以说是技术要求高的部分工作。主要工作之外的工作可以被理解为辅助性工作。如订制服装合同中，量体裁剪是承揽人的主要工作，熨烫是辅助性工作。经过定作人的同意，承揽人可以将其承揽的主要工作交由第三人完成，并应当就该第三人完成的工作成果向定作人负责，而不是第三人向定作人负责。未经定作人同意，承揽人将其承揽的主要工作交由第三人完成的，定作人享有法定解除权，可以解除合同。依据《民法典》第 773 条的规定，承揽人可以将其承揽的辅助工作交由第三人完成。承揽人可以将辅助工作交由第三人完成，不必经过定作人的同意，但当事人另有约定的除外。在承揽工作中，由于辅助工作对工作成果的整体质量没有太大影响，因此，承揽人将辅助工作交由第三人完成，可以不经过定作人同意。《民法典》第 773 条对此作了规定。承揽人与接受辅助工作的第三人之间成立一个新的承揽关系，但承揽人应当就第三人完成的工作成果向定作人负责。如果第三人完成的辅助工作不符合承揽合同的要求，则承揽人应当承担违约责任，而不是由第三人承担违约责任。

（3）承揽人完成的工作成果应符合定作人的要求。定作人的具体要求是承揽人完成合同约定的工作成果是否合格的标准，承揽人必须严格遵守合同的要求完成工作。承揽人交付的工作成果不符合质量要求的，视为承揽人违约，按照《民法典》第 781 条的规定，定作人可以要求承揽人承担修理、重作、减少报酬、赔偿损失等违约责任。

（二）受领、妥善保管、合理使用定作人提供的材料的义务

承揽合同中，依当事人双方的约定，可以由定作人提供材料（即加工合同），也可以由承揽人自己准备材料（即定作合同），并由承揽人对此材料进行加工，以完成合同约定的工作。依据《民法典》第 775 条第 1 款的规定，定作人提供材料的，为保证定作人提供的原材料符合合同约定，承揽人在定作人交付材料后，要及时对材料进行验收，如发现定作人提供的材料不符合约定，应及时通知定作人更换、补齐或者采取其他补救措施，否则，造成合同履行迟延或者标的物不符合约定的，承揽人要承担责任。在检验定作人提供的材料后，未发现不符合合同约定的情况的，承揽人应接受并着手工作。

承揽人对定作人提供的材料，负有妥善保管的义务，依《民法典》第 784 条的规定，承揽人应当妥善保管定作人提供的材料以及完成的工作成果，因保管不善造成毁损、灭失的，应当承担赔偿责任。承揽人对定作人提供的材料和已经完成的工作成果，应当以善良管理人的注意履行保管义务。因保管不善，造成定作材料和工作成果毁损、灭失的，承揽人应当承担损害赔偿责任。这种赔偿责任既是违约责任，也是侵权责任，构成责任竞合，应当依照《民法典》第 186 条之规定，由定作人根据自己的利益选择。

依据《民法典》第 775 条第 2 款的规定，承揽人不得擅自更换定作人提供的材料，不得更换

不需要修理的零部件。承揽人对定作人提供的材料必须合理使用。承揽人的行为导致定作人提供的材料浪费的，承揽人也要负赔偿责任。

（三）接受定作人必要的监督检查

《民法典》第 779 条规定：承揽人在工作期间，应当接受定作人必要的监督检验。定作人不得因监督检验妨碍承揽人的正常工作。定作人进行必要的监督、检查时，承揽人不得拒绝，且应如是向定作人反映工作情况。

（四）依照约定提供符合要求的原材料

《民法典》第 774 条规定："承揽人提供材料的，应当按照约定选用材料，并接受定作人检验。"依照合同约定，承揽人自己提供材料的，材料应符合合同约定的要求。定作人有权检验承揽人提供的材料是否符合合同约定的要求。如合同对材料的标准没有约定的，可以按照定作物的性质及定作的目的来确定。如果依定作物的性质应当由定作人对材料进行检验，而定作人未在合理时期内对承揽人提供的材料进行检验的，则视为定作人不对材料的质量提出异议。

（五）交付工作成果的义务

《民法典》第 780 条规定，承揽人完成工作的，应当向定作人交付工作成果，并提交必要的技术资料和有关质量证明。定作人应当验收该工作成果。承揽人不仅应按照合同约定完成工作，还要将完成的工作成果交付给定作人，经定作人验收合格，才算完成合同的主要义务，并且应当提交必要的技术资料和有关质量证明。承揽合同不仅以有形物为工作成果，而且也可以无形的结果为工作成果。

（六）承揽人的保密义务

《民法典》第 785 条规定，承揽人应当按照定作人的要求保守秘密，未经定作人许可，不得留存复制品或者技术资料。承揽人在为定作人完成工作的过程中，往往会知道定作人的技术秘密、商业秘密或者隐私等。依据诚实信用原则，承揽人应对定作人负担相应的保密义务，不得以任何方式泄露秘密，未经定作人许可，不得留存复制品或者技术资料，否则应承担违约责任。承揽人违反此义务给定作人造成损失的，定作人可以向其请求损害赔偿。

（七）对工作成果的瑕疵担保义务

《民法典》第 781 条规定，承揽人交付的工作成果不符合质量要求的，定作人可以合理选择请求承揽人承担修理、重作、减少报酬、赔偿损失等违约责任。根据此规定，承揽人对工作成果负有瑕疵担保义务：其所完成的工作成果不符合合同约定的质量标准和要求，或使定作物的价值减少或不符合通用标准的，承揽人应承担修理、重作、减少报酬、赔偿损失等瑕疵担保责任。

二、定作人的义务

（一）支付价款的义务

定作人获得承揽人的工作成果后，应当及时向承揽人支付价款。这里的"价款"主要由承揽人的工作报酬、承揽人提供材料时的材料费、定作人提供材料时或其迟延接收时承揽人的保管费用等构成。这是定作人最主要的合同义务。

依照《民法典》第 782 条的规定，定作人应当按照约定的期限支付报酬。对支付报酬的期限没有约定或者约定不明确的，合同的双方当事人可以协议补充，不能达成补充协议的，按照合同有关条款或者交易习惯确定，仍不能确定的，定作人应当在承揽人交付工作成果时支付；承揽人仅交付部分工作成果的，定作人应当支付相应价款。

《民法典》第783条规定，定作人未向承揽人支付报酬或者材料费等价款的，承揽人对完成的工作成果享有留置权或者有权拒绝交付，但是当事人另有约定的除外。定作人拒不支付报酬的，承揽人对工作成果可以行使留置权，通过留置工作成果来担保其报酬请求权。承揽人行使留置权必须具备以下几个条件：(1) 承揽人留置的工作成果应当是根据本承揽合同而合法占有的定作人的动产；(2) 承揽人的占有与其债权之间存在法律上的牵连关系；(3) 承揽人的债权已届清偿期；(4) 双方未约定排除留置权。

(二) 定作人的协助义务

合同的顺利履行往往是当事人双方互相协助的结果。依据《民法典》第778条的规定，承揽工作需要定作人协助的，定作人有协助的义务。定作人不履行协助义务致使承揽工作不能完成的，承揽人可以催告定作人在合理期限内履行义务，并可以顺延履行期限；定作人逾期不履行的，承揽人可以解除合同。

按照承揽合同的特点，定作人负有协助义务的，主要有如下几种情况：(1) 根据承揽的工作性质，双方约定由定作人提供原材料的，定作人应当按照约定的标准提供原材料；(2) 约定由定作人提供设计图纸或者技术要求、技术资料的，定作人应当按照约定的期限提供设计图纸、技术要求和技术资料；(3) 约定由定作人提供样品的，定作人应当按照约定提供所需的样品；(4) 约定由定作人提供工作场所的，定作人应当提供工作场所；(5) 约定由定作人提供承揽人完成工作所需要的工作环境和生活条件的，定作人应当按照合同 的约定予以提供。[①]

定作人不履行协助义务，致使承揽工作不能完成的，承揽人可以行使以下权利：(1) 催告：可以催告定作人在合理期限内履行义务，催告以通知的方式进行，该合理期限就是宽限期。(2) 顺延：可以按照定作人迟延履行协助义务的时间，顺延履行期限；(3) 定作人超过宽限期而仍不履行：承揽人享有解除权，可以解除该承揽合同。

(三) 受领承揽人完成的工作成果

定作人的受领既包括接受承揽人交付的工作成果，也包括在承揽人无须实际交付时定作人对承揽人所完成的工作成果予以承认。但因承揽人完成的工作成果不符合合同的约定而定作人拒收的，则不视为定作人受领义务的不履行。

定作人在受领工作成果的同时，有义务对工作成果进行验收。但是验收本身并不能作为承揽人免除承担责任的理由。如对工作成果依其性质在短期内难以发现瑕疵，或者工作成果存在隐蔽瑕疵的，定作人仍可于验收后的相当期限内请求承揽人承担责任。受领工作成果不能被认为是对于责任追究的放弃。定作人如无正当理由受领迟延的，承揽人可请求其受领并支付相应的报酬和费用，包括违约金、保管费用等。定作人并应承担因其受领迟延而发生的工作成果损毁、灭失的风险。

(四) 定作人对定作、指示或者选任有过失的责任

承揽人在完成工作过程中对第三人造成损害或者造成自身损害的，定作人不承担赔偿责任。但定作人对定作、指示或者选任有过失的，应当承担相应的赔偿责任。所谓对定作有过失，是指

① 杨立新．中华人民共和国民法典释义与案例评注：合同编：下．北京：中国法制出版社，2020：24-25.

定作加工本身就存在过失，即承揽事项本身即为不法，如对危险物品的加工等。所谓对指示有过失，是指定作本身为正当，但定作人在对承揽人完成定作事项的指示中具有过失。所谓对选任有过失，是指定作人在选任承揽人时存在过失，未尽必要的注意义务。所谓“相应”的赔偿责任在司法实践中分三种情况：第一种情况，定作人承担完全的替代赔偿责任——定作人具有全部过错，承揽人无过错，定作人承担全部赔偿责任，承揽人无责任；第二种情况，定作人、承揽人共同承担连带赔偿责任——双方具有共同过错，从而构成共同侵权；第三种情况，承揽人人在单独承担赔偿责任——定作人无过错，承揽人在完成工作时致人损害或致己损害。

第三节　承揽合同中的风险负担

承揽合同的风险负担，是指定作物或原材料因不可抗力等不可归责于当事人的事由而发生毁损、灭失的风险由谁负担的问题。在承揽合同中，合同的风险负担主要包括定作物的风险负担和原材料的风险负担两种情形。

一、定作物的风险负担

在承揽人交付工作成果以前，定作物意外毁损、灭失的风险由承揽人负担，即承揽人丧失报酬请求权，反之，由定作人承担。但若定作物的毁损、灭失发生在定作人受领迟延时，则由定作人承担该风险。

定作物无须交付的，在工作成果完成前发生的风险由承揽人承担，在工作成果完成后发生的风险由定作人承担，定作人仍须向承揽人支付报酬。

二、原材料的风险负担

若原材料是由承揽人提供的，则在其转化为定作物关于之前，与定作人无关，原材料毁损、灭失的风险由承揽人自己承担。若原材料是定作人提供的，关于该原材料毁损、灭失的风险承担存在争议。在从交付主义的精神出发，在交付承揽人之前，由定作人承担；在交付承揽人之后，由承揽人承担。

第四节　承揽合同的终止

一 、因协议而终止

当事人可以约定承揽合同的期限，期限届至时合同终止。当事人也可以协议解除合同，合同因当事人达成协议而解除。

二、因行使解除权终止

（一）定作人的任意解除权

《民法典》第 787 条规定，定作人在承揽人完成工作前可以随时解除承揽合同，造成承揽人损失的，应当赔偿损失。法律赋予定作人随时解除权，是考虑到社会生活的需要，因为当情势发生某种变更，使完成工作成果对定作人已经没有必要时，强使承揽人继续完成工作，不仅对定作人不利，也对社会经济不利，必将造成社会资源的浪费。与此同时，定作人解除合同，造成承揽人损失的，应向承揽人赔偿损失。这种损失仅限于承揽人因合同被解除所受到的损失。

（二）承揽合同因当事人一方严重违约而解除

根据承揽合同的性质及相关规定，承揽合同因当事人一方严重违约而解除的情况主要包括：（1）承揽人未依约按时完成合同工作义务而使其工作于定作人已无意义；（2）承揽人未经定作人同意将承揽合同的主要工作转由第三人完成；（3）定作人在检验监督中发现承揽人在工作中存在问题，经向承揽人提出，而承揽人拒不更改；（4）定作人未尽到协助义务，经承揽人通知仍不履行；等等。

以上各种情况出现时，当事人均可行使合同解除权，有损害存在的，并可同时请求损害赔偿。

本章复习题

【案例1】 甲公司承包某市濑溪河清淤和防护工程后，与乙口头约定由乙开挖掘机负责河道清淤，并约定了报酬标准及支付方式。2019年5月14日，甲公司与丙、丁约定，由二人负责将乙的挖掘机从河道旁的街上吊运至河道内，并约定每台吊车由甲公司支付800元报酬。次日11时许，在甲公司与丙、丁未就作业方案及指挥人员达成一致意见的情况下，丙、丁驾驶自己所有的两台吊车开始作业，两台吊车将乙的挖掘机吊起向河道内下降，但因两车配合不当，造成挖掘机坠入河道淤泥中，受损严重。因三方在事发当天未就赔偿事宜协商一致，乙不同意将挖掘机吊出河道。当天下午及晚上，持续下暴雨，挖掘机被雨水浸泡，受损加重了。第二天，挖掘机被从河道内吊出。2019年12月29日，乙向法院提起诉讼，要求判令丙、丁二被告连带赔偿修理费、评估费、拖车费及停运损失，第三人甲公司承担补充赔偿责任。

问：

（1）丙、丁与甲公司之间形成的是雇佣关系还是承揽合同关系？

（2）丙、丁是否应当向乙承担损害赔偿责任？

【案例2】 某光学仪器厂与无线电厂签订了加工承揽合同，合同约定：光学仪器厂为无线电厂加工红外线测距仪三秒棱镜，由无线电厂为光学仪器厂提供加工原材，光学仪器厂收取一定的加工费用。在交货期间，无线电厂对光学仪器厂加工的仪器进行了验收，发现有1/4的不符合合同约定的标准，于是请求光学仪器厂予以赔偿，否则不支付加工费用。而光学仪器厂辩称无线电厂提供的原材料不符合标准，拒绝对方的请求，并向无线电厂索要加工费用。为此，双方发生争议，光学仪器厂诉至法院。

问：光学仪器厂是否应当承担赔偿责任？为什么？

【案例3】 某外贸公司委托羽绒厂加工一批羽绒制品，加工费总计40万元，分两次交货。合同中同时明确约定了第二次交货时付款，但是外贸公司第二次来羽绒厂提货的时候仅带了20万元货款，羽绒厂以合同中约定“须结清所有货款方可提货”为由，拒绝发货，并扣留了外贸公司用来提货的两辆货车。

问：羽绒厂的行为是否合法？

参考文献

1. 韩松，等．合同法学．2 版．武汉：武汉大学出版社，2014.

2. 崔建远．合同法．6 版．北京：法律出版社，2016.

3. 杨立新．中华人民共和国民法典释义与案例评注：合同编：下．北京：中国法制出版社，2020.

第二十一章　建设工程合同

本章重点问题

1. 建设工程合同概述
2. 建设工程合同的订立
3. 建设工程合同的效力

第一节　建设工程合同概述

一、建设工程合同的概念

依据《民法典》第788条第1款之规定，建设工程合同是指承包人进行工程建设，发包人支付价款的合同。它包括建设工程勘察合同、设计合同、施工合同。建设工程合同是承揽合同的一种，一些国家和地区如德国、法国、日本等，将其直接列入承揽合同。我国考虑到建设工程合同的特殊性，将其单列出来，使建设工程合同成为有别于承揽合同的一类新合同。

建设工程合同与传统的承揽合同相比较，具有以下法律特征：

(1) 合同的标的物仅限于不动产工程建设项目。建设工程合同的标的物主要是各类建筑物、地下设施、附属设施的建筑，以及对线路、管道、设备进行安装建设。

(2) 建设工程合同是要式合同。《民法典》第789条规定，"建设工程合同应当采用书面形式"。这就意味着建设工程合同有法定的形式要求——书面形式。对于承揽合同，法律并无此项要求。

(3) 建设工程合同主体受到限制。发包人一般为建设工程的建设单位，也就是投资该项工程的单位；由于建设工程耗资巨大，对安全性和技术性的要求比较高，因此承包人必须具有一定的资质，即只能是具有从事勘验、设计、建筑、安装资格的法人。依据《建筑法》的要求，承包人按其拥有的注册资金、专业技术人员、技术设备和完成的建筑业绩等资质条件，分为不同的资质等级，只有取得相应资质等级才能在其资质许可范围内承包相应工程。

二、建设工程合同的分类

根据不同的分类标准，建设工程合同有不同的分类。

(一) 根据合同联系的结构划分

根据建设工程合同的合同联系结构，建设工程合同分为总合同与年度合同、总承包合同与分承包合同、独立建设工程合同。

合同联系的结构是指合同当事人通过合同联系的方式，明确彼此间的权利和义务。合同的联系结构不同，当事人之间的权利与义务也就不同。

1. 总合同与年度合同

总合同与年度合同的合同联系结构主要适用于建设单位（发包人）与施工单位（承包人）长期发生联系的大中型工程项目的建设。总合同是指建设单位与施工单位根据批准的计划、初步设计和总概算（或预算）签订的总协议。[①] 合同双方当事人可以根据总合同进行施工准备工作。年度合同是指建设单位（发包人）和施工单位（承包人）每年依据批准的年度基本建设计划，以及所列工程的概算或预算，签订的年度施工分合同或单项工程合同。施工单位（承包人）根据年度合同进行施工。[②] 由此可以得出，总合同是年度合同签订的基础，年度合同是总合同的具体化。

2. 总承包合同与分承包合同

总承包合同与分承包合同的合同联系结构适用于建设单位（发包方）将工程承包给一个承建人（总承包人）总负责的情况。总承包合同是指建设单位（发包方）与承建人（总承包人）签订由总承包人承建整个工程的合同。分承包合同是指承建人（总承包人）就工程的勘察、设计、施工任务分别与勘察人、设计人、施工人订立的勘察、设计、施工合同。分包合同要符合《民法典》和《建筑法》的规定。《民法典》第 791 条第 1 款规定，发包人可以与总承包人订立建设工程合同，也可以分别与勘察人、设计人、施工人订立勘察、设计、施工承包合同。发包人不得将应当由一个承包人完成的建设工程肢解成若干部分发包给几个承包人。《民法典》第 791 条第 2 款规定：总承包人或者勘察、设计、施工承包人经发包人同意，可以将自己承包的部分工作交由第三人完成。第三人就其完成的工作成果与总承包人或者勘察、设计、施工承包人向发包人承担连带责任。承包人不得将其承包的全部建设工程转包给第三人或者将其承包的全部建设工程支解以后以分包的名义分别转包给第三人。《民法典》第 791 条第 3 款规定：禁止承包人将工程分包给不具备相应资质条件的单位。禁止分包单位将其承包的工程再分包。建设工程主体结构的施工必须由承包人自行完成。

依据《民法典》的规定，总承包人与分承包人签订分包合同，必须具备以下条件：(1) 工程分承包必须要经过发包人同意。(2) 被分承包的工程只能是承包人、勘察人、设计人、施工人承包的部分工作。(3) 分包人必须具备相应的资质。(4) 禁止分包人再行分包，即整个建设工程中只能分包一次。(5) 总承包人与分承包人就分包工作成果对发包人承担连带责任。

3. 独立建设工程承包合同

独立建设工程承包合同的合同联系结构是发包方就工程项目的勘察、设计或施工工作分别签订建设工程合同。独立建设工程承包合同会出现两种情况：(1) 发包人自己分别就建设工程的勘察、设计、施工工程与勘察人、设计人、施工人签订勘察、设计、施工承包合同。(2) 发包人就工程项目的勘察、设计、施工工作分别与几个承包人签订合同，如，一个勘察项目，发包人可以将其分为几部分分别承包给不同的勘察人（承包人），每一个承包合同的当事人仅仅对自己签订的部分承担责任。

---

① 崔建远．合同法．6 版．北京：法律出版社，2016：374.

② 谢怀栻，等．合同法原理．北京：法律出版社，2000：460.

(二) 按照建设合同的基本阶段划分

按照建设合同的基本阶段可将建设工程合同分为建设工程勘察合同、建设工程设计合同与建设工程施工合同。

1. 建设工程勘验合同

建设工程勘察合同是指委托人（发包人）与承包人（勘察单位）就完成建设工程的地理、地质状况等情况的调研工作而签订的合同。依据《民法典》的规定，建设工程勘察合同的主要内容可概括为：(1) 提交勘察基础资料和文件的期限；(2) 勘察的质量要求；(3) 勘察费用；(4) 其他协作条件（《民法典》第 274 条）。

2. 建设工程设计合同

建设工程设计合同是指委托人（发包人）与承包人（设计单位）就建设工程的总体设计和具体施工设计等工作而签订的合同。在现实中，设计合同一般包括两种：(1) 初步设计合同，即在建设项目立项阶段设计人为项目决策提供可行性资料而与筹建单位签订的初步设计合同；(2) 在国家计划机关批准立项之后，设计人与筹建单位就具体施工设计达成的施工设计合同。虽然这两种设计合同的内容有所差别，但其法律关系的本质具有共性。①

3. 建设工程施工合同

建设工程施工合同是指委托人（发包人）和承包人（施工单位）就承包人为发包人完成建筑施工工程，明确相互之间的权利义务而签订的合同。

第二节 建设工程合同的订立

一、建设工程合同订立的程序和方式

建设工程合同的订立必须遵守国家规定的程序。如一个工程项目的确定，首先要立项，即由有关业务主管部门和建设单位提出项目建议书，报经有关计划机关批准。立项后进行可行性研究，编制计划任务书，选定工程地址。只有在计划任务书被批准后，才可根据计划任务书建设工程签订勘验、设计合同。只有在建设工程勘验、设计合同履行后，才能根据批准的初步设计、技术设计、施工图和总概算等签订建设工程施工合同。②

建设工程合同的订立一般采取两种方式：(1) 协议方式；(2) 招标投标方式。在建设工程合同中，当事人之间的权利义务关系极为复杂，而工程的质量、建设的周期、工程的价款等因素较多，为减少和防止国有资产流失，法律提倡采取招标投标的方式进行。《民法典》第 790 条规定：建设工程的招标投标活动，应当依照有关法律的规定公开、公平、公正进行。

在以招标投标方式订立合同时，要经过招标、投标、决标等阶段。建设工程的招标投标程序一般包括：(1) 招标人编制招标文件，发出招标广告或招标通知书；(2) 投标人申请投标和招标人对申请投标者进行资格审查；(3) 招标人组织投标人勘验工程现场，对招标文件进行充分的说

---

① 谢怀栻，等．合同法原理．北京：法律出版社，2000：460.

② 同①472.

明；(4) 投标人密封投递标书；(5) 当众开标、议标、审查标书，确定中标单位，发出中标通知书；(6) 招标人与中标人签订承包合同。

二、建设工程合同的条款

建设工程合同的当事人，必须是法人。对于承包人（勘察人、设计人与施工人）的资格，法律要求得更为严格。《建筑法》第 12 条规定，从事建筑活动的建筑施工企业、勘察单位、设计单位和工程监理单位，应当具备下列条件：(1) 有符合国家规定的注册资本；(2) 有与其从事的建筑活动相适应的具有法定执业资格的专业技术人员；(3) 有从事相关建筑活动所应有的技术装备；(4) 法律、行政法规规定的其他条件。

(一) 建设工程勘察设计合同的主要条款

勘察设计合同是建设人（发包人）与勘察人、设计人（统称为承包人）为完成一定的勘察设计工作，明确相互权利、义务的协议。

依据《民法典》第 794 条及《建设工程勘察设计合同条例》的规定，建设工程勘察设计合同应包括以下主要条款：(1) 建设工程名称、规模、投资额、建设地点。(2) 发包人（委托人）提供勘察或者设计基础资料的内容及期限。(3) 勘察、设计工作的范围、进度和质量。(4) 勘察、设计费用。(5) 协作条款。(6) 违约责任及争议解决办法。

(二) 建设工程施工合同的主要条款

施工合同是建设人（发包人）与施工人（承包人）就为完成施工工程，明确相互权利义务关系的协议。

依据《民法典》第 795 条和第 6 条的规定，施工合同应当具备以下条款：(1) 工程的范围。(2) 建设工期。(3) 中间交工工程的开工、竣工日期。(4) 工程质量。(5) 质量保修范围和质量保证期。(6) 拨款和结算。(7) 技术资料交付时间。(8) 材料和设备供应责任。(9) 相互协作。

依据相关规定，建设工程的保修期限分别为：(1) 民用与公共建筑、一般工业建筑、构筑物的土建工程为 1 年，其中屋面防水工程为 3 年；(2) 建筑物的电气管线、上下水管线安装工程为 6 个月；(3) 建筑物的供热及供冷为一个采暖期及供冷期；(4) 室外的上下水和小区道路等市政工程为 1 年；(5) 其他特殊要求的工程，其保修期由建设人和施工人在合同中规定。

第三节　建设工程合同的效力

建设工程合同为双务合同，当事人自合同签订时，就相互享有权利、承担义务。我们从建设工程勘察设计合同和建设工程施工合同两个方面来进行介绍。

一、建设工程勘察、设计合同当事人的权利与义务

勘察设计合同中包括两方面当事人，其中建设人又被称为发包人，勘察人、设计人被统称为承包人。

(一) 发包人的主要义务

1. 按照合同的约定提供必要的资料和协作条件

委托勘察的，在勘察工作开始之前，发包人应当按照约定提供对方当事人所需要的勘察基

础资料、勘察技术要求及附图；委托设计的，应当按照合同约定提供设计的基础资料、设计的技术要求。勘察设计人员入场工作时，发包人应当为其提供必要的工作条件和生活条件，以保证其正常开展工作。

依据《民法典》第 803 条，发包人未按照约定的时间和要求提供原材料、设备、场地、资金、技术资料的，承包人（勘察人、设计人）可以顺延工程日期，并有权要求赔偿停工、窝工等损失。也就是说，发包人不履行协作义务，造成勘察、设计停工、返工、窝工的，应当承担违约责任。

2. 按照合同的约定支付勘察、设计费用

勘察、设计费用的收费应当遵守国家的规定由双方当事人在合同中进行约定。在这里必须指出，1983 年国务院颁布的《建设工程勘察设计合同条例》第 7 条规定，勘察合同成立后，委托人应向勘察人支付勘察费总额的 30%作为定金。这与《民法典》中定金金额不得超过主合同标的额的 20%的规定相矛盾，所以《建设工程勘察设计合同条例》中的该项规定不再适用。所以，双方当事人可以自行约定定金，但必须遵守《民法典》的规定。

3. 按照合同约定接收、及时检验勘察、设计成果，且不得擅自修改和转让

对于已经完成的勘验察、设计成果，发包人有义务按照约定进行接收，并且在合同规定的时间内进行质量检验。发包人对于勘察人、设计人交付的勘察、设计成果，不得擅自进行修改，也不得擅自转让给第三人重复使用。因为发包人擅自进行修改而产生的风险，由发包人自己承担；而未经勘察人、设计人同意，擅自转让给第三人使用的，发包人需向勘察人、设计人承担赔偿责任。

（二）承包人（勘察人、设计人）的主要义务

1. 在合同约定的期限内完成工作，并提交勘察、设计文件

依据《民法典》第 800 条的规定，勘察、设计的质量不符合要求或者未按照期限提交勘察、设计文件，拖延工期，造成发包人损失的，勘察人、设计人应当继续完善勘察、设计，减收或者免收勘察、设计费并赔偿损失。

建设工程的勘察担负着为工程建设提供地质资料的任务，建设工程的勘察人应当按照现行的标准、规范、规程和技术条例，进行工程测量、工程地质和水文地质勘测等勘察工作，并按照合同约定的进度提交符合质量要求的勘察成果。建设工程的设计直接为工程施工提供据以遵循的技术依据，故建设工程的设计人应当根据设计技术经济协议文件、设计标准、技术规范、规程、定额等提出勘察技术要求和进行设计，并按照合同约定的进度提交符合质量要求的设计文件（包括概预算文件、材料设备清单）。

2. 对勘察、设计成果承担瑕疵担保责任

在勘察合同履行后，对于工程质量中发现的勘察不合理，勘验人需承担重新勘察的义务，并且赔偿就此而给发包人所造成的损失；同理，设计合同履行后，由设计不合理而引起返工的，设计人也应该继续完善设计，并承担相关损失的赔偿责任。

3. 按照合同约定交付勘察、设计文件

勘察、设计的质量是决定着整个建设工程质量的基础，如果勘察、设计的质量存在问题，整个建设工程的质量也就没有保障，因此工程的勘察、设计必须符合质量要求。依据《建筑法》及其他有关法律的规定，建设工程的勘察人、设计人必须对其勘察、设计的质量负责，其所提交的

建设工程的勘察、设计文件应当符合以下要求：

（1）符合有关法律、行政法规的规定。这里讲的符合法律、行政法规，既包括要符合《建筑法》的规定，也包括要符合建筑法、城市规划法、土地管理法、环境保护法以及其他相关的法律、行政法规的规定。

（2）符合建设工程质量、安全标准。这里的建设工程质量、安全标准是指依照标准化法及有关行政法规的规定制定的保证建设工程质量和安全的国家标准和行业标准。《标准化法》规定，国家标准分为强制性标准和推荐性标准，行业性标准、地方标准是推荐性标准。对保障人身健康和生命财产安全、国家安全、生态环境安全以及满足经济社会管理基本需要的技术要求，应当制定强制性国家标准。强制性国家标准由国务院批准发布或者授权批准发布。强制性标准必须执行。法律、行政法规和国务院决定对强制性标准的制定另有规定的，从其规定。国家有关建设工程安全的标准，是涉及保障人身、财产安全的标准，属于强制性的标准。勘察人、设计人的勘察、设计必须符合国家有关建设工程安全标准的要求，保证其勘察、设计的质量。

（3）符合建设工程勘察、设计的技术规范。建设工程勘察、设计的技术规范，通常是以标准的形式制定、发布的。对有关建设工程勘察、设计规范的强制性标准，勘察、设计人必须遵照执行。建设工程勘察文件应当反映工程的地质、地形地貌、水文地质状况，符合规范、规程，做到勘察方案合理、评价准确、数据可靠。建设工程设计文件应当满足相应设计阶段的技术要求，施工图应当配套，细节点应当交代清楚，标注说明应当清晰、完整。

（4）符合合同的约定。勘察、设计文件在符合法律、行政法规的规定和有关质量、安全标准的前提下，还应当符合勘察、设计合同约定的特殊质量要求。

二、建设工程施工合同当事人的权利、义务

（一）发包人的义务

1. 做好施工前的准备工作

施工前的准备工作是建设工程施工合同的一个重要组成部分，发包人应当按照合同的约定提前做好施工前的准备工作，如，申请施工许可证，办理土地征用、租用证明；依约清理施工现场的障碍物；处理好水电运输等。

2. 按照合同约定提供必要原材料（资料）及其他便利

《民法典》第803条规定，发包人未按照约定的时间和要求提供原材料、设备、场地、资金、技术资料的，承包人可以顺延工程日期，并有权要求赔偿停工、窝工等损失。也就是说，如果建设工程施工合同中约定由发包人提供原材料、设备、场地、资金、技术资料的，则发包人应当按照约定的原材料、设备的种类、规格、数量、单价、质量等级和提供时间、地点的清单，向承包人提供建设所需的原材料、设备及其产品合格证明。承包人与发包人应当一起对原材料、设备进行检验、验收后，由承包人妥善保管，发包人支付相应的保管费用。对于必须经过试验才能使用的材料，承包人应当按照约定进行测燃、毒性反应等测试；不具备测试条件的，可以委托专业机构进行测试，费用由发包人承担。如果经检验发包人提供的原材料、设备的种类、规格、型号、质量等级与约定不符合的，承包人有权拒绝接收、保管，并可以要求发包人运出施工现场并予以更换。如果发包人未按照约定时间提供原材料、设备的，承包人可以中止施工并顺延工期，因此

造成承包人停工、窝工损失的，由发包人承担损害赔偿责任。

由发包人提供场地的，发包人应当按照合同约定向承包人提供承包人施工、操作、运输、堆放材料设备的场地以及建设工作涉及的周围场地（包括一切通道）。具体工作包括：(1) 发包人应当在承包人工作前及时办理有关批件、证件和临时用地等的申报手续，包括工程地址和临时设施范围内的土地征用、租用，申请施工许可证和占道、爆破及临时铁道专用岔线许可证。(2) 确定建设工程及有关道路、线路、上下水道的定位标桩、水准点和坐标控制点。(3) 发包人在提供场地前，应当清除施工现场内一切影响承包人施工的障碍，并向承包人提供施工所需水、电、热力、电讯等管道线路，保证承包人施工期间的需要。发包人未能提供符合约定、适合工作的场地，致使承包人无法开展工作的，承包人有权要求发包人排除障碍、顺延工期，并可以暂停工作，因此造成承包人停工、窝工损失的，承包人可以要求发包人承担损害赔偿责任。

由发包人提供工程建设所需资金的，发包人应当按照约定的时间和数额向承包人支付。这里的资金一般是指工程款。在现实中，由发包人提供工程款包括预付工程款和按工程进度支付工程款两种，具体可由双方当事人在建设工程合同中约定。如果建设工程施工合同约定由发包人预付工程款的，发包人应当按照约定的时间和数额向承包人预付工程款，开工后按合同约定的时间和比例逐次扣回。发包人未按照合同约定预付工程款的，承包人可以向发包人发出预付工程款的通知，发包人在收到通知后仍不能按照要求预付工程款的，承包人可以停止工作并顺延工期，发包人应当从应付之日起向承包人支付应付款的利息，并赔偿因此造成承包人停工、窝工的损失。如果建设工程施工合同约定发包人按工程进度付款的，发包人应当按照合同约定的进度支付工程款。实践中，完成约定的工程部分后，由发包人确认工程量，以构成合同价款相应项目的单价和取费标准计算出工程价款，经发包人签字后支付。发包人在计算结果签字后的合理期限内未能按照要求支付工程款的，承包人可以向发包人发出支付工程款的通知，发包人在收到通知后仍不能按照要求支付工程款的，承包人可以停止工作并顺延工期，发包人应当从应付之日起向承包人支付应付价款的利息，并赔偿因此造成承包人停工、窝工的损失。

由发包人提供有关工程建设技术资料的，发包人应当按照合同约定的时间和份数向承包人提供符合约定要求的技术资料。这里的技术资料主要包括勘察数据、设计文件、施工图纸以及说明书等。根据法律、行政法规的规定，承包人必须按照国家规定的质量标准、技术规程和设计图纸、施工图等技术资料进行施工，如果发包人未能按照约定提供技术资料，承包人就不能正常进行工作。在这种情况下，承包人可以要求发包人在合理期限内提供建设工作所必需的技术资料，有权暂停工作、顺延工期，并有权要求发包人承担承包人因停工、窝工所造成的损失。

3. 解决施工中的有关问题，对因自身原因造成的停工缓建，承担责任

《民法典》第 804 条规定，因发包人的原因工程中途停建、缓建的，发包人应当采取措施弥补或者减少损失，赔偿承包人因此造成的停工、窝工、倒运、机械设备调迁、材料和构件积压等损失和实际费用。在施工过程中，发包人应当派驻工地代表，对工程的进度、质量等进行监督检查。

在工程建设过程中，发包人应当按照合同约定履行自己的义务，为承包人的建设工作提供必要的条件，保证工程建设顺利进行。如果因发包人的原因工程建设无法按照约定的进度进行，承包人可以停建或者缓建。这里的“因为发包人的原因”在实践中一般指下列情况：(1) 发包人变更工程量；(2) 发包人提供的设计文件等技术资料有错误或者发包人变更设计文件；(3) 发包人未能按照约定及时提供建设材料、设备或者工程进度款；(4) 发包人未能及时进行中间工程和隐蔽工程的验收并办理有关交工手续；(5) 发包人不能按照合同的约定保障建设工作所需的工作条件；等等。在发生上述原因，致使工程建设无法正常进行的情况下，承包人可以停建、缓建、顺延工期，并及时通知发包人。承包人在停建、缓建期间应当采取合理措施减少和避免损失，妥善保护好已完成工程，做好已购材料、设备的保护和移交工作，将自有机械和人员撤出施工现场，发包人应当为承包人的撤出提供必要的条件。承包人应当将停建、缓建过程中发生的经济支出和其他实际发生的费用向发包人提出报告。

因发包人自身原因工程停建、缓建的，发包人应当承担违约责任。首先，发包人应当采取必要措施，弥补或者减少损失，同时应当排除障碍，使承包人尽快恢复建设工作。如承包人在施工中发现设计有错误和不合理之处，应当通知发包人，发包人在接到通知后，应当及时同设计人等有关单位研究确定修改意见或者变更设计，并及时将修订后的设计文件送交承包人。其次，发包人还应当赔偿承包人在停建、缓建期间的损失，包括停工、窝工、倒运、机械设备调迁、材料和构件积压所造成的损失和实际发生的费用。

4. 对工程的验收义务

依据《民法典》第 799 条的规定，建设工程竣工后，发包人应当根据施工图纸及说明书、国家颁发的施工验收规范和质量检验标准及时进行验收；验收合格的，发包人应当按照约定支付价款，并接收该建设工程。建设工程竣工经验收合格后，方可交付使用；未经验收或者验收不合格的，不得交付使用。该条规定了工程验收的三项依据：(1) 施工图纸及说明书。施工图纸及说明书是施工合同的有机组成部分，是对承包人施工条款的具体化，对工程的验收自应将其作为重要依据。(2) 国家颁发的施工验收规范。(3) 国家颁发的建设工程质量检验标准。同样，根据该条规定，建设工程验收的主体为发包人。

当事人对建设工程验收实际竣工日期有争议的，按照以下情形分别处理：(1) 建设工程经竣工验收合格的，以竣工验收合格之日为竣工日期；(2) 承包人已经提交竣工验收报告，发包人拖延验收的，以承包人提交验收报告之日为竣工日期；(3) 建设工程未经竣工验收，发包人擅自使用的，以转移占有建设工程之日为竣工日期 [最高人民法院《关于审理建设工程施工合同纠纷案件适用法律问题的解释》(法释〔2004〕14 号) 第 14 条]。另外，当事人约定，发包人收到竣工结算文件后，在约定期限内不予答复，视为认可竣工结算文件的，按照约定处理。承包人请求按照竣工结算文件结算工程价款的，应予支持 (法释〔2004〕14 号第 20 条)。

5. 按合同约定支付价款的义务

建设工程价款的支付一般分为预付款、中间结算和竣工决算三大部分。工程价款的支付，由发包人和承包人在合同中加以约定。对建设工程的验收，应以施工图纸及说明书和国家颁发的施工验收规范和质量验收标准为依据，按照合同约定的验收办法进行验收。验收合格后，发包人应当按照合同约定，扣除一定保证金后，将剩余工程的价款按照约定方式支付给承包人。

6. 接受建设工程的义务

发包人与承包人办理移交手续，正式接收该项建设工程后，发包人可以按照自己的意图使用该建筑物。这就意味着建设工程施工合同履行完毕，该建设工程的各种风险从承包人转移给发包人。

（二）承包人的义务

1. 做好施工前的准备工作并按期开工

承包人应当在开工前对施工现场进行场地检查，保证施工现场土地平整，供水供电；并且检查道路和管道等，建设施工工作人员工作、居住的临时场所。承包人应当按照合同约定的时间按时开工，按照施工图纸及说明进行施工，不得擅自改动施工图纸。

2. 接受发包人检查监督

《民法典》第797条规定，发包人在不妨碍承包人正常作业的情况下，可以随时对作业进度、质量进行检查。

该条规定了发包人的检查权。为了提高工程的建设水平，保证施工进度和质量，充分发挥投资效益，保障建设工程施工合同的实施，保护发包人的利益，该条规定了发包人可以随时对工程作业的进度和质量进行检查。

发包人对工程作业的检查一般通过两种方式。一种是委派具体管理人员作为工地代表。发包人委派工地代表后，应当及时通知承包人。派驻的工地代表负责对工程进度、工程质量进行监督检查，办理中间交工工程验收手续以及其他应当由发包人解决的事宜。另一种是发包人委托监理人实施对工程建设过程的检查。国家规定强制监理的工程，发包人应当委托监理人对工程实施监理。除此之外，发包人也可以自愿委托监理人对工程进行监理。监理人应当是具有相应工程监理资质证书的监理公司、监理事务所，以及兼办监理业务的工程设计、科研及工程建设咨询公司。发包人委托监理的，应当与监理人订立书面的委托监理合同。在实施工程监理前，发包人应当将委托监理单位、监理内容及监理权限，书面通知被监理工程的承包人。监理人应当依照法律、行政法规及有关的技术标准、设计文件和建设工程承包合同，对承包人在施工质量、建设工期和建设资金使用等方面，代表发包人对承包人的建设工作实施监督。

发包人可以随时对工程作业的进度和质量进行检查。工地代表、监理人在检查过程中发现工程设计不符合建设工程质量要求的，应当报告发包人要求设计人改正。如果发现工程的施工不符合工程设计要求、施工技术标准和合同约定的，工地代表和监理人有权要求承包人改正。承包人应当接受发包人的检查，为工地代表和监理人的工作提供方便和协助。

3. 按照合同约定质量完成工程

《民法典》第801条规定，因施工人的原因建设工程质量不符合约定的，发包人有权请求施工人在合理期限内无偿修理或者返工、改建。经过修理或者返工、改建后，造成逾期交付的，施工人应当承担违约责任。根据该条规定，建设工程的施工人对工程的施工质量负责。

建设工程的施工人为保证工程的施工质量，必须做到严格按照工程设计图纸和施工技术标准施工，不得偷工减料。工程设计图纸是建设设计单位根据工程的功能、质量等方面的要求所作出的设计工作的最终成果，其中的施工图是对建设工程的建筑物、设备、管线等工程对象物的尺寸、布置、选用材料、构造、相互关系、施工及安装质量要求的详细图纸和说明，是指导施工的直接依据。建设工程的各项施工活动，包括土建工程的施工、给排水系统的施工、供热供暖系统的施工等，都必须按照相应的施工图纸的要求进行。

凡是施工原因造成的工程质量问题，都要由施工人承担责任。如果是施工人的原因致使工程质量不符合约定的，发包人可以请求施工人在合理期限内无偿对工程进行修理或者返工、改建以达到约定的质量要求。如果经过修理或者返工、改建，造成工程迟延交付的，施工人应当承担逾期交付的违约责任。这里的违约责任包括赔偿发包人因逾期交付受到的损失、按照约定向发包人支付违约金、减少价款、执行定金罚则等。发包人可以根据施工人违约的程度和损失大小，合理选择请求施工人承担上述违约责任。

4. 按照约定的时间交付建设工程，由发包人验收

这是建筑工程施工合同中承包人最重要的一项义务。如果承包人没有按照合同约定的时间交付建设工程，就构成违约，需要承担相应的违约责任。

第四节 建设工程施工合同的解除

在建设工程施工合同中明确约定了解除条件时，当合同约定的解除条件成立，可以约定解除合同；如果合同中没有解除权的约定，则按照《民法典》第 562 条、第 563 条的规定执行。

一、发包人解除合同

承包人具有下列情形之一，发包人请求解除建设工程施工合同的，应予支持：(1) 明确表示或者以行为表明不履行合同主要义务；(2) 合同约定的期限内没有完工，且在发包人催告的合理期限内仍未完工；(3) 已经完成的建设工程质量不合格，并拒绝修复；(4) 将承包的建设工程非法转包、违法分包。

二、承包人解除合同

发包人具有下列情形之一，致使承包人无法施工，且在催告的合理期限内仍未履行相应义务，承包人请求解除建设工程施工合同的，应予支持：(1) 未按约定支付工程价款；(2) 提供的主要建筑材料、建筑构配件和设备不符合强制性标准；(3) 不履行合同约定的协助义务。

三、解除合同的后果

建设工程合同施工解除后，已经完成的建设工程质量合格的，发包人应当按照约定支付相应的工程价款；已经完成的建设工程质量不合格的，承包人无权请求支付工程价款。一方违约导致合同解除的，违约方应当赔偿因此而给对方造成的损失。

本章复习题

【案例 1】 2013 年 4 月 17 日，甲公司向乙建设公司发出中标通知书，确认乙建设公司为××××项目施工的中标人，中标价为 1 亿元。2013 年 5 月 8 日，褚某代表乙建设公司与甲公司签订建设工程施工合同，约定合同价款暂估 1 亿元，并予以备案。

2013 年，乙建设公司与甲公司针对同样的工程项目签订建设工程施工合同，约定甲公司将其开发的××××项目工程发包给乙建设公司施工建设，约定工程承包范围和分包范围，并约定合同价款暂定为 1.3 亿元，实际合同价款以竣工结算造价为准。2013 年 6 月 8 日，甲公司（甲方）与乙建设公司（乙方）签订建设工程施工合同补充协议，载明："双方已于 2013 年 5 月 8 日订立'富民"××××"项目建设工程施工合同'……为进一步确定相关问题，明确双方的责、权、利，甲乙双方经平等、自愿协商，订立补充协议，共同遵守履行。"双方在补充协议中就乙方垫资时段、质量标准、工程款支付、工程变更补充约定、竣工验收和结算、补充条款等内容进行了约定，并对 2013 年 5 月 8 日的建设工程施工合同的相关条款进行了补充说明。

2016 年 9 月 12 日，乙建设公司向甲公司发出《关于要求组织工程竣工（初验）验收的申请

函》。2016 年 11 月 3 日，甲公司向乙建设公司发出《建筑工程预验收存在问题整改回复单》。同日，双方签订“工程交工协议书”，协议书第 1 条载明，“乙方已于 2016 年 9 月 20 日前完成了‘建设工程施工合同’及设计文件的全部工作内容，并于 2016 年 9 月 24 日由监理单位组织了工程预验收……”；协议书第 4 条约定，“因甲方原因导致竣工验收无法按期进行，由甲方组织五方（勘察单位、设计单位、监理单位、施工单位和建设单位）进行验收，并签署相关验收文件资料，相关责任与乙方无关”。同日，甲公司向乙建设公司出具“工程款承诺书”。同日，乙建设公司向甲公司移交工程结算资料，双方制作了“工程结算资料移交单”。

后双方由于工程款支付产生争议，经协商未果，遂诉至法院。

甲公司在证据交换时提交一份与此备案合同内容完全一致的建设工程施工合同，此份合同与备案合同的不同之处在于，手写添加了开工和竣工日期，手写添加了合同订立时间“2013 年 6 月 8 日”。

关于工程造价的问题，一审法院依法委托司法鉴定，确认乙建设公司所完成工程的造价，丙建设工程造价咨询有限公司按照一审法院的委托，依据双方当事人实际履行的 2013 年 5 月 8 日“建设工程施工合同”和“建设工程施工合同补充协议”，作出云审造（2018）鉴字 2 号工程造价鉴定意见书，对乙建设公司所完成工程的造价鉴定结论为 116 400 562.45 元。

另外，关于尚欠工程款金额问题，一审法院认为，双方对于已付工程款 82 500 000 元无争议，工程造价 116 400 562.45 元扣减已付工程款，再扣减乙建设公司在起诉状中同意扣减的 5%质保金后，甲公司尚欠乙建设公司工程款 28 080 534.33 元（工程造价 116 400 562.45 元－已付工程款 82 500 000 元－质保金 5 820 028.12 元）。

关于工程欠款利息，一审法院认为，乙建设公司主张的工程款利息（即违约金 3 260 007.36 元）的起算时间点 2017 年 1 月 4 日为其提交工程结算资料（2016 年 11 月 3 日）后的两个月，乙建设公司据以主张利息的合同依据系“建设工程施工合同补充协议”第 5.2.1 条——“甲方对于乙方报送的工程结算在二个月内未审结即视为甲方认可乙方提交的结算”，但乙建设公司在本案一审开庭前已提交鉴定申请，并不坚持以自己提交给甲公司的结算资料作为工程结算价款的依据，案涉工程的造价和甲公司尚欠的工程款系通过诉讼当中的鉴定予以明确，故乙建设公司要求按照补充协议的约定以其报送结算资料后的第二个月作为利息起算点的主张中的时间与最终工程价款确定的时间不一致，一审法院结合本案工程价款确定的客观情况，确认案涉工程欠款利息的起算点为乙建设公司提起诉讼之日，即 2017 年 5 月 4 日。至于计付利息的标准，最高人民法院《关于审理建设工程施工合同纠纷案件适用法律问题的解释》第 17 条规定：“当事人对欠付工程价款利息计付标准有约定的，按照约定处理；没有约定的，按照中国人民银行发布的同期同类贷款利率计息。”[①] 本案双方当事人在“建设工程施工合同补充协议”第 6.4 条约定逾期付款利息标准为日息 1.5‰，但该违约金约定过高，乙建设公司自行调整为月息 2%，并未违反法律规定，一审法院予以支持。[②]

问：

（1）建设工程合同的概念是什么？

---

① 最高人民法院《关于审理建设工程施工合同纠纷案件适用法律问题的解释（一）》第二十六的内容与此条内容相同。

② 杨立新．中华人民共和国民法典释义与案例评注：合同编：下．北京：中国法制出版社，2020：56．［案件审理法院：一审法院为云南省高级人民法院，案号：（2017）云民初 60 号；二审法院为最高人民法院，案号：（2019）最高法民终 344 号。］

(2) 建设工程合同的形式是什么?

【案例 2】 甲集团与杜某于2011年9月2日签订了某园映月庭一期九标段项目目标责任书一份,约定由杜某分包该项目主体结构中所有模板工程的施工。双方同时约定了相应的施工价格。双方约定的付款方式为主体工程完工验收60天后双方核对工程量办理结算手续,甲集团支付杜某工程款至总价款的95%,竣工验收3个月后付清全部工程款。合同签订后,杜某带领民工进行了施工,但其并不具有施工资质。合同履行完毕后,甲集团尚有总价款的5%未付。因甲集团支付剩余工程款的日期已到但并未支付,故双方产生争议,杜某向法院提起诉讼。①

一审法院认为:原告以个人名义承揽工程,带领民工进行施工不具备法定资质,依据相关司法解释应认定双方签订的某园映月庭一期九标段项目目标责任书不具有法律效力。但双方约定原告施工的工程已施工完毕且已经验收合格,故依据最高人民法院《关于审理建设工程施工合同纠纷案件适用法律问题的解释》第2条关于"建设工程施工合同无效,但建设工程经竣工验收合格,承包人请求参照合同约定支付工程价款的,应予支持"的规定,对原告关于甲集团支付剩余工程款的主张予以支持。

二审法院认为:因杜某不具备法定资质,故双方当事人签订的目标责任书属无效协议。现有证据能够证明双方约定由杜某施工的工程已施工完毕且已经验收合格,故甲集团应依法支付工程款。原审法院根据本案的事实和相关法律、法规所作判决并无不妥,本院应予维持。故判决驳回上诉、维持原判。②

问:

(1) 简述关于建设工程合同订立方式的法律规定。

(2) 承包人将工程分包的条件是什么?

参考文献

1. 崔建远. 合同法. 6版. 北京:法律出版社,2016.

2. 谢怀栻,等. 合同法原理. 北京:法律出版社,2000.

① 《民法典》第793条规定:建设工程施工合同无效,但是建设工程经验收合格的,可以参照合同关于工程价款的约定折价补偿承包人。

② 杨立新. 中华人民共和国民法典释义与案例评注:合同编:下. 北京:中国法制出版社,2020:67. [审理法院:天津市第二中级人民法院,案号:(2014)二审民终字第449号。]

第二十二章 运输合同

本章重点问题

1. 运输合同概述
2. 客运合同
3. 货运合同
4. 多式联运合同

第一节 运输合同概述

一、运输合同的概念和特征

运输合同，又称运送合同，是指承运人将旅客或者货物从起运地点运输到约定地点，旅客、托运人或者收货人支付票款或者运输费用的合同。

运输合同具有以下特征：

(1) 运输合同一般为双务、有偿合同。在运输合同中，承运人负有将旅客或货物运送到约定地点的义务，旅客或托运人负有按规定支付票款或运费的义务，这两种义务互为对价，故运输合同属于双务、有偿合同。但作为例外情形，运输合同也有无偿的情况，如运送身高未达一定高度的儿童，即属免费运输。

(2) 运输合同的标的是承运人的运送行为。在运输合同中，承运人以将旅客、货物运送到约定地点为目的，因此，运输合同的标的并不是旅客，也不是货物本身，而是承运人的运送行为。旅客或者货物是运输行为的对象。因此，运输合同属于提供劳务类型的合同。

(3) 运输合同多为格式合同。在运输合同中，承运人及托运人往往使用格式合同，客票、客运单、提单等均依照专门法规统一印制，运费一般也是执行统一的规定。当事人的基本权利、义务及责任已经被规定在承运人事先制定好的合同中，托运人和旅客仅具有就此合同条款表示同意与否的权利。

(4) 运输合同一般为诺成合同。依据《民法典》第 814 条的规定，客运合同自承运人向旅客出具客票时成立，但是当事人另有约定或者另有交易习惯的除外。因此，客运合同原则上是诺成合同。《民法典》对货运合同和多式联运合同的成立未明确规定。我们认为，为保护合同当事人的利益，促进经济的发展，原则上也应认定货运合同和多式联运合同为诺成合同，即承运人与托运人之间达成合意时合同成立，但当事人有特别约定或法律有特殊规定时，货运合同也可为实践合同。

（5）运输合同一般具有强制缔约性。《民法典》第 810 条规定，从事公共运输的承运人不得拒绝旅客、托运人通常、合理的运输要求。根据该条款，承运人不得拒绝旅客和托运人的订约要求，对于旅客和托运人的通常的、合理的订约要求，必须作出承诺；如果拒载，即违反了强制缔约义务，应当对旅客、承运人承担违约责任。

二、运输合同的分类

运输合同范围广泛、种类繁多，采用不同的标准，可对运输合同作不同的分类。

（1）以运输的对象为标准，运输合同可分为旅客运输合同和货物运输合同。

（2）以运输工具为标准，运输合同可分为铁路运输合同、公路运输合同、航空运输合同、水上运输合同、海上运输合同及管道运输合同等。

（3）以运输方式的单一或者多样化为标准，运输合同可分为单式运输合同和多式运输合同。

第二节　客运合同

一、客运合同的概念和特征

客运合同，即旅客运输合同，是承运人与旅客关于承运人将旅客及其行李安全运输到目的地，旅客为此支付运费的合同。客运合同的标的为运输旅客的行为。客运合同的目的是承运人按时将旅客安全送达目的地。但客运合同也包括运送旅客行李的内容，承运人运输旅客的同时，通常随同运输旅客一定数量的行李。对于超过规定数量的旅客的行李，旅客需凭客票办理托运。

客运合同自承运人向旅客出具客票时成立，但当事人另有约定或者另有交易习惯的除外。通常情况下，旅客向承运人支付票价、购买客票的行为是要约行为，承运人收取票款、出具客票的行为是承诺行为，客运合同自承运人向旅客出具客票时成立。但在另有约定或者交易习惯的情况下，如在旅客先乘上运输工具再补票的情况下，承运人向旅客出具客票的时间点，不再是合同成立的时间点。在此种情况下，旅客欲乘运输工具是要约，承运人准其乘上运输工具是承诺。合同在旅客搭乘上运输工具时成立。

客运合同的表现形式通常为客票，如铁路客运的火车票、航空客运的飞机票、水路和海上客运的船票等。但是客票本身并不是客运合同，而只是客运合同订立的初步证明。客票内容包括旅客乘坐的运送工具的运送时间、区间、班次、座别等情况，客票的内容也往往是客运合同的组成部分。

二、客运合同的效力

（一）旅客的义务

1. 支付票款的义务

票款是承运人承运的对价，支付票款是旅客的主要义务。

2. 持有效客票乘运的义务

《民法典》第 815 条第 1 款规定，旅客应当按照有效客票记载的时间、班次和座位号乘坐。

旅客无票乘坐、超程乘坐、越级乘坐或者持不符合减价条件的优惠客票乘坐的，应当补交票款，承运人可以按照规定加收票款；旅客不支付票款的，承运人可以拒绝运输。客票为表示承运人有运送其持有人义务的书面凭证，是收到旅客承运费用的收据。客票并非客运合同的书面形式，但它却是证明客运合同的唯一凭证，也是旅客乘运的唯一凭证。因此，无论采用哪一种运输方式，旅客均须凭有效客票才能乘运，除特别情形外，不能无票乘运。旅客无票乘运、超程乘运、越级乘运或者持失效客票乘运的，应当补交票款，承运人可以按照规定加收票款。旅客不交付票款的，承运人可以拒绝运输。目前多数客运合同都实行实名制，《民法典》第 815 条第 2 款规定，实名制客运合同的旅客丢失客票的，可以请求承运人挂失补办，承运人不得再次收取票款和其他不合理费用。

3. 按客票记载的时间乘坐的义务

旅客应当按照客票记载的时间乘坐。旅客因自身原因不能按照客票记载的时间乘坐的，应当在约定的时间内办理退票或变更手续。逾期办理的，视为旅客已经违约在先，承运人可以不退票款，并不再承担运输义务。

4. 限量携带行李的义务

依据《民法典》第 817 条的规定，旅客随身携带行李应当符合约定的限量和品类要求；超过限量或者违反品类要求携带行李的，应当办理托运手续。客运合同准许旅客携带行李一同乘运，但为保障旅客旅行安全，需要限定旅客携带行李的数量和品类。旅客随身携带行李超出限量的，旅客应当凭客票办理行李托运手续，承运人应当向旅客出具行李票。

5. 不随身携带或者不在行李中夹带违禁物品的义务

依据《民法典》第 818 条的规定，旅客不得随身携带或者在行李中夹带易燃、易爆、有毒、有腐蚀性、有放射性以及可能危及运输工具上人身和财产安全的危险物品或者违禁物品。旅客违反规定的，承运人可以将危险物品或者违禁物品卸下、销毁或者送交有关部门。旅客坚持携带或者夹带危险物品或者违禁物品的，承运人应当拒绝运输。

（二）承运人的义务

1. 告知义务

《民法典》第 819 条规定，承运人应当严格履行安全运输义务，及时告知旅客安全运输应当注意的事项；旅客对承运人为安全运输所作的合理安排应当积极协助和配合。所谓安全运输应当注意的事项，是指在运输中为保障旅客的人身、财产安全，需要提醒旅客注意的事项。例如在民用航空运输中，航空承运人应当在起飞前向乘客告知紧急情况下的安全注意事项。《民法典》第 820 条规定，承运人应当按照有效客票记载的时间、班次和座位号运输旅客。承运人迟延运输或者有其他不能正常运输情形的，应当及时告知和提醒旅客，采取必要的安置措施，并根据旅客的要求安排改乘其他班次或者退票；由此造成旅客损失的，承运人应当承担赔偿责任，但是不可归责于承运人的除外。根据该条，承运人应当向旅客及时告知有关不能正常运输的重要事项。所谓有关不能正常运输的重要事项，是指因承运人的原因或天气等原因使运输时间迟延，或运输合同所约定的车次、航班取消等影响旅客按约定时间到达目的地的事项。在及时告知和提醒乘客的同时，承运人还需采取必要的安置措施，也应当同时履行安排改乘其他班次或者退票的义务。不能正常运输给旅客带来损失的，承运人应当承担赔偿责任，不可归责于承运人的情况除外。

2. 按照客票载明的时间和班次运输旅客的义务

客票是证明客运合同有效成立的书面凭证，客票上所载明的时间、班次经承运人和旅客双方当事人意思表示一致，从而成为合同内容的重要组成部分。对此，双方均应按约定履行。承运人只有按客票载明的时间、班次运输，才属于全面、适当地履行了合同。对于承运人未按客票载明的时间和班次进行运输的，旅客有权要求安排改乘其他班次、变更运输路线以到达目的地，或者退票。

3. 安全运送义务

运输合同生效后，承运人负有将旅客及其行李安全送达目的地的义务，即在运输中承运人应保证旅客的人身安全。对旅客在运输过程中的伤亡，承运人应承担赔偿责任。但依据《民法典》第 823 条的规定，承运人对旅客伤亡赔偿责任的免责事由有两项：伤亡是旅客自身健康原因造成的；承运人证明伤亡是旅客故意、重大过失造成的。该条规定适用于按照规定免票、持优待票或者经承运人许可搭乘的无票旅客。《民法典》第 824 条规定，在运输过程中旅客随身携带物品毁损、灭失，承运人有过错的，应当承担赔偿责任。

4. 不得擅自降低服务标准的义务

《民法典》第 821 条规定，承运人擅自降低服务标准的，应当根据旅客的请求退票或者减收票款；提高服务标准的，不得加收票款。在客运合同中，承运人应当按照约定的标准提供运输工具。承运人没有经过旅客的同意而擅自变更运输工具等降低服务标准的，旅客享有解除权和减收票款的变更权，承运人应当根据旅客的请求退票或者减收票款。承运人擅自变更运输工具而提高服务标准的，对旅客有利，因此旅客不能依此解除合同或变更合同，但承运人不得加收票款。

5. 在运输过程中的救助义务

承运人在运输过程中，应当尽力救助患有急病、分娩、遇险的旅客。在客运合同履行过程中，承运人对旅客负有救助义务，这也是其安全运输义务的体现。如果承运人对患有急病、分娩、遇险的旅客不予救助，则因不作为其可被要求承担民事责任。

第三节　货运合同

一、货运合同的概念和特征

货运合同是指承运人将托运人交付运输的货物运送到约定地点，托运人支付运费的合同。货运合同为运输合同的一种，除具有运输合同的一般特征外，还具有如下重要特征。

（一）货运合同往往涉及第三人

货运合同由托运人与承运人双方订立，托运人与承运人为合同的当事人，但托运人既可以为自己的利益托运货物，也可以为第三人的利益托运货物，因此托运人既可以自己为收货人，也可以第三人为收货人。在第三人为收货人的情况下，收货人虽不是订立合同的当事人，但却是合同的利害关系人。在此情况下的货运合同即属于为第三人利益订立的合同。

(二) 货运合同以将货物交付给收货人为履行完毕

货运合同与客运合同一样，均是以承运人的运输行为为标的。但是，客运合同中承运人将旅客及其行李运送到目的地即义务履行完毕；而货运合同中，承运人将货物运送到目的地，其义务并不能完结，只有将货物交付给收货人后，其义务才告履行完毕。

二、货运合同的效力

(一) 托运人的义务

1. 如实申报的义务

依据《民法典》第825条的规定，托运人办理货物运输，应当向承运人准确表明收货人的名称或者姓名或者凭指示的收货人，货物的名称、性质、重量、数量，收货地点等有关货物运输的必要情况。这对于保证货运合同的顺利履行具有特别重要的意义。托运人如未如实填报托运单，不仅会造成货物在运输过程中的毁损或灭失，而且往往会导致承运人的损失。托运人申报不实或者遗漏重要情况，造成承运人损失的，托运人应当承担损害赔偿责任。比如对危险货物没有如实申报，在运送过程中发生事故的，托运人应当赔偿承运人为此所受的损失。

2. 按规定向承运人提交审批、检验等文件的义务

在货物运输中，根据运输货物的种类、性质及国家的计划安排等，有的货物的运输需要得到有关部门的批准，有的货物的运输需要先经过有关机关的检验。《民法典》第826条规定，货物运输需要办理审批、检验等手续的，托运人应当将办理完有关手续的文件提交承运人。

3. 包装义务

依据《民法典》第827条的规定，合同中对包装方式有约定的，托运人有按照约定方式包装货物的义务；合同中对包装方式没有约定或者约定不明确时，可以协议补充，不能达成补充协议的，按照合同有关条款或者交易习惯确定；仍不能确定的，应当按照通用的方式包装，没有通用方式的，应当采取足以保护标的物且有利于节约资源、保护生态环境的包装方式。所谓按照通用的方式包装，主要是指按照某种运输工具运输某种货物的惯常方式包装。所谓足以保护货物且有利于节约资源、保护生态环境的包装方式，主要是指足以保证货物在运送过程中不致发生损坏、散失、渗漏等情形且有利于节约资源、保护生态环境的包装方式。托运人未采用约定的包装方式，或者不按通用的包装方式或足以保护运输货物的包装方式而交付运输的，承运人有权拒绝运输。

4. 托运危险物品时的义务

依据《民法典》第828条的规定，托运人托运易燃、易爆、有毒、有腐蚀性、有放射性等危险物品的，应当按照国家有关危险物品运输的规定对危险物品妥善包装，作出危险物品标志和标签，并将有关危险物品的名称、性质和防范措施的书面材料提交承运人。托运人违反规定的，承运人可以拒绝运输，也可以采取相应措施以避免损失的发生，因此产生的费用由托运人负担。

5. 支付运费、保管费以及其他运输费用的义务。

在承运人全部、正确履行运输义务的情况下，托运人或者收货人有按照规定支付运费、保管费以及其他运输费用的义务。这是托运人应负担的主合同义务。《民法典》第835、836条规定：货物在运输过程中因不可抗力灭失，未收取运费的，承运人不得请求支付运费；已经收取运费

的，托运人可以请求返还。法律另有规定的，依照其规定。托运人或者收货人不支付运费、保管费或者其他费用的，承运人对相应的运输货物享有留置权，但是当事人另有约定的除外。

（二）承运人的义务

1. 安全运输义务

承运人应依照合同约定，将托运人交付的货物安全运送至约定地点。依据《民法典》第832、833条的规定，承运人对运输过程中货物的毁损、灭失承担赔偿责任，但是，承运人证明货物的毁损、灭失是因不可抗力、货物本身的自然性质或者合理损耗以及托运人、收货人的过错造成的，不承担赔偿责任。货物的毁损、灭失的赔偿额，当事人有约定的，按照其约定；没有约定或者约定不明确，依据《民法典》第510条的规定仍不能确定的，按照交付或者应当交付时货物到达地的市场价格计算；法律、行政法规对赔偿额的计算方法和赔偿限额另有规定的，依照其规定。

2. 通知义务

依据《民法典》第830条的规定，货物运送到达后，承运人负有及时通知收货人的义务。当然，承运人只有在知道或应当知道收货人的通信地址或联系方法的情况下，方负有上述通知义务。如果存在托运人在运单上填写的收货人名称、地址不准确，或者收货人更换了填写地址或联系方式而未告知承运人等等情形，则承运人被免除上述通知义务。

（三）收货人的义务

1. 及时提货的义务

收货人虽然没有直接参与货物运输合同的签订，但受承运人、托运人双方签订的货物运输合同约束，收货人应当及时提货。收货人逾期提货的，应当向承运人支付保管费等费用。收货人不及时提货的，承运人有提存货物的权利。依据《民法典》第837条的规定，在货物运输合同履行中，承运人提存货物的法定事由有两项：一是收货人不明。这主要包括（1）无人主张自己是收货人，通过现有证据，主要是货物运输合同也无法确认谁是收货人；（2）虽有人主张自己是收货人，但根据现有证据，包括货物运输合同及主张人提供的证据，无法认定其是收货人等情形。二是收货人无正当理由拒绝受领货物。这主要是指虽有明确的收货人，但其没有正当理由而拒绝受领货物。承运人提存运输的货物后，运输合同关系即告消灭，该货物毁损、灭失的风险由收货人承担。提存期间，货物的孳息归收货人所有，提存所生费用也由收货人承担。

2. 在一定期限内检验货物的义务

依据《民法典》第831条的规定，货物运交收货人后，收货人负有对货物及时进行验收的义务。收货人应当按照约定的期限检验货物。对检验货物的期限没有约定或者约定不明确的，当事人可以协议补充；不能达成补充协议的，按照合同有关条款或者交易习惯确定；仍不能确定的，应当在合理期限内检验货物。收货人在约定的期限或者合理期限内对货物的数量、毁损等未提出异议的，视为承运人已经按照运输单证的记载交付。

3. 支付运费及其他运输费用的义务

一般情况下，运费由托运人在发站向承运人支付，但如果合同约定由收货人在到站支付或者托运人未支付的，收货人应支付。在运输中发生的其他费用，应由收货人支付的，收货人也必须支付。

三、货运合同的变更或解除

托运人或货物凭证持有人可以请求对货物运输合同中如下具体内容的变更或解除：(1) 要求解除合同，由承运人中止运输、返还货物；(2) 要求承运人变更到达地；(3) 要求承运人将货物交给其他收货人，即变更收货人。

托运人并非可随时要求变更或解除货物运输合同，其请求变更或解除货物运输合同的时间应是在承运人将货物交付收货人之前。如果承运人已将货物交付收货人，则货物运输合同已履行完毕，失去了变更或解除的必要和可能。对承运人因合同变更或解除所遭受的损失，托运人负有赔偿责任。

第四节　多式联运合同

一、联运合同的概念

联运合同即联合运输合同，是指当事人约定由两个或两个以上的承运人通过衔接运送，用同一凭证将货物运送到指定地点，承运人对全程运输承担责任，托运人支付承运人运输费用而订立的合同。联运合同包括单式联运合同和多式联运合同。多式联运是近十几年来迅速发展起来的、实行“一次托运、一次收费、一票到底、一次保险、全程负责”的“一条龙”服务的综合性运输，有独特的优越性，能够使多个运输环节有机地衔接、紧密合作，从而发挥运输设备的能力，有效地完成各项运输任务。①

联运合同具有下列法律特征：(1) 联运合同的承运人为一人或两人以上，但只存在一个运输合同关系，而非数个运输合同的组合。(2) 联运合同的各承运人以相互衔接的运送手段承运。(3) 托运人一次交费并使用同一运输凭证。(4) 承运人对全程运输承担责任。

二、单式联运合同

单式联运合同，是指当事人约定由两个或两个以上承运人以同一种运输方式将货物运至约定地点，托运人支付运费的货物运输合同。单式联运合同的承运人有两个以上，只采用一种运输方式，例如：广州甲公司和乙运输公司签订运输合同，将一批货物用货车从广州运往北京。后乙运输公司又和丙运输公司约定，乙运输公司将货物运到武汉，由丙运输公司用货车将货物运至北京。这就是一个典型的单式联运合同；承运人有两个，只采用货车运输这一种运输方式。如果货物在由丙运输公司从武汉运至北京的路段发生了毁损，应当由谁来承担责任？依据《民法典》第834条，损失发生在某一运输区段的，与托运人订立合同的承运人和该区段的承运人承担连带责任，即乙、丙运输公司应当承担连带责任。

三、多式联运合同

所谓多式联运合同是指多式联运经营人与托运人订立的，约定以两种或者两种以上的不同

---

① 韩松，等．合同法学．2版．武汉：武汉大学出版社，2014：272.

运输方式，采用同一运输凭证将货物运输至约定地点的货物运输合同。多式联运合同的主体为多式联运经营人与托运人。依据《民法典》第 838 条的规定，多式联运经营人负责履行或者组织履行多式联运合同，对全程运输享有承运人的权利、承担承运人的义务。根据该条，多式联运经营人在多式联运合同中处于两种不同的地位：一是负责履行，即参与运输活动；二是组织履行，即并不参与运输活动，仅仅组织实际承运人承担运输。

多式联运合同具有以下法律效力：

(1) 多式联运经营人应当签发多式联运单据。多式联运单据是指证明多式联运合同以及证明多式联运经营人接管货物并负责按照合同条款交付货物的单据。多式联运经营人收到托运人交付的货物时，应当签发多式联运单据。按照托运人的要求，多式联运单据可以是可转让单据，也可以是不可转让单据。

(2) 多式联运经营人对全程运输享有承运人的权利、承担承运人的义务。多式联运经营人可以与参加多式联运的各区段承运人就多式联运合同的各区段运输约定相互之间的责任，但该约定不影响多式联运经营人对全程运输承担的义务。

(3) 托运人托运货物时的过错造成多式联运经营人损失的，即使托运人已经转让多式联运单据，托运人仍然应当承担损害赔偿责任。

(4) 货物的毁损、灭失发生于多式联运的某一运输区段时，多式联运经营人的赔偿责任和责任限额，适用调整该区段运输方式的有关法律规定；货物毁损、灭失发生的运输区段不能确定的，多式联运经营人应当依照《民法典》关于货运合同的规定承担损害赔偿责任。

本章复习题

【案例 1】 2019 年 9 月，张某没有购买船票，直接登上了 H 市 A 船运公司从 H 市发往 Q 市的客船。张某先找了个舱位，把行李放下，休息了一会儿，随即前往列车员办公室补票。在前往补票的途中，船撞上了礁石，随即客船沉没，张某不幸身亡。张某的配偶李某要求 H 市 A 船运公司对张某的身亡赔偿损失，H 市 A 船运公司拒绝了李某的要求。李某遂向法院起诉，要求 H 市 A 船运公司承担张某的丧葬费和抚恤费等共计 5 万元。

问：张某和 A 船运公司之间是否存在合同关系？

【案例 2】 2019 年 8 月 2 日，李某通过“12306”铁路客服网站购买了 2019 年 8 月 10 日从 A 市到 B 市的某次列车车票一张，车票显示发车时间为 8 月 10 日 9 时 53 分。8 月 10 日早晨李某赶到 A 市火车站候车。由于 8 月 9 日晚上该次列车所经区域出现较强降雨天气，为确保运营安全，B 市铁路局进行临时封锁检修，列车因此受到影响，不能正点到达 A 市车站。李某从候车室显示屏显示的晚点信息及广播中得知该车晚点后，办理了退票手续，并改乘飞机前往目的地。李某认为，其改乘飞机、出租车的花费计 1 525 元，系列车晚点、B 市铁路局未按约定履行合同义务给其造成的损失，要求铁路公司赔偿。

问：铁路公司是否应当承担损害赔偿责任？

【案例 3】 2019 年 8 月 5 日上午，某客运公司的长途客车上的售票员发现甲、乙、丙三人没有买票，于是让他们补票。其中，甲、乙马上就补了票，但丙由于身上没带钱，央求汽车把他带到某某站。售票员不同意，把丙赶下车。当日下午 1 点，售票员发现客人太多，已经超员 5 人，于是便拒载后来的客人。丁由于有急事，央求上车，售票员说：“客车运输不能超载，出了问题，我们要负责任的。”丁说：“出了问题，我负责。不管什么问题，我都一人负责。”售票员无奈，便让丁上了车，还说："出了问题可由你一个全部负责！"下午3点，售票员发现戊携带了危险品，便要把危险品拿到车下销毁，戊坚决反对。售票员说："要么你拿着危险品下车，要么让我销毁。"后来，由于拥挤，王某把孕妇赵某挤得流产了。

问：

(1) 由于丙身上没带钱，售票员最终还是把他赶下车？是否合法？为什么？

(2) 售票员是否有权销毁旅客携带的危险品？为什么？

(3) 对于赵某的流产，售票员和其运输公司是否应承担责任？

(4) 对于赵某的流产，王某是否应该承担责任？

参考文献

1. 韩松，等．合同法学．2版．武汉：武汉大学出版社，2014.

2. 崔建远．合同法．6版．北京：法律出版社，2016.

3. 韩世远．合同法学．北京：高等教育出版社，2010.

第二十三章　技术合同

本章重点问题

1. 技术合同概述
2. 技术开发合同
3. 技术转让合同和技术许可合同
4. 技术咨询合同和技术服务合同

第一节　技术合同概述

一、技术合同的概念

《民法典》在第二十章中专门设置了有关技术合同的相关规定。技术合同并非单一类型的合同，而是当事人就技术开发、转让、许可、咨询或服务订立的确立相互之间的权利和义务的合同。技术合同的主要类型有技术开发合同、技术转让合同、技术许可合同、技术咨询合同和技术服务合同等。

技术合同的法律特征包括：(1) 技术合同的标的物是技术成果，而非一般的商品或劳务。技术成果是凝聚着人类智慧的创造性劳动成果①，包括利用科学技术知识、信息和经验作出的涉及产品、工艺、材料及其改进等的技术方案，如专利、专利申请、技术秘密、计算机软件、集成电路布图设计、植物新品种等。(2) 技术合同是双务、有偿合同。技术合同通常由一方提供技术，另一方支付对价，因而技术合同的一方当事人具有技术能力。(3) 技术合同涉及的层面多元。技术合同反映了技术成果在研发、转化领域的债权债务关系，除了受合同法规制外，还受知识产权法、科技法等调整。

《民法典》在第 844 条确认了订立技术合同的基本原则：订立技术合同，应当有利于知识产权的保护和科学技术的进步，促进科学技术成果的研发、转化、应用和推广。在科学技术为第一生产力的背景下，这一基本原则的确立，有助于鼓励和引导当事人正确地运用技术合同。

二、技术合同的内容

技术合同的内容，既指技术合同的条款，又指据此产生的权利、义务。技术合同的条款承载

---

① 谢怀栻，等．合同法原理．北京：法律出版社，2000：509.

技术合同下的权利、义务。依据《民法典》第 845 条的规定，技术合同一般应包括以下条款：项目的名称，标的的内容、范围和要求，履行的计划、地点和方式，技术信息和资料的保密，技术成果的归属和收益的分配办法，验收标准和方法，名词和术语的解释等。与履行合同有关的技术背景资料、可行性论证和技术评价报告、项目任务书和计划书、技术标准、技术规范、原始设计和工艺文件，以及其他技术文档，按照当事人的约定可以作为合同的组成部分。技术合同涉及专利的，应当注明发明创造的名称、专利申请人和专利权人、申请日期、申请号、专利号以及专利权的有效期限。

关于技术合同的内容，《民法典》对下列条款的规定较为特殊：

一是技术合同的价款、报酬和使用费及其支付。技术合同的价款、报酬和使用费的支付方式多样，得由当事人自由约定。《民法典》第 846 条明确了技术合同的当事人经常采用的支付方式：(1) 一次总算、一次总付，或一次总算、分期支付。一次总算、一次总付，或一次总算、分期支付，又被称为定额支付，当事人在签订合同时，将所有合同价款一次算清，在合同中明确地规定出总的金额。该合同价款是指除包括技术商品自身的价格外，通常还包含技术指导、人员培训等技术服务报酬。(2) 提成支付。约定提成支付的，可以按照产品价格、实施专利和使用技术秘密后新增的产值、利润或者产品销售额的一定比例提成，也可以按照约定的其他方式计算。无论采取何种提成方法，就提成支付的比例，当事人可以约定采取固定比例、逐年递增比例或逐年递减比例。为克服信息不对称可能给合同当事人利益带来的不利影响，当技术合同的双方当事人约定采用提成支付方式时，转让方、开发方或提供服务、咨询的一方（一般情况下是转让方）有权核查受让方或委托人的账目。双方当事人可以在合同中约定查阅有关会计账目的办法。

二是技术成果的权利归属条款。《民法典》将技术成果分为两类：职务技术成果和非职务技术成果。依照《民法典》第 847 条第 2 款的规定，职务技术成果主要包括以下两类：(1) 执行法人或者非法人组织的工作任务所完成的技术成果。所谓“执行法人或者非法人组织的工作任务”，既包括工作人员从事本职工作，也包括履行法人或非法人组织交付的本职工作以外的任务。(2) 主要是利用法人或非法人组织的物质技术条件完成的技术成果。所谓主要利用法人或非法人组织的物质技术条件，包括职工在技术成果的研究开发过程中，全部或大部分利用了法人或非法人组织的资金、设备、器材或原材料等物质条件，并且这些物质条件对形成该技术成果具有实质性影响的情形；还包括该技术成果的实质性内容是在法人或非法人组织尚未公开的技术成果、阶段性技术成果基础上完成的情形。但下列情况除外：对利用法人或非法人组织提供的物质技术条件，约定返还资金或交纳使用费的；在技术成果完成后利用法人或非法人组织的物质技术条件对技术方案进行验证、测试的。《民法典》所规定的职务技术成果以外的技术成果，都属于非职务技术成果。职务技术成果的使用权、转让权属于法人或者非法人组织的，法人或者非法人组织可以就该项职务技术成果订立技术合同。非职务技术成果的使用权、转让权属于完成技术成果的个人，完成技术成果的个人可以就该项非职务技术成果订立技术合同。

应当注意的是，虽然《民法典》删除了《合同法》第 326 条第 1 款关于发明人获得奖励报酬的规定，但是并不意味着实践中可以不支付发明人奖励、报酬，因为《专利法》第 15 条第 2 款以及《促进科技成果转化法》第 44 条、第 45 条第 3 款均规定了发明人的奖励、报酬。《民法典》还明确了完成技术成果人的署名权和取得荣誉权。《民法典》第 849 条规定，完成技术成果的个人有在有关技术成果文件上写明自己是技术成果完成者的权利和取得荣誉证书、奖励的权利。此外，《民法典》还规定了职务技术成果的完成人享有优先受让权，即当法人或其法人组织订立技术合同转让职务技术成果时，职务技术成果的完成人享有优先受让的权利。当然，职务技术成果的完成人只有在同等条件下方可享有并行使该项优先受让权。该项优先受让权属形成权，它限制了转让方的合同自由。

《民法典》第850条还就技术合同的无效规定了特别的原因，包括非法垄断技术、侵害他人技术成果。这里所谓非法垄断技术，主要包括如下情形：(1) 限制当事人一方在合同标的技术基础上进行新的研究开发或限制其使用所改进的技术，或双方交换改进技术的不对等，包括要求一方将其自行改进的技术无偿提供给对方、非互惠性转让给对方、无偿独占或共享该改进技术的知识产权；(2) 限制当事人一方从其他来源获得与技术提供方类似技术或与其竞争的技术；(3) 阻碍当事人一方根据市场需求，按照合理方式充分实施合同的技术，包括明显不合理地限制技术接受方实施合同标的技术生产产品或提供服务的数量、品种、价格、销售渠道和出口市场；(4) 要求技术接受方接受并非实施技术必不可少的附带条件，包括购买非必需的技术、原材料、产品、设备、服务以及接受非必需的人员等；(5) 不合理地限制技术接受方购买原材料、零部件、产品或设备等的渠道或来源；(6) 禁止技术接受方对合同标的技术知识产权的有效性提出异议附加条件等。

第二节　技术开发合同

一、技术开发合同概述

技术开发合同，是指当事人之间就新技术、新产品、新工艺、新品种或新材料及其系统的研究开发所订立的合同。这里所说的新技术、新产品、新工艺、新品种或新材料及其系统，包括当事人在订立技术合同时尚未掌握的产品、工艺、品种、材料及其系统等技术方案。技术开发合同的标的是研发具有创造性的技术成果。由于技术开发合同事关技术成果的研究开发，履行时间长，当事人之间的权利义务关系较复杂，所以《民法典》第851条第3款要求技术开发合同采用书面形式。

在技术开发合同中，若因不可归责于双方当事人的原因（如出现无法克服的技术困难或法律禁止继续研究开发等）研究开发失败，由此所产生的损失风险应由哪一方当事人承受？对此《民法典》作出了规定：首先，应尊重当事人的约定；其次，在当事人没有约定或约定不明确的情况下，依照《民法典》第510条的规定确定；最后，依照《民法典》第510条的规定仍不能确定的，风险由当事人合理分担。在技术开发合同履行过程中，出现无法克服的技术困难，可能导致研究开发失败或部分失败的，一方当事人应当及时通知另一方并采取适当措施，如向委托人提供咨询报告和意见，建议改变研究开发内容或全部放弃研究开发工作等，以减少损失。与此同时，研究开发人亦有权主动停止研究开发工作。如果当事人一方没有及时通知另一方并采取适当措施，致使损失扩大的，该方当事人应当就扩大的损失承担责任。

二、委托开发合同

委托开发合同，是指当事人一方（即委托人）委托另一方（即研究开发人）进行技术研究开发的合同。在委托开发合同中，委托人的义务与责任包括：(1) 按照合同约定支付研究开发费用和报酬。委托开发合同的当事人违反约定，造成研究开发工作停滞、延误或者失败的，应当承担违约责任。(2) 按照约定提供技术资料、提出研究开发要求。(3) 完成协作事项。不同的委托开发合同的协作事项有所不同。委托人没有依约完成协作事项，属于违反附随义务，应当承担违约责任。(4) 接受研究开发成果。委托人应当按期接受研究开发人完成的研究开发成果。委托人不及时接受的，构成对不真正义务的违反，研究开发人有权将研究开发成果予以提存，保管费用由委托人负担。

在委托开发合同中，研究开发人的义务与责任包括：(1) 依约制订和实施研究开发计划。研究开发计划的制订是开展研究开发工作的前提条件。委托开发合同对于研究开发计划制订的时间和内容有约定的，研究开发人应依约进行；无此约定的，研究开发人应于合同订立并生效后尽快制订。(2) 合理使用研究开发费用。研究开发人在完成研究开发工作中应当依合同的约定合理使用研究开发费用。所谓合理使用，包括专款专用、落到实处、杜绝浪费、分项合理等内容。(3) 按期完成研究开发工作并交付成果。研究开发人未尽应有的努力致使研究开发停滞、失败，或迟延交付研究开发成果的，应承担违约责任。(4) 研究开发人的后续义务。研究开发人依照合同约定完成研究开发工作并交付工作成果时，还应当提供有关的技术资料，并给予必要的技术指导，对委托人的人员进行技术培训，帮助委托人掌握该项技术成果。研究开发人不得向第三人泄露研究开发成果的技术秘密，不得向第三人提供该项成果。

确定委托开发合同中成果权益的归属时应遵循以下规则：如属可申请专利的，则申请专利的权利在一般情况下归研究开发人。但当事人约定申请专利的权利归委托人或由双方当事人共同行使的，从其约定。如属不可申请专利，或虽可申请专利，但当事人不欲申请专利的，则对于此项成果，一般情况下当事人各方都有使用、转让和收益的权利。当事人就此另有约定的，从其约定。

三、合作开发合同

合作开发合同，是指当事人各方就共同进行技术研究开发所达成的合同。合作开发与委托开发不同，合作开发各方当事人共同投资、共担风险、共享成果。

在合作开发合同中，当事人的义务与责任有：(1) 合作各方应当依照合同约定投资。(2) 合作各方应依合同约定的分工参与研究开发工作。合作各方有共同进行研究开发工作的权利和义务。合作开发合同的当事人可以由双方代表组成指导机构，对研究开发工作中的重大问题进行决策，协调和组织研究开发工作。(3) 合作各方应协作配合研究开发工作。(4) 合作各方应保守研究开发的秘密。(5) 合作各方所承担的违约责任。依据《民法典》第856条的规定，合作开发合同中，任何一方违反合同，造成研究开发工作停滞、延误或失败的，应当承担违约责任。

合作开发所完成的技术成果，如属可申请专利的，则申请专利的权利属于合作开发的当事人共有。当事人约定归其中一方或几方所有的，从其约定。合作开发所完成的技术成果如属不可申请专利，或虽可申请专利，但当事人不欲申请专利的，则对于此项成果，合作各方均有使用、转让、收益的权利。当事人就此另有约定的，从其约定。

第三节　技术转让合同和技术许可合同

一、技术转让合同和技术许可合同概述

技术转让合同是合法拥有技术的权利人将现有特定的专利、专利申请、技术秘密的相关权

利让与他人所订立的合同。技术转让合同包括专利权转让、专利申请权转让、技术秘密转让等合同。技术许可合同是合法拥有技术的权利人将现有特定的专利、技术秘密的相关权利许可他人实施、使用所订立的合同。技术许可合同包括专利实施许可、技术秘密使用许可等合同。技术转让合同和技术许可合同中关于提供实施技术的专用设备、原材料或者提供有关的技术咨询、技术服务的约定，属于合同的组成部分。技术转让合同和技术许可合同的标的物是现有且成型的技术成果，这与技术开发合同的标的物是尚不存在的、可能研发不出来的技术成果明显不同，也与技术咨询合同、技术服务合同没有标的物相异。技术转让合同和技术许可合同为双务、有偿、诺成、要式合同。依据《民法典》第 863 条的规定，技术转让合同和技术许可合同应当采用书面形式。

依据《民法典》第 864 条的规定，技术转让合同和技术许可合同可以约定实施专利或者使用技术秘密的范围，但是不得限制技术竞争和技术发展。这就是所谓的“使用范围”条款。此处所称的“范围”，是指技术让与人和受让人或技术许可人和被许可人在合同中约定的对实施专利技术或使用技术秘密的合理限制。

《民法典》对专利权技术许可合同还设置了特别规定。依据《专利法》的规定，发明专利权的期限为 20 年，实用新型专利权的期限为 10 年，外观设计专利的期限为 15 年。一旦有效期限届满，专利便进入公有领域，任何单位和个人都可以自由地无偿地使用。此时，专利权人自然不得就此项专利再行订立专利实施许可合同。此外，专利权在一定情况下还可能被宣告无效，被宣告无效的专利权被视为自始不存在，当事人不得就宣告无效的专利权与他人订立专利实施许可合同。

二、技术转让合同、技术许可合同当事人的义务

（一）让与人或许可人的义务

让与人或许可人的义务包括：(1) 向受让人转让专利权、专利申请权、技术秘密或许可被许可人实施专利、使用技术秘密。让与人或许可人应当保证自己是所提供技术的合法拥有者，并且保证所提供的技术完整、实用、可靠、无误、有效，能够达到约定的目标。这是权利瑕疵担保义务和物的瑕疵担保义务的具体体现。许可人或让与人未按照约定许可或转让技术的，应当返还部分或者全部使用或转让费，并应当承担违约责任；实施专利或者使用技术秘密超越约定的范围的，违反约定擅自许可第三人实施该项专利或者使用该项技术秘密的，应当停止违约行为，承担违约责任。受让人或者被许可人按照约定实施专利、使用技术秘密侵害他人合法权益的，由让与人或者许可人承担责任，但是当事人另有约定的除外。(2) 向受让人或被许可人提供实施专利有关的技术资料，提供必要的技术指导，保证技术的实用性、可靠性、帮助受让人或被许可人解决实施专利技术或技术秘密过程中出现的问题。(3) 保密义务。《民法典》第 868 条明确规定了技术秘密转让合同中让与人、许可人的保密义务。该条的立法宗旨在于防止让与人或许可人将技术泄露给第三方，从而导致技术竞争带来的受让人或被许可人市场份额的减少。当然，技术秘密转让合同让与人承担的保密义务具有一定的限度，不限制许可人申请专利，除非当事人另有约定。

（二）受让人或被许可人的义务

受让人或被许可人的义务包括：(1) 按照约定实施专利或使用技术秘密，不得许可约定以外的第三人实施该专利或使用该技术秘密。受让人或被许可人实施专利或使用技术秘密超出约定范围的，或者未经让与人或许可人同意擅自许可第三人实施该专利或使用该技术秘密的，应当

停止违约行为，承担违约责任。(2) 支付使用费。例如，专利实施许可合同的被许可人应当按照约定实施专利，不得许可约定以外的第三人实施该专利，并按照约定支付使用费。被许可人未按照约定支付使用费的，应当补交使用费并按照约定支付违约金；不补交使用费或者不支付违约金的，应当停止实施专利或者使用技术秘密，交还技术资料，承担违约责任。(3) 保密义务。技术转让合同的受让人和技术许可合同的被许可人应当按照约定的范围和期限，对让与人、许可人提供的技术中尚未公开的秘密部分，承担保密义务。受让人或被许可人违反此类约定的，应承担违约责任。

三、后续改进技术成果的权益分配

在科技日新月异的今日，多数技术转让合同、技术许可合同中的技术都是可以后续改进改良的。对于这种超出原有转让或许可技术的新的改进和发展如何分享？当事人可以按照互利的原则，在合同中约定实施专利、使用技术秘密后续改进的技术成果的分享办法；没有约定或者约定不明确，依据《民法典》第510条的规定仍不能确定的，一方后续改进的技术成果，其他各方无权分享。

第四节　技术咨询合同和技术服务合同

一、技术咨询合同

技术咨询合同不是单一合同的概念，而是一组合同的总称，是当事人一方以技术知识为对方就特定技术项目提供可行性论证、技术预测、专题技术调查、分析评价报告等所订立的合同。

在技术咨询合同中，委托人主要的义务与责任包括：(1) 按照约定阐明咨询的问题，向受托人提供技术背景资料及有关材料。委托人未按照约定提供必要的资料，影响工作进度和质量的，支付的报酬不得追回，未支付的报酬应当支付。委托人按照受托人符合约定要求的咨询报告和意见作出决策所造成的损失，由委托人承担，但是当事人另有约定的除外。(2) 接受技术咨询的工作成果。在技术咨询的工作成果符合约定的标准场合，委托人应当及时接受。委托人不接受或逾期接受工作成果的，支付的报酬不得追回，不支付的报酬应当支付。(3) 按约定支付报酬。在受托人完成的技术咨询的工作成果符合约定的情况下，委托人有义务支付报酬。受托人主要的义务与责任包括：(1) 按照合同约定的期限完成咨询报告或解答委托人提出的问题。受托人未按期提出咨询报告或者提出的咨询报告不符合约定的，应当承担减收或者免收报酬等违约责任。(2) 提出的咨询报告应当达到约定的要求。咨询报告或解答委托人所提问题不符合约定的，委托人应当减收或免收报酬；委托人还有损失的，委托人应当承担赔偿责任。

技术咨询合同履行过程中，受托人利用委托人提供的技术资料和工作条件完成的新的技术成果属于受托人，委托人利用受托人的工作成果完成的新的技术成果属于委托人；当事人另有约定的，按照其约定。

二、技术服务合同

技术服务合同是当事人一方以技术知识为对方解决特定技术问题所订立的合同。这里所说的特定技术问题，包括需要运用专业技术知识、经验和信息解决的有关改进产品结构、改良工艺流程、提高产品质量、降低产品成本、节约资源能耗、保护资源环境、实现安全操作、提高经济效益和社会效益等的专业技术问题。技术服务合同包括技术辅助服务合同、技术中介合同、技术培训合同等。

技术服务合同中，委托人的主要义务与责任包括：(1) 按照约定提供工作条件，完成配合事项。这里的工作条件，包括受托人完成技术服务工作所必需的资料、数据、样品、材料、场地等条件。(2) 接受工作成果。在验收工作成果时，如发现工作成果不符合合同约定的技术指标和要求，委托人应当在约定的期限内及时通知对方返工或改进。(3) 按照约定和法律规定支付报酬。受托人按照合同的约定履行了义务，委托人就应当付清报酬。委托人不履行合同义务或履行合同义务不符合约定，影响工作进度和质量，不接受或逾期接受工作成果的，支付的报酬不得追回，未支付的报酬应当支付。受托人的主要义务与责任包括：(1) 按照合同约定完成服务项目，解决技术问题。技术服务合同的目的及功能决定了受托人按照合同约定完成服务项目、解决技术问题是受托人的主给付义务。(2) 保证工作质量。受托人保证工作质量，是其适当履行的表现，同样为其主给付义务。(3) 传授解决技术问题的知识。传授解决技术问题的知识，在技术辅助服务合同中是受托人的附随义务，在技术培训合同等场合通常为受托人的主给付义务。受托人未按照合同约定完成服务工作的，应当承担免收报酬等违约责任。

技术服务合同履行过程中，受托人利用委托人提供的技术资料和工作条件完成的新的技术成果属于受托人，委托人利用受托人的工作成果完成的新的技术成果属于委托人；当事人另有约定的，按照其约定。

本章复习题

【案例 1】　甲委托乙就甲原有的产品的生产方法进行改进，乙依约完成了改进工作。随后，乙将取得的技术成果交付给了甲，并拟向国家专利主管机关申请方法发明专利权。

问：

(1) 甲、乙之间的合同属于何种类型的合同？甲、乙的合同权利、义务有哪些？

(2) 该技术成果的专利申请权归属于谁？

【案例 2】　甲公司非法窃取竞争对手乙公司最新开发的一项技术秘密成果，与丙公司签订转让合同，约定丙公司向甲公司支付一笔转让费后就可以拥有并使用该技术秘密。

问：

(1) 甲公司与丙公司之间的合同是否有效？

(2) 若受让人丙公司在签订合同时并不知悉甲公司是以非法手段窃取到技术秘密成果并作为合同标的，丙公司能否够继续使用该技术秘密？

参考文献

1. 谢怀栻，等．合同法原理．北京：法律出版社，2000.

2. 王利明，等．民法学．北京：法律出版社，2017.

第二十四章 保管合同

本章重点问题

1. 保管合同概述
2. 保管合同的成立与效力

第一节 保管合同概述

一、保管合同的概念和特点

保管合同又称寄托合同、寄存合同，是指保管人保管寄存人交付的保管物，并返还该物的合同。保管合同的当事人是保管人和寄存人：交付物品保管的一方为寄存人，保管物品的一方为保管人，其所保管的物品为保管物。

保管合同具有如下特点：

（一）保管合同的标的是保管行为

保管合同订立的直接目的是由保管人保管物品，而非保管人获得保管物品的所有权或使用权。因此，保管合同的标的是保管人的保管行为，即保管人为保管物品而提供的劳务。保管人在保管期间应当维持保管物的原状，不得擅自对保管物进行改良、利用。

（二）保管合同为实践合同

《民法典》第 890 条规定，保管合同自保管物交付时成立，但是当事人另有约定的除外。可见，保管合同原则上为实践合同。保管合同的成立，不仅须当事人双方意思表示一致，而且须寄存人将保管物交付给保管人，即寄存人交付保管物是保管合同成立的要件。但当事人可通过约定排除实践性，约定保管合同自合意达成时成立。

（三）保管合同既可为有偿合同，也可为无偿合同

《民法典》第 889 条规定，寄存人应当按照约定向保管人支付保管费。当事人对保管费没有约定或者约定不明确，依据《民法典》第 510 条的规定仍不能确定的，视为无偿保管。可见，保管合同既可为有偿合同，又可为无偿合同。

（四）保管合同为双务合同、不要式合同

保管合同无论是否有偿，都为双务合同，当事人具有相对应的权利、义务。在有偿保管合同中，保管人负有保管保管物等义务，寄托人负有支付保管费及其他必要费用的义务，因此，有偿

保管合同为双务合同。在无偿的保管合同中，寄托人虽不需要支付保管费，但必须支付其他必要费用，这与保管人的保管义务也具有对价关系，因此，无偿保管合同也为双务合同。

《民法典》并未要求保管合同必须采取某种特定的形式，因此，保管合同为不要式合同。《民法典》第 888 条第 2 款规定，寄存人到保管人处从事购物、就餐、住宿等活动，将物品存放在指定场所的，视为保管，但是当事人另有约定或者另有交易习惯的除外。根据该条规定，到商店、饭店、酒店等进行购物、就餐、住宿等活动的人，将自己的物品存放在这些单位的指定场所的，都视为保管，构成保管合同关系，保管人和寄存人之间即产生保管合同的权利、义务。

（五）须转移保管物的占有

保管合同中须转移保管物的占有，保管人应直接控制、占有保管物。但这种控制、占有只是对物的保存行为，而不是管理行为，保管不是管理。因此，依照有关规定，保管人不经寄存人允许，不得对保管物行使使用、收益和处分的权利。

二、保管合同与相关合同

（一）保管合同与委托合同

保管合同与委托合同都属于提供劳务的合同，但保管合同中保管人的义务是保管保管物，而委托合同中委托人所提供的劳务为更广泛的事务处理，既可以包括买卖、接待、诉讼等法律行为，也可以包括记账、清点货物等事实行为。

（二）保管合同与租赁合同

保管合同与租赁合同的相同之处在于：在合同期内标的物的占有权都发生转移，且在合同期限届满时需要返还标的物。二者的区别在于使用权是否转移。在保管合同中，合同的目的仅仅在于保管人对物品实施保管行为，保管人不得擅自使用物品，不发生使用权的转移。而在租赁合同中，合同目的在于使物品的使用权转移，租赁人不仅可以占有标的物，还可以使用标的物。

第二节　保管合同的效力

一、保管人的义务

（一）给付保管凭证

保管凭证，是指保管人向寄存人出具的表明已经收到了保管物的凭证。《民法典》第 891 条规定，寄存人向保管人交付保管物的，保管人应当出具保管凭证，但是另有交易习惯的除外。通常情况下，保管人应当向寄存人给付保管凭证，证明收到了保管物，保管合同成立了。保管凭证既是保管合同成立的一种证据，也是领取保管物的凭证，但按照交易习惯不需要交付保管凭证的除外，例如，在酒店或者商场停放汽车，按照交易习惯出停车场时付款即可，不需要交付保管凭证。

（二）妥善保管保管物

当事人可以约定保管场所或者方法。除紧急情况或者为了维护寄存人利益以外，保管人不得擅自改变保管场所或者方法。保管人应当妥善保管保管物，即保管人应当尽相当的注意义务。

保管人妥善保管义务的注意程度应依是有偿保管还是无偿保管而有所不同。有偿保管合同的保管人所应尽的注意义务比无偿保管人的注意义务更重。依据《民法典》第 897 条的规定，在保管期间，因保管人保管不善造成保管物毁损、灭失的，保管人应当承担赔偿责任，但是，无偿保管人证明自己没有故意或者重大过失的，不承担赔偿责任。也就是说，保管期间，保管人保管不善造成保管物毁损、灭失的，原则上保管人都应当承担损害赔偿责任。但《民法典》区分了有偿保管和无偿保管的不同情形，使保管人的责任有所区别。如果保管是有偿的，那么保管人应当对保管不善导致的保管物的毁损、灭失承担损害赔偿责任。保管不善是指保管人没有尽到妥善保管义务。只要保管人尽到了妥善保管义务，就不承担保管物毁损、灭失的责任。例如，寄存人对保管物包装不良，导致保管物毁损的，保管人不承担赔偿责任。[①] 如果保管是无偿的，那么保管人对其故意或者重大过失造成的保管物毁损、灭失承担损害赔偿责任。例如，保管人故意毁损，或者明知可能造成保管物毁损但未采取相应措施避免的，保管人才对保管物的毁损、灭失承担损害赔偿责任。

（三）亲自保管标的物

《民法典》第 894 条规定，保管人不得将保管物转交第三人保管，但是当事人另有约定的除外。保管人违反该规定，将保管物转交第三人保管，造成保管物损失的，保管人应当承担赔偿责任。保管人应按合同约定亲自保管标的物，即将标的物置于自己的控制之下，保存于自己的保管场所。除当事人另有约定外，保管人不得将保管物转交第三人保管。因为保管合同和委托合同及承揽合同一样，是基于一方当事人对另外一方当事人的信任而订立的，依照诚实信用原则，保管人应亲自履行保管义务。保管人违反规定，将保管物转交第三人保管，使保管物毁损、灭失的，保管人应当承担损害赔偿责任。

（四）不得擅自使用或许可第三人使用保管物

《民法典》第 895 条规定，保管人不得使用或者许可第三人使用保管物，但是当事人另有约定的除外。保管合同的目的在于保管物品，而不在于使用物品，因此，除当事人另有约定外，保管人不得使用或者许可第三人使用保管物。当然，按照交易习惯，基于保管物性质，保管人虽未经寄存人同意，也可以使用保管物。例如，保管物为汽车时，为防止久未发动的汽车发生故障，保管人定期发动汽车。[②]

（五）危险通知义务

《民法典》第 896 条规定，第三人对保管物主张权利的，除依法对保管物采取保全或者执行措施外，保管人应当履行向寄存人返还保管物的义务。第三人对保管人提起诉讼或者对保管物申请扣押的，保管人应及时通知寄存人。根据该条，当保管物面临第三人的权利主张、诉讼请求、司法保全、司法执行或者非法扣押时，寄存人的权利处于危险状态，只有合法占有保管物的保管人及时履行通知寄存人的义务，寄存人才能及时采取手段应对危险状态。

（六）返还保管物义务

依据《民法典》第 899 条的规定，寄存人可以随时领取保管物。当事人对保管期限没有约定或者约定不明确的，保管人可以随时请求寄存人领取保管物；约定保管期限的，保管人无特别事

---

① 韩松，等．合同法学．2 版．武汉：武汉大学出版社，2014：295.

② 宁红丽．论我国保管合同制度的法律适用．暨南学报（哲学社会科学版），2008（6）：44.

由，不得请求寄存人提前领取保管物。依照《民法典》第 321 条的规定，物的孳息，原则上由所有权人取得，在保管合同中，即由寄存人取得。因此，《民法典》第 900 条规定，保管期限届满或者寄存人提前领取保管物的，保管人应当将原物及其孳息归还寄存人。同时，《民法典》第 901 条规定，保管人保管货币的，可以返还相同种类、数量的货币；保管其他可替代物的，可以按照约定返还相同种类、品质、数量的物品。

二、寄存人的义务

（一）支付保管费及其他费用

《民法典》第 902 条及第 903 条规定，于有偿的保管合同，寄存人应当按照约定的期限向保管人支付保管费；当事人对支付期限没有约定或者约定不明确，依据《民法典》第 510 条的规定仍不能确定的，应当在领取保管物的同时支付。寄存人未按照约定支付保管费或者其他费用的，保管人对保管物享有留置权，但是当事人另有约定的除外。基于保管物被保管人占有，并且具有同一法律关系等要件，保管人对保管物享有留置权。保管人可以按照《民法典》关于留置权的相关规定，进行留置、催告、规定宽限期。宽限期届满寄存人仍不履行的，保管人即可变卖、拍卖保管物，就其价金优先受偿。当事人可以约定排除留置权的行使，当事人约定保管人不得行使留置权的，依照约定办理。

（二）保管物情况的告知义务

《民法典》第 893 条规定，寄存人交付的保管物有瑕疵或者根据保管物的性质需要采取特殊保管措施的，寄存人应当将有关情况告知保管人。寄存人未告知，致使保管物受损失的，保管人不承担赔偿责任；保管人因此受损失的，除保管人知道或者应当知道且未采取补救措施外，寄存人应当承担赔偿责任。根据该条，在保管合同中，寄存人对保管人负有通知义务的情形有两种：一是保管物有瑕疵，应当将保管物的瑕疵情况告知保管人；二是根据保管物的性质需要采取特殊保管措施的，寄存人应当将其特殊要求告知保管人，如保管物属于易燃、易爆、有毒、易腐蚀或者具有放射性的危险物品或者易变质物品的。寄存人未尽到告知义务，致使保管物受损的，保管人不承担赔偿责任。保管物本身的性质或者瑕疵使保管人受到损害的，寄存人应当承担相应的赔偿责任。

（三）贵重物品的声明义务

《民法典》第 898 条规定，寄存人寄存货币、有价证券或者其他贵重物品的，应当向保管人声明，由保管人验收或者封存；寄存人未声明的，该物品毁损、灭失后，保管人可以按照一般物品予以赔偿。

本章复习题

【案例 1】　2019 年 7 月 21 日下午，王某前往某酒店休闲中心进行消费。消费期间，休闲中心的服务员协助王某将衣物及随身物品装入密封袋后放置于休闲中心为顾客设置的储物柜里进行保管。王某将储物柜上锁后，在休闲中心处游泳并接受桑拿按摩服务。王某在休闲中心消费期间共支付服务费 200 元。完毕后，王某于当天下午 4 时更衣时发现储物柜中密封袋里面的财物灭失。

问：王某与休闲中心之间是否存在保管合同关系？

【案例 2】 2019 年 4 月，黄某与他人合伙购得东风牌 6105 型自卸货车一辆，总价值为 128 500元。黄某白天跑货运，晚上将该车停放在甲物业管理公司管理的商贸城内，车钥匙一直由黄某持有。甲物业管理公司每月收取黄某停车费 50 元，并开具停车费收据给黄某，收据上注明此票只作为场地占用费。2019 年 7 月 3 日下午，黄某将车停放在商贸城。次日上午黄某发现货车被盗后向公安机关报案，公安机关至今未破案。黄某向甲物业管理公司甲物业管理公司多次索赔未果，遂诉至法院，以该公司应承担保管合同违约责任为由，要求甲物业管理公司全额赔偿经济损失 128 500 元。

问：黄某与甲物业管理公司之间是否成立保管合同？

【案例 3】 张某自 2018 年 3 月 1 日起每年交给甲公司电动车存车费 160 元、门禁卡费 50 元。2020 年 8 月 2 日晚 5 点，张某将电动车停放在甲公司管理的带门禁的车棚内。此前门禁已损坏，清逸佳业公司迟迟未维修，无门禁卡的人都可随便出入。2020 年 8 月 3 日早上，张某发现电动车连同充电器被盗。张某与甲公司联系希望予以处理，但是它们不予理会，更不同意赔偿。

问：本案中，甲公司是否应当承担损害赔偿责任？

【案例 4】 2019 年 1 月 30 日，李某到某洗浴中心洗浴，洗浴后发现存放在洗浴中心储物柜中的 iPhone 11 手机丢失。李某向人民法院提起诉讼，请求人民法院判令洗浴中心按照 iPhone 11 手机的价值予以赔偿。

问：李某的主张是否应当得到支持？

参考文献

1. 韩松，等．合同法学．2 版．武汉：武汉大学出版社，2014.
2. 崔建远．合同法．6 版．北京：法律出版社，2016.
3. 宁红丽．论我国保管合同制度的法律适用．暨南学报（哲学社会科学版），2008（16）.

第二十五章　仓储合同

本章重点问题

1. 仓储合同概述
2. 仓储合同的效力
3. 仓储合同的终止

第一节　仓储合同概述

一、仓储合同的概念

仓储合同又称仓储保管合同，是指当事人双方约定由仓库营业人为存货人保管储存的货物，存货人为此支付仓储费用的合同（《民法典》第904条的规定）。其中，从事储存业务的一方称为保管人，寄存货物的一方称为存货人。

仓储是一种专为他人储藏、保管货物的商业行为，产生于中世纪西方国家的沿海城市。随着社会不断发展，国际贸易不断发展，仓储业务的重要性不断地加强。在现代社会中，仓储业务已经成为商品流转中不可缺少的一个环节。关于仓储合同的立法，大致有三种：第一种为规定在商法典中。大陆法国家中采取民商分立的国家多采取这种立法体例，如德国、日本等。第二种为规定在民法典中。大陆法国家中采取民商合一的国家采取这种模式，如瑞士。第三种为制定相应的单行法规。英美法系国家采用此立法例。我国属于民商合一的立法体例，因此将其规定在《民法典》中。

二、仓储合同的特征

（一）保管人需有仓储设备并专门从事仓储保管业务

仓储合同中的保管人既可以是法人，也可以是自然人、非法人组织，但必须是具备仓储设备并具有专门从事仓储业务的资格。这是仓储合同和保管合同最大的区别之处。所谓仓储设备，是指可以并能够满足储藏和保管仓储物品需要的设施。仓储是指堆藏和保管一定的物品，这些物品叫作仓储物。假如仅将仓储设备的全部或一部提供给他人置放存储物，自己不负保管之责，或虽对置放的存储之物负保管责任，但未提供仓储设备，均不成立仓储合同，有可能成立租赁合同或保管合同等。①

① 邱聪智．新订债法各论：中．北京：中国人民大学出版社，2006：317.

(二) 仓储物为动产

并不是所有的物品都可以成为仓储物，仓储的堆藏要求也决定了仓储物只能是动产。不动产不能成为仓储的标的物。

(三) 仓储合同是诺成型合同

《民法典》第 905 条规定："仓储合同自保管人和存货人意思表示一致时成立。"仓储合同的订立无须以交付仓储物为成立要件，即保管人与存货人达成一致意见后合同便已成立，不以仓储物是否存放在仓管处作为合同成立的标志。

(四) 仓储合同是双务合同、有偿合同

仓储合同中，双方当事人互负义务、互享权利。保管人有仓储和保管的义务，存货人负有给付仓储费用的义务，故仓储合同为双务合同。在仓储合同中，双方当事人的义务同样具有对价性，所以仓储合同为有偿合同。

(五) 仓储合同是非要式合同

《民法典》对仓储合同的形式没有特别的规定，也没有规定一定要采取书面形式，所以仓储合同属于非要式合同。《民法典》第 908 条规定："存货人交付仓储物的，保管人应当出具仓单、入库单等凭证。"出具仓单、入库单等是合同成立之后保管人应承担的义务，并非对合同形式的要求。

第二节 仓储合同的效力

仓储合同是规范保管人和存货人双方之权利和义务的合同，《民法典》第 904 条规定："仓储合同是保管人储存存货人交付的仓储物，存货人支付仓储费的合同。"根据《民法典》的规定，仓储合同中保管人、存货人各负有相应的义务。

一、保管人的义务

(一) 给付仓单、入库单等凭证义务

依据《民法典》的规定，存货人交付仓储物的，保管人应当给付仓单、入库单等凭证。保管人应当在仓单、入库单等凭证上签字或盖章。仓单、入库单等凭证就是仓储合同存在的证明，也是仓储合同的组成部分。

(二) 接受和验收存货人的货物入库的义务

根据《民法典》第 907 条的规定，保管人在接受存货人交存仓储物入库时，应当按照合同的约定对入库仓储物进行验收。保管人验收时发现入库仓储物与约定不符合的，应当及时通知存货人。仓储物验收时保管人未提出异议的，视为存货人交付的仓储物符合合同约定的条件。保管人验收后，发生仓储物的品种、数量、质量不符合约定的，保管人应当承担赔偿责任。

(三) 危险通知义务

遇到以下情况时，保管人有义务通知存货人或仓单持有人：(1) 货物发生变化。例如，发现仓储物出现异状，数量减少或价值减小；(2) 货物临近失效期。对于外包装或货物标记上标明或者合同中申明了有效期的货物，保管人应当向存货人或仓单持有人提前通知失效期，一般应在仓储物临近失效期 60 天前，通知存货人或仓单持有人。(3) 第三人对仓储物主张权利，起诉或扣押时，保管人应立即通知存货人或仓单持有人。

如果因为情况紧急，保管人来不及通知存货人，则其应当先采取必要的措施保护仓储物的安全，事后仍有义务将该情况及时通知存货人或仓单持有人。

（四）对仓储物实行储存和保管的义务

储存，是指保管人在接受仓储物后，要为仓储物提供一定的空间予以存放；保管，是指保管人须采取一定的安全防范措施，以防止仓储物的毁损、灭失。

（五）返还仓储物的义务

合同期限届满或因其他事由合同终止时，保管人应将仓储物返还给存货人或存货人指定的第三人，不得无故扣押仓储物。若因合同期限未满存货人或第三人请求返还仓储物，原则上保管人也应予以返还，但对于因此遭受的损失可以向存货人请求赔偿。

（六）允许存货人或仓单持有人检查和提取样品的义务

《民法典》第 911 条规定，保管人根据存货人或仓单持有人的要求，应当同意其检查仓储物或者提取样品。这就是关于保管人容忍义务的规定。所谓检查仓储物，实际上就是对仓储物的检点。存货人或仓单持有人可以进行何种程度的检查，应根据仓库的状况及习惯决定。存货人或仓单持有人请求样品的提取时，保管人可以请求其交付证明书或提供相当的担保。

二、存货人的义务

（一）按照合同的约定将存放物交付入库

存货人应当按照合同约定的品名、数量、时间将货物交付给保管人，并在验收期间向保管人提供验收资料。

（二）说明义务

储存易燃、易爆、有毒、有腐蚀性、有放射性等危险物品或者易变质物品的，存货人应向保管人说明仓储物的性质和预防危险、腐烂的方法，并提供有关保管、运输等技术资料，还应采取相应的防范措施。存货人违反此项义务时，保管人有权拒收该货物；保管人因接受该货物并为避免货物发生损失而支出的费用，存货人应当承担；保管人因接受该货物而遭受损失的，存货人应承担损害赔偿责任。

（三）货物的包装应符合标准

存货人交付保管的货物的包装，应符合有关标准或合同约定的标准。如果包装不符合标准，保管人代为整修改装的，存货人应提供必要的包装材料，并支付包装费用。

（四）按合同约定的期限提取仓储物

保管人在其因保管费及因保管所支出的必要费用，以及因仓储物的瑕疵而遭受的损害，存货人拒绝支付或赔偿时，对于所保管的货物，享有留置权。《民法典》第 916 条规定，储存期限届满，存货人或者仓单持有人不提取仓储物的，保管人可以催告其在合理期限内提取，逾期不提取的，保管人可以提存仓储物。

(五) 支付仓储费和其他费用

仓储费，是保管人因储存、保管仓储物应取得的报酬。存货人应按约定的数额、支付方式、支付时间和支付地点等向保管人支付。其他费用，是指保管人因储存、保管货物而支出的必要费用，主要指运费、修缮费、转仓费、保险费等。保管人在请求存货人支付上述费用时，应出示有关清单和登记簿。

(六) 损害赔偿请求权

保管人因仓储物的原因（包括性质、瑕疵）等所受的损害，可以要求存货人负赔偿责任，但保管人明知仓储物不适宜仓储、存在致人损害的风险而未及时提出异议的时，不在此限。

第三节　仓储合同的终止

一、储存期限届满

《民法典》第 915 条规定："储存期限届满，存货人或者仓单持有人应当凭仓单、入库单等提取仓储物。"这就表明，储存期限届满，仓储合同终止，存货人或者仓单持有人有权请求保管人返还仓储物；保管人在仓储期限届满之后，也可以请求存货人或仓单持有人提取仓储物。如果存货人或仓单持有人拒不提取仓储物，保管人经过催告，要求其在合理期限内提取仓储物，存货人或仓单持有人未在合理期限内提取仓储物，保管人可以对仓储物进行提存。

二、仓储物灭失

仓储的标的物即仓储物灭失，仓储合同失去存续的意义，仓储合同归于消灭。如果保管人对该仓储物的灭失有过错的，则须承担损害赔偿责任；保管人如果对该仓储物的灭失没有过错，则不承担赔偿责任。

三、解除合同

合同法赋予双方当事人协商解除合同的权利。仓储合同的双方当事人，经协商一致解除合同的，应当允许。这时，仓储合同归于消灭。双方有约定赔偿的，按照约定履行赔偿责任；没有约定赔偿的，则不负赔偿责任。

本章复习题

【案例 1】　2015 年 8 月 16 日，王某某与李某某签订了一份“冷库租赁协议书”，约定李某某为出租方、王某某为承租方，王某某从李某某处承租双宏冷库的 1 号、2 号、3 号、4 号、5 号库，由王某某自主经营、自我管理，承担租赁期间的安全责任和设备运行、维护，租赁期限自 2014 年 8 月 20 日至 2019 年 8 月 20 日。2018 年 10 月 2 日，魏某某与王某某双方经协商，签订了一份名为“证明”的协议，内容为“今八乡五号库租给魏某某，每年库费捌万元正，进出库由他自己负责，温度保持在 0 度至零下 1 度之间，双方共同来把温度控制好，现在付租库定金壹万元，剩余的柒万元在装最后一车货时全部付清，双方谁要违约，罚金肆万元，特此证明，在

2016 年 4 月 30 日前出货完，若没出完付正常的电费。”

自 2018 年 11 月 10 日开始，魏某某将其收购的套袋红富士苹果（约 11 000 箱、130 吨）存放于从王某某处租赁的双宏冷库 5 号库内。魏某某和王某某在入库时未对苹果的种类、数量及规格进行核实；苹果入库后，双方没有对冷库上锁，双方共同负责调控温度，魏某某随时可以进货、出货。魏某某于 2018 年 10 月 2 日签订协议当日向王某某支付库费 10 000 元，于 2019 年 1 月 3 日、1 月 8 日分别支付 20 000 元，累计支付库费 50 000 元。魏某某自 2018 年 12 月 10 日开始出货，截至 2019 年 1 月 17 日，5 号库剩余苹果 3 517 箱。

后双方因相关争议诉至法院。

关于魏某某、王某某之间是仓储合同关系还是租赁合同关系，法院经审理认为：仓储合同，又称仓储保管合同，是保管人储存存货人交付的仓储物，存货人支付仓储费的合同。仓储合同具有以下特点：(1) 仓储合同是诺成合同，即仓储合同自成立时起生效；(2) 保管人必须是拥有仓储设备并从事保管业务的人，即保管人必须是经工商行政管理机关核准，依法从事仓储保管业务的法人；(3) 仓储合同为双务、有偿合同，即仓储合同的双方当事人互负给付义务，保管人提供仓储服务，存货人给付报酬和其他费用。根据仓储合同的特点和性质，保管人应当按照约定对入库仓储物进行验收，存货人交付仓储物的，保管人应当给付仓单。“交付验收”是仓储合同成立的必备条件，也是仓储合同中仓储物风险转移的界限。租赁合同是指出租人将租赁物交付给承租人使用、收益，承租人支付租金的合同。租赁合同具有以下特点：(1) 租赁合同是转移租赁物使用、收益权的合同，承租人取得租赁物的使用、收益权，出租人只转让租赁物的使用、收益权，而不转让其所有权，租赁合同终止时，承租人必须返还租赁物；(2) 租赁合同是双务、有偿合同，交付租金和转移租赁物的使用、收益权之间存在对价关系。本案中，从原、被告双方签订的“证明”的内容来看，双方约定“王某某将泽普县园艺场双宏冷库的 5 号库租给魏某某使用，魏某某向王某某支付库费 80 000 元，进出库由‘他’负责，双方共同把温度调控好”，可以看出本案标的物为 5 号冷库。在实际履行过程中，魏某某将其收购的套袋红富士苹果储存于 5 号库内，根据上述约定，魏某某自行负责苹果的进出库，王某某不进行验收，实际上王某某既未验收也没有向魏某某出具仓单，只是协助魏某某调控温度，即王某某没有作为保管人来履行保管义务。结合本案具体情况，王某某将双宏冷库 5 号库的使用、收益权转让给了魏某某，魏某某向王某某支付了租赁费。不论从双方签订的“证明”的文本解释还是从合同的法律属性来分析，魏某某与王某某之间形成的是租赁合同法律关系，而非仓储合同关系，也即本案系租赁合同纠纷。①

问：

(1) 仓储合同成立的条件是什么？

(2) 仓储合同成立的时间为何时？

【案例 2】 2016 年 11 月 14 日，武某某（乙方）与樊某某（甲方）签订一份协议书，双方约定：“1. 乙方武某某于 2016 年 11 月 15 日租赁甲方樊某某的冷库，存放乙方的水果萝卜约拾伍万斤（结算时以实际吨位为准）。2. 租赁费以每吨 100 元结算。3. 如存放期间出现萝卜损坏事宜，由甲方按市场行情赔偿，存放时间约 2 个月。4. 付款方式：乙方出库时按时交纳库存费。”合同签订后，原告将 2 008 件水果萝卜存放于冷库。后双方因相关纠纷诉至法院。案件审理过程中，武某某提交了樊某某出具的入库证明，上面载明，“今存入武某某水果萝卜 2 008 件，樊某

① 杨立新．中华人民共和国民法典释义与案例评注：合同编：下．北京：中国法制出版社，2020：383.

某2016年11月14日”。

关于本案纠纷的法律属性、法律关系问题，武某某主张双方系仓储合同关系，樊某某主张双方系租赁合同和保管关系。人民法院经审理认为：根据我国合同法的规定，租赁合同是出租人将租赁物交付承租人使用、收益，承租人支付租金的合同。租赁合同中，提供物的使用或收益权的一方为出租人，对租赁物有使用或收益权的一方为承租人，承租人的目的是取得租赁物的使用、收益权。保管合同是保管人保管寄存人交付的保管物，并返还该物的合同。仓储合同是保管人储存存货人交付的仓储物，存货人支付仓储费的合同。保管合同系实践合同，仓储合同是诺成合同。仓储合同中保管人应是拥有仓储设备并从事仓储保管业务的人，保管人提供仓储服务，存货人给付报酬和其他费用。保管合同中保管人给付保管凭证，仓储合同中保管人给付仓单。本案中，原告武某某将水果萝卜存放在被告樊某某冷库中，明显不属于租赁合同关系。被告樊某某从事冷库经营，系从事专业仓储业务的人员，原告武某某作为存货人将水果萝卜存放在被告的冷库中，由被告的保管，双方之间的行为符合仓储合同的合同行为，故本案原、被告之间应认定为仓储合同关系。①

问：

(1) 仓储合同的特征是什么？

(2)《民法典》对储存危险物品和易变质物品有什么规定？

参考文献

1. 邱聪智．新订债法各论：中．北京：中国人民大学出版社，2006.

2. 杨立新．中华人民共和国民法典释义与案例评注：合同编：下．北京：中国法制出版社，2020.

① 杨立新．中华人民共和国民法典释义与案例评注：合同编：下．北京：中国法制出版社，2020：393.

第二十六章　委托合同

本章重点问题

1. 委托合同概述
2. 委托合同的效力
3. 间接代理制度
4. 委托合同的终止

第一节　委托合同概述

一、委托合同的概念和特征

委托合同是指一方委托他方依照约定处理事务的合同。委托他人处理事务的，称为委托人，允诺为委托人处理事务的，为受托人。依据《民法典》第920条，委托合同分为特别委托和概括委托。特别委托是指委托受托人处理一项或者数项事务的委托。如不动产出售、诉讼、谈判等，都可以进行特别委托。概括委托，是指委托人委托受托人处理一切事务的委托。如委托人委托受托人处理与买卖业务或者租赁业务有关的所有事宜，即是概括委托。

委托合同具有以下特征：

（一）委托合同是以为他人处理事务为目的的合同

委托合同是以受托人为委托人处理事务为目的而成立的合同。合同订立后受托人在委托的权限内为委托人处理事务，委托人承担处理事务的费用及后果。委托事务的范围非常广泛，既可以包括买卖、接待、诉讼等法律行为，也可以包括记账、清点事务等事实行为。[①] 但并非所有的事务都能委托，一般而言，法律有特别规定或者依性质不得由他人代为处理的事务，受托人不得处理。此类事务主要包括：（1）法律有特别规定不得委托他人办理的事务，如进行婚姻登记，就需要本人亲自办理，而不能委托他人代办。此外，就不作为的事务而言，完全可以由委托人自己完成，因此也没有必要使用委托。（2）具有较强人身属性的事务，例如立遗嘱、履行演出合同等；（3）违背公序良俗或违反法律的事务不能委托。

（二）委托合同的订立以委托人和受托人之间的信赖为前提

委托合同的订立以委托人和受托人之间具有相互信任的关系为前提。委托人之所以选择受

---

① 朱伯玉，管洪彦．合同法分则研究．北京：人民出版社，2014：208.

托人，是基于对受托人的能力、资格、信誉等方面的信任。而受托人之所以愿意接受委托，也是出于对委托人的了解和信任。没有相互的信任，委托合同难以订立和维持。信赖是委托合同的前提和重要特点，委托合同的诸多规则也体现了此特点。例如，委托人和受托人享有任意解除权，任何一方不再相信对方时，都可以解除委托合同。再如，受托人应当亲自处理委托事务，除非满足法定的条件，不得随意将委托事务转委托给他人。

（三）委托合同是诺成、不要式的双务合同

当事人意思表示一致，委托合同即可成立，无须以标的物的交付或当事人履行义务作为合同成立的要件，因此，委托合同为诺成合同。《民法典》并未要求委托合同必须采取书面形式或其他特定形式，当事人可根据意愿与合同订立时的实际情况选择适当的形式订立委托合同，因此，委托合同为不要式合同。

（四）委托合同可以是有偿的，也可以是无偿的

《民法典》第928条规定，受托人完成委托事务的，委托人应当按照约定向其支付报酬。因不可归责于受托人的事由，委托合同解除或者委托事务不能完成的，委托人应当向受托人支付相应的报酬；当事人另有约定的，按照其约定。根据该条文，当事人可约定委托合同为有偿合同或者无偿合同。

二、委托合同与类似概念

（一）委托合同与委托代理

代理是指代理人在代理权限内实施民事法律行为，而由被代理人对代理人的行为承担民事责任。委托合同与委托代理都包括受托人为委托人处理事务的情形，但二者的区别在于以下几点。

1. 确立的关系不同

委托合同强调的是委托人与受托人之间就处理一定事务而达成的协议，属于内部关系；委托代理则更注重受托人与第三人从事交易时是否有授权、法律后果能否归属于被代理人，属于外部关系。委托合同是委托人和受托人之间就代办事务达成的协议，如果代办事务涉及第三人，而委托人又希望代理行为的后果直接归属于委托人，那么委托人就会授权受托人从事代理活动，即受托人取得代理权。委托合同是内部关系、基础法律关系，主要解决委托事务的确定与受托人的报酬、责任等问题；代理权属于外部关系、派生法律关系，用以确定代理人能否以被代理人名义行事、行为后果能否归属于被代理人。但并非代理关系就一定包含一个委托合同关系，委托代理与委托合同是彼此独立的，代理仅需被代理人的单方授权行为即可成立，并不必然需要一个委托人和受托人之间的委托合同。

2. 处理事务的范围不同

委托合同中的委托事务既可以是民事法律行为，也可以是事实行为；而代理行为中的代理事务只能是民事法律行为。

3. 产生的基础不同

委托合同产生的基础是当事人意思表示一致，而委托代理产生的基础是委托人单方的委托授权行为。委托合同引发债的关系，而代理权授予本身在被代理人和代理人之间不发生债的关系。①

---

① 刘春堂．民法债编各论：中．台北：三民书局，2007：144-145.

（二）委托合同与雇佣合同

委托合同与雇佣合同都是一方当事人向另一方当事人提供劳务的合同，二者的区别在于以下几点：

1. 目的不同

订立委托合同的目的在于受托人为委托人处理委托事务，提供劳务不是合同的目的，劳务的提供仅是达到合同目的的手段，而订立雇佣合同则是以受雇人向雇主提供劳务为目的。

2. 当事人在合同中处理事务有无独立性不同

委托合同的受托人有一定的独立地处理事务的权利，而在雇佣合同中，受雇人的劳务全由雇主决定，受雇人必须服从雇主的安排和指挥，不享有独立的裁量判断的权利。

3. 是否为有偿合同不同

委托合同可以是有偿合同，也可以是无偿合同，而雇佣合同是有偿合同。

（三）委托合同与承揽合同

委托合同与承揽合同都是委托他人处理约定事务的合同，二者的区别在于以下几点。

1. 合同的目的不同

委托合同的目的在于受托人为委托人处理一定的事务，不以完成为必要。而承揽合同的目的在于完成约定的工作、交付工作成果，否则承揽人无权请求报酬。

2. 风险承担不同

委托合同中受托人以委托人的名义处理委托事务，风险责任一般由委托人承担，而承揽合同中，在交付工作成果之前，风险责任一般由承揽人承担。

3. 是否为有偿合同不同

委托合同既可以是有偿合同，也可以是无偿合同，而承揽合同往往是有偿合同。

第二节　委托合同的效力

一、受托人的义务

（一）依照委托人的指示处理委托事务的义务

受托人是以委托人的名义和费用为委托人处理委托事务的，因此，受托人应当按照委托人的指示处理委托事务。《民法典》第 922 条规定：受托人应当按照委托人的指示处理委托事务。需要变更委托人指示的，应当经委托人同意；因情况紧急，难以和委托人取得联系的，受托人应当妥善处理委托事务，但是事后应当将该情况及时报告委托人。根据该条，只有在两种情形下受托人才可以变更委托人的指示：（1）委托人同意变更指示。经过委托人明确同意，受托人可以按照委托人新的指示处理受托事务；（2）因情况紧急需要变更指示。紧急情况出现后需要变更指示，又难以和委托人取得联系的，受托人应当妥善处理委托事务，但事后应当将该情况及时报告委托人。受托人在办理委托事务时应尽到必要的注意义务。如果受托人怠于注意即为有过失，由此给委托人造成损失的，受托人应承担赔偿责任。

（二）受托人应当亲自处理受托事务

委托合同的当事人之间有相互信赖关系，因此，原则上受托人应亲自处理受托事务。《民法典》第923条规定，受托人应当亲自处理受托的事务，不得将自己受托的事务擅自转托他人办理，即转委托。转委托只能在下列情况下发生：(1) 经委托人同意。委托人同意的情况下，受托人可以将委托事务转托给第三人，那么委托人与第三人之间就形成转委托关系，委托人可以就转委托事务直接指示转委托的第三人，直接向转委托的第三人预付和偿还费用，并支付报酬；转委托的第三人接受指示并向委托人直接负责。但受托人与委托人之间的委托合同仍然有效。受托人就第三人的选任以及其对第三人的指示承担责任。如果未经委托人同意而转委托，受托人应当对转委托的第三人的行为承担责任。(2) 情况紧急。为了维护委托人的利益，因紧急情况而来不及通知委托人时，受托人可以将委托事务转委托给第三人。所谓情况紧急，是指由于突患疾病等特殊原因，受托人自己不能亲自处理委托事务，且时机急迫，来不及或无法与委托人取得联系，如不及时委托他人，会给委托人的利益带来损害的情况。[①]

转委托关系中，受托人并未脱离原委托合同关系，其事务处理权也没有转让给次受托人。经委托人同意或在紧急情况下，转委托的法律效果如下：(1) 原委托合同的法律关系不受转委托合同关系的影响，委托人和受托人之间的法律关系保持不变。(2) 在委托人和次受托人之间不直接产生合同关系，但委托人可以就委托事务直接向次受托人发布指示。对于次受托人处理委托事务的结果，委托人有无直接请求权？次受托人就其处理委托事务所支出的费用、所遭受的损失等，能否直接请求委托人负责？《民法典》对此未明确规定。

在既未经委托人同意也无紧急情况发生的情况下，受托人擅自转委托造成委托人损失的，受托人应承担赔偿责任。

（三）及时向委托人报告事务办理情况的义务

《民法典》第924条规定了受托人的及时报告义务。在处理受托事务过程中，受托人应按照委托人的要求，随时报告受托事务进行的情况；委托合同终止时，受托人应当报告委托事务的结果。在处理受托事务过程中，受托人的报告义务往往依委托人的要求，但在委托合同终止时，受托人的报告义务不以委托人的要求为限，受托人应当就委托事务办理情况向委托人回报并提交相关证明文件。受托人因怠于报告导致委托人遭受损害的，委托人有权请求受托人赔偿。

（四）将办理事务所得财产及时交给委托人

《民法典》第927条规定，受托人处理委托事务取得的财产，应当转交给委托人。根据该条规定，受托人在办理委托事务时收取的金钱、物品及其孳息等财产，应交付委托人。如果受托人为了自己的利益，使用应交付于委托人的金钱或者使用本应为委托人的利益而使用的金钱的，受托人应支付自使用时起的利息。受托人因此给委托人造成损失的，受托人还应负赔偿责任。

（五）损害赔偿义务

依据《民法典》第929条的规定，于有偿的委托合同，受托人的过错造成委托人损失的，委托人可以请求赔偿损失；于无偿的委托合同，受托人的故意或者重大过失造成委托人损失的，委托人可以请求赔偿损失。受托人超越权限造成委托人损失的，应当赔偿损失。依据《民法典》第

① 朱伯玉，管洪彦．合同法分则研究．北京：人民出版社，2014：213.

932 条的规定，两个以上的受托人共同处理委托事务的，对委托人承担连带责任，即其中一个或数个受托人违反约定给委托人带来损失的，委托人可向所有的或其中任何一个受托人要求赔偿。

二、委托人的义务

（一）支付处理委托事务的费用的义务

无论委托合同是有偿的还是无偿的，委托人都负有向受托人支付处理委托事务的费用的义务。从各国民法的规定来看，委托人履行支付费用的义务有两种方式：一是预付费用，二是偿还费用。在我国，《民法典》第 921 条规定：委托人应当预付处理委托事务的费用。受托人为处理委托事务垫付的必要费用，委托人应当偿还该费用并支付利息。除了另有约定，受托人并没有为委托人垫付费用的义务，但是，受托人如果垫付了费用，则有权请求委托人予以偿还。委托人偿还费用的范围一般限于受托人为处理委托事务所支出的必要费用以及利息。所谓必要费用，是指处理委托事务所不可缺少的费用，如交通费、手续费、保管费等。支出的费用是否为必要，应以客观的必要为标准，而不以当事人的主观决定为标准。在确定必要费用的范围时，应充分考虑以下几个方面：(1) 受托人支出的费用应当与所处理的事务有直接联系；(2) 受托人支出必要费用应当是为了委托人的利益；(3) 受托人在支出费用时，尽到了注意义务，采用尽量节约、适当的方式处理事务。如果当事人就必要费用的范围发生争议，委托人应对其认为不必要的费用提供证明，以免使垫付费用的受托人处于不利的地位。委托人偿还费用时，也应偿还该费用的利息，利息自垫付之日起算，其利率依当事人约定；当事人没有约定的，应依法定存款利率计算。

（二）向受托人支付报酬的义务

委托合同可以是有偿的，也可以是无偿的。如委托合同是有偿的，则委托人有向受托人支付报酬的义务。委托合同中无约定，但依照习惯或委托事务的性质应当由委托人支付报酬的，受托人完成委托事务时也应当由委托人支付报酬。因不可归责于受托人的事由，委托合同解除或者委托事务不能完成的，委托人应当向受托人支付相应的报酬；当事人另有约定的，按照其约定。关于委托人支付报酬的时间，大多立法都采取后付主义，也就是说除当事人另有约定外，委托人应委托事务在完成后支付报酬。如果合同中明确约定委托人不需要支付报酬的，则该委托合同为无偿合同，委托人不需履行支付报酬的义务。

（三）赔偿损失的义务

依据《民法典》第 930 条及第 931 条的规定，受托人处理委托事务时，因不可归责于自己的事由受到损失的，可以向委托人请求赔偿损失；委托人经受托人同意，可以在受托人之外委托第三人处理委托事务，因此造成受托人损失的，受托人可以向委托人请求赔偿损失。这两个条文可以细化为以下几点：(1) 受托人遭受的损失是在受托人处理委托事务时发生的，但并不要求损失是在处理委托事务过程中发生的，即使损失的发生是在委托事务处理完毕之后，但只要损失与处理委托事务之间有因果关系，便可认定是在受托人处理委托事务时发生的。(2) 损失是不可归责于受托人的事由导致的。这是指受托人已经尽到了为使自己的人身、财产以及其他权益免遭损失而应尽的一般注意义务，仍不能避免损失的发生，因而对损失的发生无过错。(3) 如果受托人因第三人的原因受到损失，则受托人不仅可以向第三人主张侵权损失赔偿，也可以向委托人主张损失赔偿。受托人可以选择向其中任何一人求偿，委托人不得以受托人未向第三人求偿为由拒绝赔偿。但是，受托人从其中一人处受偿后，即丧失向另一债务人求偿的权利。

第三节　间接代理制度

代理有直接代理与间接代理两种。直接代理是指代理人以被代理人的名义与第三人进行民事法律行为的代理，间接代理是指代理人以自己的名义为民事法律行为的代理。

一、受托人公开代理关系所订合同的效力

依照《民法典》第 925 条的规定，受托人以自己的名义，在委托人的授权范围内与第三人订立合同，第三人在订立合同时知道受托人与委托人之间的代理关系的，该合同直接约束委托人和第三人，但是，有确切证据证明该合同只约束受托人和第三人的除外。

二、受托人不公开代理关系所订合同的效力

依据《民法典》第 926 条的规定，受托人以自己的名义与第三人订立合同时，第三人不知道受托人与委托人之间的代理关系的，受托人因第三人的原因对委托人不履行义务的，受托人应当向委托人披露第三人，委托人因此可以行使受托人对第三人的权利，但是，第三人与受托人订立合同时如果知道该委托人就不会订立合同的除外。受托人因委托人的原因对第三人不履行义务的，受托人应当向第三人披露委托人，第三人因此可以选择受托人或者委托人作为相对人主张其权利，但是第三人不得变更选定的相对人。委托人行使受托人对第三人的权利的，第三人可以向委托人主张其对受托人的抗辩。第三人选定委托人作为其相对人的，委托人可以向第三人主张其对受托人的抗辩以及受托人对第三人的抗辩。

依据上前条文，委托人的介入权需具备四个条件：一是受托人以自己的名义与第三人订立了合同；二是第三人不知道受托人与委托人之间的代理关系，即受托人未披露委托人；三是受托人因第三人的原因对委托人没有履行义务；四是受托人应当向委托人披露第三人。具备上述四个条件，委托人就可以行使受托人对第三人的权利。委托人行使受托人对第三人的权利的，第三人可以向委托人主张其对受托人的抗辩。

第三人行使选择权应具备下列条件：一是受托人以自己的名义与第三人订立了合同，二是第三人不知道受托人与委托人之间的代理关系，三是受托人因委托人的原因对第三人不履行义务，四是受托人应当向第三人披露委托人。具备上述条件的，第三人就可以选择受托人或委托人作为相对人主张其权利。第三人选定之后，即不得变更选定的相对人。第三人选定委托人作为其相对人的，委托人可以向第三人主张其对受托人的抗辩以及受托人对第三人的抗辩。

第四节　委托合同的终止

委托合同终止的原因包括一般原因和特殊原因。

委托合同终止的一般原因是指一般合同共同适用的终止原因，包括委托事项处理完毕、委托合同履行已不可能、委托合同中约定的合同存续期限届满、合同约定的解除条件成就等。

委托合同终止的特殊原因是指《民法典》特别规定的委托合同终止的原因，包括以下两种

情形。

一、当事人一方解除委托合同

依据《民法典》第933条的规定，在委托合同中，合同的当事人双方均有任意解除权，可以任意解除合同。因为委托合同是以当事人的相互信任为基础的，而信任关系属于主观信念的范畴，具有主观任意性，并无一定的规格和限制。如果当事人在信念上对对方当事人的信任有所动摇，就应不问有无确凿可信的理由，均允许其随时终止委托合同，否则，即使勉强维持双方之间的合同关系，也会影响委托合同订立目的的实现。但是解除合同造成对方损失的，除不可归责于该当事人的事由外，无偿委托合同的解除方应当赔偿因解除时间不当造成的直接损失，有偿委托合同的解除方应当赔偿对方的直接损失和合同履行后可以获得的利益。

二、当事人一方死亡、丧失民事行为能力或破产

依据《民法典》第934条的规定，委托人死亡、终止，或者受托人死亡、丧失民事行为能力、终止的，委托合同终止；但是，当事人另有约定或者根据委托事务的性质不宜终止的除外。这是法律规定的委托合同的法定终止条件。合同另有约定，即当事人可以在合同中约定即使当事人一方有死亡、丧失民事行为能力或破产的情形，委托合同仍不终止。例如，委托律师进行诉讼时，委托合同可以约定，不因委托人的死亡而终止代理诉讼。

依据《民法典》第935条的规定，因委托人死亡或者被宣告破产、解散，致使委托合同终止将损害委托人的利益的，在委托人的继承人、遗产管理人或者清算人承受委托事务之前，受托人应当继续处理委托事务。依据《民法典》第936条的规定，因受托人死亡、丧失民事行为能力或者被宣告破产、解散，致使委托合同终止的，受托人的继承人、遗产管理人、法定代理人或者清算人应当及时通知委托人。委托合同终止将损害委托人的利益的，在委托人作出善后处理之前，受托人的继承人、遗产管理人、法定代理人或者清算人应当采取必要措施。

本章复习题

【案例1】 某镇渔业捕捞专业户王某有3 000斤鱼要出售，正巧运输个体户刘某开着拖拉机去城里给别人拉一批货。王某与刘某约好，由刘某将3 000斤鱼顺便拉到鱼市代卖，鱼价随行就市，销完抽5%给刘某作报酬。刘某拉着这批鱼驶往鱼市，离鱼市还有五十余里时，突然迎面开来一辆汽车，将拖拉机撞坏。警察说责任不在刘某，责令对方给刘某修车。但当时天气炎热，拖拉机一时半会又修不好，正巧刘某的好朋友孙某开着车路过出事地点。刘某怕鱼变臭，又与王某联系不上，于是就求孙某将拖拉机上的这些鱼捎到鱼市，能卖几个钱就算几个钱。孙某将鱼拉到鱼市的时候，已经到了下午，由于鱼已不太新鲜，又怕当天卖不出去坏掉，孙某只好降价四分之一卖出。事后，刘某从孙某交给他的卖鱼款中扣下了约定的5%的报酬后，将其余的钱交给了王某。王某一盘算，这样一来他少得2 000多元，损失太大了。故王某提出：原来说按市价卖出，按比例提成。现在卖价低于市价四分之一，刘某就不应再拿5%的报酬了；而且他认为刘某应赔偿在代销中给他造成的损失。刘某则认为撞车是对方司机过错造成的，要赔也只能让撞车人去赔。双方各不相让，只好诉至法院。

问：

(1) 王某托刘某代销鱼，而刘某在中途将鱼委托孙某处理，未经王某同意，刘某是否已经超

越了代理权？

（2）孙某与刘某之间是什么法律关系？

（3）王某的损失应由谁来承担？

【案例2】 甲建筑公司为承建某项建设工程，委托乙物资公司购买2 000吨钢材。乙物资公司以自己的名义与丙钢铁公司签订了一份买卖合同，合同中注明乙物资公司为甲建筑公司购买，由丙钢铁公司直接向甲建筑公司发货，货到后10日内付清全部货款。此后，丙钢铁公司按照约定的时间向甲建筑公司发出了合同中约定型号、规格的钢材2 000吨，同时告知甲建筑公司支付价款。由于此时钢材价格回落，甲建筑公司以该合同并非其所签订为由拒绝收货，并告知丙钢铁公司应向乙物资公司索要货款。于是，丙钢铁公司要求乙物资公司履行合同，乙物资公司则以该合同应由甲建筑公司履行为由加以拒绝。由于协商未果，丙钢铁公司诉诸法院，要求甲建筑公司履行合同、接受钢材并支付货款。

问：

（1）乙物资公司和丙钢铁公司之间签订的合同是否能够约束甲？

（2）甲建筑公司是否有义务向丙钢铁公司支付钢材价款？

参考文献

1. 朱伯玉，管洪彦．合同法分则研究．北京：人民出版社，2014.
2. 崔建远．合同法．6版．北京：法律出版社，2016.
3. 韩世远．合同法学．北京：高等教育出版社，2010.
4. 刘春堂．民法债编各论：中．台北：三民书局，2014.

第二十七章　物业服务合同

本章重点问题

1. 物业服务合同的概念和特征
2. 物业服务合同的订立和内容
3. 前期物业服务合同
4. 物业服务合同的效力
5. 物业服务合同的解除

第一节　物业服务合同的概念和特征

一、物业服务合同的概念

物业服务合同是物业服务人在物业服务区域内，为业主提供建筑物及其附属设施的维修养护、环境卫生和相关秩序的管理维护等物业服务，业主支付物业费的合同。物业服务合同包括前期由建设单位依法与物业服务人订立的前期物业服务合同，以及业主委员会与业主大会依法选聘的物业服务人订立的物业服务合同。

《民法典》颁布之前，物业服务合同属于由《物权法》《物业管理条例》规定的特别法中的有名合同。《民法典》颁布后，物业服务合同则成为由合同编正式规定的典型的有名合同。《民法典》第937条规定："物业服务合同是物业服务人在物业服务区域内，为业主提供建筑物及其附属设施的维修养护、环境卫生和相关秩序的管理维护等物业服务，业主支付物业费的合同。物业服务人包括物业服务企业和其他管理人。"

虽然物业服务合同与委托合同类似，都是提供劳务的双务合同，但二者仍具有诸多不同：

第一，合同的目的不同。委托合同中，受托人处理的事务非常广泛，主要是委托人授权受托人代其从事一定的行为，且受托人所处理的事务通常与委托人具有一定的利害关系。物业服务合同中，并不存在授权的问题，在合同约定的范围内，物业服务人可以自主开展物业服务活动。物业服务人并非处理特定的某一事务，而是提供社会化、专业化、技术化的服务。

第二，从事行为时的名义不同。委托关系中，受托人既可以自己的名义从事委托活动，也可以以委托人的名义从事委托活动。受托人通常基于委托合同与第三人发生民事关系。在物业服务关系中，物业服务人以自己的名义提供物业服务；物业服务人提供物业服务的行为尽管涉及第三人，但主要针对的是全体业主。

第三，受托人受拘束的程度不同。在委托关系中，受托人应当随时听取委托人的指示，受托人的事务处理权限受到合同或委托人指示的严格限制。物业服务合同具有较强的专业性，物业服务人无须在处理每项事务时都按照业主的指示，只要其提供的物业服务符合合同约定的标准和要求即可。此外，物业服务人不仅具有合同所赋予的事务处理权限，而且还具有相关法律、法规所赋予的事务处理权限，因此，物业服务人对事务的处理权限更大。

第四，是否享有任意解除权不同。委托合同的订立主要基于当事人之间的信赖关系，因此，委托人或者受托人享有任意解除委托合同的权利。物业服务合同期限届满之前，物业服务人并不享有任意解除权。这主要是考虑到物业服务合同对业主利益影响较大，不宜使合同被随意解除。

第五，是否有偿不同。委托合同可以是有偿合同，也可以是无偿合同，二者的区别在于，于有偿的委托合同，受托人的过错造成委托人损失的，委托人可以请求赔偿损失；于无偿的委托合同，受托人故意或者有重大过失造成委托人损失的，委托人可以请求赔偿损失。物业服务合同则属于有偿合同，因为物业服务人本身通常是营利性主体，物业服务属于经营性活动的范畴。

二、物业服务合同的特征

(一) 主体的特殊性

物业服务合同主体的特殊性表现在两方面：第一，物业服务合同的一方当事人是物业服务人，主要表现为物业服务企业和其他物业管理人，可以是业主委员会、社区，也可以是其他企业机构。由于物业服务事关全体业主的人身、财产安全，并且物业服务活动具有较强的技术性，因此物业服务企业必须是依法成立并可以独立承担责任的法人。第二，物业服务合同的另一方当事人是全体业主，具有集合性的特征。由于全体业主人数众多，难以由全体业主直接参与缔约过程，实践中通常由业主委员会代表全体业主与物业服务人签订物业服务合同。物业服务合同一旦成立，即对全体业主具有拘束力，单个业主不得以其未参与合同订立而拒绝受合同约束。这体现了合同相对性的例外。合同的相对性及其例外来源于《民法典》第 465 条第 2 款的规定：“依法成立的合同，仅对当事人具有法律约束力，但是法律另有规定的除外。”

(二) 内容的复合性

不同于一般民事合同内容的单一性，物业服务合同的内容具有复合性的特点，不仅包括对建筑物及其附属设施的维修养护，还包括对社区环境卫生的管理，以及对社区内生活秩序与安全的管理与维护。因此，物业服务合同的内容具有综合性的特征。也是因为如此，关于物业服务合同的性质，学界有观点认为，物业服务合同是一种融合委托、代理、承揽、服务合同等多种合同类型的复合型合同。但本质上而言，物业服务合同属于提供劳务服务的合同。

(三) 订立程序的特殊性

由于物业服务合同的一方当事人是全体业主，为了提高订约效率，保护业主的合法权益，避免发生纠纷，物业服务合同的订立需要遵循法定的程序。依据《民法典》第 278 条的规定，业主选聘和解聘物业服务企业或者其他管理人时，应当由专有部分面积占比三分之二以上的业主且人数占比三分之二以上的业主参与表决，并经参与表决专有部分占建筑物总面积过半数的业主且参与表决人数过半数的业主同意。

(四) 履行具有继续性

物业服务合同在履行上具有继续性。物业服务并非一次性完成的，而是需要持续一定的时间，在合同约定的时间内物业服务人不间断地提供物业服务。继续性合同的特色是，时间因素在合同的履行中居于重要地位，总给付的内容取决于应为给付的时间长度。继续性合同在终止时没有溯及既往的效力，例如物业服务合同被解除时，可能没有恢复原状的可能，也不宜恢复原状，故通常不发生恢复原状的问题。在物业服务合同终止时，其效力向将来发生，对于物业服务人已经提供的服务，业主仍应当按照物业服务合同的约定支付相应的报酬。

（五）双务、有偿、要式性

首先，物业服务合同是物业服务人按照约定向全体业主提供物业服务，全体业主向其支付对价，双方互负具有对价意义的债务的合同，因此其属于双务合同。其次，绝大多数物业服务是有偿的，全体业主享有物业服务人提供的物业服务，同时须向对方偿付相应的对价。最后，物业服务合同必须采用书面形式订立，《民法典》第938条规定："物业服务合同的内容一般包括服务事项、服务质量、服务费用的标准和收取办法、维修资金的使用、服务用房的管理和使用、服务期限、服务交接等条款。物业服务人公开作出的有利于业主的服务承诺，为物业服务合同的组成部分。物业服务合同应当采用书面形式。"法律之所以要求当事人采取书面形式订立物业服务合同，原因在于物业服务与业主权益密切相关，通过书面合同明确物业服务人与业主之间的权利义务关系，对于避免纠纷的发生具有重要意义。

第二节　物业服务合同的订立和内容

一、物业服务合同的订立

《民法典》第939条规定："建设单位依法与物业服务人订立的前期物业服务合同，以及业主委员会与业主大会依法选聘的物业服务人订立的物业服务合同，对业主具有法律约束力。"前期物业服务合同的订立人为开发商与物业服务人，普通物业服务合同的订立主体为业主委员会与物业服务人。

物业服务人，是指符合法律规定，依法向业主提供物业服务的民事主体，包括物业服务企业和其他物业管理人。物业服务企业是物业服务人的主要类型，根据2018年修订的《物业管理条例》第32条，"从事物业管理活动的企业应当具有独立的法人资格。国务院建设行政主管部门应当会同有关部门建立守信联合激励和失信联合惩戒机制，加强行业诚信管理"。该条改变过去要求物业服务企业应具备相关资质的规定，要求建立诚信管理机制，体现了政府进一步深化"放管服"的改革。

当业主委员会作为物业服务合同的订立主体时，它是经业主大会的授权，代表全体业主与物业服务人订立物业服务合同。依据《民法典》第278条的规定，有关管理规约的制定和修改、业主委员会的选举或者业主委员会成员的更换、物业服务企业或者其他管理人的选聘和解聘，以及有关共有和共同管理权利的其他重大事项等内容，应由业主共同决定。因此，尽管从合同订立主体来看，物业服务合同的当事人是物业服务人和业主委员会，但实际上物业服务合同对全体业主具有约束力。对此，《民法典》第939条规定："建设单位依法与物业服务人订立的前期物业服务合同，以及业主委员会与业主大会依法选聘的物业服务人订立的物业服务合同，对业主具有法律约束力。"业主如果以其并非合同当事人为由提出抗辩的，人民法院不予支持。

二、物业服务合同的内容

《民法典》第 938 条第 1 款规定："物业服务合同的内容一般包括服务事项、服务质量、服务费用的标准和收取办法、维修资金的使用、服务用房的管理和使用、服务期限、服务交接等条款。"依据该款规定，物业服务合同的主要条款包括以下内容。

第一，服务事项，主要包括对共有财产的维护、养护和管理，对业主的专有财产部分的维修和管理，以及对物业服务区域内基本秩序的维护等。《物业管理条例》第 43 条规定："物业服务企业可以根据业主的委托提供物业服务合同约定以外的服务项目，服务报酬由双方约定。"据此，对一些通常不属于物业服务内容的服务项目，当事人可以另行约定有偿提供。

第二，服务质量。物业服务人应该遵守国家法律法规、物业管理条例、行业标准和服务规范，尊重业主的物权、人权，在物业服务合同中约定具体的质量标准，并据此依法经营服务项目，为业主和物业使用人提供专业化、规范化的物业服务。

第三，服务费用的标准和收取办法。服务费用也称物业费，由物业服务的成本和物业服务人的利润两部分构成。物业服务费的收费方式，通常有包干制和酬金制两种。包干制是业主向物业服务人支付固定费用，盈余或亏损由物业服务人自行承担，具体缴费标准由业主与物业服务人根据政府指导价自由约定。酬金制是指业主在预收的物业服务资金中按约定比例或者约定数额提取酬金支付给物业服务人，其余部分全部用于物业服务合同约定的支出，结余或者不足由业主享有或承担。《物业管理条例》第 40 条规定："物业服务收费应当遵循合理、公开以及费用与服务水平相适应的原则，区别不同物业的性质和特点，由业主和物业服务企业按照国务院价格主管部门会同国务院建设行政主管部门制定的物业服务收费办法，在物业服务合同中约定。"

第四，维修资金的使用。所谓维修资金，指的是业主缴纳的专项用于住宅共用部位、共用设施设备保修期满后的维修和更新、改造的资金。住宅专项维修资金管理实行专户存储、专款专用、所有权人决策、政府监督的原则。业主大会成立前，已售公有住房住宅专项维修资金，由物业所在地直辖市、市、县人民政府财政部门或者建设（房地产）主管部门负责管理。业主大会成立后，将住宅专项维修资金划转业主交存。住宅专项维修资金的使用，应当遵循方便快捷、公开透明、受益人和负担人相一致的原则，并需要按照法律规定的程序申请使用，其中，物业服务人首先应提出使用方案，使用方案应当包括拟维修和更新、改造的项目，费用预算、列支范围、发生危及房屋安全等紧急情况及其他需临时使用住宅专项维修资金的情况的处置办法等。

第五，服务用房的管理和使用。物业服务用房是物业服务人为管理小区的物业而使用的房屋。物业服务用房属于全体业主所有，未经业主大会同意，物业服务人不得改变物业服务用房的用途。

第六，服务期限。服务期限，是指当事人约定的合同存续期间。关于物业服务合同的续聘，《民法典》第 947 条规定："物业服务期限届满前，业主依法共同决定续聘的，应当与原物业服务人在合同期限届满前续订物业服务合同。物业服务期限届满前，物业服务人不同意续聘的，应当在合同期限届满前九十日书面通知业主或者业主委员会，但是合同对通知期限另有约定的除外。"物业服务期限届满后，业主没有依法作出续聘或者另聘物业服务人的决定的，依据《民法典》第 948 条的规定，如果物业服务人继续提供物业服务，则原物业服务合同继续有效，但是服务期限为不定期，当事人可以随时解除不定期物业服务合同，但是应当提前 60 日书面通知对方。

第七，服务交接。物业服务合同终止的，若业主没有作出续聘的决定，则物业服务人应当按照合同的约定退出物业服务区域。物业服务合同可对此时物业服务人员将物业服务用房、相关设施、物业服务所必需的相关资料等交给业主委员会或其指定的人的方式等作出约定，原物业服务人应当配合新物业服务人做好交接工作，并如实告知物业的使用和管理状况。

此外，依据《民法典》第938条第2款之规定，物业服务人公开作出的有利于业主的服务承诺，为物业服务合同的组成部分。物业服务人承诺是指物业服务人为保证物业服务的质量和效益，向全体业主公开作出的有关物业服务内容和标准的单方意思表示。物业服务人的服务承诺，作为物业服务合同的组成部分，应当具备下列条件：（1）承诺内容是物业服务人的真实意思表示；（2）所承诺的内容必须清楚、明确；（3）承诺的内容是公开作出的或在小区内进行了公示；（4）承诺的内容是有利于业主的；（5）该承诺内容不违反法律、法规等的相关规定。①

第三节　前期物业服务合同

一、前期物业服务合同的概念和特征

前期物业服务合同，是指在物业服务区域内的业主大会、业主委员会选聘物业服务人之前，由建设单位与物业服务人就前期物业服务阶段双方的权利、义务所缔结的协议。从建设单位开始销售商品房到召开全体业主大会之间，往往存在一定的时间差。这段时间内，由于相应的房产出售率未达到法定条件或因其他原因而不能召开第一次业主大会并进而成立业主委员会，因此有必要由建设单位选聘物业服务人并与之签订物业服务合同。

前期物业服务合同与普通物业服务合同具有诸多共性：二者的目的均是为全体业主服务，为在特定建筑区划的物业服务行为提供依据和保障；二者所涉及的权利主体和权利义务内容存在交叉和更替；二者都对物业服务人与全体业主具有约束力。但二者具有以下区别：第一，订立主体不同。前期物业服务合同的订立主体是建设单位与物业服务人，普通物业服务合同的订立主体是业主委员会与物业服务人。第二，合同的签订时间不同。前期物业服务合同是在业主入住率较低、无法召开业主大会的情形下签订的，普通物业服务合同则是在业主入住率已经达到一定标准，能够召开业主大会的情况下签订的。第三，合同内容不同。前期物业服务合同主要侧重于对建筑物建成初期的养护、安全保障以及配合建设单位为将来入住的业主提供服务等，而普通物业服务合同的内容侧重于对建筑区划内建筑物的维护、对环境及居住条件的保障等，目的是为业主正常的日常生活提供服务。第四，服务期限不同。前期物业服务合同具有过渡性质，其服务期限较短，通常只是从合同订立到普通物业服务合同生效之时。《民法典》第940条规定："建设单位依法与物业服务人订立的前期物业服务合同约定的服务期限届满前，业主委员会或者业主与新物业服务人订立的物业服务合同生效的，前期物业服务合同终止。"普通物业服务合同的期限可由合同当事人进行具体约定，在合同约定的期限届满之后，合同效力才终止。

二、前期物业服务合同的终止

第一，前期物业服务合同期限届满之后，如果当事人不同意续聘的，则前期物业服务合同终

① 奚晓明．最高人民法院建筑物区分所有权、物业服务司法解释理解与适用．北京：人民法院出版社，2009：279.

止。此时，如果物业服务人继续提供物业服务，业主仍然接受该物业服务的，则原物业服务合同继续有效，但是服务期限为不定期，双方可以随时终止该合同。

第二，在前期物业服务合同的权利义务终止后，物业服务人继续提供物业服务，但业主拒绝接受的，此时如果业主委员会请求物业服务人退出物业服务区域、移交物业服务用房和相关设施以及物业服务所必需的相关资料和由其代管的专项维修资金的，则人民法院应予支持。物业服务人拒绝退出、移交，并以存在事实上的物业服务关系为由，请求业主支付物业服务合同权利义务终止后的物业费的，人民法院不予支持。

第三，前期物业服务合同期限届满前，业主委员会或者业主与新物业服务人签订的物业服务合同生效的，前期物业服务合同终止。此时业主享有任意解除权，原因在于：在房屋出售以前，房屋的所有权归建设单位所有，此时建设单位应当受到合同效力的约束，不得享有任意解除权。但随着房屋入住率的逐渐增加，业主由于并未参与前期物业服务合同的订立过程，如果建设单位与物业服务人所约定的服务期限过长，而业主在入住之后，已经可以举行业主大会但是仍无权解除该合同，则必然会损害业主利益。所以，在法律上赋予业主任意解除权是必要的。[①]

前期物业服务合同终止时，物业服务人应当将物业管理用房和相关资料交还给业主委员会，包括：(1) 竣工总平面图，单体建筑、结构、设备竣工图，配套设施、地下管网工程竣工图等竣工验收资料；(2) 设施设备的安装、使用和维护保养等技术资料；(3) 物业质量保修文件和物业使用说明文件；(4) 物业管理所必需的其他资料。物业服务合同终止时，业主大会选聘了新的物业服务人的，物业服务人之间应当做好交接工作。

第四节　物业服务合同的效力

一、物业服务人的义务

(一) 依据合同约定提供物业服务的义务

第一，对共有财产及公共设施的维护和修养。《民法典》物权编“业主的建筑物区分所有权”部分对业主共有财产和公共设施的范围作出了明确界定，主要包括绿地、小区内的道路、消防设施以及公共照明设施，还包括电梯、公共外墙面和屋顶平台、共有的车位车库以及物业服务用房等。依据《民法典》第 942 条第 1 款之规定，物业服务人应当按照约定和物业的使用性质，妥善维修、养护、清洁、绿化和经营管理物业服务区域内的业主共有部分；物业服务人应当对共有财产及公共设施进行维护和修养，并维持物业服务区域内的环境卫生。

第二，对业主专有部分财产的维护和管理。对专有财产的管理、维护属于业主自行管理的范围，原则上应由业主自己负责管理和维护，但当事人可以在合同中特别约定，由物业服务人提供相关的管理和服务。如当事人可以约定，在业主专有部分的墙面、墙体出现渗水、表皮脱落等情形时，物业服务人负有维修义务，相应费用的承担，亦应当按照约定处理。

第三，对物业服务区域内生活秩序的管理、维护。《民法典》第 942 条第 1 款规定了物业服务人维护物业服务区域内基本秩序的义务。为保障业主正常的生产、生活，物业服务人负有维护

① 王利明．合同法分则研究：下卷．北京：中国人民大学出版社，2013：184.

共同生活秩序的义务。该项义务不同于前两项义务，前两项义务是对物的管理，该项义务则属于对人的行为的管理，例如，对外来人员的管理、对外来车辆的管理、对宠物伤人风险的防范等。履行该项义务时物业服务人有必要对业主的权利进行必要的限制；在业主行使专有权可能损害其他业主的利益时，物业服务人也可以对其行为进行限制。

（二）保障业主的人身、财产安全的义务

《民法典》第 942 条第 1 款规定了物业服务人应当采取合理措施保护业主的人身、财产安全，并在第 2 款规定“对物业服务区域内违反有关治安、环保、消防等法律法规的行为，物业服务人应当及时采取合理措施制止、向有关行政主管部门报告并协助处理”，从而明确了物业服务人对业主的人身、财产安全的保障义务。立法规定这一义务的基础在于：一方面，物业服务人对小区公共秩序的维护义务本身就包含了对业主的人身、财产安全的保障义务；另一方面，物业服务人对小区物业进行管理、对区域内危险源的控制力显然高于业主的。《民法典》颁布之前《最高人民法院公报》刊载的案例已认可物业服务人对小区共有部分的安全保障义务，物业服务人对于可能对业主的财产造成损害的小区共用部分的安全隐患，应当及时消除，否则致业主财产损害后，物业服务人应承担违约责任，对业主的损失进行赔偿。即便该安全隐患是第三人造成的，也不能免除物业服务人的违约责任，因第三人侵权致小区共用部分对业主的财产造成损害的，物业服务人可以免责的情形是物业服务人已履行了保养、维护义务，而第三人侵权是不可预见、不可避免的。[①]

（三）物业验收、接管义务

物业服务人在从事物业管理之前，应当对物业进行验收和接管，尤其是在业主解除现有的物业服务合同、选择了新的物业服务人之时。对于原有物业服务人而言，物业交接是其在物业服务合同终止后必须承担的义务，该义务是物业服务合同的附随义务。

（四）不得妨碍业主合理行使专有权的义务

在业主合理行使专有权的情形下，物业服务人不得进行妨碍。业主合理利用建筑物的专有部分，如未损害其他业主的公共利益，应当受到法律保护，物业服务人不得干涉。当业主有违反有关治安、环保、消防等法律法规的行为时，物业服务人应当及时采取合理措施制止，向有关行政主管部门报告并协助处理。

（五）合理收费的义务

物业服务费用的收取应当符合合同约定，更应当符合法律、行政主管部门制定的物业服务收费办法以及相关规章的规定，否则即构成不当收费。《物业管理条例》第 40 条规定：“物业服务收费应当遵循合理、公开以及费用与服务水平相适应的原则，区别不同物业的性质和特点，由业主和物业服务企业按照国务院价格主管部门会同国务院建设行政主管部门制定的物业服务收费办法，在物业服务合同中约定。”

物业费纠纷是最常见的物业服务合同纠纷之一。最高人民法院《关于审理物业服务纠纷案件具体应用法律若干问题的解释》（2020 年修正）第 2 条规定：“物业服务企业违反物业服务合同约定或者法律、法规、部门规章规定，擅自扩大收费范围、提高收费标准或者重复收费，业主

---

① 陈书豪诉南京武宁房地产开发有限公司、南京青和物业管理有限公司物业服务合同纠纷案．最高人民法院公报，2013（5）.

以违规收费为由提出抗辩的，人民法院应予支持。”“业主请求物业服务企业退还其已经收取的违规费用的，人民法院应予支持。”所谓擅自扩大收费范围，是指物业服务人违反合同约定、法律规定另外收取费用。例如，小区内的道路属于业主共有财产，依照管理规约的规定业主有权无偿在共有道路上的停车位停车，但物业服务人却向业主收取使用费。所谓重复收费，是指物业费中已经包含了相关事项的费用，在此之外另行收费。例如，物业服务人按照合同约定负有管理车辆的义务，当小区业主已经缴纳了物业费时，物业服务人不得另行收取车辆管理费。出现上述情形时，业主有权以违规收费为由提出抗辩。

（六）不得擅自处分业主共有财产和改变财产用途的义务

物业服务人负有管理、维护业主共有财产的义务，物业服务人的权限范围应当限于对共有财产的管理和维护，而不得擅自处分共有财产或者改变其用途，否则，应当承担相应的责任。例如，《物业管理条例》第 37 条规定：“物业管理用房的所有权依法属于业主。未经业主大会同意，物业服务企业不得改变物业管理用房的用途。”

（七）不得擅自将全部物业管理一并转委托的义务

《民法典》第 941 条规定：“物业服务人将物业服务区域内的部分专项服务事项委托给专业性服务组织或者其他第三人的，应当就该部分专项服务事项向业主负责。物业服务人不得将其应当提供的全部物业服务转委托给第三人，或者将全部物业服务支解后分别转委托给第三人。”全部转委托，是指物业服务人通过与第三人签订合同，约定由后者提供其在与业主签订的物业服务合同中承担的全部物业服务，或者将全部物业服务肢解后分别转委托给第三人。物业服务合同具有一定的人身信任关系，一旦物业服务人在订立物业服务合同后擅自转委托，就会破坏业主与物业服务人之间的信任关系，所以，物业服务人负有亲自提供服务的义务。

根据合同相对性原则，即便物业服务人将物业服务区域内的部分物业服务转委托他人，当发生人身损害、财产损失等侵权行为和违约行为时，仍应当由物业服务人基于物业服务合同向业主承担相关法律责任。物业服务人则可以基于相应的转委托合同，要求单项服务公司等其他企业承担违约责任。

（八）信息公示与及时报告义务

《民法典》第 943 条规定：“物业服务人应当定期将服务的事项、负责人员、质量要求、收费项目、收费标准、履行情况，以及维修资金使用情况、业主共有部分的经营与收益情况等以合理方式向业主公开并向业主大会、业主委员会报告。”当然，如遇重大事项，则应及时报告。物业服务人的信息公开与及时报告义务不仅是为了实现对物业服务人的监督，也是为了对业主知情权的保障，有利于业主在了解实际情况的基础上及时召开业主大会或业主委员会对重要事项进行决策。

（九）合同终止后的移交义务

物业服务合同终止的，原物业服务人应当在约定期限或者合理期限内退出物业服务区域，将物业服务用房、相关设施、物业服务所必需的相关资料等交还给业主委员会、决定自行管理的业主或者其指定的人，配合新物业服务人做好交接工作，并如实告知物业的使用和管理状况。物业服务人员违反合同终止后的移交义务的，应承担相应的法律责任。对此，《民法典》第 949 条明确规定：“物业服务合同终止的，原物业服务人应当在约定期限或者合理期限内退出物业服务区域，将物业服务用房、相关设施、物业服务所必需的相关资料等交还给业主委员会、决定自行管理的业主或者其指定的人，配合新物业服务人做好交接工作，并如实告知物业的使用和管理状况。原物业服务人违反前款规定的，不得请求业主支付物业服务合同终止后的物业费；造成业主损失的，应当赔偿损失。”

二、业主的义务

（一）依据约定交纳物业费的义务

业主享有物业服务人提供的物业服务，自应履行相应的缴费义务。《民法典》第 944 条规定：“业主应当按照约定向物业服务人支付物业费。物业服务人已经按照约定和有关规定提供服务的，业主不得以未接受或者无需接受相关物业服务为由拒绝支付物业费。业主违反约定逾期不支付物业费的，物业服务人可以催告其在合理期限内支付；合理期限届满仍不支付的，物业服务人可以提起诉讼或者申请仲裁。物业服务人不得采取停止供电、供水、供热、供燃气等方式催交物业费。”

第一，物业费交纳的时间。业主应当按照物业服务合同中约定的时间交纳物业费，在当事人没有作出明确约定的情况下，已竣工但尚未出售或者尚未交给物业买受人的物业，物业费由建设单位交纳；如果已经出售或交付给业主，则通常应当由业主交纳物业费。

第二，物业费交纳的主体。《物业管理条例》第 41 条规定：“业主应当根据物业服务合同的约定交纳物业服务费用。业主与物业使用人约定由物业使用人交纳物业服务费用的，从其约定，业主负连带交纳责任。已竣工但尚未出售或者尚未交给物业买受人的物业，物业服务费用由建设单位交纳。”依据该条，业主为物业费的交纳主体，但如果业主未实际使用房屋而将其出租、出借给他人，业主与物业使用人约定由物业使用人交纳物业费的，从其约定，业主负连带交纳责任。

第三，物业服务人已经按照约定和有关规定提供服务的，业主不得以未接受或者无须接受相关物业服务为由拒绝支付物业费。业主违反约定逾期不支付物业费的，物业服务人可以催告其在合理期限内支付；合理期限届满仍不支付的，物业服务人可以提起诉讼或者申请仲裁。人民法院或仲裁机构应当对业主的抗辩理由进行审查，如业主拒绝交纳物业费确有正当理由，如物业服务人扩大收费范围、提高收费标准或者重复收费等，应判决驳回物业服务人的诉讼请求或者酌情减少应当收取的物业费金额。如果物业服务人已经按照物业服务合同提供物业服务，则业主仅称自身未享受或无须接受相关物业服务并不构成“正当理由”。主要原因在于：一方面，提供物业服务是物业服务人的主要合同义务，如果物业服务人已经按照合同约定提供了物业服务，业主就应交纳物业费；另一方面，建筑物区分所有权具有整体性，物业服务人针对共有部分所提供的物业服务和管理，实际上是在为全部的业主提供物业服务，各个业主都可以实际享有相应利益，业主不得以其未享受物业服务为由或无须接受相关物业服务为由进行抗辩。

第四，物业服务人不得采取停止供电、供水、供热、供燃气等方式催交物业费。《民法典》第 944 条第 3 款明确保护业主的民生权益，倒逼物业服务人提升服务质量。

（二）接受物业服务人管理的义务

在物业服务人依据法律和合同约定提供物业服务的过程中，业主负有接受物业服务人管理的义务。《民法典》第 942 条第 2 款规定：“对物业服务区域内违反有关治安、环保、消防等法律法规的行为，物业服务人应当及时采取合理措施制止、向有关行政主管部门报告并协助处理。”《物业管理条例》第 45 条第 2 款规定：“有关行政管理部门在接到物业服务企业的报告后，应当依法对违法行为予以制止或者依法处理。”

当业主存在违反物业服务合同或者法律、法规、管理规约规定的妨碍物业服务与管理行为时，业主应当承担相应的民事责任。最高人民法院《关于审理物业服务纠纷案件具体应用法律若干问题的解释》（2020 年修正）第 1 条规定：“业主违反物业服务合同或者法律、法规、管理规约，实施妨害物业服务与管理的行为，物业服务人请求业主承担停止侵害、排除妨碍、恢复原状等相应民事责任的，人民法院应予支持。”

（三）配合、协助物业服务人的义务

业主应当配合、协助物业服务人进行正当的服务或管理行为。对此，《民法典》第 945 条规定：“业主装饰装修房屋的，应当事先告知物业服务人，遵守物业服务人提示的合理注意事项，并配合其进行必要的现场检查。业主转让、出租物业专有部分、设立居住权或者依法改变共有部分用途的，应当及时将相关情况告知物业服务人。”

第五节　物业服务合同的解除

一、物业服务合同解除概述

物业服务合同的解除，是指物业服务合同当事人一方或者双方依照法律规定或者当事人的约定解除合同效力的行为。依据《民法典》合同编第七章关于合同权利义务终止的规定，物业服务合同当事人可以通过协议的方式解除合同，也可以单方解除合同。

《民法典》第 563 条第 2 款规定：“以持续履行的债务为内容的不定期合同，当事人可以随时解除合同，但是应当在合理期限之前通知对方。”物业服务合同属于以持续履行债务为内容的合同，业主享有对物业服务合同的任意解除权。这体现了《民法典》对业主权利的保护。

第一，业主对前期物业服务合同的任意解除权。依据《民法典》第 940 条，建设单位依法与物业服务人订立的前期物业服务合同约定的服务期限届满前，业主委员会或者业主与新物业服务人订立的物业服务合同生效的，前期物业服务合同终止。

第二，业主在物业服务合同期内的任意解除权。《民法典》第 946 条专门规定了业主对物业服务合同的任意解除权：“业主依照法定程序共同决定解聘物业服务人的，可以解除物业服务合同。决定解聘的，应当提前六十日书面通知物业服务人，但是合同对通知期限另有约定的除外。依据前款规定解除合同造成物业服务人损失的，除不可归责于业主的事由外，业主应当赔偿损失。”依据该条，只要业主共同决定的程序合法，即产生解除物业服务合同的效力，物业服务人即应当在合理期限内退出物业服务区域，并履行移交义务。当然，业主对物业服务合同的任意解除是有条件的：一是除物业服务合同对业主行使合同解除权的通知期限另有约定外，业主依照法定程序共同决定解聘物业服务人的，应当提前 60 日书面通知物业服务人；二是因可归责于业主的事由造成物业服务人损失的，业主应当赔偿损失。《民法典》第 946 条规定的业主行使合同任意解除权的限制同样适用于《民法典》第 948 条规定的不定期物业服务合同的解除。

第三，不定期物业服务合同的任意解除。物业服务合同期限届满后，业主没有依法作出续聘或者另聘物业服务人的决定，物业服务人继续提供物业服务的，原物业服务合同继续有效，但是服务期限为不定期。事实服务期间的合同性质为不定期物业服务合同，依据《民法典》第 948

条，对于不定期物业服务合同，物业服务人和业主双方都享有合同任意解除权，但是要履行提前60日书面通知对方的法定义务。

二、物业服务合同解除后的义务

合同解除后，存在后合同义务。所谓后合同义务，是指在合同关系终止后，当事人依据法律、法规的规定，以及诚实信用原则对另一方负有保密、协助等义务。依据《民法典》第949条，物业服务合同解除后，物业服务人应当履行的后合同义务范围主要包括：退出物业服务区域、移交物业服务用房及相关设施、移交物业服务所必需的资料和由其代管的专项维修资金。

具体而言，物业服务人在物业合同解除后应承担的后合同义务主要如下：

第一，退还已经预收的、尚未提供物业服务期间的物业费。最高人民法院《关于审理物业服务纠纷案件具体应用法律若干问题的解释》第9条第1款规定："物业服务合同的权利义务终止后，业主请求物业服务企业退还已经预收，但尚未提供物业服务期间的物业费的，人民法院应予支持。"适用该条应当具备以下条件：一是存在物业服务人预先收取物业费的事实；二是请求物业服务人退还物业费的主体为业主，而非业主委员会、业主大会或其他组织；三是权利请求的内容具体、明确，为物业服务人履行返还物业费的义务。

第二，退出物业服务区域。物业服务区域是业主生活与工作的场所，该区域的环境与安全程度，直接关系到业主的生活与工作质量。所谓退出，是指物业服务人及其工作人员应离开相应的物业服务区域，而不得继续占用相关区域。如果其拒不退出，将构成侵权，业主可以请求其退出，并有权请求物业服务人承担相应的责任。

第三，移交物业服务用房和相关设施，以及代管的专项维修资金。物业服务用房的所有权依法属于业主。物业服务合同终止后，物业服务人应当向业主委员会或者其指定的人履行交付物业服务用房及相关设施的义务，以避免物业处于无人管理的情形。业主交存的住宅专项维修资金属于业主所有，在物业服务人代管专项维修资金的情形，其应在物业服务合同终止时将专项维修资金移交业主委员会，并配合做好交接工作。

第四，移交物业服务所必需的相关资料，主要包括：（1）物业规划图；（2）施工图（包括总平面图、单体竣工图）；（3）建筑设计施工图；（4）工程验收的各种签证、记录、证明；（5）房地产权属关系的有关资料；（6）机电设备使用说明书；（7）消防系统验收证明；（8）公共设施检查验收证明；（9）用水、用电、用气指示批文；（10）水、电、气表校验报告；（11）有关工程项目的其他重要技术决定和文件；（12）物业服务合同约定的其他资料。这些资料是物业服务人开展物业服务所必需的信息及凭证，因此，物业服务合同终止后，物业服务人应当及时移交。

第五，合同解除后的附随义务。合同解除后的附随义务，不是合同双方当事人约定的义务，而是基于诚实信用原则和交易习惯而产生的义务，其目的是维护给付效果或者妥善处理合同终止事务。依据《民法典》第950条的规定，在物业服务合同终止后，在业主或者业主大会选聘的新物业服务人员或者决定自行管理的业主接管之前，原物业服务人应当继续处理物业服务事项，并可以请求业主支付该期间的物业费。《民法典》该条规定了物业服务人的后合同义务并赋予其物业费请求权，旨在通过防止物业服务的中断来更好地保护业主的权益。

本章复习题

【案例1】 夫子庙大世界商厦第五层房产（以下简称涉案房产）原系苏京房地产公司建设

并所有，宁夏化工厂于2002年3月28日通过司法拍卖取得涉案房产（当时为在建工程），并于当年7月取得涉案房产的房屋所有权证、国有土地使用权证。大世界商贸公司系根据苏京房地产公司与业主之间签订的商品房买卖合同而设立的对夫子庙大世界商厦实施经营管理的企业法人，依据其与业主签订的物业管理协议行使物业管理职责。苏京房地产公司在已知涉案房产由宁夏化工厂拍卖取得所有权的情况下，于2003年年底将涉案房产交给优丽风娱乐公司装修使用（优丽风娱乐公司一直未支付租金和物业费）。之后，宁夏化工厂与苏京房地产公司、优丽风娱乐公司之间就涉案房产的返还以及损失赔偿等事由发生诉讼。①

问：

（1）苏京房地产公司与大世界商贸公司之间订立的物业服务合同能否对宁夏化工厂产生约束力？为什么？

（2）宁夏化工厂能否以涉案房产未交付、双方未签订物业管理合同为由，拒绝支付物业费？

【案例2】 詹某系南京市江宁区明月港湾小区业主，明月物业公司系该小区的物业管理公司。2011年2月27日，詹某向明月物业公司缴纳了2011年度全年的物业费814元。同年6月3日，詹某缴纳了2011年6月1日至12月31日的车位费560元。同年6月11日15时许，案外人张某某驾车进入该小区，占用了詹某的车位。詹某开车回来发现后，把车停在张某某车辆前面，堵住了张某某的车。15时40分许，明月物业公司的保安找到詹某要求詹某移车。詹某到停车处后，违停车辆的张某某与詹某争执并用刀将詹某划致轻微伤害。后经公安机关处理，张某某被行政拘留，并赔偿詹某损失28 850元。2011年12月，詹某认为明月物业公司未尽到管理责任，遂向法院提起诉讼。②

问：

（1）物业服务人不履行或者不适当履行物业服务合同约定的义务，导致第三人侵权使业主受到损害，第三人已赔偿业主损失的，物业服务人是否还需向业主承担责任？

（2）如果物业服务人需要向业主承担责任，这种责任的性质是什么？

参考文献

1. 王利明．合同法分则研究：下卷．北京：中国人民大学出版社，2013.

2. 徐海燕．区分所有建筑物管理的法律问题研究．北京：法律出版社，2009.

3. 奚晓明．最高人民法院建筑物区分所有权、物业服务司法解释理解与适用．北京：人民法院出版社，2017.

4. 陈华彬．建筑物区分所有权法．北京：中国政法大学出版社，2018.

5. 金锦萍．论物业管理法律制度的重构：从公共物品的角度．学术交流，2016（3）.

6. 郑国洪．法律、信任与物业管理．现代法学，2014（6）.

---

① 江苏省高级人民法院（2014）苏审三民申字第0687号民事裁定书。

② 江苏省南京市江宁区人民法院（2012）江宁民初字第265号民事判决书。

第二十八章　行纪合同

本章重点问题

1. 行纪和委托的关系
2. 行纪合同的效力

第一节　行纪合同概述

一、行纪合同的概念

行纪，或称经纪，固有法上通称牙行或委托行。[①] 有些国家把行纪合同规定在商法典中，如《法国商法典》和《德国商法典》对行纪合同都作了专门详细的规定。

过去有固有行纪与非固有行纪的区分，前者指以货物和有价证券购销事务为标的的行纪，后者指以非购销事务为标的但符合行纪要件的合同关系，包括承揽行纪、运送行纪等。在中国古代"邸店""牙行"是接受客商委托，代为销售或寄售货物而收取"牙钱"（即佣金）的行纪人。[②] 这种牙行，本质上亦属行纪。行纪是经济行为的一种，随着经济的发展而逐渐产生、发展，并在大陆法国家被广泛应用。随着行纪业务的发展，行纪合同被广泛应用，成为一种独立的合同类型与委托合同并存。

《民法典》第951条规定："行纪合同是行纪人以自己的名义为委托人从事贸易活动，委托人支付报酬的合同。"所谓行纪合同，是指行纪人根据委托人的委托，以自己的名义为委托人办理购销、寄售等事务并收取报酬的合同。其中，以自己的名义为他人办理贸易业务的一方称为行纪人，委托他人为自己办理贸易业务并支付报酬的一方称为委托人。

二、行纪合同的特征

（一）行纪合同主体的限定性

在我国，行纪合同的委托人可以是法人或者非法人组织，并无太多限制。但行纪人只能是经批准经营行纪业务的自然人、法人或非法人组织。法律往往对行纪人的资格、业务范围有严格的限制，并对其业务活动实施专门的监督和管理。

---

① 邱志聪．新订债法各论：中．北京：中国人民大学出版社，2006：241.

② 朱伯玉，管洪彦．合同法分则研究．北京：人民出版社，2014：219.

（二）行纪合同的标的具有特定性

行纪合同属于提供劳务类合同，由行纪人为委托人从事贸易活动，但其所提供的劳务具有特定性，各国基本上都规定为物品的买进或卖出，且限于动产范围之内，不动产贸易不属于行纪范畴。在我国，《民法典》将行纪合同的标的规定为“从事贸易活动”，实践中多指动产、有价证券的买卖以及其他商业上具有交易性质的行为，如代购、代销、寄售等。

（三）行纪人以自己的名义为委托人办理委托事务

行纪合同中的行纪人在为委托人从事贸易活动时，是以自己的名义与第三人发生法律关系的。虽然处理事务的结果最终由委托人承受，但行纪人是以独立的主体资格与第三人订立合同，无须向第三人披露自己与委托人的委托关系，对该合同直接享有权利、承担义务，第三人不履行义务致使委托人受到损害的，行纪人应当承担损害赔偿责任，这也是合同的相对性原则使然。相应地，委托人与第三人之间一般不存在直接的权利义务关系，委托人无须支付与第三人的磋商、资信调查成本。这是行纪合同最重要的法律特征，也是其得以蓬勃发展的根源所在。

（四）行纪人是为委托人的利益办理事务

虽然行纪人是以自己的名义与第三人进行交易，但交易所产生的权利义务最终归属于委托人，行纪人为其买入或卖出的商品或有价证券的所有权属于委托人。而且在行纪过程中，非由行纪人的原因造成委托物损毁、灭失的风险由委托人承担，故行纪人在为行纪活动时，应为委托人的利益计，严格遵守委托人的指示，不得从事损害委托人利益的行为。

（五）行纪合同是诺成、双务、有偿和不要式合同

行纪合同只需双方当事人之间的意思表示一致即可成立，无须一方当事人义务的实际履行，也无须具备特别的形式，故为诺成、不要式合同。在行纪合同中，行纪人负有为委托人办理交易事务的义务，委托人则有支付报酬的义务，行纪人提供行纪服务业意在获取报酬，所以行纪合同为双务、有偿合同。

三、行纪合同与其他相似概念的区别

（一）行纪合同和委托合同

行纪合同和委托合同都是为他人提供劳务的合同，这两种合同都是以当事人双方的信任为基础并且都是以处理一定事务为目的。《民法典》第 960 条规定“本章没有规定的，适用委托合同的规定。”通过《民法典》的规定可以看出，这两种合同既是相互联系的合同，同时又是相互独立的合同。

行纪合同和委托合同的主要区别在于以下几点。

1. 适用范围不同

行纪合同适用范围窄，仅限于代销等贸易行为；而委托合同的适用范围宽。

2. 受托人活动的名义不同

行纪合同的受托人只能以自己的名义处理委托事务，因而与第三人订立的合同不能直接对委托人发生效力；委托合同中，受托人处理事务既可以用委托人的名义，也可以用自己的名义。

3. 主体不同

行纪人一般是专门从事贸易活动的自然人、法人或非法人组织，其开业和经营需要经过国家有关部门的审查、登记；而委托合同的当事人不必是专门从事贸易活动者，可以是自然人，也可以是法人、非法人组织。

4. 是否有偿不同

行纪合同只能是有偿合同；而委托合同既可以是有偿的，也可以无偿的。

（二）行纪合同和间接代理合同

行纪和间接代理都是发生于三方当事人之间的关系，并且都是为他人活动。这是二者的相似之处。行纪合同和间接代理合同的区别在于：

1. 主体不同

在间接代理合同中，法律对代理人的主体资格没有特别的限制规定，只要是具有相应的民事行为能力的人，都可以成为代理人；行纪合同中，行纪人的主体资格受到限制，根据法律规定，只有经批准有权从事行纪业务的自然人、法人或非法人组织才可以成为行纪人。

2. 是否可以行使介入权、选择权不同

在间接代理中，如果第三人在订立合同时知道受托人与委托人之间的代理关系，则合同直接约束委托人和第三人。而如果第三人在订立合同时不知道委托人与受托人之间的代理关系，根据法律规定，如果受托人因第三人的原因对委托人不履行义务，受托人应当向委托人披露第三人，委托人此时可以行使介入权，主张受托人对第三人的权利。行纪合同中，行纪人卖出或买入具有市场定价的商品，除委托人有相反的意思表示外，行纪人自己可以作为买受人或出卖人。行纪人的这种权利，叫作介入权。

3. 合同性质不同

行纪合同是有偿的，行纪人都是专门从事行纪业务者，其所从事的业务一般仅为商事活动。而在间接代理中，代理人没有主体资格的限制，其代理的范围不仅包括商事或外贸代理，而且包括一般的民事活动；既可能是有偿的，也可能是无偿的。

（三）行纪合同与中介合同

1. 范围不同

行纪限于代销等贸易行为。中介的范围较广，除法律禁止交易的事项以及国家管理的未放开市场经营的重要生产资料和部分生活资料以外，均可以进行中介服务。

2. 合同的标的不同

行纪合同中行纪人为委托人提供的服务不是一般的劳务，而是行纪人与第三人发生法律关系，为一定的法律行为，该法律行为的实施是委托人与行纪人订立行纪合同的目的所在，故行纪合同的标的是行纪人为委托人进行一定的法律行为。中介合同的标的是中介人为委托人为一定的事实行为，中介人为委托人提供特定的劳务即报告订约机会或提供订立合同的媒介服务。中介人所办理的事务本身并不具有法律意义，而行纪合同中行纪人受托从事的事务是民事法律行为，这正是行纪合同与中介合同本质上的区别。

3. 与第三人的关系不同

行纪人与第三人的合同关系相对于行纪合同本身来说是外部法律关系，根据合同的相对性原则，行纪人与第三人的合同关系只能发生在特定的合同当事人之间，即发生在行纪人和第三人之间。中介合同中，无论是指示居间还是媒介居间，中介人并不参与委托人与第三人的合同关系，其在交易中仅是一个中介人，既不为交易的当事人一方或其代理人，也不直接参与交易双方的谈判，交易双方的权利义务内容并不体现居间人的意见，合同的权利义务在委托人与第三人之间设定、产生。

4. “介入”不同

行纪人在一定条件下有介入权，中介人在特定情形下承担介入义务。行纪人接受委托，买卖有市场定价的商品时，除委托人有反对的意思表示外，行纪人自己可以作为出卖人或买受人。行纪人的介入权是法律规定的结果，是一种形成权，使委托人和行纪人之间产生了买卖合同。在媒介中介中如果委托人一方或双方指定中介人不得将其姓名、商号、名称告知对方，则中介人根据诚实信用原则有保密义务，由此居间人负有为委托人隐名的义务。这种居间称为隐名居间。在隐名居间这种情形下，对于委托人依据与相对人的合同应承担的义务，在一定条件下中介人以履行辅助人的身份履行，并领受对方当事人所为的给付。因此，只有在保护隐名委托人利益的前提下才有中介人的介入义务，而不存在中介人基于特定情形主张介入的权利。

第二节 行纪合同的效力

一、行纪人的主要权利和义务

（一）行纪人的主要义务

1. 依委托人指示处理事务的义务

行纪人应按照委托人的指示完成行纪行为，并应当尽注意义务，维护委托人的利益。在委托人指定了卖出价格或买入价格的情况下，行纪人应当按委托人的指定价格处理事务。行纪人低于委托人指定的价格卖出或者高于委托人指定的价格买入的，应当经委托人同意。未经委托人同意，行纪人补偿其差额的，该买卖对委托人发生效力。行纪人高于委托人指定的价格卖出或者低于委托人指定的价格买入的，可以按照约定增加报酬，有约定的从约定，没有约定或者约定不明的，依据《民法典》第510条的规定仍不能确定的，该利益归属于委托人。对价格有特别指示的，行纪人不得违背该指示卖出或者买入。

2. 妥善保管的义务

行纪人占有委托物时，应当妥善保管委托物。行纪人如果发现委托物在交付时有瑕疵或者容易腐烂变质的，应当及时通知委托人，经委托人的同意，可以处分该物。不能与委托人及时取得联系的，行纪人可以进行合理处分。行纪人因保管不善造成委托物损失的，应当负赔偿责任。

3. 负担行纪费用的义务

行纪费用，是指行纪人处理委托事务时支出的费用。《民法典》第952条规定：“行纪人处理委托事务支出的费用，由行纪人负担，但是当事人另有约定的除外。”按照法律规定，行纪费用由行纪人负担，但这不是一个确定性的规定，如果双方当事人另有约定，则从其约定。

（二）行纪人的主要权利

1. 请求报酬权

行纪人完成或者部分完成委托事务的，委托人应当向其支付相应的报酬，行纪人享有向委托人请求支付报酬的权利。报酬的数额，一般由双方当事人事先约定，如果有国家规定，则应当按照国家规定执行。委托人逾期不支付报酬的，行纪人对委托物享有留置权，但当事人另有约定的除外。

2. 介入权

介入权是指行纪人接受委托出卖或者买入有价证券或其他有公示价格的物品时，有权以自己的名义充当买受人或者出卖人。行纪人接受委托实施行纪行为时，可以自己的名义介入买卖活动。行纪人行使介入权后，仍可要求委托人支付报酬。

3. 提存权

行纪人按照约定买入委托物后，委托人应当及时受领。经行纪人催告，委托人无正当理由拒绝受领的，行纪人可提存委托物；委托物不能卖出或者委托人撤回出卖，经行纪人催告，委托人不取回或者不处分该物的，行纪人可提存委托物。

4. 留置权

《民法典》第959条规定：“行纪人完成或者部分完成委托事务的，委托人应当向其支付相应的报酬。委托人逾期不支付报酬的，行纪人对委托物享有留置权，但是当事人另有约定的除外。”

二、委托人的主要权利和义务

（一）委托人的主要义务

1. 及时受领委托物的义务

《民法典》第957条第1款规定：“行纪人按照约定买入委托物，委托人应当及时受领。经行纪人催告，委托人无正当理由拒绝受领的，行纪人依法可以提存委托物。”通过该规定可以看出，行纪人按照约定买入委托物后，委托人应当及时受领。如果发现委托物不符合合同约定，委托人应及时通知行纪人。委托人不按期接收货物的，行纪人应当将该物代为保管；但是，委托人无正当理由拒绝接收货物，并且超过法律规定的合理期限，经过行纪人催告后委托人依然没有受领货物的，行纪人可以依法向有关机构进行提存。因委托人迟延受领而造成的损失，由委托人承担。

2. 支付报酬的义务

委托人应当按约定向行纪人支付报酬及其他约定的费用。行纪人高于委托人指定的价格卖出或低于委托人指定的价格买入的，可按照约定增加报酬。报酬的数额、支付方式按照合同约定，如果合同中没有约定或者约定不明确，应当遵从《民法典》的相关规定。

如果委托人逾期不支付报酬，行纪人有权将该委托物留置。

（二）委托人的主要权利

在行纪合同中，委托人的权利主要是损害赔偿请求权。对于行纪结果，委托人有权检验。如行纪人未按照指示实施行纪行为，委托人有权拒绝接受行纪结果，并可要求行纪人赔偿损失。在行纪人与第三人订立合同的情况下，第三人不履行义务致使委托人受到损害的，委托人有权要求行纪人赔偿损失。

本章复习题

【案例 1】 2016 年 10 月初，张某某因运输需要欲购置货车一辆，通过 58 同城网站联系到邱甲，并委托其为自己购买货车车头。张某某之后与邱甲一起去了梁山县二手车市场，查看了现车并决定购买，分别于 2016 年 10 月 31 日、11 月 9 日、11 月 10 日转款 10 000 元、10 400 元、5 000元给邱甲。

张某某经邱甲介绍认识邱乙，并委托邱乙为其定作挂车。张某某根据邱乙的要求，分别于 12 月 4 日、12 月 12 日向邱乙转款各 10 000 元。邱甲和邱乙在收到张某某的预付款后，就以各种理由搪塞张某某，不再就购车事宜与张某某交流，拖延近两年，故张某某诉至法院。

关于案涉合同为定金合同还是行纪合同，法院认为，行纪合同是行纪人以自己的名义为委托人从事贸易活动、委托人支付报酬的合同，从本案查明的事实来看，邱甲、邱乙受张某某委托进行车辆买卖活动，均是以其自己的名义进行，张某某支付的定金，亦由邱甲、邱乙收取，故本案应系行纪合同纠纷。①

问：

(1) 行纪合同的特点是什么？行纪费用应由谁承担？

(2) 行纪合同与定金合同、委托合同有什么区别？

【案例 2】 2017 年 10 月 7 日，黎某某打电话给徐某某称宿迁有人要和田玉。10 月 9 日晚，徐某某带和田玉至宿迁，黎某某接到徐某某后将其带至宿迁汽车站附近自己入住的快捷酒店，让徐某某也入住该酒店。黎某某在徐某某的房间看货后，又打电话给住在同一酒店的吴某某、李某某、王某某来看货。2017 年 10 月 10 日上午，吴某某、李某某称王某某要和田玉挂件 10 件和摆件 2 件。黎某某至徐某某房间拿了 10 件和田玉挂件和 2 件和田玉摆件并向徐某某出具了收条。随后，黎某某将上述和田玉带到吴某某的房间，并告诉李某某总价不能低于 120 万元。后吴某某、李某某将 10 件和田玉挂件和 2 件和田玉摆件带走交给薛某，黎某某称给薛某的价格是 138 万元。2017 年 10 月 13 日，徐某某找黎某某将收条换成借条，借条落款时间为 2017 年 10 月 10 日。2017 年 10 月 22 日，吴某某向黎某某出具欠条载明："欠到黎某某和田玉籽料手把件十件、摆件二件，合计人民币壹佰贰拾万元正。"李某某作为证明人在欠条中签名。后黎某某归还了 5 件和田玉，尚欠 7 件和田玉未归还。徐某某索要和田玉未果，向江苏省宿迁市公安局报案，并诉至法院，请求黎某某返还原物。

法院判决：

关于本案法律关系的认定，法院认为：徐某某与黎某某均是从事玉器行业的人，徐某某应黎某某的要求将 12 件和田玉器带到宿迁，其目的亦系将玉器出售。徐某某并不认识将要购买玉器的买受人，而是由黎某某将玉器取走后交由他人。黎某某在将玉器交由他人时，其自己陈述报价为 138 万元，而不是徐某某给他的报价 120 万元。徐某某认可扣除 5 万元为黎某某的佣金，黎某某也认可徐某某将支付其佣金 5 万元。徐某某没有与他人商谈玉器买卖合同，也没有将玉器直接

---

① 杨立新．中华人民共和国民法典释义与案例评注：合同编：下．北京：中国法制出版社，2020：512.

交付他人，而是由黎某某与他人商谈并交付玉器。综上，本案当事人的行为符合行纪合同的法律特征。因此，从双方的行为来看，应当是行纪行为，故本案应为行纪合同纠纷。行纪人占有委托物的，应当妥善保管委托物。双方当事人均认可在玉石行业存在货不过手的行规，黎某某在与他人交易时没有遵守该行规，将玉器交由他人，违反了委托人的指示。行纪人与第三人订立合同的，行纪人对该合同直接享有权利、承担义务。第三人不履行义务致使委托人受到损害的，行纪人应当承担损害赔偿责任，但行纪人与委托人另有约定的除外。根据此规定，徐某某既未收到黎某某出售玉器的货款，也未收到玉器，黎某某应当承担损害赔偿责任。故徐某某请求黎某某返还玉器，符合法律规定，应当予以支持。①

问：

(1) 行纪人的义务有哪些？

(2)《民法典》中关于行纪人对委托物的处分的规定是什么？

参考文献

1. 邱志聪．新订债法各论：中．北京：中国人民法学出版社，2006.

2. 朱伯玉，管洪彦．合同法分则研究．北京：人民出版社，2014.

3. 杨立新．中华人民共和国民法典释义与案例评注：合同编：下．北京：中国法制出版社，2020.

① 杨立新．中华人民共和国民法典释义与案例评述注：合同编：下．北京：中国法制出版社，2020：515.

第二十九章　中介合同

本章重点问题

1. 中介合同概述
2. 中介合同的效力

第一节　中介合同概述

一、中介合同的概念及沿革

依据《民法典》第961条的规定，中介合同是中介人向委托人报告订立合同的机会或者提供订立合同的媒介服务，委托人支付报酬的合同。中介合同的当事人包括中介人和委托人，其中，报告订立合同的机会或者提供订立合同的媒介服务的一方称为中介人，接受此服务而负有支付报酬义务的另一方当事人称为委托人。

自1999年《合同法》制定以来，中介合同皆是以“居间合同”命名，进行的相关媒介服务也都是以“居间活动”一词称谓。但《民法典》出台后，其合同编正式将居间合同更名为中介合同。关于“中介”与“居间”的定义是否一致、有无区别，学界的观点并不一致。有些学者认为两者定义区别不大，加上“中介”相较于“居间”一词更容易被人们理解，所以在《民法典》出台前，有时会用中介来解释居间，例如“居间业务又可称中介业务”[①]；“居间之功能在于将互相所不知的缔约意愿导引在一起，此种交易乃由商业所发展出来，因为要约之提出者与对此要约感兴趣者间，双方甚难相互知悉，为提高市场之透明度，居间自有其重要性，我们民间通称为中介（介绍人或经纪人）”[②]。但也有学者对此持否定态度，持这一观点的学者普遍认为“中介”的范围比“居间”的范围要大得多：从本质上看，“居间”事实上属于民法领域的概念，通过合同法来加以规制；而“中介”多用于经济学表达或商业习惯，是指在经济活动中，以收取佣金为目的，为促成他人交易而从事居间、行纪或者代理等经纪业务的自然人、法人和非法人组织。可见，中介的范围相比居间的范围要大得多，中介可以包括居间人，也可以包括行纪人或代理人。所以对于2020年颁布、2021年正式实施的《民法典》将居间合同更名为中介合同这一做法，一些学者也提出了自己的意见。汤文平认为：在实践中，中介合同、中介机构外延极广，包括了居间、行纪、代理，甚至在一个交易场景里杂糅了以上类型的因子。以中介替换居间，名实不符，

---

① 关德东．委托合同·行纪合同·居间合同．北京：中国民主法制出版社，2003：115.

② 黄立．民法债编各论：下．北京：中国政法大学出版社，2003：558.

也不符合民法规范纯化的要求，建议恢复名称。①

中介活动是一种古老的商业现象，早在古希腊、罗马时期就已经出现了。但到了欧洲中世纪，国家对中介行业进行了控制，从自由经营主义转为干涉主义，中介活动变为只有居间人团体的成员才能经营，带有一定的公职性质。到了近代，随着社会的进步及商品生产与流通领域的飞速发展，中介活动又开始繁荣起来，很多国家都对中介活动采用了完全自由经营主义，如《德国民法典》把居间行为视为一种普通法律行为。而在我国，秦汉时期即已出现中介活动，并称中介人为“互郎”。在古汉语中，“互”写作“乐”，后讹作“牙”，故民间将中介人称为“牙行”或“牙纪”。至中华民国时期（1912—1949），从事中介活动的人被称作“经纪人”，俗称“纤手”或“掮客”②。新中国成立后，对中介活动的管理经历了从自由放任到以法规制的过程，《合同法》顺应社会经济发展的要求，及时将中介活动纳入其统一调整范畴，并通过专章对中介合同（即居间合同）的相关内容作了明确规定，有利于促进中介活动规范化地稳步发展。

二、中介合同的种类

（一）报告中介合同和媒介中介合同

根据中介人所受委托而进行的活动内容的不同，中介合同可分为报告中介合同和媒介中介合同。报告中介合同又称指示中介合同，是指委托人与中介人订立的中介人只向委托人报告订约机会，无须考虑委托人如何与第三人订约等其他事项的合同。媒介中介合同是指委托人与中介人订立的中介人不但要向委托人报告订约机会，而且要斡旋于委托人和第三人之间，积极促成双方顺利交易等提供媒介服务的合同。

在民商分立的国家，报告中介合同由民法调整，媒介中介合同由商法调整，而在民商合一的国家则无此区分。③ 在我国，依据《民法典》第961条的规定，中介合同包括报告中介合同和媒介中介合同，不作民、商事的区分。

（二）单方中介合同和双方中介合同

根据中介人是只接受一方当事人的委托还是同时接受双方当事人的委托的不同，中介合同可分为单方中介合同和双方中介合同。单方中介合同是指中介人只接受委托人的委托，寻找符合条件的交易人并促成交易，中介人与第三人之间并不存在委托合同关系。双方中介合同是指中介人分别与两个委托人订立委托合同，两个委托人之间因中介人的媒介行为而订立交易合同。随着中介业务的发展，专门从事某一行业中介服务的人汇集了众多供求信息，往往同时接受了需求正好相反的双方的委托，故双方中介行为是中介活动专业化发展的必然结果，在房地产交易、证券经纪等领域呈蓬勃发展之势。在双方中介活动中，因为存在两个委托关系，可以分别适用中介合同关于中介人与委托人之间的权利义务关系的规定；同时，为了保证委托人的利益不受损害，相关规范应加强对中介人之忠实义务的要求，并可对从事双方中介的商事组织的主体资格的审查程序予以严格规定，相关主管部门也应加强监督检查。④

---

① 汤文平．民法典合同编立法问题刍议．法学杂志，2018（4）：9-19.

② 龚赛红，李婉丽．合同法．广州：中山大学出版社，2007：523.

③ 李克武，周凤琴．合同法要论．武汉：华中师范大学出版社，2006：306.

④ 同②525.

三、中介合同的法律特征

一般认为，中介合同具有以下法律特征。

（一）中介合同的标的是中介人所提供的中介劳务

中介合同属于提供劳务的合同，中介合同的中介人所提供的劳务为中介劳务，即向委托人报告订约机会或提供订约媒介服务。所谓报告订约机会，是指受委托人的委托，寻觅及提供可与委托人订立合同的相对人，从而为委托人订约提供机会。所谓提供订约媒介服务，是指中介人不仅介绍双方当事人订立合同，而且斡旋于双方当事人之间，促使双方达成交易。无论是前者还是后者，其目的都是帮助委托人与第三人顺利订立合同。

（二）中介合同要求中介人按照委托人的要求进行中介活动

中介人必须按照委托人的要求进行中介活动。对于中介人进行中介活动的范围，法律并没有加以限制，因此，只要法律没有禁止，理论上中介人都可以进行中介活动。中介人只负责向委托人报告订约机会或提供订约媒介服务，在双方当事人之间牵线搭桥，促进合同顺利订立。在整个过程中，中介人更多的是作为双方交流沟通的媒介而非意志主体的一方。对于促成的合同，其合同的当事人是委托人和第三人，中介人是中间人，既不是合同的当事人，也不是委托人订立合同的代理人，更不是合同履行的保证人。无论当事人之间的合同关系是否成立，中介人对该合同既不享有权利也不承担义务。

（三）中介合同是双务、有偿合同

中介人从事的中介活动是以营利为目的的活动，其提供的中介服务应是有偿的。中介人为委托人报告订约机会或提供订约媒介服务，合同订立之后委托人需支付报酬，作为对中介人活动的对价。也即中介合同成立后，双方当事人互相承担义务，中介人有为委托人提供订立合同的机会或提供订立合同媒介的义务，委托人与第三人之间的合同因中介人的中介活动而成立后，委托人有向中介人支付报酬的义务。因此，中介合同是双务、有偿合同。

（四）中介合同是诺成合同、不要式合同

中介合同在委托人与中介人的意思表示一致之时即告成立，并不以委托人或者中介人的现实交付为成立条件。一旦中介合同成立，中介人就负有依委托人的要求进行中介活动的义务，而一旦中介人的中介活动促成合同订立，委托人就应支付报酬。从我国现行的立法来看，其并未对中介合同的形式作出特别规定。也就是说，中介合同的形式由双方当事人自行议定，无须特定的形式，既可以采取书面形式，也可以采取口头形式，故中介合同为不要式合同。

（五）中介合同的委托人一方的给付义务的履行具有不确定性

在中介合同中，中介人的活动实现中介目的时，委托人才会履行支付中介报酬的义务。而中介人能否实现中介目的具有一定的不确定性，因此，委托人的给付报酬义务的履行也相应具有一定的不确定性。

此外，有人主张法律和法规应当对中介人的主体资格明确作出必要限制，建议作如下规定：（1）中介人须具有相应的知识、能力和从业条件，从事商事中介活动的须进行工商登记；（2）机关法人、国家公务员等有特殊职权的组织或个人不得从事中介活动，以避免它/他们利用手中权力和社会关系牟取暴利，严重危害社会经济秩序。①

四、中介合同和类似合同

中介合同与委托合同、行纪合同、承揽合同既有联系又有区别。这四种合同均是基于双方当事人的信任，一方当事人为另一方当事人办理某些事务的合同；均属于提供服务的合同。

（一）中介合同和委托合同

中介合同和委托合同都是一方当事人接受他方委托而为他方提供某种服务的合同。这是两者的共同之处，但是两者也有一定的区别，具体表现如下：

（1）两者的受托内容不同。就范围来说，中介合同中中介人的中介活动内容只限于报告订立合同的机会或提供订立合同的媒介服务，其范围受到一定限制，且这些事务本身不具有法律意义；而委托合同中受托人受托处理事务的范围广泛，一般不受限制，而且这些受托事务大部分都是具有法律意义的。

（2）两者的法律地位不同。中介合同中的中介人通常不参与到委托人与第三人的法律关系中，只是在第三人和委托人之间起中介和斡旋作用；而委托合同中受托人事实上处于委托代理人的地位，可代委托人与第三人订立合同，并在一定权限范围内决定委托人与第三人之间的合同关系的内容。

（3）两者订立的目的不同。中介合同的目的是促使委托人和第三人合同的成立；而委托合同订立的目的是处理委托人的事务，该事务既可能是与第三人成立合同，也可能是其他事务。

（4）两者的有偿性不同。除法律另有特殊规定外，中介合同应是有偿合同，而且中介人的报酬请求权具有不确定性：只有在促使委托人和第三人的合同成立后，中介人才可向委托人或第三人请求支付报酬。至于中介人在从事中介活动时支出的合理费用，在促成合同成立的场合由中介人负担，在未促成合同成立的场合，中介人可按照约定请求委托人支付中介人从事中介活动时支出的必要费用。委托合同根据双方当事人的约定，可以是无偿合同，也可以是有偿合同，但是在有偿委托合同中，对于为完成委托事务而支付的合理费用受托人只能向委托人请求支付。

（5）两者享有的解除权不同。除法定事由外，中介合同当事人不得随意解除合同。而委托合同相较于中介合同，当事人之间的信任关系更为紧密，受托人在合同关系中享有的自主性也更高。如果双方之间依靠信任关系不再足以保障交易继续进行的话，基于委托合同中当事人之间的特殊性，委托人或受托人可以随时解除委托合同。

（二）中介合同和行纪合同

中介合同与行纪合同都是基于委托人的信任而产生的，都属于由中介人或行纪人向委托人提供劳务的合同。但两者之间也有一定的区别，具体表现如下：

（1）两者的受托内容不同。中介人提供的服务仅限于提供缔约机会或者提供订立合同的媒介服务，服务本身不具有法律意义；在行纪合同中，委托人委托行纪人的事务内容主要是办理购销、寄售等贸易活动，而这些活动一般是具有法律意义的。

（2）两者的法律地位不同。中介合同中中介人通常不参与委托人与第三人的法律关系，只是在委托人和第三人之间起中介和斡旋作用；行纪人在从事贸易活动时，为了委托人的利益以自

① 郭明瑞．合同法学．上海：复旦大学出版社，2007：435.

己的名义独立地与第三人订立合同，即可以与第三人直接产生权利义务关系，对该合同直接享有权利、承担义务。

(3) 两者订立的目的不同。中介合同的订立是为了促使委托人和第三人之间的合同订立；而行纪合同是为了处理委托人的事务，而由行纪人与第三人进行贸易活动。

(4) 两者的有偿性不同。中介合同中中介人如果未促使委托人和第三人之间的合同订立，不能请求支付报酬，即中介人的报酬请求权以顺利促成合同成立为前提。从事中介活动的费用，在中介人促成合同订立的场合，由中介人负担；在未促成合同成立的场合，人可要求委托人支付必要的中介费用。与中介合同不同，行纪合同中行纪人即使只是部分完成委托事务，也可以请求委托人支付相应的报酬。但在处理委托事务时支出的费用，由行纪人负担，除非当事人之间另有约定。

(5) 两者的主体资格限制不同。中介合同中中介人一般没有主体资格的限制，现今法律亦没有相关规定；行纪合同中行纪人只能是经批准经营行纪业务的从事贸易活动的自然人或者法人、非法人组织。

(6) 两者从事活动的限制不同。中介合同只能依据委托人的意思从事中介活动，并不参与委托人与第三人的法律关系；而行纪人是以自己的名义处理委托事务，有一定的意思表示。

(三) 中介合同和承揽合同

(1) 两者的受托内容不同。中介合同中中介人的中介活动内容是报告订立合同的机会或者提供订立合同的媒介服务；承揽合同中承揽人的承揽工作包括加工、制作、修理及复制等多项内容，而且承揽人的承揽工作必须体现为一定的工作成果。

(2) 两者的法律地位不同。中介合同中中介人尽管不直接与第三人发生权利义务关系，但他在委托人和第三人之间斡旋，是信息沟通的媒介；承揽合同中承揽人一般不与第三人发生联系，也不必在委托人和第三人之间起中介作用。

(3) 两者订立的目的不同。中介合同的订立目的是促使委托人和第三人之间的合同订立；承揽合同的目的是承揽工作的完成。

(4) 两者的有偿性不同。中介合同中，中介人获取报酬以委托人与第三人之间的合同订立为条件；而承揽合同中，承揽人获取报酬以承揽人交付工作成果为条件。

(5) 两者的附随义务不同。中介合同中，中介人对于其促成的合同并无注意义务和瑕疵担保责任，委托人也不能对中介人的中介活动进行监督；而承揽合同中，承揽人对其所完成的工作负有注意义务和瑕疵担保责任。

第二节　中介合同的效力

一、中介人的义务

1. 报告订立合同的机会或者提供订立合同的媒介服务的义务

报告订立合同的机会或者提供订立合同的媒介服务是中介人的主要义务。在报告中介合同(指示中介合同)中，中介人应向委托人报告订立合同的机会。中介人的这一义务是相对于委托人的，中介人并不对第三人承担报告义务。在媒介中介合同中，中介人承担媒介服务的义务，中介人应将有关订约的事项据实报告给各方当事人。无论中介人是同时接受合同当事人双方的委托，还是仅接受委托人一方的委托，中介人都负有向双方报告的义务。

2. 如实报告义务

《民法典》第 962 条第 1 款规定："中介人应当就有关订立合同的事项向委托人如实报告。"也就是说，中介人不仅应当向委托人报告订立合同的机会，对于有关订立合同的事项，应向委托人如实告知。如实报告义务要求中介人将其所知的有关订立合同的事项，如第三人的订约能力、资信状况、产品质量、履约能力等，不加隐瞒地告知委托人。但中介人对于对订约有影响的事项并不承担积极调查义务，只要将其所知情况报告于委托人即可。

《民法典》第 962 条第 2 款规定："中介人故意隐瞒与订立合同有关的重要事实或者提供虚假情况，损害委托人利益的，不得要求支付报酬并应当承担赔偿责任。"也就是说，如果中介人没有尽到以上报告义务，反而故意隐瞒与订立合同有关的重大事实或提供虚假情况，损害委托人利益的，中介人不仅无权向委托人请求支付中介报酬，而且还应当就因其故意隐瞒与订立合同有关的重大事实或提供虚假情况而给委托人造成的损失承担赔偿责任。

3. 尽力提供中介服务的义务

中介人在负有如实报告义务的同时还负有尽力提供中介服务的义务，即尽力义务。所谓尽力义务，是指中介人在从事中介活动的过程中，应像善良管理人那样尽力而为。至于尽力的标准，应依据诚实信用原则，按中介的内容和当事人的约定以及交易习惯确定。报告中介人的任务在于报告订约机会给委托人，媒介中介人的任务除向委托人报告订约信息外，应尽力促使将来可能订约的当事人双方达成合意，排除双方所持的不同意见，并依照约定准备合同，对于相对人与委托人之间所存障碍加以克服。①

4. 保密义务

中介人在接受委托后，对于在中介活动中掌握的有关商业秘密以及委托人提供的其他各种信息、成交机会等，无论是在从事中介活动过程中还是在中介活动结束后，均不得向外透露，更不允许将这些信息透露给委托人的竞争对手。中介人违反保密义务，造成委托人损害的，应承担赔偿责任。

5. 负担中介活动费用的义务

《民法典》第 963 条第 2 款规定："中介人促成合同成立的，中介活动的费用，由中介人负担。"中介人作为中介合同的一方主体，如想为委托人了解相关的订约信息、商业资讯以及有关第三人的资信状况、信誉度、知名度等情况，必定会有一定的费用支出。对于此费用的支出，如果委托人和中介人事先没有明确约定由哪一方负担，那么就应当由中介人负担。这是因为在一般情形下，中介人支出的中介活动的费用都已经计算在中介报酬内了。

二、委托人的义务

1. 支付报酬的义务

《民法典》第 963 条第 1 款规定："中介人促成合同成立的，委托人应当按照约定支付报酬。

① 崔建远．合同法．5 版．北京：法律出版社，2010：527.

对中介人的报酬没有约定或者约定不明确，依据本法第五百一十条的规定仍不能确定的，根据中介人的劳务合理确定。因中介人提供订立合同的媒介服务而促成合同成立的，由该合同的当事人平均负担中介人的报酬。”中介报酬一般涉及报酬数额的确定、报酬支付的方式、请求报酬的条件、报酬权利人的确定、报酬支付人的确定等具体事项。

（1）报酬数额的确定。

当事人可以在中介合同中约定报酬的数额。依据《民法典》第510条的规定，中介合同没有约定报酬或约定不明确的，可以由当事人协议补充；不能达成补充协议的，按照合同相关条款或交易习惯确定；根据交易习惯仍不能确定的，则根据中介人的劳务合理确定报酬数额。

（2）报酬支付的方式。

报酬的支付方式一般有两种：一是委托人在中介活动开始前向中介人预付报酬，二是委托人在中介活动完成后向中介人支付报酬。当事人可以在中介合同中约定上述的任意一种支付方式或其他方式。如果当事人没有约定，则按《民法典》第963条第1款的规定，委托人在中介人促成合同订立后支付报酬。①

（3）请求报酬的条件。

《民法典》第963条第1款规定，中介人促成合同成立的，委托人应按照约定支付报酬。也就是说，中介人请求委托人支付报酬以“促成合同订立”为前提条件，而且委托人与第三人之间合同的订立是中介人促成的结果，即中介人的中介活动直接导致了委托人与第三人之间合同的订立。如果中介人虽为一定的中介活动，但该中介活动对委托人和第三人之间合同的订立没有任何的促进作用，则不能视为该中介人促成了合同订立，中介人不能享有请求委托人支付报酬的权利。

虽然法律规定中介人因委托人和第三人之间合同的订立而得以请求委托人支付报酬，但在实践中，有这样一种情况屡屡发生：在中介人的努力下，委托人与第三人成功订立了合同，但之后因种种事由该合同被法院或者仲裁机构确认为无效，或者一方当事人依法撤销或者解除合同。虽然委托人和第三人之间合同订立的事实是曾经存在的，但是从结果来看，订立合同的目的并没有最终实现。那么，在这种情形下，中介人是否能依委托人和第三人之间合同成立这一事实享有请求委托人支付报酬的权利呢？学界对此亦有不同看法。有学者认为：如果中介合同没有特殊约定，则根据诚实信用和公平原则，只有委托人和第三人之间合同订立的事实并不能直接导致中介人请求支付报酬权利的发生，即委托人不负有支付报酬的义务。② 也有学者认为：委托人不可拒绝支付报酬，也不可请求中介人返还报酬，因为中介人已经履行了合同约定的中介义务，委托人与第三人的合同是否最终订立不是衡量中介人是否完成合同义务的标准，除非中介人违背了如实告知等法定的或约定的义务。③ 我们认为，如果该合同是报告中介合同，其对中介人的要求仅为为委托人报告订约机会，则其他事项一概不予干涉。在委托人与第三人因中介人报告的订约机会而成功订立合同之时，该报告中介人就已经尽到了其中介义务，理应享有报酬请求权。如果该合同是媒介中介合同，则意味着中介人不但要报告订约机会，而且要斡旋于委托人和第三人之间，促进双方的交易。也就是说，在委托人与第三人的合同中，媒介中介人的参与程度更高。在合同无效或者被依法变更、撤销的情形下，如果委托人没有过错，则该媒介中介人不享有

① 陈小君．合同法学．北京：高等教育出版社，2009：453.

② 张长青．合同法．北京：清华大学出版社，2005：403.

③ 同①454.

报酬请求权。如果委托人已支付报酬，委托人可要求中介人返还。

如果中介人在从事中介活动过程中，违反其承担的义务，损害委托人的利益，则委托人不负给付报酬的义务，即中介人丧失报酬请求权。对此，《民法典》第 962 条第 2 款明确规定：中介人故意隐瞒与订立合同有关的重要事实或者提供虚假情况，损害委托人利益的，不得请求支付报酬并应当承担赔偿责任。

除此之外，相较于《合同法》，《民法典》合同编"中介合同"一章还新增了以下规定："委托人在接受中介人的服务后，利用中介人提供的交易机会或者媒介服务，绕开中介人直接订立合同的，应当向中介人支付报酬。"（第 965 条）这一规定，合理认可了中介人所提供的中介服务，完整有效地保障了中介人获取报酬的权利，同时符合杜绝委托人在接受中介人的服务后，为减少交易成本，不当利用中介人提供的交易机会或者媒介服务，绕开中介人直接订立合同的现象发生的目的。

（4）报酬权利人的确定

中介人有请求报酬的权利。当数个中介人受同一委托人就同种事务进行中介活动时，报酬权利人的确定有以下几种情况。第一，如果是报告中介合同，按先后顺序，即先向委托人报告订约信息并促进合同订立者享有收取报酬的权利。第二，在媒介中介合同中，如果委托人与相对人之间所订立的合同可归功于某个中介人，此中介人享有收取报酬的权利，其他中介人无此项权利。如果是数中介人同心协力，致使不能确定其中哪个中介人为委托人与相对人交易的达成起了决定性作用，则如何确定中介报酬的权利人，要视情况而定，或均分，或按阶段分等。第三，如果是交易双方各自委托中介人，而双方的中介人又恰好同心协力地促进了合同的订立的话，则这两名中介人分别享有从各自的委托人处领取报酬的权利。①

（5）报酬支付人的确定

依据《民法典》合同编的相关规定，中介人的报酬支付人，因中介合同的不同而有所差异。在报告中介合同中，中介人仅向委托人报告订立合同的机会，并不与第三人发生权利义务关系，因此，中介人促成合同订立的，应当由委托人支付报酬。在媒介中介合同中，中介人不仅向委托人报告订约机会，还会同第三人联络交流以促进订立合同，交易双方当事人皆因中介人的媒介而得益，所以，因中介人提供订立合同的媒介服务而合同订立的，由委托人和第三人平均负担中介人的报酬。但是，当事人可另作其他特别约定。

2. 支付必要中介活动费用的义务

《民法典》第 963 条第 2 款规定，中介人促成合同成立的，中介活动的费用，由中介人负担。这是因为中介人因促成合同订立而获得报酬时，中介活动的费用通常包括在报酬之中。如果当事人在合同中约定，委托人除了应向中介人支付报酬，还应当支付中介人中介活动费用，则中介人得以请求委托人支付费用。与此同时，《民法典》第 964 条进一步规定："中介人未促成合同成立的，不得请求支付报酬；但是，可以按照约定请求委托人支付从事中介活动支出的必要费用。"因此在中介人未能促进合同订立的场合，虽然中介人无法请求支付报酬，但可以要求委托人支付从事中介活动支出的必要费用。当然，当事人仍可以通过约定排除该条的适用。那么，如何理解"必要费用"：我们认为，其判断前提首先是是否为了委托人的利益，其次应为中介人的中介活动是否符合委托人的要求、是否经济合理。

---

① 崔建远．合同法．北京：北京大学出版社，2012：623.

中介人违反义务，损害委托人利益的，委托人不负偿还费用的义务，即中介人丧失费用偿还请求权。

本章复习题

【案例1】 2008年下半年，李某某到多家房屋中介公司挂牌销售上海市虹口株洲路某号房屋（以下简称涉案房屋）。2008年10月22日，上海某房地产经纪有限公司带陶某看了该房屋；11月23日，上海某房地产顾问有限公司（以下简称“某房地产顾问公司”）带陶某之妻曹某某看了该房屋；11月27日，上海A物业顾问有限公司（以下简称A公司）带陶某看了该房屋，并于同日与陶某签订了“房地产求购确认书”。该确认书第24条约定，陶某在验看过该房地产后6个月内，陶某或其委托人、代理人、代表人、承办人等与陶某有关联的人，利用A公司提供的信息、机会等条件但未通过A公司而与第三方达成买卖交易的，陶某应按照与出卖方就该房地产买卖达成的实际成交价的1%，向A公司支付违约金。当时A公司对该房屋报价165万元，而某房地产顾问公司报价145万元，并积极与卖方协商价格。11月30日，在某房地产顾问公司中介下，陶某与卖方签订了房屋买卖合同，成交价为138万元。后买卖双方办理了过户手续，陶某向某房地产顾问公司支付了佣金1.38万元。

后A公司诉至法院，请求判令陶某按约支付A公司违约金1.65万元。

法院生效裁判认为：A公司与陶某签订的“房地产求购确认书”属于中介合同性质，其中第2.4条的约定，属于房屋买卖中介合同中常有的禁止“跳单”格式条款，其本意是防止买方利用中介公司提供的房源信息却“跳”过中介公司购买房屋，从而使中介公司无法得到应得的佣金。该约定并不存在免除一方责任、加重对方责任、排除对方主要权利的情形，应认定有效。根据该条约定，衡量买方是否“跳单”违约的关键，是看买方是否利用了该中介公司提供的房源信息、机会等条件。如果买方并未利用该中介公司提供的信息、机会等条件，而是通过其他公众可以获知的正当途径获得同一房源信息，则买方有权选择报价低、服务好的中介公司促成房屋买卖合同成立，而不构成“跳单”违约。本案中，原产权人李某某通过多家中介公司挂牌出售同一房屋，陶某及其家人分别通过不同的中介公司了解到同一房源信息，并通过其他中介公司促成了房屋买卖合同成立。因此，陶某并没有利用A公司的信息、机会，故不构成违约，对A公司的诉讼请求不予支持。

问：

(1) A公司与陶某签订的“房地产求购确认书”是否有效？

(2) 如果该确认书有效，陶某的行为是否构成“跳单”违约行为？

【案例2】 2012年3月7日，李某、某地产及周某签订一份“房地产买卖中介协议”，约定经某地产中介介绍，李某向周某以118万元的价格购买上海市浦东新区上南路6869弄X号X室房屋（以下简称系争房屋）。同日，三方签订一份“房地产买卖协议”，约定定金总额为20万元，由周某委托某地产代为收取并保管；在周某签约当日将房屋产权证书等文件证明交由某地产保管后，周某可以取回由某地产代为保管的定金。同日，李某通过其配偶刘某的账户向周某支付了定金20万元。周某于当日向李某出具一份定金收据，确认收到李某支付的定金20万元。在付款前，李某注意到公证书存在所载明的蔡某出生日期与其身份证记载不一致的问题并提出了异议，但在某地产的保证下就没去公证处确认。

2012年3月14日，李某发现周某提供的公证书系伪造的，怀疑对方有欺诈行为，于是向公安机关报案。随后经查证属实。

周某在2012年12月14日因犯信用卡诈骗罪、合同诈骗罪被上海市浦东新区人民法院判处有期徒刑8年，罚金人民币6万元并被责令退赔犯罪所得，返还被害银行及被害人（即李某）。

李某认为某地产的行为造成己方巨大损失，便诉至法院。

上海市嘉定区人民法院一审认为：被告某地产作为专业的房屋中介机构，在进行中介服务时应尽到必要的、审慎的审查、核实义务，如核实房源信息、核实卖房人的身份信息、判断交易过程中的合理性等。买房人对于房屋交易也负有注意义务。本案中，某地产虽进行了一定的调查、核实等行为，但未就系争房屋是否存在"一房二卖"、公证书是否系伪造等事宜进行调查核实，导致原告李某定金损失。而李某也未依约将定金交予某地产保管，而是将定金直接支付于周某，也未对公证书的真实性尽到注意义务，导致定金无法追回。双方在此过程中均有过错，应各自承担相应的责任。

上海市第二中级人民法院二审认为：根据上诉人李某在二审时的陈述，其在付款前已注意到公证书存在的问题并提出了异议，某地产理应赴公证机构进行现场核实，李某亦理应核实公证书真伪后再行付款。由于李某、某地产均未尽到前述审慎义务，李某本人成为周某合同诈骗的被害人。某地产作为专门从事中介活动的单位，开展经营业务时理应尽职尽力，维护好委托人的利益。根据查明的事实，某地产经办本案中介业务的工作人员不具备经纪人资格，未认真核查系争房屋已被出卖情况，未严格按照合同约定履行定金保管义务，使案外人周某得以实施诈骗，继而造成李某损失。综合前述情况，李某提出某地产在10万元范围内承担补充赔偿责任，尚属合理，可予支持。遂对一审判决作相应调整。

问：

（1）如何理解中介公司应负的基本的审核和调查义务？某地产是否已经尽到了基本的审核和调查义务？

（2）对于李某直接向周某支付定金的行为，某地产是否应承担赔偿责任？如果需要承担，其赔偿责任的范围该如何认定？

参考文献

1. 郭明瑞．合同法学．上海：复旦大学出版社，2007.
2. 陈小君．合同法学．北京：高等教育出版社，2009.
3. 崔建远．合同法．3版．北京：北京大学出版社，2016.

第三十章　合伙合同

本章重点问题

1. 合伙合同概述
2. 合伙合同的内容
3. 合伙合同的效力
4. 合伙合同主体的变更
5. 违反合伙合同的责任
6. 合伙合同的终止

第一节　合伙合同概述

一、合伙合同的概念与特征

合伙是一种商业组织形式。早在罗马法时期，合伙契约就已经成为一种重要的合同形式。[①]合伙合同，是指两个以上合伙人为了共同的事业目的，经协商一致，依法达成的共享利益、共担风险的协议。合伙合同是合伙人之间共同一致的意思表示，是设立合伙的必要条件。合伙合同对于合伙的意义，相当于公司章程之于公司，是合伙组织最重要的内部法律文件，也是确定合伙人之间权利、义务关系的基本依据。

合伙合同的特征主要在于：

第一，目的的共同性。《民法典》第967条规定："合伙合同是两个以上合伙人为了共同的事业目的，订立的共享利益、共担风险的协议。"合伙人订立合伙合同的目的是共同经营合伙事业，该事业是各合伙人共同追求的目标。该事业可以是持续性的，也可以是临时性的。一旦共同目的已经实现，则合伙将因此而解散；合伙目的无法实现时，合伙也应当终止。

第二，订立的特殊性。合伙合同与一般的合同不同，主要表现在合伙人之间是合作的关系而非对立、竞争的关系，各合伙人具有共同的利益追求。同时，合伙合同的当事人也并非债权人与债务人，不能将合伙人区分为积极的一方与消极的一方。另外，基于合伙人通常是在二人以上，因而合伙合同的订立应当遵循特定程序，以更有效地在当事人之间确立合同关系。在合伙合同订立之后，某些合伙人如果嗣后退伙或死亡，并不必然影响到合伙合同的效力。在合伙合同订立

① 陈朝璧．罗马法原理．北京：法律出版社，2006：231.

的过程中，各个合伙人之间的意思表示还具有共同的指向，这也是合伙合同目的共同性的要求。①

第三，内容的特殊性。为了实现共同的事业目的，合伙合同应当对出资、入伙、退伙、合伙事务管理、事务执行人、损益分配、合伙财产以及合伙债务等内容作出约定。例如《民法典》第968条规定："合伙人应当按照约定的出资方式、数额和缴付期限，履行出资义务。"《合伙企业法》第18条规定："合伙协议应当载明下列事项：（一）合伙企业的名称和主要经营场所的地点；（二）合伙目的和合伙经营范围；（三）合伙人的姓名或者名称、住所；（四）合伙人的出资方式、数额和缴付期限；（五）利润分配、亏损分担方式；（六）合伙事务的执行；（七）入伙与退伙；（八）争议解决办法；（九）合伙企业的解散与清算；（十）违约责任。"除此之外，在不违反法律的强制性规定的条件下，合伙人还可以对合伙协议的事项进行自由约定。

第四，以不要式为原则。合伙合同不一定以书面形式订立，当法律有特别规定的时候，则应当以书面形式订立。《民法典》未对合伙合同的形式作出明确规定。《合伙企业法》第4条规定："合伙协议依法由全体合伙人协商一致、以书面形式订立。"据此，如果设立合伙企业，则各合伙人应当采用书面的形式订立合伙合同。如果当事人只是设立一般的民事合伙，则无须以书面形式订立合伙合同，口头形式的合伙合同同样具有法律效力。

第五，属于继续性合同。合伙人共同的事业目的通常不可能一次性完成，而是需要一定的过程。因此，合伙合同属于继续性合同，只要该共同的事业目的依然存在，合伙就继续存在。由于合伙合同属于继续性合同，因此合伙合同解除时的效力亦不同于一般的合同时。

第六，具有有偿性。合伙合同订立之后，每个合伙人因履行出资义务而应为一定的给付，彼此之间构成对待给付，所以一般认为合伙合同属于有偿合同。

二、合伙合同与相关概念的区别

（一）合伙合同与设立公司的协议

设立公司的协议，是指在公司设立过程中，由发起人订立的关于公司设立事项的协议。设立公司的协议与合伙合同均是为了实现当事人之间的共同目的，且都可能以设立一定的组织体为目的。但二者之间存在明显的区别，主要表现在：

第一，目的不同。合伙人订立合伙合同的目的在于经营共同的事业，设立公司的协议的目的在于设立公司。在合伙协议以设立公司为目的的情形下，由于合伙与公司在成员责任、对社会的影响等方面存在诸多差异，合伙合同与设立公司的协议二者在合伙企业与公司中的作用不同，合伙合同既是合伙企业设立的要件，也是合作事务执行的准则，而设立公司的协议在公司成立后即终止，被公司章程取代。

第二，主体不同。合伙合同约束的是全体合伙人，由于其在合伙组织成立之后并不终止，全体合伙人仍应以合伙合同的内容作为行为准则，新加入的合伙人虽未参加订立合伙合同，但仍受合伙合同约束。设立公司的协议所约束的通常只是公司的发起人，在公司成立之后，该协议自动终止。

第三，形式要件不同。合伙合同以不要式为原则，可以采书面形式，也可以采口头形式，但在设立合伙企业的情形下，依据《合伙企业法》的规定，应当采取书面形式。设立公司的协议通

① 王利明．合同法分则研究：下卷．北京：中国人民大学出版社，2013：427.

常需要具备书面形式。

第四，适用的法律依据不同。合伙合同适用的主要是《民法典》《合伙企业法》。设立公司的协议主要适用《公司法》。

(二) 合伙合同与决议行为

决议行为，是指数个当事人之间以多数决形式达成合意的法律行为。例如公司股东（大）会的决议、农民集体的决议、业主大会的决议等。决议行为与合伙合同具有一些相同之处：一是，二者都是多个民事主体实施的法律行为，存在多个意思表示；二是，二者都具有利益指向的共同性。但二者仍存在明显的差别，表现如下：

第一，是否需要通过特别的程序作出合意不同。合伙合同不要求经过特殊程序来形成共同的意思表示。决议行为则需要依据法律规定或者当事人约定的表决程序作出。例如，《公司法》对股东（大）会决议的作出程序作出了明确规定。

第二，成立和生效的规则不同。合伙合同须经合伙人全体意思表示一致方能成立并生效。决议行为往往采取多数决的意思形成机制，当决议以多数决的形式通过，即便是表示反对的行为人或者未作出意思表示的行为人也受到决议的约束。

第三，效力瑕疵及其救济方式不同。合伙合同的内容存在错误、显失公平等瑕疵的情形时，当事人可以根据一般民事法律行为瑕疵的类型寻求相应的救济。决议的形成源于形式要件和实质要件的齐备，任何要件的欠缺都会形成效力瑕疵，该瑕疵可归因于程序、内容违反法律或章程，在性质上可分为程序瑕疵与内容瑕疵。在内容上，如决议违反法律的强制性规定，自不能生效，具体瑕疵类型包括决议无效和决议可撤销；在程序上，如决议违反法律、章程的规定，也会形成效力瑕疵，具体瑕疵类型包括决议不成立和决议可撤销。

三、合伙合同的类型

(一) 民事合伙合同与商事合伙合同

民事合伙合同，是指合伙人为追求一定的共同目的而达成的共同出资、共担风险的合同。此类合同不以设立合伙企业为目的。商事合伙合同，是指合伙人为设立合伙企业并从事营利性营业活动而达成的共同出资、共同经营、共享收益、共担风险的合同。在我国，商事合伙指的是《合伙企业法》所规定的合伙企业。

民事合伙合同与商事合伙合同均以共同的事业为目的，但二者存在以下不同：

第一，设立依据不同。民事合伙合同依照《民法典》合同编第二十七章“合伙合同”的规定设立，商事合伙合同则依照《合伙企业法》的规定设立。法律对民事合伙合同的内容未作出详细规定，当事人在不违反法律的强制性规定或社会公共利益的前提下可自主约定合同内容。但由于合伙企业的类型多样，且关系到交易关系中的不特定多数人的利益，因此法律对商事合伙合同的内容有诸多强制性规定。

第二，目的不同。民事合伙合同的目的在于确立当事人之间的合伙关系以实现特定的共同目的，该共同目的一般不具有营利性。商事合伙合同除旨在确立当事人之间的合伙关系之外，还在于设立合伙企业，以实现营利性营业。

第三，订立方式的要求不同。民事合伙合同的订立不以要式为要件。商事合伙合同的订立则应当符合法律规定的形式，主要表现在以下方面：其一，符合书面形式的要求。如《合伙企业法》第 4 条规定：“合伙协议依法由全体合伙人协商一致、以书面形式订立。”第 14 条规定：“设立合伙企业，应当具备下列条件：（一）有二个以上合伙人。合伙人为自然人的，应当具有完全民事行为能力；（二）有书面合伙协议；（三）有合伙人认缴或者实际缴付的出资；（四）有合伙企业的名称和生产经营场所；（五）法律、行政法规规定的其他条件。”其二，必须由全体合伙人签字盖章。《合伙企业法》第19条第1款规定：“合伙协议经全体合伙人签名、盖章后生效。”其三，必须载明法定的事项。如《合伙企业法》第18条规定：“合伙协议应当载明下列事项：（一）合伙企业的名称和主要经营场所的地点；（二）合伙目的和合伙经营范围；（三）合伙人的姓名或者名称、住所；（四）合伙人的出资方式、数额和缴付期限；（五）利润分配、亏损分担方式；（六）合伙事务的执行；（七）入伙与退伙；（八）争议解决办法；（九）合伙企业的解散与清算；（十）违约责任。”

第四，是否需要办理登记或备案不同。民事合伙合同通常无须办理登记或备案。商事合伙合同由于涉及交易安全，通常需要按照法律的规定办理登记或备案，以实现公示公信的效果。例如，《合伙企业法》第9条规定：“申请设立合伙企业，应当向企业登记机关提交登记申请书、合伙协议书、合伙人身份证明等文件。合伙企业的经营范围中有属于法律、行政法规规定在登记前须经批准的项目的，该项经营业务应当依法经过批准，并在登记时提交批准文件。”

（二）普通合伙合同与有限合伙合同

普通合伙与有限合伙是合伙企业的两种类型。所谓普通合伙，是指所有合伙人需对合伙企业债务承担无限连带责任。所谓有限合伙，是指普通合伙人对合伙企业债务承担无限连带责任，有限合伙人则以其认缴的出资额为限对合伙企业债务承担有限责任。普通合伙是合伙的一般形式，有限合伙是合伙的特殊形式。普通合伙合同与有限合伙合同是合伙人之间达成的，分别设立普通合伙或有限合伙的合同。普通合伙合同与有限合伙合同的区别在于：

第一，目的不同。普通合伙合同的目的是设立普通合伙，所有合伙人对合伙企业债务承担无限连带责任。有限合伙合同的目的是设立有限合伙，其中，有限合伙人以其认缴的出资额为限对合伙企业债务承担有限责任，普通合伙人承担无限连带责任。

第二，内容不同。普通合伙中，每个合伙人对执行合伙事务享有同等的权利；按照合伙协议的约定或者经全体合伙人决定，可以委托一个或者数个合伙人对外代表合伙企业，执行合伙事务；作为合伙人的法人、非法人组织执行合伙事务的，由其委派的代表执行。有限合伙中，只能由普通合伙人执行合伙事务，有限合伙人不执行合伙事务，不得对外代表有限合伙企业。

第三，合伙人对外承担的责任不同。普通合伙中，所有合伙人都应该对外承担无限连带责任。有限合伙中，有限合伙人仅以其认缴的出资额为限对合伙企业债务承担有限责任。法律对有限合伙人的出资形式作出明确规定，如《合伙企业法》第64条规定：“有限合伙人可以用货币、实物、知识产权、土地使用权或者其他财产权利作价出资。有限合伙人不得以劳务出资。”

（三）持续合伙合同与偶然合伙合同

根据合伙合同持续时间的不同，可以将合伙合同区分为持续合伙合同与偶然合伙合同。持续合伙合同，是指合伙人之间订立的在较长期限内持续存在的合伙合同。偶然合伙合同，是指合伙人之间为了特定事项而临时组成的持续时间较短的合伙合同。二者均具有特定的合伙目的，并且在特定的共同目的实现之后，合伙合同均终止。但二者仍存在以下不同：

第一，是否形成合伙组织不同。在持续的合伙合同中，通常需要形成一个合伙实体，组成合伙组织，以实现合伙目的。在偶然的合伙合同中，通常不必要形成一个合伙组织，在短期的合伙目的实现之后，合伙即告消灭。

第二，持续时间的长短不同。持续的合伙合同持续的时间较长，偶然的合伙合同以特定事项的完成为目标，持续时间通常较短。

第三，经营事业的稳定性不同。持续的合伙合同所经营的事业具有持续性、稳定性，而偶然的合伙合同所经营的事业具有不稳定性。

第二节　合伙合同的内容

如前所述，合伙合同的类型较多，且合伙合同的本质是共同行为，故法律不可能对合伙合同的内容作出统一性规定，而是应当遵循私法自治的原则确定其内容，法律不宜过度干预。《民法典》第 967 条规定："合伙合同是两个以上合伙人为了共同的事业目的，订立的共享利益、共担风险的协议。"该规定是调整合伙关系的基础性规范，既适用于民事合伙，也适用于商事合伙。由于《合伙企业法》对商事合伙的内容作出了明确规定，在确定合伙合同的内容时，有必要参考《合伙企业法》的相关规定。

综上，合伙合同通常包括以下事项。

一、合伙的目的或经营范围

合伙人订立合伙合同的目的就是共同经营合伙事业，该事业是合伙人所追求的目标。合伙的目的是合伙合同必须明确约定的事项。在合伙合同中，对目的的描述可以较为详尽，但某些以特定项目或事项为目的的合伙，对其目的的描述可以较为简略，如以特定经营为目的的合伙只需列明有关经营项目即可。

二、合伙人的出资

合伙人的出资，是指合伙人基于合伙合同为经营共同事业而对合伙作出的投资。《民法典》第 968 条规定："合伙人应当按照约定的出资方式、数额和缴付期限，履行出资义务。"合伙人的出资是合伙正常运行的基础，也是合伙对外承担责任的财产基础。合伙合同中应对各个合伙人的出资种类、方式、数额以及违约责任作出明确约定。

三、利润分配、亏损分担方式

《民法典》第 972 条规定："合伙的利润分配和亏损分担，按照合伙合同的约定办理；合伙合同没有约定或者约定不明确的，由合伙人协商决定；协商不成的，由合伙人按照实缴出资比例分配、分担；无法确定出资比例的，由合伙人平均分配、分担。"由此可见，合伙的利润分配及亏损分担方式首先应当按照合伙合同的约定，在合伙合同未约定或约定不明的情形下，应当由合伙人于事后协商决定，如果协商不成，则按照《民法典》规定的利润分配及亏损分担方式执行。

四、合伙事务的执行

合伙事务，就是指合伙关系存续期间，所有与合伙事业相关的、涉及合伙利益的事务，既包括对外的交易事务，也包括对内的管理事务。通常而言，合伙人对合伙事务的执行享有同等的权利。各国的合伙企业法都规定，除法律另有规定或者合伙协议另有约定以外，各合伙人无论其出资多少和以何出资，对合伙企业事务均享有一个表决权。除合伙协议另有约定外，合伙企业的重大事项应当经全体合伙人一致同意。在我国，《民法典》第970条第1款亦规定："合伙人就合伙事务作出决定的，除合伙合同另有约定外，应当经全体合伙人一致同意。"

五、入伙与退伙

入伙，是指合伙成立之后，非合伙人加入合伙而成为合伙人。退伙是指已经取得合伙人身份的合伙人脱离合伙组织，使其合伙人资格消灭的法律事实。合伙人之间通常具有较强的信任关系，因此，合伙合同应当对入伙与退伙作出明确约定。

六、合伙终止

合伙终止，是指合伙因法律规定的或当事人约定的事由而归于消灭。除法律规定的终止事由之外，当事人也可以对合伙终止的事由作出约定。

第三节　合伙合同的效力

一、合伙的内部关系

（一）合伙人的权利与义务

1. 按照约定的出资方式、数额和缴付期限履行出资义务

合伙人的出资，是指合伙人按照合伙合同为经营共同的事业而对合伙作出的投资。合伙人的出资是合伙组织最原始的构成部分。每个合伙人都应当按照合伙合同约定的出资方式、数额和缴付期限，履行出资义务。

法律对合伙人出资的方式、数额及缴付期限均未作出限制。合伙人可以以实物出资，也可以以劳务、信用、知识产权、债权等出资。出资数额完全由合伙人在合伙合同中约定，法律对合伙企业的成立没有最低注册资本的要求。当然，合伙合同应当明确约定各合伙人所占份额，这是确定盈余分配和亏损分担的重要依据。法律对合伙人出资的时间亦未明确规定，合伙人可以一次性出资，也可以分次出资，合伙人应当按照合伙合同约定的缴付期限，履行出资义务。如果合伙人未按照合伙合同约定的时间履行出资义务，应当承担迟延履行的法律责任。但是，一个或者数个合伙人不履行出资义务的，其他合伙人不能因此拒绝出资。

2. 合伙人不增资的权利

《合伙企业法》第34条规定："合伙人按照合伙协议的约定或者经全体合伙人决定，可以增加或者减少对合伙企业的出资。"依据这一规定，只有合伙人达成增资的合意，合伙人才负有增资的义务。如果大多数合伙人要求少数合伙人增加出资，则少数合伙人享有不增资的权利。

（二）合伙财产的归属

合伙财产由合伙人的出资与合伙积累的财产共同组成。合伙财产的概念，有广义和狭义两种。广义的合伙财产包括合伙资产和负债两部分。狭义的合伙财产仅指合伙资产。在我国法律中合伙财产指的是狭义上的合伙财产。《民法典》第969条规定："合伙人的出资、因合伙事务

依法取得的收益和其他财产，属于合伙财产。合伙合同终止前，合伙人不得请求分割合伙财产。”

合伙财产与合伙人的财产具有相对独立性，二者应当区别开来，表现在：其一，合伙人出资后依法不得随意抽回投资。在合伙存续期间，合伙人不得擅自转让合伙财产。除非有正当理由，合伙合同终止前，合伙人不得请求分割合伙财产。合伙人在合伙清算前私自转移或者处分合伙财产的，应为无效的民事法律行为。其二，合伙人不得擅自将合伙的财产转为个人所有。尽管合伙人对合伙债务承担无限责任，但首先应以合伙财产对合伙的债务承担责任。

尽管合伙财产具有相对独立性，但其不同于法人财产，其与合伙人的财产不能够完全分离，合伙财产仍归各合伙人共有。关于该共有的类型，理论上存在争议，大致有三种观点：一是认为应属共同共有，即由全体合伙人不分份额地对此项财产共同行使所有权。二是认为此种共有应属按份共有。三是认为应分两种情况考虑，营利性合伙中此种共有属共同共有，非营利性合伙中此种属按份共有。我们认为，采用共同共有说较为妥适。理由在于：第一，合伙的特征是合伙人为了共同的事业目的而共享利益、共担风险，其基本目的是获取利益。将合伙财产按合伙的形式不同分为两种不同的共有，没有理论根据与实践根据。第二，在按份共有关系存续期间，共有人有权单方面主张分割，转让其共有之份额，不受其他共有人的制约。同时，各共有人按各自的份额享有权利和承担义务，而不得超出此范围。如合伙企业财产被确定为按份共有，则就合伙出资转让而言，合伙人可不经其他合伙人同意，任意转让其在合伙中的份额，导致新的合伙人加入，从而打破原合伙人之间的人合信任关系；就合伙出资及积累的分割而言，可能合伙人单方面主张分割其在合伙中的份额，导致合伙人解体。这些情况对合伙企业及交易第三人来说都是极大的不利。对此，《民法典》第 969 条规定合伙人的出资、因合伙事务依法取得的收益和其他财产属于合伙财产，合伙合同终止前合伙人不得请求分割合伙财产。其用意即在此。第三，合伙财产符合共同共有的特点。共同共有的核心特征在于：一是共同共有依共同关系产生，二是共有人对外承担无限连带责任。合伙财产依合伙关系而发生，全体合伙人对共有财产平等地共享权利、共负义务，对外享有连带权利、承担连带义务，符合共同共有的特征。尽管合伙人各有其出资份额，但其出资构成合伙的整体财产后，它的份额就变成了潜在份额，不到合伙终止，不再分份额大小，况且其投资与积累融为一体时，也难分出投资和积累的界限。因此，合伙财产属于各合伙人共同共有。

（三）合伙债务的承担

合伙债务，是指合伙事业经营过程中由合伙承担的债务。合伙合同需要确定其合伙债务如何在合伙人之间分配。合伙债务不同于合伙人个人的债务，其特征表现在：第一，必须是合伙组织以自己的名义从事对外经营活动中对他人所负有的债务，通常都是合伙人在执行合伙事务过程中所欠的债务。合伙人因个人行为所生的债务与合伙和其他合伙人无关。第二，合伙债务应是在合伙关系存续期间所产生的债务，合伙成立之前与解散之后所产生的债务，原则上不是合伙债务。第三，合伙债务的形式包括违约之债与侵权之债。所谓的侵权之债，是指合伙关系存续期间，执行合伙事务致使他人遭受损害而产生的团体侵权责任。

合伙合同通常会约定合伙债务的承担规则，但这种约定不得对抗交易第三人，普通合伙人对外仍应承担无限连带责任。若某一合伙人对外承担的债务超出自己应负担的份额，其可以向其他合伙人追偿。在合伙财产不足以清偿合伙债务的情形下，合伙债务的债权人可以向任何一个普通合伙人请求承担全部债务。

（四）利润的分配及亏损的分担

利润分配是指合伙的盈利在作了各项扣除后，按合伙合同规定的方式和比例分配给各合伙人。亏损分担是指经营期内合伙事业的亏损由各合伙人按一定的比例予以承担。合伙的利润分配与亏损分担是合伙事业的重要内容，直接关系到合伙人的利益，应当在合伙成立之前，在合伙合同中加以规定，以便共同执行，避免争议。《民法典》第 972 条规定："合伙的利润分配和亏损分担，按照合伙合同的约定办理；合伙合同没有约定或者约定不明确的，由合伙人协商决定；协商不成的，由合伙人按照实缴出资比例分配、分担；无法确定出资比例的，由合伙人平均分配、分担。"

利润分配请求权是每个合伙人的基本权利，亏损的分担也是其基本义务。若强制剥夺合伙人的利润分配权或者强制要求某个合伙人承担合伙的全部亏损，有违合伙共同经营、共负盈亏的目的。因此，《合伙企业法》第 33 条第 2 款规定："合伙协议不得约定将全部利润分配给部分合伙人或者由部分合伙人承担全部亏损。"

当合伙人负有个人债务之时，其债权人可以代位享有合伙人的利益分配请求权，但是由于合伙的人合属性，合伙人之间的信任是维护合伙关系的基础，若允许债权人代位行使合伙人的权利，则不利于合伙关系的稳定，并且债权人本身并非合伙人，其对合伙债务不承担连带责任，这对其他合伙人而言显失公平。因此，《民法典》第 975 条明确规定："合伙人的债权人不得代位行使合伙人依照本章规定和合伙合同享有的权利，但是合伙人享有的利益分配请求权除外。"

（五）合伙事务的执行

1. 合伙人共同执行合伙事务

合伙事务的执行是指为实现合伙目的而进行的业务活动。执行合伙事务是合伙人的权利，每一个合伙人，不管出资额多少，对合伙事务享有同等的权利。《民法典》第 970 条第 2 款规定了"合伙事务由全体合伙人共同执行"。《合伙企业法》第 26 条第 1 款规定："合伙人对执行合伙事务享有同等的权利。"所谓"同等的权利"，是指在对内管理和对外代表合伙、执行事务上，各合伙人均享有相同的权利。

合伙人平等地享有的执行合伙事务的权利，并不意味着每一个合伙人都必须同样地执行合伙事务。事实上，合伙事务的执行可以采取灵活的方式，只要全体合伙人同意即可。具体方式主要有四种：一是由全体合伙人共同执行。合伙人就合伙事务作出决定的，除合伙合同另有约定的，应当经全体合伙人一致同意。这种方式适合于合伙人人数较少的合伙。二是由各合伙人分别单独执行合伙事务。三是由一名合伙人执行合伙事务，即一名合伙人受托代表全体合伙人执行合伙事务。这种方式适合于人数较多的合伙。四是由数名合伙人共同执行合伙事务，即由全体合伙人委托数名合伙人执行合伙事务。这种方式同样适合于人数较多的合伙。

2. 合伙事务执行人的确定

如上所述，合伙人可以基于合伙合同或共同决定，委托一名或数名合伙人执行合伙事务，该执行合伙事务的人，即合伙的事务执行人。《民法典》第 970 条第 2 款规定："合伙事务由全体合伙人共同执行。按照合伙合同的约定或者全体合伙人的决定，可以委托一个或者数个合伙人执行合伙事务；其他合伙人不再执行合伙事务，但是有权监督执行情况。"每一合伙人有权将其对合伙事务的执行权委托其他合伙人代理，而自己不参与合伙事务的执行，但是有权监督执行情况。

即便合伙人通过合伙合同或者共同决定确定了专门的事务执行人，所有合伙人基于其合伙人身份及法律的规定对外代表合伙的行为仍然具有法律效力。依据《民法典》第970条第3款及《合伙企业法》第29条第1款的规定，合伙人分别执行合伙事务的，执行事务合伙人可以对其他合伙人执行的事务提出异议，提出异议后，其他合伙人应当暂停该项事务的执行。

关于执行合伙事务的报酬，《合伙企业法》未作明确规定，《民法典》第971条规定："合伙人不得因执行合伙事务而请求支付报酬，但是合伙合同另有约定的除外。"比较法上，多数国家亦规定，执行事务合伙人因执行事务而支出的个人费用可以要求企业予以补偿或报销，而执行事务所付出的劳动，是否获得报酬，则由合伙协议加以规定，合伙协议规定支付报酬的应予支付，合伙协议未作规定的则不付报酬。

二、合伙的外部关系

（一）与第三人发生法律关系时的效果归属

执行合伙事务的合伙人对外代表合伙组织，其执行合伙事务所产生的收益归合伙组织，所产生的费用和亏损由合伙组织承担。

合伙事务执行人所享有的代表权因被委托执行合伙事务而当然成立，不需要另行特别授权，其代表权应当限于执行合伙事务的范围之内。《合伙企业法》第37条规定："合伙企业对合伙人执行合伙事务以及对外代表合伙企业权利的限制，不得对抗善意第三人。"这就是说，合伙企业关于管理、执行和代表合伙事务的约定只能在合伙人之间发生效力，而不得对抗合伙人之外的善意第三人，以保护交易安全。不执行合伙事务的合伙人对外同等地享有合伙代表权，能够代表合伙组织和全体合伙人与第三人发生法律关系，由此产生的效果也应该归属于合伙组织。

（二）合伙人的责任

1. 合伙人原则上对外承担无限连带责任

《民法典》第973条规定："合伙人对合伙债务承担连带责任。清偿合伙债务超过自己应当承担份额的合伙人，有权向其他合伙人追偿。"合伙人对外承担的无限连带责任是一种法定责任，合伙人不能通过约定免除，即便有约定，该约定也只在合伙人之间发生效力，而不能对抗债权人，除非得到债权人的认可。此外，合伙人的无限连带责任是一种对外责任，当合伙人对外清偿的数额超过其亏损分担比例时，其有权向其他合伙人追偿。基于合伙人对合伙债务承担责任的连带性，以及对债权人的保障，《民法典》第974条明确要求："除合伙合同另有约定外，合伙人向合伙人以外的人转让其全部或者部分财产份额的，须经其他合伙人一致同意。"

合伙人对外承担无限连带责任是合伙之人合性的突出表现，是对合伙债权人之利益的加强保护，有利于交易安全，同时也有利于督促合伙人在设立合伙时慎重选择合作伙伴，在执行合伙事务时互助协作，提高事务执行效果。

2. 以合伙财产和合伙个人财产清偿债务的顺序

对于以合伙财产和合伙人个人财产清偿合伙债务的先后顺序，比较法上存在两种立法例：一是并存主义，即对于合伙债务，由合伙财产和合伙人个人财产负担连带清偿责任，债权人可就合伙财产和合伙人个人财产选择请求清偿。德国和瑞士采此立法例。二是补充连带主义，就是对于合伙债务，债权人应首先要求以合伙财产来清偿，合伙财产不足以清偿时，各个合伙人就不足之数额负连带责任，即合伙人个人对合伙债务仅负补充责任。在我国，《民法典》对此未有明确规定，其第 973 条规定："合伙人对合伙债务承担连带责任。清偿合伙债务超过自己应当承担份额的合伙人，有权向其他合伙人追偿。"但是《合伙企业法》明确规定了补充连带规则，其第 38 条规定："合伙企业对其债务，应先以其全部财产进行清偿。"第 39 条规定："合伙企业不能清偿到期债务的，合伙人承担无限连带责任。"

在并存主义立法例下，以合伙财产和合伙人个人财产作为合伙债务的双重担保，且债权人可自由选择就合伙财产还是就合伙人个人财产行使偿还债务的请求权。这无疑对债权人债权的实现是非常有利的。但是，并存主义的规定，对债务人的要求过严，表现在：其一，合伙财产与合伙人财产具有相对独立性，合伙债务是共同债务，应当首先由合伙财产予以清偿。其二，并存主义导致合伙人对全部合伙债务承担连带责任，这与合伙是合伙人的共同事业、合伙财产是合伙人共同财产的团体性不符。其三，补充连带主义足以保护债权人的利益。就保护债权人的利益而言，补充连带主义与并存主义，其区别只是债权人求偿的次序不同，就债权担保而言，二者的效力和后果完全相同。补充连带主义强调了合伙事业的团体性，界定了合伙财产与合伙人个人财产的范围，既保护了债权人的债权，又公平合理地解决了合伙人的债务承担，较为妥适。

第四节　合伙合同主体的变更

一、入伙

入伙，是指合伙设立以后，非合伙人加入合伙而成为合伙人。入伙涉及合伙合同主体的变更，并对原有合伙人的权益产生影响，因此，入伙必须符合一定的条件及形式要求。《合伙企业法》第 43 条规定："新合伙人入伙，除合伙协议另有约定外，应当经全体合伙人一致同意，并依法订立书面入伙协议。订立入伙协议时，原合伙人应当向新合伙人如实告知原合伙企业的经营状况和财务状况。"

入伙之所以需要经全体合伙人一致同意，原因在于：首先，合伙具有人合性质，是基于合伙人之间的信任关系而设立的组织，因此，法律要求入伙需经全体合伙人一致同意，是合伙性质的必然要求。其次，合伙人需对合伙债务承担无限连带责任，若新合伙人不具有充分的责任承担能力，将加重其他合伙人的负担；若新合伙人个人陷入经济困境，也将导致其合伙份额被强制执行，甚至导致合伙的解散。因此，新合伙人入伙，除合伙合同另有约定外，应当经全体合伙人一致同意。

入伙需符合法律规定的形式要求。第一，依法订立书面入伙协议。《合伙企业法》第 43 条第 1 款规定："新合伙人入伙，除合伙协议另有约定外，应当经全体合伙人一致同意，并依法订立书面入伙协议。"这有利于当事人之间明确权利、义务，防止纠纷的发生，同时在发生纠纷的时候有据可依。第二，强制告知义务。《合伙企业法》第 43 条第 2 款规定："订立入伙协议时，原合伙人应当向新合伙人如实告知原合伙企业的经营状况和财务状况。"该规定是原合伙人的强制告知义务，以保障新合伙人的合法权益。第三，办理登记。《合伙企业法》第 9 条第 1 款规定："申请设立合伙企业，应当向企业登记机关提交登记申请书、合伙协议书、合伙人身份证明等文件。"第 13 条规定："合伙企业登记事项发生变更的，执行合伙事务的合伙人应当自作出变更决定或者发生变更事由之日起十五日内，向企业登记机关申请办理变更登记。"可见，合伙人是合伙企业的登记事项，当入伙导致合伙人发生变动时，应当到登记机构办理变更登记。通过登记产生的公示公信效力，保护第三人的交易安全。

关于新合伙人入伙后的权利、义务，《合伙企业法》第44条规定："入伙的新合伙人与原合伙人享有同等权利，承担同等责任。入伙协议另有约定的，从其约定。新合伙人对入伙前合伙企业的债务承担无限连带责任。"据此，首先，新合伙人入伙后享有与原合伙人同等的权利、承担同等的责任。若合伙协议对此另有约定的，从其约定。但是这种约定仅在合伙人内部具有约束力，不能对抗第三人。其次，新合伙人对入伙前的合伙债务承担无限连带责任。债权人作为合伙之外的第三人，并不了解某一合伙人是新加入的还是原始的合伙人，如果免除新入伙合伙人的无限连带责任，则不利于对债权人权益的保护，甚至会导致整个合伙中合伙人的无限连带责任形同虚设。因此，在对外关系方面，新合伙人需要对入伙前的合伙债务承担无限连带责任。

二、退伙

退伙是合伙人在合伙关系存续期间退出合伙组织、消灭合伙人资格的行为。根据退伙的原因不同，可将退伙分为自愿退伙、除名退伙和法定退伙。

第一，自愿退伙，是指合伙人依约定或单方面向其他合伙人声明退伙。合伙合同通常约定了合伙的存续期间。通常而言，在出现下列情形之一时，合伙人可以退伙：其一，合伙合同约定的退伙事由出现；其二，经全体合伙人一致同意；其三，发生合伙人难以继续参加合伙的事由；其四，其他合伙人严重违反合同约定的义务。尽管出现上述情形时合伙人可以自愿退伙，但是由于退伙涉及其他合伙人的利益，因此，自愿退伙应当受到一定的限制，如《民法典》第976条规定："合伙人对合伙期限没有约定或者约定不明确，依据本法第五百一十条的规定仍不能确定的，视为不定期合伙。合伙期限届满，合伙人继续执行合伙事务，其他合伙人没有提出异议的，原合伙合同继续有效，但是合伙期限为不定期。合伙人可以随时解除不定期合伙合同，但是应当在合理期限之前通知其他合伙人。"依据《合伙企业法》第46条的规定，合伙协议未约定合伙企业的经营期限的，合伙人在不给合伙企业事务执行造成不良影响的情况下可以退伙，并应提前30日通知其他合伙人。合伙人违反《合伙企业法》第46条的规定退伙的，应当赔偿由此给合伙企业造成的损失。

第二，除名退伙，是指某一合伙人违反法律的规定或合同的约定，或发生了合伙合同约定的事由，经全体合伙人一致同意，其丧失合伙人资格。《民法典》对此无明确规定。依据《合伙企业法》第49条，强制退伙的事由包括：其一，未履行出资义务；其二，因故意或重大过失给合伙企业造成损失；其三，执行合伙事务时有不正当行为；其四，发生合伙协议约定的事由。除名退伙必须遵守一定的程序。对合伙人的除名决议，应当书面通知被除名人。被除名人接到除名通知之日，除名生效。被除名人对除名决议有异议的，可在自接到除名通知之日起30日内向法院起诉。

第三，法定退伙，是指基于法定的事由而退伙。法定退伙又称当然退伙。《民法典》第977条规定："合伙人死亡、丧失民事行为能力或者终止的，合伙合同终止；但是，合伙合同另有约定或者根据合伙事务的性质不宜终止的除外。"依据该条以及《合伙企业法》第48条，法定退伙事由包括：其一，作为合伙人的自然人死亡或者被依法宣告死亡；其二，作为合伙人的自然人丧失民事行为能力；其三，个人丧失偿债能力；其四，作为合伙人的法人或非法人组织依法被吊销营业执照、责令关闭、撤销，或者被宣告破产；其五，法律规定或者合伙协议约定合伙人必须具有相关资格而丧失相关资格；其六，合伙人在合伙企业中的全部财产份额被法院强制执行。退伙事由发生日为退伙生效日。

退伙发生合伙人资格丧失的法律效果，但是，由于合伙的人合性，为充分保护第三人的利益与交易安全，退伙人对退伙之前所发生的合伙债务仍应承担责任。《合伙企业法》第 53 条规定："退伙人对基于其退伙前的原因发生的合伙企业债务，承担无限连带责任。"依据该规定，即便债务发生于退伙之后，如果债务产生的原因发生于退伙之前，已经退伙之人仍然对此负有清偿责任。

第五节　违反合伙合同的责任

一、违反合伙合同的责任概述

违反合伙合同的责任，是指合伙人违反合伙合同的有关约定，对其他合伙人所应承担的责任。违反合伙合同的责任主要是发生在合伙人之间的内部责任，性质上是违约责任。《合伙企业法》第 103 条第 1 款规定："合伙人违反合伙协议的，应当依法承担违约责任。"

合伙人承担违反合伙合同的违约责任具有如下特点：第一，损害后果方面，损害并不直接指向特定合伙人，而是合伙组织事业经营上所遭受的损害。第二，违约责任承担方式方面，违反合伙合同之违约责任的承担，通常采损害赔偿或者实际履行合伙义务或者依法强制退伙等形式，较少采用违反普通合同违约责任中的违约金形式。第三，抗辩事由方面，普通合同违约中的同时履行抗辩权、先履行抗辩权等，不适用于合伙合同中的违约。

二、违反合伙合同的形式

（一）违反出资义务的约定

出资，是合伙人依据法律规定和合伙合同约定应当履行的义务。合伙人未按照约定出资，构成对出资义务的违反。此时，无论是合伙组织还是全体合伙人都有权要求其承担违约责任。具体而言，合伙事务执行人有权代表合伙组织请求其履行出资义务，同时其他合伙人也有权请求其履行出资义务。

但是，对于自身同样未履行出资义务的合伙人而言，其是否有权请求其他合伙人履行出资义务对此存在争议。一般认为，只有已经履行出资义务的合伙人才有权要求其他合伙人履行出资义务，尚未履行出资义务的合伙人无权要求其他合伙人履行出资义务。

（二）违反竞业禁止义务

竞业禁止，是加诸义务主体的不为特定竞业行为的义务，是一种不作为义务。法律之所以规定合伙人的竞业禁止义务，原因在于合伙是人合性团体，合伙人彼此之间具有较强的信任关系。合伙人的身份使他们了解合伙组织的核心利益，若允许他们从事竞业活动，势必难以避免他们利用这些优势为自己谋取利益。竞业禁止义务也是合伙合同的重要内容，合伙人从事任何与本合伙组织相竞争的业务的行为都会损害合伙组织的利益，并构成违约。《合伙企业法》第 32 条第 1 款明确规定："合伙人不得自营或者同他人合作经营与本合伙企业相竞争的业务。"

（三）与合伙组织进行交易并损害合伙利益

合伙人负有不得与本合伙组织进行交易的义务。《合伙企业法》第 32 条第 2 款规定："除合伙协议另有约定或者经全体合伙人一致同意外，合伙人不得同本合伙企业进行交易。”合伙人享有执行合伙事务的权利，其自然不得代理合伙组织与自己进行交易。至于交易的范畴，不仅包括买卖等形式的直接交易，也包括担保等形式的间接交易。禁止合伙人与合伙进行交易是合伙合同的重要内容。合伙人如果未取得全体合伙人的同意与本合伙进行交易，应当承担违约责任。但是，如果合伙合同已有特别规定或者经全体合伙人同意，或者事后得到全体合伙人的追认，则该交易行为有效。

（四）从事损害合伙利益的行为

合伙人负有不得从事损害本合伙组织利益的行为的义务。合伙是基于共同的事业目的而设立的，每个合伙人都必须忠实地履行不得损害合伙组织利益的义务。这不仅是合伙关系的本质要求，也是诚实信用原则的要求。《合伙企业法》第 32 条第 3 款规定：“合伙人不得从事损害本合伙企业利益的活动。”合伙人必须依照合伙合同的约定行使权利、履行义务，如果某个合伙人擅自代表合伙对外从事交易活动，或某个合伙人违反法律规定擅自处分合伙的不动产，或以合伙名义对外提供担保等，给合伙造成损害的，其应当向其他合伙人承担违约责任。

三、责任承担形式

（一）强制退伙

强制退伙，是指合伙人违反法律的规定或合同的约定，被强制性剥夺合伙人资格。强制退伙是合伙人承担违约责任的特殊形式。依据《合伙企业法》，合伙人有下列情形之一的，经其他合伙人一致同意，可以决议将其除名：未履行出资义务、因故意或者重大过失给合伙企业造成损失、执行合伙事务时有不正当行为、发生合伙协议约定的事由。对合伙人的除名决议应当书面通知被除名人。被除名人接到除名通知之日，除名生效，被除名人退伙。被除名人对除名决议有异议的，可以自接到除名通知之日起 30 日内，向人民法院起诉。

（二）返还财产与相关利益

合伙人违反合伙合同，侵占合伙财产的，应当依法返还财产。《合伙企业法》第 96 条规定：“合伙人执行合伙事务，或者合伙企业从业人员利用职务上的便利，将应当归合伙企业的利益据为己有的，或者采取其他手段侵占合伙企业财产的，应当将该利益和财产退还合伙企业”。

合伙人违反法律的规定与合伙合同的约定，从事与本合伙组织相竞争的业务或者与本合伙组织进行交易的，《合伙企业法》第 99 条规定，“合伙人违反本法规定或者合伙协议的约定，从事与本合伙企业相竞争的业务或者与本合伙企业进行交易的，该收益归合伙企业所有”。

（三）继续履行

继续履行，是指合伙人依据合同约定继续履行其义务。在合伙中，通常难以因违约而适用解除合同，但可以适用继续履行，例如，要求合伙人继续履行出资义务。出资是合伙人对合伙组织承担的基本义务，如果不履行将影响合伙组织的设立和存续，因而合伙可以要求未履行出资义务的合伙人强制退伙，也可以要求其继续履行出资义务。①

（四）损害赔偿

依据《合伙企业法》第 96 条、第 99 条，合伙人侵占合伙企业财产，或者从事与本合伙企业

① 王利明．合同法分则研究：下卷．北京：中国人民大学出版社，2013：459.

相竞争的业务或者与本合伙企业进行交易，给合伙企业或者其他合伙人造成损失的，依法承担赔偿责任。此外，存在其他违反合伙合同的情形时，也会产生违约责任。依据《合伙企业法》第97条、第98条的规定，对于《合伙企业法》规定或者合伙协议约定必须经全体合伙人一致同意始得执行的事务擅自处理，或者不具有事务执行权的合伙人擅自执行合伙事务，给合伙企业或者其他合伙人造成损失的，该合伙人依法承担赔偿责任。

第六节　合伙合同的终止

一、合伙合同终止的事由

合伙合同终止的主要原因是合伙的解散。依据《民法典》第106条以及《合伙企业法》第85条的规定，合伙企业有下列情形之一时，应当解散：

第一，合伙合同约定的经营期限届满，合伙人不愿继续经营的。合伙合同定有存续期间的，则于该期间届满时，合伙即归解散。但若合伙合同所定的期限届满后，合伙人仍继续其事务的，视为不定期限合伙合同。合伙人可以随时解除不定期合伙合同，但是应当在合理期限之前通知其他合伙人。

第二，合伙合同约定的解散事由出现。合伙合同中约定有合伙解散事由的，当该约定事由出现时，合伙解散。

第三，全体合伙人决定解散。合伙系基于全体合伙人的意思而成立，当然也得基于全体合伙人的意思而解散。合伙合同不论是否定有存续期间，均可因全体合伙人的同意而解散。

第四，合伙人已不具备法定人数满30天。依据《合伙企业法》第14条的规定，合伙企业的合伙人必须在两人以上，一旦出现合伙人死亡、丧失民事行为能力、退伙等原因，使合伙企业的合伙人变为一人时，合伙事实上已经成为独资企业。为了避免合伙立即终止，法律规定了30天的宽限期，若合伙人不足法定人数满30天，则合伙应解散。

第五，合伙合同约定的合伙目的已经实现或者无法实现。所谓合伙合同所约定的合伙目的无法实现，包括自始不能完成及中途不能完成。合伙皆有其存续目的，若其目的已达到或确定不能达到，合伙也就失去了存在的依据，应宣告解散。

第六，被依法吊销营业执照、责令关闭或被撤销。这属于合伙企业因进行违法活动或者违反公序良俗，而被行政机关依行政命令撤销营业执照，合伙实际上已经无法经营，因此应宣告解散。

第七，出现法律、行政法规规定的合伙企业解散的其他原因。例如，合伙企业因被兼并、被宣告破产而被解散等，导致合伙合同终止。

在民事合伙以及未成立合伙企业的情形，合伙合同终止的事由，还包括合伙人死亡、丧失民事行为能力或者终止等原因，《民法典》第977条规定："合伙人死亡、丧失民事行为能力或者终止的，合伙合同终止；但是，合伙合同另有约定或者根据合伙事务的性质不宜终止的除外。"

二、合伙的清算

合伙的清算是合伙宣告解散之后，清算人依法对合伙的财产及债权债务进行清理、清偿和分配的行为。《民法典》第107条规定：“非法人组织解散的，应当依法进行清算。”《合伙企业法》第86条规定：“合伙企业解散，应当由清算人进行清算。清算人由全体合伙人担任；经全体合伙人过半数同意，可以自合伙企业解散事由出现后十五日内指定一个或者数个合伙人，或者委托第三人，担任清算人。自合伙企业解散事由出现之日起十五日内未确定清算人的，合伙人或者其他利害关系人可以申请人民法院指定清算人。”

合伙企业的清算必须按照法定程序进行。依据《合伙企业法》第88条、第90条、第91条的规定，清算人自被确定之日起10日内将合伙企业解散事项通知债权人，并于60日内在报纸上公告。债权人应当自接到通知书之日起30日内，未接到通知书的自公告之日起45日内，向清算人申报债权。债权人申报债权，应当说明债权的有关事项，并提供证明材料。清算人应当对债权进行登记。清算期间，合伙企业存续，但不得开展与清算无关的经营活动。清算结束，清算人应当编制清算报告，经全体合伙人签名、盖章后，在15日内向企业登记机关报送清算报告，申请办理合伙企业注销登记。合伙企业注销后，原普通合伙人对合伙企业存续期间的债务仍应承担无限连带责任。

法律上设定清算程序的目的，除了分配合伙经营终止后的剩余财产，还有保护债权人。这是作为组织体的合伙企业与作为合同关系的合伙合同的主要区别。如果合伙人之间仅订立了合伙合同，未设立合伙企业，则在合同终止之后，不必适用合伙企业的清算程序。依据《民法典》第978条之规定，合伙财产在支付因终止而产生的费用以及清偿合伙债务后有剩余的，则按照合伙合同的约定办理；若合伙合同未约定或约定不明确的，由合伙人协商决定，若协商不成的，由合伙人按照实缴出资比例分配、分担，无法确定出资比例的，由合伙人平均分配、分担。

本章复习题

【案例1】 甲、乙、丙、丁四人协议合伙经营商品贸易，合伙协议约定了以下事项：(1)甲、乙、丙每人出资20万元入伙；(2)丁以其管理才能入伙，并担任合伙事务的执行人；(3)甲仅以其出资额为限对合伙债务承担责任。合伙运行过程中，由于经营不善，亏损严重，欠银行贷款50万元。甲提出退伙，乙、丙、丁同意。后来，丁也提出退伙，并加入另一商品贸易公司，从事经营管理。

问：

(1) 丁能否以其管理才能入伙？

(2) 甲在退伙以后是否还需对合伙债务承担责任？如果需要，其责任范围如何确定？

(3) 丁在退伙后，加入另一商品贸易公司的行为是否合法？

【案例2】 甲、乙两人在丙的见证下，就某酒店室内装饰工程宴会厅、餐厅、地下一层会议室等工程进行协商，双方口头约定合伙承包上述工程，其中，甲出资50万元，乙出资100万元。后因工程欠款300万元发生纠纷，甲、乙被债权人丁起诉到法院。由于乙无力偿还，法院判决由甲偿还丁300万元。甲认为法院判决不当，认为甲应承担100万元、乙应承担200万元。

问：

(1) 甲、乙两人之间的口头协议的性质是什么？其是否发生了法律效力？

(2) 法院的判决是否正确？甲的主张是否应当得到支持？

参考文献

1. 全国人大常委会法工委．中华人民共和国合伙企业法释义．北京：法律出版社，2006.

2. 王利明．论民法典对合伙协议与合伙组织体的规范．甘肃社会科学，2019（3）.

3. 李永军．民事合伙的组织性质疑：兼评《民法总则》及《民法典各分编（草案）》相关规定．法商研究，2019（2）.

4. 蒋大兴．需要重建公司王国吗?：不宜用公司法统领全部企业类型．环球法律评论，2019（6）.

5. 肖海军，傅利．合伙契约性与主体性的解构：基于民法典分则“合同法编”的视角．当代法学，2018（5）.

6. 房绍坤，张旭昕．民法典制定背景下的合伙立法．吉林大学社会科学学报，2016（1）.

第三十一章 无因管理

本章重点问题

1. 无因管理概述
2. 无因管理的构成要件
3. 无因管理的效力

第一节 无因管理概述

一、无因管理的概念和性质

无因管理，是指没有法定的或者约定的义务，为避免他人利益受损失而对他人事务进行管理或者提供服务的事实行为。① 在无因管理中，管理他人事务的人称为管理人，事务被他人管理的人称为受益人或者本人。无因管理发生后，管理人与受益人之间便发生债权债务关系，形成无因管理之债。这种无因管理之债的主要内容是，管理人享有请求受益人偿还因无因管理事务而支出的必要费用的债权，受益人负有偿还该项费用的债务。针对无因管理，《民法典》第 121 条规定："没有法定的或者约定的义务，为避免他人利益受损失而进行管理的人，有权请求受益人偿还由此支出的必要费用。"《民法典》第 979 条第 1 款规定："管理人没有法定的或者约定的义务，为避免他人利益受损失而管理他人事务的，可以请求受益人偿还因管理事务而支出的必要费用；管理人因管理事务受到损失的，可以请求受益人给予适当补偿。"

在社会生活中，法律通常禁止违反当事人的意思干涉他人事务，否则可能构成侵权。然而，社会生活又鼓励人们互相帮助，保护他人的利益免于损害。无因管理制度的设计本质上是为了之间的这种矛盾冲突。通过无因管理之债这一法定债权债务关系的制度设计，强化了对见义勇为、扶危济困这类道德风尚的鼓励，从而弥补了意思自治原则的不足，并最终实现对于意思自治的保护。在我国的制度设计中，无因管理的法律效果包括违法性的阻却和债之关系的发生，这也体现了对前述两项价值的平衡。

无因管理制度最早可以追溯到人类早期活动时期，并可在罗马法中找到相关制度的记载，即 negotiorum gestio（管理他人事务）。罗马法通过准合同制度来规范无因管理行为。准合同，即当事人之间虽然没有协议，也没有侵权行为，但根据公平原则和公共政策强加其债权债务关

① 魏振瀛．民法．7 版．北京：北京大学出版社，高等教育出版社，2017：578.

系的情况，其法律效力和合同的效力相同。[①] 在罗马法中，将军人因公务关系或商人因经商而不在时管理其财产的人称为事务管理人，其是否基于本人委托，或基于其他法律上的义务，在所不问。法务官对于未受委任而管理他人事务之人，在为不在者利益而被诉至法庭，或为死亡者继续诉讼的情形的，也赋予诉权。[②] 通常认为，在罗马法中，该制度可能起源于关于遗失物拾得这一具体法律事实的规定。尽管在后续发展历程中，这一法律事实不再由无因管理制度所调整，但无因管理作为准合同制度中的一项内容保存了下来。在罗马法中，准合同与合同一样，都能产生合法的债务，只是准合同之债是非自愿的，在这一点上类似于侵权之债，但与侵权之债不同的是，它不存在损害行为。罗马法所规定的准合同主要是指无因管理、不当得利、共有、遗赠等法律关系。但在现代大陆法系民法中，除了《法国民法典》基本沿用罗马法此观点，其他国家的民法典均排除了准合同的观念，而是把无因管理、不当得利与合同、侵权行为等并列，作为债发生的原因。[③] 在我国，《民法典》明确沿用准合同的概念，在合同编中设立准合同分编，并直接将无因管理和不当得利归入其中。而英美法并无无因管理制度。英美法否定无因管理制度的合法性，其传统观点是管理人的干预既然是未经本人要求的，就不能指责本人得益，更不能指责本人不公平地得益。即使说本人因得到劳务而得利、致富，这样的得利也是无从退还的，因为这些劳务往往是好管闲事的干预者背着本人所授予的。[④] 通常情况下，英美法系将无因管理看作不当得利的一种形式，从而在不当得利制度中讨论解决。另外应当注意的是，默示合同长期以来在英美法中都占有重要地位，这使对于一些无因管理的情形，在约因存在的情况下，可通过该途径解决当事人的权利义务分配问题；在判例上也有将“为他人偿债”和“非请求服务”等行为作为准合同关系对待的先例。

无因管理能够引起债的发生，无因管理之债的产生是基于法律的规定，而非当事人的约定，因此，无因管理属于一种事实行为。无因管理不属于民事法律行为，因为当事人并没有创设法律关系的意思表示。由于无因管理并不以表现内心意思为必要，而是因事实上的动作而发生一定法律效果，故无因管理属于事实行为的范畴。但也有学者具有不同观点，认为：无因管理的法定债务是基于将管理人的“管理行为”的法定化的结果，即希望按照管理人的意志产生债务关系，而不是像一般的事实行为一样不管当事人同意与否，直接使之产生一定的效果。此外，无因管理不是一种单纯的“行为”，而属于一个过程：首先，管理之承担在性质上是民事；其次，管理之履行（具体可为事实行为，比如加固房屋，或为民事法律行为，作为定作人和他人订立承揽合同）是基于管理承担产生的给付义务的履行，履行的结果法定归属于本人。所以无因管理的任务是“帮助”将管理人的管理效果意思固定下来，而非完全不考量当事人之意思，恰恰相反的是，其是按照管理人的意思予以实现的结果。所以，无因管理是一个从法律行为的产生到履行完毕这样的过程，不是一种单纯的事实行为所能评价的。[⑤]然而，《民法典》未否定无民事行为能力人可以构成无因管理，故这一观点仍值得商榷。

一般而言，在既无法定义务又无约定义务的情况下，管理他人事务，属于干预他人事务的范畴。但是，法律所承认的无因管理，是为公共利益或他人利益而主动管理他人事务的行为，是符

---

① 桑德罗·彭梵得．罗马法教科书．黄风，译．北京：中国政法大学出版社，1992：396－399.

② 崔文星．债法专论．北京：法律出版社，2013：72.

③ 马俊驹，辜明安．民法．武汉：武汉大学出版社，2012：549.

④ 沈达明．准合同法与返还法．北京：对外经济贸易大学出版社，1999：253.

⑤ 刘项南．意思自治视角下的无因管理．河南财经政法大学学报，2018（5）.

合助人为乐、危难中相助、见义勇为的道德准则的行为，因而是应该得到鼓励和保护的行为，而不是应该受到责难和制裁的侵权行为。

二、无因管理的分类

依通说，根据管理人是否有为他人管理事务的意思，无因管理可以区分为真正的无因管理与不真正的无因管理（亦称准无因管理）。依据无因管理中客观要件的不同，可以将真正的无因管理区分为适法的无因管理与不适法的无因管理。从严格意义和通常的使用习惯来讲，无因管理专指真正的适法的无因管理。但为了研究的方便，本书沿用通说对无因管理作出的区分，但读者应当注意，在未作出特别强调时，本书所运用的无因管理的概念为真正的适法的无因管理。下面，将对这些概念作出简要介绍。

（一）真正的无因管理

真正的无因管理，是指符合法律规定的无因管理构成要件的管理。它包括适法的无因管理与不适法的无因管理。如果管理事务违反了本人可推知的意思或者管理事务不利于本人，其属于不适法的无因管理。但在不适法的无因管理中，如管理人已经尽到了善良管理人的注意义务，其仍可能转化为适法的无因管理。

1. 适法的无因管理

适法的无因管理也就是通常意义上所讲的无因管理。适法的无因管理要求管理人必须同时符合无因管理的主、客观要件。因此，倘若管理人在客观上未依照本人明示或可得推知的意思，或者未以有利于本人的方法为之，或者未尽善良管理人之注意义务，均属于不适法的无因管理。

当适法的无因管理依然出现了不好的结果，损害了本人的利益时，管理人应当对本人负“债务不履行之损害赔偿责任”。此时当事人之间的法律关系相当于不完全给付。这也是适法的无因管理中，利于本人指的是对管理事务的承担而非管理事务的结果之原则的体现，是对罗马法传统的坚持。

2. 不适法的无因管理

不适法的无因管理，根据对构成要件的违反，可能包含了三种情形，即：管理事务不利于本人，且违反本人明示或可得推知的意思；管理事务利于本人，但违反本人明示或可得推知的意思；管理事务不利于本人，但不违反本人的意思。从国外的立法例来看，德国将不适法的无因管理纳入了侵权责任法的调整范围，而日本则坚持不适法的无因管理仍属于无因管理制度的调整范围，在无因管理制度内对之进行规制，管理人承担的仍是债务不履行责任。在我国，《民法典》第 979 条第 2 款规定：“管理事务不符合受益人真实意思的，管理人不享有前款规定的权利；但是，受益人的真实意思违反法律或者违背公序良俗的除外。”我国通说认为，不适法的无因管理依然构成真正的无因管理，但不具有阻却违法的效力。对于不适法的无因管理，本人仅在现受利益的限度内，有对有益费用，负代清偿或提供担保的义务。当然，也有学者认为，在违反本人意思的情形中，无因管理不能成立，管理人得依不当得利规则受到保护，因此，这种情形实际上属于不当得利的返还。本书持通说观点。

（二）不真正的无因管理

不真正的无因管理专指具备无因管理的客观要件，但欠缺主观要件的管理。不真正的无因管理严格来讲不属于无因管理的分类。其价值在于，如侵权行为、不当得利等制度为当事人提供的救济仍然不能充分保护权利人的利益，则为了更好地维护权利人的利益，因为其与无因管理具有类似的特征，可以借用无因管理的规则。我国台湾地区“民法”债编修正后，已经赋予不真正无因管理场合的本人依据无因管理规则主张完全享有管理人管理所得的利益的权利。在我国大陆，对该观点的适用尚有争议。

不真正的无因管理又通常分为误信管理与不法管理两种情形。

1. 误信管理

误信管理指的是管理人误认他人事务为自己事务，而为了自己的利益进行管理的行为。对于误信管理，一般适用侵权行为或不当得利制度予以调整。

2. 不法管理

不法管理，指的是明知为他人事务，仍作为自己的事务而进行管理。此类管理仅发生于客观的他人事务的情形。对于不法管理的情形，原则上也应当适用侵权行为与不当得利的有关规定。所谓准用无因管理的规则，严格意义上专指此种情况。

三、无因管理与相关制度

根据学理，无因管理规定应当优先于侵权行为及不当得利制度而适用。在不适法无因管理中，应视本人是否承认或主张享受管理利益而定。本书将主要对无因管理与委托合同、无权代理、不当得利等制度进行比较和区分。

（一）无因管理与委托合同

无因管理的构成要件之一是管理人没有法定或者约定的义务，而合同关系的存在本身就表明具有约定义务，因而，合同的存在无疑排除了无因管理的适用空间。但是如前所述，在法定或约定的义务消失（如委托合同终止）时，或者在无因管理的过程中法定或约定的义务产生（如委托合同签订）时，二者会相互转化。

（二）无因管理与无权代理

英美法国家有时会将无因管理同代理联系在一起进行解释：无因管理是一种自发的自愿代理行为，在这种情形下，管理人在没有本人同意的情况下为了本人的利益进行活动。这一方面反映了英美法国家不承认无因管理制度的传统，另一方面也表明无因管理与无权代理存在着许多相似之处。制度相同之处在于，制度都是在没有取得他人授权的情况下，处理他人的事务。无因管理很有可能同时符合无权代理的情况。比较而言，二者存在着以下差异：第一，行为的性质不同。前者属于事实行为，而后者属于民事法律行为，因此，前者不要求行为人具有民事行为能力，而后者有此要求。而无因管理作为事实行为的性质，也决定了在无因管理行为中可能不会出现第三人，而无权代理则要求无权代理人与第三人为民事法律行为。第二，管理人或代理人的意思表示的内容不一样。无因管理的构成要件之一为管理意思，而无权代理中，代理人存在着代理意思。第三，是否以本人名义进行活动不一样。无权代理有此要求，而无因管理无此要求。第四，本人的追认产生的法律效果不同。在无因管理中，本人追认后无因管理将适用委托合同的有关规定，如《民法典》第984条规定：“管理人管理事务经受益人事后追认的，从管理事务开始时起，适用委托合同的有关规定，但是管理人另有意思表示的除外。”但在无权代理中，本人的追认将会使无权代理成为有权代理。

（三）无因管理与不当得利

《民法典》合同编“准合同”分编分别确认了无因管理和不当得利制度，这是因为：第一，没有法定的或约定的义务而管理他人事务，便在管理人与本人之间形成一种社会关系。法律欲想最佳调整这种社会关系，至少应规定如下问题：管理人以为本人谋利益的意思管理事务支出的必要费用，应当有权要求返还；管理人因管理事务而受其他损失时，有权请求本人予以赔偿。对这些内容只有无因管理制度才能包揽无遗，而不当得利制度只能解决其中的管理费用的偿还和因管理事务所获利益的返还，对其他问题则鞭长莫及。第二，不当得利制度的目的在于使受益人返还不当得利，因此在受益人为善意时，返还的范围仅仅以“现存利益”为限。如果受益人未获得利益或因其善意所获得利益丧失，则不存在返还问题。在无因管理中，管理人因为管理事务而支出了必要的费用，本人却未获得利益的事例不在少数，若以不当得利制度取代无因管理制度，则不利于对管理人之合法权益的保护。第三，无因管理的目的是鼓励助人为乐、危难中相助、见义勇为风尚的发扬光大，而不当得利制度无此目的与功能。

二者的区别在于，无因管理之债的发生源于法律规定，即该债的发生具有法律上的原因。而不当得利的成立系无法律上之原因而受利益，致使他人损害。基于无因管理之债，管理人对本人取得必要或有益费用偿还请求权、债务清偿请求权及损害赔偿请求权。而基于不当得利之债债权人对债务人享有不当得利返还请求权。

第二节　无因管理的构成要件

一般认为，无因管理的构成要件包括以下几项。

一、管理他人事务

管理他人事务，就是对他人事务进行管理或者服务。这是成立无因管理的首要条件。管理事务包含的范围十分广泛，既包括有关财产的事项，也包括提供各种帮助和服务的事务。只要是为了避免他人损失，或有利于他人的行为，都属于管理他人事务的行为。在管理事务的过程中，管理人有可能确切地知道其是在为某个具体的人管理事务，也有可能不知道本人的具体身份，但这并不妨碍无因管理的成立。管理事务的范围虽然广泛，但也并非无所不包。一般来说，违法事项和必须由本人亲自办理的事项不能成为无因管理的对象。

无因管理中所管理的事务必须是他人事务。如果管理人管理的事务是自己的事务，则无论如何都不能构成无因管理。而管理人管理的事务是否为“他人事务”，原则上应该从客观方面来判断。管理的他人事务可以分为两类：一是客观上属于他人的事务。在此情况下，可以推定管理人具有管理他人事务的意思。二是中性的事务。此类事务同时符合管理人和本人的利益。管理人管理该事务，有成立无因管理的可能。例如，看见邻居家失火而去救火，管理人虽然主观上是为了防止火势蔓延至自家房屋，但客观上也确实为他人管理了事务，故可以成立无因管理。关于中性的事务的管理，观点一认为，管理中性事务可以成立无因管理，即管理人能够举证证明其有为本人管理事务的意思时，可以构成无因管理；观点二认为，对中性事务的管理无法成立无因管理，其原因在于管理人的意思存在于内部，当事人难以举证，所以不应认可对中性事务的管理能够成立无因管理。[①] 本书支持观点一，理由在于：第一，尽管存在管理人的意思存在于内部而难以举证的情况，但不能由此一概否定管理中性事务的行为可能构成无因管理；第二，一概否定管理中性事务的行为构成无因管理的可能性，损害了无因管理制度之鼓励功能的实现，因小失大。

二、为他人利益进行管理的意思

按照民法原理，构成无因管理，管理人需要有为他人谋取利益而进行管理的意思，简称“管理意思”。这是构成无因管理的主观要件。管理意思的有无，也往往成为区分无因管理与侵权行为、不当得利等的关键所在。

有学者认为，是否具有管理意思，应以管理事务的效果是否有利于本人作为判断标准。但主流观点认为，无因管理的成立不以管理事务的效果有利于本人作为要件，即使管理效果不利于本人，只要管理人具有为他人管理的意思，仍可成立无因管理。[②]

值得一提的是，管理意思是否应当包括为他人谋利的意思。对此具有不同的见解，在罗马法中，如果管理人除了为本人利益管理事务，还兼具为自己利益进行管理，那么其行为就不能构成无因管理。我们认为，只要管理人是为了本人的利益，即便其同时也是为了自己的利益，并不能否定其行为属于无因管理。[③] 是否构成无因管理，应当结合个案的具体情形以及管理人在实施管理行为时的主要目的进行判定。

误以为是自己的事务而对客观上属于他人的事务进行管理，缺乏为他人管理事务的意思，不能成立无因管理，而属于误信管理。

三、管理人没有法定或者约定的义务

无因管理中的无因二字，指的是管理人无法定或约定的义务。所谓法定义务，包括民法上的义务，也包括其他部门法所规定的义务。所谓约定义务，是指基于管理人与本人之间的约定而产生的义务。这种义务包含了主义务与附随义务。如果管理人负有法定或者约定义务，就不能成立无因管理，只能成立法定代理或者委托代理。

管理人有无法定或者约定的义务，应当从管理人管理事务当时的客观情况来确定。如管理人在管理事务开始时具有此类义务，但在着手管理事务的过程中该义务消灭，那么自该义务消灭之日起，可以成立无因管理，反之亦然。

四、不应违背本人明示或者可推知的意思进行管理

以本人明示或者可推知的意思表示为前提，具体表现在：首先，如果本人事先明示了其事务管理的方法、期限等内容，则管理人不应当违背本人的意愿进行管理；其次，如管理人在管理事务时，知道本人的存在并且可以联系本人的，则应当先与本人联系；再次，管理人在管理事务时，在本人没有明示，管理人依所处的情境无法知晓或虽然知晓但无法或不适宜联系本人的情形下，不能违反可推知的本人的意思；最后，如果本人要求管理人停止管理，则管理人应当停止。

在特殊情形下，即便违反了本人的意思，依然可能构成无因管理。这主要指的是公益的无因

---

① 郑玉波．民法债编总论．北京：中国政法大学出版社，2004：76.

② 潘修平，杨学波，邓晓光，等．债权法：原理·规则·案例．北京：清华大学出版社，2006：163.

③ 王利明．债法总则研究．北京：中国人民大学出版社，2015：536－537.

管理，即如果本人的意思表示违背了公序良俗，则管理人即便违背了本人的意思表示，仍然可以构成无因管理，从而与本人形成无因管理之债，获得必要的支出费用返还请求权。例如，本人想要自杀，管理人违背其意愿，将其救起的情形。

第三节　无因管理的效力

无因管理的效力表现在，无因管理一旦成立，即产生阻却违法和发生无因管理之债的法律效果，在无因管理之债中形成管理人和受益人之间的债权债务关系。无因管理之债的内容，主要包括了管理人、受益人之间的权利和义务。

一、管理人的义务

管理人的义务包括根据本人明示或者可以推知的意思进行管理，在管理中尽到合理的注意义务等。违反这些义务造成损害的，管理人应当承担赔偿责任，但应当在公平与合理的范围内予以减轻或者免除。

1. 根据本人明示或者可以推知的意思进行管理的义务

管理人已经知道或者可以推知本人意思的，应当按照本人的意思进行管理。推知本人意思时，应依社会一般人的观念认为通常情况下符合本人的利益。若本人的实际意思违背公序良俗，即便管理人违背了本人的意思，其行为依然可以成立无因管理，其一并享有相应的管理人权利。

2. 在管理时尽到合理的注意义务

管理人在管理时应当尽到善良管理人之注意义务。如果在管理时没有尽到合理的注意义务，将会构成不适法的无因管理，管理人承担相应的责任。

在紧急管理的情形下，依照法理，对管理人的注意义务要求应当有所降低。域外立法例一般认为，此种情况下，管理人就故意或者重大过失负责。但近年来，我国连续出现多起受助人侵害救助人权益的事件，一时间，见危不救、怕被冤枉、袖手旁观成了民众在遇到他人陷入危险时的首要选择。为了回应公众对于社会道德滑坡的担忧，《民法典》第184条规定，“因自愿实施紧急救助行为造成受助人损害的，救助人不承担民事责任”此规定意在鼓励救助者大胆施救。该条被形象地称为好人免责条款。然而，该条款也引起了部分学者的担忧：故意和重大过失行为依法理是不能受法律保护的行为，其可归责性却可能因该条款被免除了，从而损害受助人的合法利益。对此，有学者建议应该根据具体个案，衡诸各方利益，兼采学理通说和比较法上的成熟经验，充分运用限缩解释、客观目的解释等解释方法，作出妥适的裁判，将“好人免责条款”的负面效应控制在最小范围内。

3. 继续管理义务

《民法典》第981条规定：“管理人管理他人事务，应当采取有利于受益人的方法。中断管理对受益人不利的，无正当理由不得中断。”管理人一般不负继续管理的义务，但管理人于管理开始后，如其中途停止管理行为较之不进行管理对本人更为不利的时候，管理人有继续管理的义务。例如，帮别人翻新屋顶，但揭开原屋顶使之暴露在风雨中后，便有继续装修的义务。但是，如本人或者其继承人、法定代理人可以进行管理或者继续管理对本人不利，则管理人即可停止或者应当停止管理。

4. 通知义务

《民法典》第982条规定："管理人管理他人事务，能够通知受益人的，应当及时通知受益人。管理的事务不需要紧急处理的，应当等待受益人的指示。"管理人如果不将其开始管理的事实通知本人，一方面可能形成漠视本人存在的后果，另一方面本人不知道管理事实，也可能造成管理事务本身不符合本人的意思之结果。为了更好地保护本人的利益，同时也强化管理人管理本人事务时之注意义务，以免发生不必要的争议，管理人应当及时将开始管理的事实通知本人，本人可以其意思表示决定管理人是否继续管理。在管理人有通知本人的意思但因客观原因而不能通知，或者本人已经知道管理事实的情况下，管理人的通知义务消灭。

5. 报告义务

《民法典》第983条规定："管理结束后，管理人应当向受益人报告管理事务的情况。管理人管理事务取得的财产，应当及时转交给受益人。"管理人的报告义务，是指管理人应当向本人报告其管理事务的过程及状态的义务。管理人在完成管理事务、中断管理事务或者本人要求时，应当向本人报告管理情况，并向本人提供有关管理的一切资料。管理人因尽报告义务所支出的费用，属于管理人为无因管理所支出的必要费用，由本人负责偿还。

6. 计算与返还的义务

管理人的计算义务是指管理人应当向本人移交第三人所为给付及其占有的本应交付于本人的财产以及因使用此等财产所产生的收益之义务。管理人所承担的计算义务属于法定义务，管理人应当在本人要求时将所占有的财产及收益予以返还。

二、管理人的权利

依关于无因管理的各类学说，管理人的权利主要包括以下几个方面。

1. 费用偿还请求权

依据《民法典》第979条之规定，管理人对于为本人管理事务所支出的必要费用，有权请求偿还。而所支出费用是否必要，应依照管理活动当时的客观情况确定，如当时支出的费用是必要的，即使其后为不必要，亦仍为必要费用；反之，如当时支出的费用是不必要的，即使其后为必要，也不能视为必要费用①。

2. 负债清偿请求权

因管理事务而负担债务的，若该债务为本人在通常的业务活动中应当负担的，则本人应当清偿管理人所负的债务。应当注意，如果管理人以自己的名义向第三人负债，本人并不直接向第三人负担债务，则债务人仍然是管理人。本人向第三人清偿时，适用债务承担或代为清偿的规定。如果管理人以本人的名义向第三人负债，则应当适用民法关于无权代理的规定，即本人不为追认时，管理人应向第三人负责，但同时管理人可依无因管理的效力，向本人追偿。②

3. 损害补偿请求权

依据《民法典》第979条的规定，管理人因为管理本人事务受到损失的，可以请求受益人

① 郭明瑞．关于无因管理的几个问题．法学研究，1998（2）．
② 李永军．债权法．北京：北京大学出版社，2016：418．

在受益范围内给予适当补偿，该条规定是对总则编第121条的进一步具体化。无因管理本质上是为他人谋利的行为，若管理行为完全违背了本人的意愿，且管理人知道或者应当知道本人的真实意愿的，则管理人不享有请求损害补偿的权利。需要注意的是，管理人的行为虽违背本人的意愿，但其管理的事务是为本人履行公益性或者法定义务的，即使不符合本人的意愿，管理人因管理事务受到损失的，也可以请求受益人给予适当补偿。同时，根据民法典第980条的规定，本人最终享有管理利益的，则本人应当在获得的利益范围内向管理人承担补偿损失的义务。

4. 报酬请求权

我国现行法对于管理人是否可以收取报酬没有规定，鉴于无因管理本为社会善良行为，法律鼓励社会成员从事无因管理，但不鼓励社会成员通过无因管理为自己谋取利益，但因管理人付出了劳动，本人自愿支付报酬时，所付报酬为劳动之对价，具有法律上的原因，应当受到法律上的保护，且本人自愿予以支付属于私法自治的范畴，法律无须干预。[①] 管理人因无因管理行为而收取报酬，与无因管理制度为他人利益而存在的基本目的不合，我国民法理论不承认无因管理人的报酬请求权，这与欧洲大多数国家的做法存在区别。在后者，往往通过各种立法技术来承认职业人士对于从事职业活动的过程中的无因管理行为享有报酬请求权。我国民法上之所以采取否认的态度，主要的原因是以一种固定的人性预设作为制度设计的前提。这与欧洲国家通过妥当的权利义务配置，去激励当事人从事社会所期许的行为不同。[②]

三、受益人的权利与义务

由于受益人的权利与义务和管理人的义务与权利互相对应，无因管理中受益人的权利与义务参见上述管理人的义务与权利。在此不赘述。

本章复习题

【案例1】 2015年9月，12岁的李某刚刚升入初中一年级。开学报到仅三天，因为赶上放假，9月3日在家吃过早饭后，李某就和同学出去玩了。

中午饭刚吃过没多久，李某的母亲陈某就接到一个电话，电话那头告知，李某不慎落水。陈某连忙赶到事发水塘。江苏省徐州市铜山区拾屯派出所的民警、徐州市泉山区矿山路消防中队的武警战士以及徐州市的一支专业打捞队伍赶到水塘参与救援，直到将近24：00，李某的尸体终于被打捞了上来。拾屯派出所的民警经调查得知，2015年9月3日大约14：00，李某、小旭等六个小伙伴来到了事发的这片水塘准备游泳，李某、小旭等四人下了水，突然，小旭脚下一滑倒向水中，李某和另外一个叫小宇的男孩，连忙扑过去施救。

民警经调查得知，小旭掉下去后，抓住了李某，但由于太重，没有抓住手就松开了，最终将其救起的是另一位同伴小宇。

李某的家人觉得：依据《江苏省奖励和保护见义勇为人员条例》的规定，孩子是为了救人而死，这是一种见义勇为的行为，应该得到认定和表彰并被授予荣誉称号。

出事第二天，李某的家人找到拾屯派出所，请它们为李某申报见义勇为荣誉称号。对此，派

① 梁慧星．中国民法典草案建议稿附理由：债权总则编．北京：法律出版社，2006：34.

② 张虹．无因管理人的报酬请求权问题研究：兼论民法制度设计中的人性预设问题．法律科学，2010（5）.

出所的答复是，因为李某是未成年人，不能申报见义勇为。此外，小旭的家人在事发之后从未至李某家表达谢意或者慰问，这令李某一家尤其难以接受。小旭的父亲说，李某遇难，他们全家人的心里都很难过。但李某在没有接近小旭时就滑到了，所以严格说李某应该不是在救小旭的过程中溺亡的。

2016 年 3 月，李某的父母将小旭和小旭的父母起诉到江苏省徐州市铜山区人民法院。最终法院判决，被告人小旭及其父母于判决生效后 10 日内补偿原告人民币 8 万元。[①]

问：

(1) 被救的孩子小旭本身是没有过错的，但是法院最后判决他和他的父母酌定补偿李某的家人，这个判决有依据吗？

(2) 见义勇为与无因管理是什么关系？李某的家人获得的应当是补偿还是赔偿？

【案例 2】 A 公司系孙某、陆某（郑某的妻子）各出资 50%设立的，其中陆某为公司总经理。2004 年 11 月至 2005 年 12 月间，A 公司违反国家对于增值税专用发票的管理规定，让他人为自己虚开增值税发票或发生应税业务后未进行申报纳税，致使国家税款被骗取 611 601.58 元。2008 年 8 月 20 日，宁波市鄞州区国家税务局稽查局（以下简称“鄞州国税局”）对 A 公司分别作出追缴税款 611 601.58 元并加收滞纳金的处理决定和罚款 1 053 457.36 元的处罚决定，并限定在收到决定书之日起 15 日内缴清上述税款及滞纳金、罚款，逾期缴纳罚款的，每日按罚款数额的 3%加处罚款，但 A 公司一直推托不付。2008 年 10 月 14 日，宁波市鄞州区人民检察院以 A 公司及陆某等人涉嫌犯虚开增值税发票罪等为由向法院提起公诉。郑某担心 A 公司不缴纳税款及滞纳金、罚款可能会影响法院对陆某的量刑，而且 A 公司的两股东陆某、孙某在 A 公司土地厂房上分别设立了公司，该土地厂房若被查封会影响到陆某所设公司的正常经营，故郑某于 2008 年 10 月 21 日向鄞州国税局为 A 公司代缴了税款 611 601.58 元及滞纳金 377 230.04 元，合计 988 831.62 元，于 2008 年 12 月 16 日又向蔡某借款 1 053 457.36 元，并委托蔡某将该款直接汇入鄞州国税局专用账户，为 A 公司代缴了罚款 1 053 457.36 元。2008 年 12 月 16 日，法院对刑事案件作出宣判，以虚开增值税发票罪判处 A 公司罚金 40 万元，判处陆某有期徒刑 4 年 6 个月。因郑某为 A 公司代缴了税款 611 601.58 元及滞纳金 377 230.04 元，法院将这一事实作为酌定量刑情节对陆某作出了从轻处罚。该刑事判决业已生效。另 A 公司因未参加 2007 年度年检已于 2008 年 11 月 21 日被工商管理部门吊销营业执照。

郑某于 2009 年 6 月 25 日向一审法院提起诉讼，要求 A 公司立即归还垫付款 2 042 288.98 元。A 公司认为，郑某缴纳税款、滞纳金是为了减轻其妻陆某的罪行；在庭审中 A 公司亦表示曾要求税务部门对公司的土地使用权进行拍卖以支付税款，A 公司与郑某之间不存在委托关系，郑某及蔡某无权代缴税款和滞纳金；此外，郑某及蔡某缴纳税款和罚款的行为分别发生在 A 公司未实际经营期间和被吊销营业执照之后，这些事宜应由清算组一并处理，郑某没有必要代缴。故请求法院驳回郑某的诉讼请求。

一审法院经审理认为，郑某自愿为 A 公司代缴税款、滞纳金及罚款，A 公司由此取得利益，两者之间形成无因管理之债，遂判令 A 公司于判决生效后 10 日内偿付郑某垫付款 2 042 288.98 元。

A 公司不服一审法院民事判决并提起上诉，二审法院维持了一审判决。[②]

---

① 引自 CCTV12《今日说法》栏目 20160720 期《见义勇为是与非》，有删改。

② 浙江省宁波市中级人民法院（2009）浙甬商终字第 1054 号民事判决书。

问：

1. 郑某自愿为A公司代缴税款、滞纳金及罚款的行为性质该如何认定？
2. 管理人同时为自己利益和本人利益管理是否符合无因管理的主观要件？

参考文献

1. 王利明．债法总则研究．北京：中国人民大学出版社，2015.
2. 王利明．民法．北京：中国人民大学出版社，2016.
3. 魏振瀛．民法．7版．北京：北京大学出版社，高等教育出版社，2017.

第三十二章　不当得利

本章重点问题

1. 不当得利概述
2. 不当得利的构成要件
3. 不当得利的效力

第一节　不当得利概述

一、不当得利的概念和性质

不当得利是指一方当事人没有法律根据获得利益，致使他人受到损失的事实。在该事实的基础之上，在得利人和受损失的人之间产生了以利益返还为内容的法律关系。正因为不当得利没有合法根据，因此虽属既定事实也不能受到法律保护，不当获得的利益应当返还给受损失的人。在不当得利中，取得不当利益的当事人叫得利人或者受益人，是不当得利之债的债务人，负有返还不当得利的债务；财产受损失的当事人叫受损失的人或者受害人、受损人，是不当得利之债的债权人，享有请求受益人返还不当利益的债权。《民法典》第122条规定："因他人没有法律根据，取得不当利益，受损失的人有权请求其返还不当利益。"《民法典》第985条规定："得利人没有法律根据取得不当利益的，受损失的人可以请求得利人返还取得的利益"。

依照法律规定，不当得利是债的发生根据，能够引起不当得利之债。因此，其性质属于一种事实行为，而不是民事法律行为。不当得利引起债完全是基于法律的规定，而不是基于当事人的意思表示。就受益人所负担的返还不当得利的债务来说，是其取得财产的行为所致，属于民事法律事实中的事实行为；就受害人所享有的不当得利返还请求权来说，是受益人的不当得利行为所致，与受害人自身的行为无关，属于民事法律事实中的事件。

不当得利起源于罗马法，不当得利请求权在罗马法上被称为 condictio，是一种对人诉讼（actio in personam），以请求给付特定之债为内容，如合同解除后，已给付货币的一方可请求对方返还价款。其主要特色在于诉讼原告不必陈述被告应为给付的原因，具有广泛的适用范围，也被适用于请求被告返还无法律上原因而取得的特定目标物，如原告清偿债务后，发现该债务自始不存在或已经消灭时，可依据非债清偿的不当的利益（condictio indebiti）来请求返还。[①]

---

① 王泽鉴．不当得利．北京：北京大学出版社，2015：10.

不当得利发展于英美法。近年来，学者（尤其是在英国）致力于定位不当得利与其他制度的关系，阐述不当得利本身的性质，使不当得利制度的外在结构和内在体系产生了重大变化。英美法上的不当得利，传统上被称为 restitution。所谓 restitution 不是一种请求权基础，是一种法律效果或者救济方法（remedy），旨在请求恢复他方取得的客体或其价值。英国著名的法学家博克斯（Peter Birks）认为此系命名不当（misnomer），应该正名为 unjust enrichment。这引起了较大的争论，至今尚未平息，凸显英美法上不当得利正面临外在体系定位及内在原则确立的难题。

在我国，《民法典》将不当得利与无因管理一起定位，并列在“准合同”分编中。

二、不当得利的分类

依据不当得利之债的发生是否基于给付行为，可以将不当得利分为给付不当得利和非给付不当得利。这种划分的决定性因素是：给付不当得利旨在调整欠缺给付目的的财产变动；而非给付不当得利与给付行为没有关系。

（一）给付不当得利的类型

1. 给付原因自始不存在的给付不当得利

这种类型的不当得利包括：

（1）民事法律行为不成立、无效及被撤销所产生的不当得利。于民事法律行为不成立、无效及被撤销情形，当事人已完成其给付行为的，由于民事法律行为并无法律效力，因此该项给付即属于自始没有给付原因的给付行为。为给付行为的一方当事人在原物仍然存在时，既可以主张物上请求权，要求受领人返还所有物，也可以放弃此项效力较强的请求权，转而主张不当得利返还请求权。如果原物已被受领人消费，或由第三人合法取得，或标的物为种类物，无法进行原物返还，则给付行为人就可以对受领人主张不当得利返还。

（2）履行不存在的债务所引起的不当得利。这也就是所谓的非债清偿。这里所谓履行不存在的债务，既包括履行根本不曾存在过的债务，也包括履行已经消灭的债务。

2. 给付原因嗣后不存在的不当得利

向他人为给付时尚存在给付原因，但履行给付行为后法律上的原因不存在或者消灭的，也会构成不当得利。这种不当得利包括两种情形：

（1）因合同解除产生的不当得利。合同解除有溯及力的，基于合同发生的债权债务关系溯及既往地消灭。为给付行为的一方当事人对于其此前所为给付，如果原物仍然存在，既可以主张效力较强的所有物返还请求权，也可以主张不当得利返还请求权如果原物已被受领人消费，或由第三人合法取得，或标的物为种类物，无法进行原物返还，则给付行为人就可以对受领人主张不当得利返还请求权。

（2）因给付目的嗣后不能实现产生的不当得利。如发生保险事故后，被保险人从第三人处取得损害赔偿而填补损害，保险人依照保险合同给付了保险金的，被保险人所受领的保险金就可以构成不当得利，应当予以返还。

（二）非给付不当得利的类型

（1）基于得利人的行为而产生的不当得利，例如，得利人擅自出卖、消费他人之物而取得利益。

（2）基于受损人的行为而产生的不当得利，例如，受损人将他人的土地误以为是自己的土地而耕种，使他人不当得利。

(3) 基于第三人的行为而产生的不当得利，例如，第三人擅自使用受损人的材料为他人制作家具，使他人不当得利。

(4) 基于事件而产生的不当得利，例如，洪灾中，受损人养殖的鱼被冲进他人的鱼塘里，使他人不当得利。

第二节　不当得利的构成要件

不当得利必须同时具备四个方面的构成要件方的成立：一方获得利益；他方受到损失；获得利益和受到损失之间有因果关系；获得利益没有合法根据。

一、一方获得利益

一方获得利益是不当得利成立的客观要件之一。如果一方使他方的财产受到损害，自己并未从中获得任何利益，即使依法应负赔偿责任，也不构成不当得利。

所谓获得利益是指一定的事实使财产总额增加。财产增加有积极的增加和消极的增加两类。财产的积极增加，是指权利的增强或义务的消灭，使财产的范围扩大，亦即使财产增多。其具体表现为财产的取得、占有的取得或者财产权的扩张及效力的增强、财产权限制的消灭等。财产的消极增加，是指当事人的财产本应该减少却因为一定的事实而没有减少，包括本应支出的费用没有支出，本应负担的债务却未负担或少负担，本应该在自己的财产上设定负担而后来不再设定，等等。

获得利益的方法，可以是民事法律行为，也可以是事实行为；可以是受益人的行为，也可以是受损人的行为，还可以是第三人的行为，甚至可以是自然事实。① 如暴雨使一方池塘饲养的鱼游到另一方的池塘中，其中致使他人获利的原因就是大雨漫灌的自然事实。

二、他方受到损失

他方确实受到损失是不当得利的另一个构成要件。如果缺少他方受损，即使是一方获得利益，也不构成不当得利。

利益损失，包括现有利益的减少，即直接损失或积极损失；财产利益应当增加而没有增加，即间接损失或者消极损失。② 其中，对损失的解释不应该像侵权或者违约制度中这么严格，如在给付不当得利情形下，一方因他方给付而受益，对他方即构成损失；在非给付不当得利情形下，一方取得依权利内容应当归属他方的利益，对他方即构成损失③，亦即获得他方应当增加的积极利益，而使他方受损。

三、获得利益和受到损失之间有因果关系

所谓获得利益和受到损害之间有因果关系，是指他方的损失是一方获得利益造成的。关于这种因果关系的含义，在民法理论上有直接因果关系说与非直接因果关系说之争。前者主张：获

---

① 王利明，杨立新，王轶，等．民法学．2版．北京：法律出版社，2008：464.

② 王利明，郭明瑞，方流芳．民法新论：下册．北京：中国政法大学出版社，1988：423.

③ 同①465.

得利益和受到损失必须基于同一原因事实，才算两者之间有因果关系。如果获得利益的原因事实与受到损失的原因事实不同，即使获得利益和受到损失之间有所牵连，也无因果关系。例如，甲向乙借款为丙修理汽车，甲无力还款时，乙不得向丙请求不当得利，因为乙受损失的原因与丙取得利益的原因并不是同一个法律事实。非直接因果关系说认为：获得利益的原因事实不必与受到损失的原因事实相同，只要社会观念认为获得利益和受到损失有牵连关系，就可以认定两者之间有因果关系。例如，甲拾得乙的金钱而赠与丙，丙即可构成不当得利。

四、获得利益没有合法根据

造成他方损失而使自己获得利益，之所以构成不当得利，是因为该项利益的取得没有合法依据。可见，没有合法依据是不当得利成立的要件。如果一方获得利益和他方受到损失有法律上的依据，当事人之间的关系就会受到法律的认可和保护，不构成不当得利。

没有合法依据，在罗马法上称为“无原因”，在德国民法上称为“无法律原因”，在瑞士债务关系法上称为“无适法的原因”。关于无法律原因的含义如何概括，历来有争论，大致分为统一说和非统一说。主张统一说的学者认为，无法律上的原因应当具有统一的意义，对任何情形下不当得利的构成均应作统一说明，概括出无法律原因的统一含义。非统一说认为，各种不同类型的不当得利有其存在的不同基础，应当区别给付不当得利的具体情形以及不当得利的类型，分别说明无法律上的原因的意义，不可能说明无法律原因的统一含义。这就需要发展和完善不当得利的类型理论。相对来说，非统一说比较有助于对法律的解释、适用。

第三节　不当得利的效力

不当得利一经成立，当事人之间即发生债权债务关系，受损失的人有权请求得利人返还不当得利，得利人负有返还不当得利的义务。《民法典》第 122 条规定：“因他人没有法律根据，取得不当利益，受损失的人有权请求其返还不当利益。”利益返还一般涉及返还标的、利益返还范围、返回请求权排除等问题。

一、返还标的

1. 原物返还

原物返还是返还不当得利的主要方式。只有在所受利益依其性质或得利人基于其他情形不能返还时，才能以价额偿还。具体而言，原物返还的方式，因得利人所得利之物或权利的不同而有所不同。对于可转移的权利，如所有权、专利权、让与的债权等，于其返还应为转移行为；对于已设定的物上权利，应予废止；对于已成立的债权，应予免除；对于已废止的物上负担，应予恢复；对于已转移的占有，应交还。如果原得利的标的物已不存在，如权利已行使、原物已被受领人消费，或由第三人合法取得或标的物为种类物，无法进行原物返还的，可以替代给付。

原物所产生的孳息，包括天然孳息及法定孳息，也在返还之列。须注意的是，孳息返还须以得利人事实上确实收取孳息为必要。对应收取而未收取的孳息，不负返还之责。此皆因不当得利之债的重要法理是：得利人仅就其所得的利益为返还，得利人不能在返还利益之后反遭受不利益。

2. 折价返还

得利之标的物或其替代给付，以及本于该利益所得的收益，如果依其性质不能返还，或受领人基于其他事由不能返还的，应当折价偿还。所谓依其性质不能返还，多指所受利益为劳务、物的使用或消费等；所谓其他事由，诸如灭失、被盗或遗失，得利人将得利标的物出售、赠与或与他人之物互易而转移其所有权等。至于偿还价额的计算，应依一般市价；计算的时间点，应为取得利益的时点，如利益取得附有停止条件，应为条件成就的时点。

典型依利益性质不能返还的，为受有利益是劳务或使用利益。对于使用利益的认定，以前的学说认为，使用利益的得利人必须有费用的节省，始有使用利益的取得；今日之通说则认为，只要有使用的事实即有使用利益的取得，是否有费用的节省，应属返还范围的问题：如有费用的节省，得利人应就其所节省的费用为返还；如无费用的节省，则不负返还责任。

3. 替代返还

所谓替代，是指因原客体灭失而取得另外的替换客体。例如甲不当得利所得的所有权，因第三人的侵权行为而灭失，但取得赔偿金，该赔偿金即被认为是原所有权的替代，得利人不得主张所得利益不存在，而必须就该替代为返还。

二、利益返还的范围

得利人的利益返还范围，依得利人为善意或者恶意而有不同，并因此影响第三人的返还义务。现分述如下。

1. 善意得利人返还现存利益的责任

得利时不知道且应当不知道其所得利益没有法律依据，即为善意。《民法典》第986条规定："得利人不知道且不应当知道取得的利益没有法律根据，取得的利益已经不存在的，不承担返还该利益的义务。"善意得利人仅负返还其现存利益的责任，如果所得利益已不存在，则不必返还或偿还价额。不当得利不是损害赔偿，得利人应仅就其所得的利益进行返还，因此，返还责任的底线应当是保证善意得利人的财产不致因不当得利返还而有所减少。显然，这比较利于得利人，而对受损人比较不利。因此，如何合理解释"所得利益不存在"尤为重要。一般来说，"所得利益不存在"的举证责任在得利人一方，其证明内容通常包括以下几种情形：（1）所得利益为物时，得利人须证明该物因损毁、灭失、被盗或其他事由而不能返还，如果因此获有补偿，如损害赔偿、保险金等，该补偿属于本于所得利益而获得的收益，应予返还。如果未有任何补偿，则免负返还或偿还价额的责任。（2）所得利益为一次性的钱款时，得利人须证明：一是所得钱款已花尽；二是如果此钱款非为其得利则其不会花费；三是得利人花费此钱款，没有因此获得补偿，其财产也未得到增加。（3）所得利益为分期支付的工资、养老金、抚恤金等时，得利人须证明所得款额乃用于维持生计，并没有因此而有所积蓄或财产有所增益，且若返还则难以生活。由于对弱者权益的保护已越来越受到重视，所以在被告为低收入者时，法院通常会支持被告的抗辩理由。（4）所得利益虽未灭失，但得利人为保养或维修该利益支出了必要的费用时，得利人可主张损益相抵，如果损益相当，也视为所受利益不存在。

对于因取得利益所支出的费用，如运费、登记费、维护费等，善意受益人于返还时可请求对方偿还。

2. 恶意得利人返还并赔偿的责任

得利时知道其所得利益没有法律根据或其后知道没有法律根据而仍保持其利益，即为恶意。

《民法典》第987条规定："得利人知道或者应当知道取得的利益没有法律根据的，受损失的人可以请求得利人返还其取得的利益并依法赔偿损失。"恶意是指主观故意而不是过失，包括得利行为违反法律的禁止性规定或者有悖于善良风俗的情形。恶意得利人包括得利时明知（自始恶意）或者其后知道（中途恶意）无法律上原因而得利之人，并不包括因过失而不知无法律上原因之人。

恶意得利人于其恶意开始时所拥有的利益，不问请求返还时尚存在与否，均应返还，如不存在，应返还其价额；如得利为金钱者应附加利息，如有损害并应赔偿。也就是说，恶意得利人不仅应返还其取得的利益并依法赔偿损失，而且不得主张所得利益不存在。

至于恶意得利人是否有权就不当得利所支出的费用请求对方偿还，学理上见解各异，我们认为，善意得利人因不应在返还利益之后反而遭受不利益，因而有费用偿还请求权，但恶意得利人则无该信赖保护的必要，即使恶意得利人在返还利益之后，因其费用支出而反遭受不利益，也不能拥有费用支出偿还请求权。

3. 第三人无偿受让的返还义务

《民法典》第988条规定："得利人已经将取得的利益无偿转让给第三人的，受损失的人可以请求第三人在相应范围内承担返还义务。"如果得利人因将其所得利的标的物无偿赠与第三人，而致所得利益不存在时，该第三人是否应负返还责任呢？从理论上说，第三人所受利益，是来自不当得利的得利人，未致受损人受损，因此并不成立不当得利。但从平衡有关当事人利益的角度来看，一方面，得利人因所得利益不存在而免除返还义务；另一方面，第三人属于无偿取得利益，揆诸情理，显失公平。所以，得利人以其所得利益无偿让与第三人的，如果得利人因此而免除返还义务，则该无偿受让的第三人可以应受损人的请求承担返还义务。

三、不当得利返还请求权的排除

一般而言，不当得利的返还因利益受损人行使请求权而发生，但并非所有的不当得利都当然使利益受损人享有不当得利返还请求权。《民法典》第985条规定了三种情形，对不当得利中受损人的返还请求权进行排除，具体是：(1) 为履行道德义务进行的给付。(2) 债务到期之前的清偿。(3) 明知无给付义务而进行的债务清偿。

这三种情形，虽然也能够成立不当得利，但法律不能支持这三种不当得利中受损人返还利益的请求，法律应当排除这三种不当得利中受损人返还利益的请求权。因为为履行道德义务进行的给付，虽无法律根据，却有道德根据，受道德约束和调整，法律不便强行干预；债务到期之前的清偿，属于偿还债务性质的行为，存在债务根据，只不过时间上有所提前而已，债务清偿人并非纯粹地利益受损，况且，对债务提前清偿最好的救济方式应该是行使抗辩权，而不是行使返还请求权；受损人明知无给付义务而进行的债务清偿，是受损人自愿自主实施的行为，所造成的损失属于自我毁损，不能苛求于得利人。

本章复习题

【案例1】 2019年8月，张三与王五经口头协议，合伙经营汽车租赁中心及物业公司。由于王五称李四系其公司的财务，应王五要求，张三自2019年8月15日起至2020年7月18日止，先后通过中国建设银行向李四的银行账户转账汇款人民币175 880元。后张三获知，其与王五合伙经营的汽车租赁中心被注销，而其与王五合作的其他公司也都被注销了。合伙经营期间，张三不了解公司的经营状况，也未取得公司的经营利润。张三向王五要求归还其所出资的款项，王五均未归还。因已无法联系王五，故张三提起诉讼，认为李四属不当得利。

问：本案中，李四的行为是否构成不当得利？如果构成，请结合本案分析其构成要件；如果不构成，则应当构成何种法律关系？

【案例 2】　张三经朋友介绍与李四相识，李四曾向张三借钱，均有归还，故张三比较信任李四。李四因为信用卡借款到期，没时间到银行网点排队还款，便于 2014 年 6 月 23 日，将 15 000 元现金交给张三，请求张三通过其网银转账至李四的账户 15 000 元。张三于当天进行网上转账，从自己的账号汇款至李四的账号，因电脑故障，张三不慎操作两次，导致多汇了一笔 15 000 元，张三于是电话联系李四，但李四之后未予返还，故张三向法院起诉，请求李四返还多汇的款项及利息。

问：

（1）张三拒不退还多汇金额的行为构成何种法律行为？结合该案情，分析该行为的构成要件。

（2）李四应当以何种请求权维护自己的权利？

参考文献

1. 王利明，杨立新，王轶，等．民法学．2 版．北京：法律出版社，2008.
2. 王利明．民法．北京：中国人民大学出版社，2008.
3. 王泽鉴．不当得利．2 版．北京：北京大学出版社，2015.

参考文献

一、期刊

1. 王利明．论代位权的行使要件．法学论坛，2000（1）．

2. 龙著华．论所有权保留买卖中出卖人的取回权．法商研究，2000（4）．

3. 孔祥俊．保证期间再探讨．法学，2001（7）．

4. 陈建勋．论债的清偿抵充．人民司法，2001（11）．

5. 龙著华．论所有权保留买卖与善意第三人的保护．当代法学，2005（3）．

6. 王荣珍．对加害给付概念与救济的再思考．政法论坛，2005（5）．

7. 朱广新．违约责任的归责原则探究．政法论坛，2008（4）．

8. 宁红丽．论我国保管合同制度的法律适用．暨南学报（哲学社会科学版），2008（6）．

9. 王洪亮．强制履行请求权的性质及其行使．法学，2012（1）．

10. 郑国洪．法律、信任与物业管理．现代法学，2014（6）．

11. 房绍坤，张旭昕．民法典制定背景下的合伙立法．吉林大学社会科学学报，2016（1）．

12. 金锦萍．论物业管理法律制度的重构：从公共物品的角度．学术交流，2016（3）．

13. 王利明．民法分则合同编立法研究．中国法学，2017（2）．

14. 肖海军，傅利．合伙契约性与主体性的解构：基于民法典分则“合同法编”的视角．当代法学，2018（5）．

15. 崔建远．论合同漏洞及其补充．中外法学，2018（6）．

16. 刘长兴．论“绿色原则”在民法典合同编的实现．法律科学（西北政法大学学报），2018（6）．

17. 王利明．情事变更制度若干问题探讨：兼评《民法典合同编（草案）》（二审稿）第323条．法商研究，2019（6）．

18. 李永军．民事合伙的组织性质疑：兼评《民法总则》及《民法典各分编（草案）》相关规定．法商研究，2019（2）．

19. 王利明．论民法典对合伙协议与合伙组织体的规范．甘肃社会科学，2019（3）．

20. 崔建远．合同解释的三原则．国家检察官学院学报，2019（3）．

21. 蔡睿．吸收还是摒弃：违约方合同解除权之反思：基于相关裁判案例的实证研究．现代法学，2019（3）．

22. 蒋大兴．需要重建公司王国吗?：不宜用公司法统领全部企业类型．环球法律评论，2019（6）．

23. 柳经纬．违约精神损害赔偿立法问题探讨：以《民法典各分编（草案）》第七百七十九条为对象．暨南学报（哲学社会科学版），2019（7）．

二、专著

1. 王家福．中国民法学·民法债权．北京：法律出版社，1991.
2. 彼德罗·彭梵得．罗马法教科书．黄风，译．北京：中国政法大学出版社，1992.
3. 苏惠详．中国当代合同法论．长春：吉林大学出版社，1992.
4. 冯大同．国际货物买卖法．北京：对外经济贸易出版社，1993.
5. 孙礼海．中华人民共和国担保法释义．北京：法律出版社，1995.
6. 周枏．罗马法原论：下册．上海：商务印书馆，1996.
7. 王利明，崔建远．合同法新论·总则．修订版．北京：中国政法大学出版社，1997.
8. 陈华彬．物权法原理．北京：国家行政学院出版社，1998.
9. 王泽鉴．民法学说与判例研究（1）．北京：中国政法大学出版社，1998.
10. 梁书文，单长宗．中外合同法担保法问题研究．北京：人民法院出版社，1999.
11. 史尚宽．民法总论．北京：中国政法大学出版社，2000.
12. 史尚宽．债法总论．北京：中国法制出版社，2000.
13. 王闯．对最高人民法院关于适用《中华人民共和国合同法》若干问题的解释（一）的若干理解．北京：人民法院出版社，2000：102.
14. 谢怀栻，等．合同法原理．北京：法律出版社，2000.
15. 马俊驹，余延满．民法原论．2版．北京：法律出版社，2005.
16. 李飞．中华人民共和国合伙企业法释义．北京：法律出版社，2006.
17. 邱志聪．新订债法各论：中．北京：中国人民大学出版社，2006.
18. 郭明瑞．合同法学．上海：复旦大学出版社，2007.
19. 陈小君．合同法学．北京：高等教育出版社，2009.
20. 沈德咏，奚晓明．最高人民法院关于合同法司法解释（二）理解与适用．北京：人民法院出版社，2009.
21. 徐海燕．区分所有建筑物管理的法律问题研究．北京：法律出版社，2009.
22. 王利明．民商法研究（3）．北京：法律出版社，2009.
23. 韩世远．合同法学．北京：高等教育出版社，2010.
24. 李永军．合同法．3版．北京：法律出版社，2010.
25. 王利明．合同法分则研究：下卷．北京：中国人民大学出版社，2013.
26. 王利明，房绍坤，王轶．合同法．4版．北京：中国人民大学出版社，2014.
27. 韩松，等．合同法学．2版．武汉：武汉大学出版社，2014.
28. 朱伯玉，管洪彦．合同法分则研究．北京：人民出版社，2014.
29. 刘春堂．民法债编各论：中．台北：三民书局，2014.
30. 王利明．债法总则研究．北京：中国人民大学出版社，2015.
31. 王利明．合同法研究：第1卷．3版．北京：中国人民大学出版社，2015.
32. 许南．国际结算案例与分析．北京：中国人民大学出版社，2015.
33. 鲁道夫·冯·耶林．论缔约过失．沈建峰，译．北京：商务印书馆，2016.
34. 王利明．民法．北京：中国人民大学出版社，2016.
35. 崔建远．合同法．6版．北京：法律出版社，2016.
36. 魏振瀛．民法．7版．北京：北京大学出版社，高等教育出版社，2017.

37. 最高人民法院民事审判第一庭．最高人民法院建筑物区分所有权、物业服务司法解释理解与适用．北京：人民法院出版社，2017.

38. 韩世远．合同法总论．4 版．北京：法律出版社，2018.

39. 陈华彬．建筑物区分所有权法．北京：中国政法大学出版社，2018.

40. 杨立新．中华人民共和国民法典释义与案例评注：合同编：上．北京：中国法制出版社，2020.

41. 杨立新．中华人民共和国民法典释义与案例评注：合同编：下．北京：中国法制出版社，2020.

图书在版编目（CIP）数据

合同法实用教程 / 龙著华主编．-- 北京：中国人民大学出版社，2021.5
普通高等学校应用型教材·法学
ISBN 978-7-300-29279-3

Ⅰ.①合… Ⅱ.①龙… Ⅲ.①合同法-中国-高等学校-教材 Ⅳ.①D923.6

中国版本图书馆 CIP 数据核字（2021）第 066616 号

普通高等学校应用型教材·法学
合同法实用教程
主　编　龙著华
Hetongfa Shiyong Jiaocheng

出版发行	中国人民大学出版社		
社　址	北京中关村大街 31 号	邮政编码	100080
电　话	010－62511242（总编室）		010－62511770（质管部）
	010－82501766（邮购部）		010－62514148（门市部）
	010－62515195（发行公司）		010－62515275（盗版举报）
网　址	http://www.crup.com.cn		
经　销	新华书店		
印　刷	北京昌联印刷有限公司		
规　格	185 mm×260 mm　16 开本	版　次	2021 年 5 月第 1 版
印　张	21 插页 1	印　次	2021 年 8 月第 2 次印刷
字　数	522 000	定　价	48.00 元

《　　　　　　　》※任课教师调查问卷

为了能更好地为您提供优秀的教材及良好的服务，也为了进一步提高我社法学教材出版的质量，希望您能协助我们完成本次小问卷，完成后您可以在我社网站中选择与您教学相关的 1 本教材作为今后的备选教材，我们会及时为您邮寄送达！如果您不方便邮寄，也可以申请加入我社的**法学教师 QQ 群：83961183（申请时请注明法学教师）**，然后下载本问卷填写，并发往我们指定的邮箱（cruplaw@163. com）。

邮寄地址：北京市海淀区中关村大街 31 号中国人民大学出版社 806 室收

邮　　编：100080

再次感谢您在百忙中抽出时间为我们填写这份调查问卷，您的举手之劳，将使我们获益匪浅！

基本信息及联系方式：※

姓名：＿＿＿＿＿＿ 性别：＿＿＿＿＿＿ 课程：＿＿＿＿＿＿＿＿＿＿

任教学校：＿＿＿＿＿＿＿＿＿＿＿＿ 院系（所）：＿＿＿＿＿＿＿＿

邮寄地址：＿＿＿＿＿＿＿＿＿＿＿＿ 邮编：＿＿＿＿＿＿＿＿＿＿

电话（办公）：＿＿＿＿＿＿ 手机：＿＿＿＿＿＿ 电子邮件：＿＿＿＿＿＿

调查问卷：※

1. 您认为图书的哪类特性对您使用教材最有影响力？（　　）（可多选，按重要性排序）
   A. 各级规划教材、获奖教材　　B. 知名作者教材
   C. 完善的配套资源　　D. 自编教材
   E. 行政命令
2. 在教材配套资源中，您最需要哪些？（　　）（可多选，按重要性排序）
   A. 电子教案　　B. 教学案例
   C. 教学视频　　D. 配套习题、模拟试卷
3. 您对于本书的评价如何？（　　）
   A. 该书目前仍符合教学要求，表现不错将继续采用。
   B. 该书的配套资源需要改进，才会继续使用。
   C. 该书需要在内容或实例更新再版后才能满足我的教学，才会继续使用。
   D. 该书与同类教材差距很大，不准备继续采用了。
4. 从您的教学出发，谈谈对本书的改进建议：＿＿＿＿＿＿＿＿＿＿＿＿

＿＿＿＿＿＿＿＿＿＿＿＿＿＿＿＿＿＿＿＿＿＿＿＿＿＿＿＿＿＿＿＿

＿＿＿＿＿＿＿＿＿＿＿＿＿＿＿＿＿＿＿＿＿＿＿＿＿＿＿＿＿＿＿＿

选题征集：如果您有好的选题或出版需求，欢迎您联系我们：

联系人：黄　强　联系电话：010-62515955

索取样书：书名：＿＿＿＿＿＿＿＿＿＿＿＿＿＿＿＿＿＿＿＿＿＿＿＿

书号：＿＿＿＿＿＿＿＿＿＿＿＿＿＿＿＿＿＿＿＿＿＿＿＿＿＿＿＿

备注：※ 为必填项。